Ulich · Das Gefühl

Das Gefühl

Eine Einführung in die Emotionspsychologie

Dieter Ulich

2. durchgesehene und ergänzte Auflage

Psychologie Verlags Union
München 1989

Anschrift des Autors
Professor Dr. Dieter Ulich
Universität Augsburg
Universitätsstraße 2
8900 Augsburg

Anschriften des Wissenschaftlichen Beirates des Psychologie-Programms

Prof. Dr. Dieter Frey, Institut für Psychologie der Universität Kiel,
Olshausenstraße 40/60, 2300 Kiel
Prof. Dr. Siegfried Greif, Fachbereich Psychologie der Universität Osnabrück,
Knollstr. 15, 4500 Osnabrück
Prof. Dr. Heiner Keupp, Institut für Psychologie, Sozialpsychologische Abteilung,
Universität München, Leopoldstr. 13, 8000 München 40
Prof. Dr. Ernst-D. Lantermann, Gesamthochschule Kassel, FB 3,
Heinrich-Plett-Straße 40, 3500 Kassel
Prof. Dr. Rainer K. Silbereisen, Fachbereich Psychologie, Justus-Liebig-Universität Gießen,
Otto-Behaghel-Straße 10, 6300 Gießen
Prof. Dr. Bernd Weidenmann, Universität der Bundeswehr München,
Fachbereich Sozialwissenschaften, Werner-Heisenberg-Weg 39, 8014 Neubiberg

Lektorat:
Dr. H. Jürgen Kagelmann

CIP-Kuztitelaufnahme der Deutschen Bibliothek

Ulich, Dieter:
Das Gefühl : eine Einführung in die Emotionspsychologie /
Dieter Ulich. - 2., durchges. u. erg. Aufl. - München :
Psychologie-Verl.-Union, 1989
    ISBN 3-621-27079-5

© Psychologie Verlags Union, 1989
Umschlagentwurf: Dieter Vollendorf, 8000 München
Satz: Graphgischer Großbetrieb Pustet, 8400 Regensburg
Druck und Bindung: Auer, Donauwörth
ISBN 3-621-27079-5

Inhalt

Einleitung

Für eine realistische Wendung in der Emotionspsychologie

Als der Legionär Gallus Septimus im Jahre 49 v. Chr. mit Cäsar den Rubikon überschritt, haben ihn keineswegs heroische Gefühle bewegt, wie sie diesem Ereignis zumindest aus späterer Sicht angemessen gewesen wären. Während nämlich Cäsar am Abend vorher seinen berühmten Spruch „Die Würfel sind gefallen" tat, verlor der Legionär Gallus im Würfelspiel eine Menge Geld an seinen Waffenkameraden Tullius Quintus. Und an diesen Verlust mußte Gallus fortwährend denken, als er mit den Heerscharen Cäsars den Fluß durchquerte. Außerdem war es an diesem Tag kalt und nebelig; Gallus war in einer so üblen Laune, daß es ihm ganz gleichgültig war, wozu diese Flußdurchquerung gut sein sollte. . .

Welche Gefühle bewegen Menschen, wenn sie etwas erleben? Was der Legionär Gallus Septimus wirklich empfunden hat beim Durchwaten des Flusses – darüber können wir nur spekulieren, denn er selbst wird es nicht für uns aufgeschrieben haben. Welche Gefühle aber heutige Menschen bewegen, das können wir im Prinzip erfahren, wenn wir es wissen wollen. Und das Gefühlserleben anderer Menschen wollen wir immer dann kennenlernen, wenn wir diese Menschen in ihrer subjektiven Betroffenheit als Personen akzeptieren und ernstnehmen. Damit ist die Grundthese dieses Buches angesprochen: Gefühle ernstnehmen heißt, andere – und auch sich selbst – als Menschen ernstnehmen. Dieses Buch ist als Ganzes ein Plädoyer dafür, Gefühle in ihren alltäglichen Erscheinungsformen, ihrer Entstehungsgeschichte und ihrer Bedeutung für die Person selbst und für andere zu untersuchen.[1]

„Realistische Wendung" heißt: Untersucht werden sollen die wirklichen Gefühle wirklicher Menschen. Nicht abstrakte Bestimmungen des „Wesens" oder des „Ursprungs" von Emotionen interessieren mich, auch nicht anthropologisch-philosophische Äußerungen über den Menschen als biologisches Gattungswesen. Wenn man sich für die wirklichen Gefühle wirklicher Menschen interessiert, so muß man die folgenden drei Grundsätze in der empirischen Forschung beachten:

○ Emotionsforschung muß *erlebnisorientiert* sein; Gefühle sind subjektive Erfahrungstatsachen, die wir aus der Perspektive des Erlebenden beschreiben müssen.

○ Emotionsforschung muß *personorientiert* sein; Gefühle können von der erlebenden Person nicht abgelöst werden. Es ist immer die Person selbst, welche die Gefühle erlebt.

○ Emotionsforschung muß *lebenslauforientiert* sein; Gefühle sind persongebundene Zuständlichkeiten, die eine (mit anderen Menschen und der Gesellschaft

---

[1] Viele Anregungen und Ideen dazu entstammen der gemeinsamen Arbeit mit Karl Haußer, Philipp Mayring und Petra Strehmel in München und Eva Jaeggi in Berlin.

verbundene) Geschichte haben und auch aus dieser Geschichte heraus verstanden werden müssen.

Emotionsforschung ist nur dann empirisch – und sie muß in viel größerem Ausmaß empirisch werden! –, wenn sie sich tatsächlich auf die *Wirklichkeit* subjektiven Erlebens bezieht. Dies bedeutet keinen Rückfall in Phänomenologie oder Subjektivismus. Ich werde im Gegenteil zeigen, daß Vergleiche und Unterscheidungen zwischen Gefühlen und auch Personen durchaus möglich sind. Ansätze für theoretische Erklärungen liegen in der Tatsache, daß Lebensgeschichten und Gefühle trotz einer gewissen Einzigartigkeit auch Ähnlichkeiten und Regelhaftigkeiten aufweisen, die in vergleichbaren Lebenslagen und Erfahrungsmöglichkeiten begründet sind.

Eine Emotionspsychologie in dem hier angedeuteten Sinne gibt es bisher nicht. Es gibt die abstrakten Wesensbestimmungen, es gibt einige fruchtbare Analysen und Untersuchungen zu Teilaspekten des emotionalen Erlebens (wie z.B. zum Ausdrucksverhalten), es gibt aber auch viele nebulöse Konstruktionen und geradezu abenteuerliche Spekulationen, die von einer Emotionspsychologie eher fort- als zu ihr hinführen. Daher scheint es gerade in diesem Bereich der Psychologie nicht allzu vermessen, eine „realistische Wendung" hin zu einer besseren Erforschung des proklamierten Gegenstandes „Emotion" zu fordern. (Der Begriff „realistische Wendung" geht übrigens auf den Psychologen und Erziehungswissenschaftler Roth zurück, der diese Wende für die – lange Zeit geisteswissenschaftlich orientierte – Pädagogik konstatierte.)

Ich verfolge mit diesem Buch das Ziel, über eine Bestandsaufnahme hinaus aufzuzeigen, welche Art von Gegenstandsverständnis und Forschung in der Emotionspsychologie heute nötig und auch möglich ist, wenn man die oben angedeuteten Grundsätze akzeptiert und umzusetzen versucht. Über manche kritische Auseinandersetzung mit bestehenden Ansätzen hinaus möchte ich demonstrieren, daß es bessere Möglichkeiten der Begriffsbildung und Forschung mit einer besseren Aussicht auf (auch praktisch bedeutsame) Erkenntnisse gibt. Damit will ich auch all jenen Mut machen, die sich aus Enttäuschung über die bisherigen Bemühungen der Psychologie auf diesem Gebiet vom Thema Emotion abwenden wollen. Emotionen zu erforschen scheint mir immer noch wert und möglich zu sein. In der Begründung dieser Ansicht werde ich teilweise sehr subjektiv vorgehen, wie überhaupt dieses Buch keineswegs „ausgewogen" ist in dem Sinne, daß ich mich als Autor möglichst „neutral" verhalte, indem ich mich hinter Autoritäten, dem Wissens-Kanon oder unverbindlichem Gerede verstecke.

Ich habe versucht, das Buch möglichst verständlich zu schreiben, damit es auch den sog. „gebildeten Laien" erreichen kann. Neben Studierenden aller Humanwissenschaften und den dort tätigen (einschließlich anderer Lehr- und Sozialberufe) möchte ich natürlich auch Psychologen ansprechen, die sich während ihres Studiums mit Emotion beschäftigen müssen oder wollen. Von Aufbau und Inhalt her wendet sich das Buch sowohl an Studierende im Grundstudium wie auch an Studierende im Hauptstudium. Das Thema Emotion wird nämlich mit Bezug auf die *Allgemeine Psychologie* (z.B. Kap. 2.2; 3.2, 3.3, 3.5; 4 u. 5), auf die *Persön-

lichkeitspsychologie (z. B. Kap. 2.1; 3.4; 5), auf die *Entwicklungspsychologie* (Kap. 6) und auf die *Klinische Psychologie* (Kap. 7) behandelt, wobei allerdings immer Emotion im Mittelpunkt bleibt, also nicht in andere Fragestellungen oder Themen aufgelöst wird.

Bevor Sie weiterlesen, möchte ich Ihnen eine Aufgabe stellen: Gehen Sie nach draußen, pflücken Sie von einem Baum eine Tannennadel oder ein Blatt ab, riechen Sie daran. Sie riechen noch mehr, wenn Sie das Grün vorsichtig zwischen den Fingern zerreiben. Empfinden Sie etwas, erleben Sie etwas? Was bedeutet es Ihnen? (Wenn Sie gar nichts erlebt haben, sollten Sie nicht weiterlesen. Dann sind andere Dinge für Sie jetzt wichtiger als ausgerechnet Bücherlesen.)

1. Emotionen im Alltag

1.1. Erste Annäherungen

In einem bekannten Film („Szenen einer Ehe" von Bergmann) sagt eine Frau zu einer Eheberaterin: „Ich kann nichts mehr empfinden. Meine Sinne sind tot." Nachdem ihre Ehebeziehung zerstört war, hatte diese Frau immer mehr die Fähigkeit verloren, ihre Umwelt als etwas anzusehen, das sie etwas „angeht". Sie hat, bildlich gesprochen, ihre Antennen eingezogen; also konnte sie sich auch nicht mehr „anmuten" lassen durch das Geschehen in ihrer Umwelt. Mit dem schwindenden Interesse an der Umwelt und an dem (aktiven) Leben in dieser Umwelt ging der Kontakt zur Wirklichkeit teilweise verloren. Eine Erwartung erfüllte sich von selbst: Aufgrund ihrer deprimierenden Erfahrungen in der Beziehungskrise verhielt sich die Frau so, als ob sie nie wieder positive Selbstbestätigung, Freude und Glück erfahren könne – und sie erfuhr es auch nicht mehr.

Was können wir daraus *allgemein* über Emotion lernen? Im Erleben von Gefühlen erfahren wir uns selbst als jemand, der (oder die) in einer bestimmten Beziehung zu etwas lebt. Gefühle sind persönliche „Anmutungserlebnisse" (*Singer* 1981, S. 106). Damit heißt Fühlen auch: an etwas interessiert sein, in etwas involviert sein (vgl. *Heller* 1980, S. 19). Wenn man aber z.B. in einer sehr gedrückten Grundstimmung ist, dann hat man zu nichts Lust: Man geht nicht ins Kino, obwohl einen der Film sehr interessiert; man besucht Freund oder Freundin nicht, obwohl man sich Hilfe erwartet; man gönnt sich nicht einmal das Bier am Abend. Und umgekehrt: Wer verliebt ist, der erlebt seine Umwelt viel intensiver: Er riecht das Laub auf dem Boden, er sieht die Wolkenformen am Himmel, ihm gefällt ein langweiliger Film, er hat Spaß an der Arbeit usw.

Das positive Bezogensein auf die Umwelt braucht nicht bewußt zu sein; es ist oft sehr spontan. Als ich meinem 10jährigen Sohn Oliver die Reproduktion einer Picasso-Zeichnung mitbrachte, zeichnete er das Bild vor Begeisterung sofort nach. Er hatte sich unmittelbar und spontan von der fröhlichen Beschwingtheit der klaren Linien anmuten lassen; natürlich muß auch etwas „in ihm" dem Bild entgegengekommen sein: eine bestimmte Grundstimmung, eine bestimmte Bereitschaft, sich „anstecken" zu lassen. Offenheit für positive emotionale Erfahrungen ist freilich nicht hinreichend; so verhindert z.B. die notorische Unverständlichkeit vieler wissenschaftlicher Texte geradezu, daß wir uns überhaupt für sie interessieren können. Man wird nicht „warm", man rebelliert gegen die Zumutung, etwas Uninteressantes für „wichtig" halten zu müssen.

Was aber ist *wirklich* „wichtig"? Was spricht uns emotional an?

Ein Beispiel aus den „Kalendergeschichten" von Bertolt Brecht (1953): Ein Arbeiter wird vor Gericht als Zeuge vernommen. Auf die Frage des Richters, ob er die religiöse oder die weltliche Form des Eides bevorzuge, antwortete der Mann: „Ich bin arbeitslos." Was will er damit ausdrücken? Hat das etwas mit „Emotion" zu tun?

Noch ein Beispiel: Sie sitzen mit einem Freund im Café. Beiläufig sagt der Freund in einem Gespräch über ein ganz anderes Thema, Rom sei ja gar keine so große Stadt, habe nur 1,5 Millionen Einwohner. Da Sie selbst bisher immer der Überzeugung waren, diese Stadt habe mindestens 7 Millionen Einwohner, widersprechen Sie. Soweit ein „kognitives" Problem: es geht um Wissen, man kann leicht in einem Lexikon nachschlagen. So leicht will Ihr Bekannter aber die Sache nicht enden lassen; er schlägt eine Wette vor: Um 20 DM soll es gehen. Wenn Sie auf die Wette eingehen, ist es plötzlich „wichtig" geworden, wieviele Einwohner Rom hat. Wenn Sie im Lexikon nachsehen, werden Sie ein bißchen aufgeregt sein. Liegt das nur an den 20 DM, hat es überhaupt mit dem Geld etwas zu tun? Womit könnte die Aufregung noch zusammenhängen?

Halten wir fest: Zumindest ein wichtiges Kennzeichen emotionalen Erlebens ist die Tatsache der *Ich-Beteiligung,* des Engagements, des Involviertseins. „Kein Mensch sorgt sich um einen anderen, wenn er ihm gleichgültig ist, niemand freut sich über das Glück eines anderen, wenn er ihn nicht leiden kann, niemand ist traurig, wenn ein Mensch stirbt, der ihn nichts angeht. Politische Ereignisse, die das eigene Rechtsgefühl oder das eigene soziale Empfinden nicht berühren, lassen uns kalt, Änderungen in unserer Umgebung, die unser eigenes Wohlergehen und den eigenen Bekanntenkreis nicht betreffen, berühren uns nicht" (*Rohracher* 1960, S. 401). Die Richtigkeit dieser Auffassung können Sie anhand Ihrer eigenen Erlebnisse und Erfahrungen leicht überprüfen, wenn Sie z. B. daran denken, wann Sie das letzte Mal geweint haben oder vor Freude in die Luft gesprungen sind. Vielleicht weinen Sie aber gar nicht mehr, vielleicht springen Sie auch gar nicht mehr vor Freude in die Luft, weil Sie schon „erwachsen" sind? Oder weil „extreme" Ereignisse und Gefühle bei Ihnen nicht oder selten vorkommen?

Wir wissen über Emotionen mehr als uns bewußt ist. Dies zeigt das folgende Gedankenexperiment:

Bei einem Spaziergang im Wald begegnen Sie einem Bären. Wie reagieren Sie?
○ Sie freuen sich, weil Sie noch nie einen Bären in der freien Natur gesehen haben.
○ Sie schämen sich, weil Sie für den Bären kein Futter bei sich haben.
○ Sie erstarren vor Schreck.
○ Sie empfinden Mitleid mit dem Bären, der sich offenbar verlaufen hat.
○ Sie werden wütend und attackieren den Bären mit einer Handvoll Tannenzapfen.
○ Sie fürchten sich und klettern auf den nächsten Baum.

Es stellt keine allzu großen Anforderungen, aus diesem Katalog die wahrscheinlichsten Reaktionen herauszusuchen, weil emotionale Reaktionen *nicht beliebig* sind; sie hängen von der Situation ab, von Erfahrungen, von eigenen Kompetenzen, von Einschätzungen, von Fertigkeiten, von Erwartungen dazu, „wie es weitergeht", „was passieren kann" usw. Situationen, Emotionen, kognitive Einschätzungen und mögliche Handlungen hängen nicht irgendwie zufällig zusammen; es gibt in vielen Fällen systematische Zusammenhänge. Sonst könnten wir andere auch nicht verstehen, wir könnten uns über Gefühle nicht verständigen, wir könnten mit anderen nicht zusammenleben. Neben dem Merkmal der „Ich-Beteiligung" haben wir hier also ein weiteres wichtiges Merkmal von Gefühlserlebnissen: deren Bezogenheit auf oder Verknüpftheit mit Erfahrungen, Situationen, Urteilen, Handlungsmustern.

Erst später (Kap. 2.2.) werde ich systematisch auf Bestimmungsmerkmale von Emotionen eingehen. Wir sollten zunächst versuchen, unser Alltags-Vorverständnis und die allgemeine Bedeutung von Emotionen im Alltag weiter zu klären.

1.2. Emotionen haben es schwer im Alltag

Viele interessieren sich für das Thema „Emotion", weil sie erfahren, daß sie zu ihren eigenen Emotionen nicht stehen können oder dürfen, daß sie zu „emotional" sind, daß sie Emotionen nicht äußern können, daß sie (im Urteil anderer) emotional wenig ansprechbar, abgestumpft oder gleichgültig sind. Ich will daher im folgenden auf einige Fälle der „Ausklammerung" oder Tabuisierung von Emotionen eingehen, um auch diese Alltagserfahrungen zu veranschaulichen.

Emotionen in der Uni

„Mich packt die Wut, wenn ich den Unsinn sehe, der am Pädagogischen Seminar praktiziert und produziert wird."

„Ich bin empfindsamer geworden für Sinneseindrücke. Schön ist alles das, was Ruhe ausstrahlt, Gefühle darstellt, nicht offensichtlich ist, nicht konstruiert ist mit der Absicht, schön zu wirken; was mich betroffen macht."

Der beides sagt, ist ein Psychologie-Student am Anfang seines Studiums (*Fellermann* 1978). Studium und Leben, Lernen und emotionale Erfahrung fallen für ihn auseinander. Die Institution Hochschule steht vor ihm „wie ein Klotz". Auch andere Studenten erleben seinem Eindruck nach einen Bruch ihrer „Lebenswelt"; das Lernen erscheint als „eine dem übrigen Leben äußerliche Tätigkeit". Der Studienanfänger erlebt Vereinzelung und Verunsicherung. Gleichzeitig erlebt er sich als unfähig dazu, selbst etwas zu ändern. Er hat Angst, Konflikte auszutragen, seine Probleme offen auszusprechen, mit anderen zusammen etwas zu tun. „Eine an direkten und offensiven Konfliktstrategien arme, aber an Schuldgefühlen und scharfer Gewissensausbildung reiche Erziehungsgeschichte haben den Grundstein zu meinem jetzigen Verhalten gelegt. Wenn ich mich heute mit dem Gefühl: ‚So geht es nicht mehr weiter' selbst zu einer Verhaltensänderung bewege, so habe ich meine Biographie wie einen Klotz am Bein."

Worauf ist dann aber die im vorangestellten Zitat rechts zum Ausdruck kommende erhöhte Erlebnisfähigkeit zurückzuführen? Der Studienbeginn und die damit verbundene Entfernung vom Elternhaus haben auch dazu geführt, „daß sich mein Leben von einem Dämmerzustand hin zu einem bewußten, eben fühlbaren Wachzustand verändert hat". In diesem Wachzustand werden aber auch Angst vor Zurückgewiesen-Werden, vor dem Nicht-Ankommen bei anderen, vor Kontakt, vor Mißerfolg, sozialer Abwertung, Orientierungslosigkeit und beruflicher Unsi-

6

cherheit intensiver erlebt. Warum traut man sich nicht, sich im Seminar zu melden? Dazu steht in einem studentischen Diskussionspapier: Es ist die Angst, sich damit angreifbar zu machen, und die Angst, einen möglichen Konflikt nicht durchstehen zu können (*Esser* 1978, S. 162). Hinzukommt, daß man aufgrund bestimmter Erwartungen und entsprechender erlernter Verhaltensmuster gewohnt ist, ein Bild von sich selbst zu vermitteln, in dem Ängste und Konflikte nicht zugelassen, Durchstehvermögen und Souveränität dagegen gefordert sind (ebd.). Es macht also jeder dem anderen etwas vor, und keiner ist sich sicher, ob der andere wirklich so souverän ist, wie er tut, oder ob dahinter nicht Angst und Hilflosigkeit verborgen sind; jeder muß aber auch Angst haben, daß er selbst durchschaut wird. Diese Gefahr des Durchschaut-Werdens bezieht sich nicht nur auf Emotionen, sondern auch auf die intellektuelle Leistungsfähigkeit: Auch hier bluffen viele Studenten sogar ihre Kommilitonen, weil sie nicht gerne zugeben wollen, daß sie etwas nicht verstanden oder überhaupt nicht gelesen haben.

· Ähnlich wie die Schule (vgl. vor allem *Singer* 1981) ist auch die Hochschule bemüht, ihre Lernziele ohne Berücksichtigung der Gesamtpersönlichkeit zu erreichen; dadurch entsteht gelegentlich der Eindruck, als seien Gefühle der Angst, der Einsamkeit, aber auch Neid, Stolz und Schadenfreude „mehr oder weniger lästige Anhängsel der Psyche" (*Völker* 1975, S. 86). Es sind nicht immer nur die Tradition der Universität oder persönliche Bequemlichkeit oder Unwilligkeit beteiligt, wenn Emotionen ausgeklammert werden. Auch mangelnde Erfahrung und eigene Unsicherheit spielen eine Rolle, wenn man sich z. B. als Dozent angesichts einer weinenden Studentin in der Sprechstunde (männliche Studenten habe ich noch nie weinen sehen) unbehaglich fühlt.

Bei der gegenseitigen Distanzierung zwischen Studenten und Dozenten spielt die Art des Sprachgebrauchs eine wichtige Rolle. „Obwohl die Lehrenden oft wissen, daß ihr professoraler Sprachgebrauch und ihre verwendeten Fachausdrücke kaum von den Studenten verstanden werden, verhalten sie sich oftmals mit ruhiger Selbstsicherheit weiterhin so, als würde ihre in der akademischen Tradition ausgebildete Begriffssprache auch verstanden werden" (*Haeberlin/Niklas* 1978, S. 82). Obwohl sie es gar nicht verstanden haben, bemühen die Studenten sich häufig so zu sprechen und zu schreiben, *als ob* sie verstanden hätten; damit „besteht Einverständnis im gegenseitigen Mißverständnis" (ebd., nach *Bourdieu/ Passeron* 1971). Die sprachliche Selbstsicherheit der Professoren und „die Toleranz der Studenten gegenüber semantischem Nebel" ergänzen sich mit dem Ergebnis einer Pseudokommunikation (ebd.). Auf der Seite der Studenten dient diese Art des Sprachgebrauchs auch der Imagepflege (ebd., S. 84). Auch in ihren schriftlichen Arbeiten vermitteln sie dem Professor gezielt den Eindruck, sie hätten die komplizierte Sprache verstanden, was bekanntlich oft nicht zutrifft. „Diese Technik der Imagepflege, des Verzichts auf Nachfragen und Klärung von Begriffsdefinitionen, hat die Funktion, vor Zwischenfällen zu schützen, die den Status als Student bedrohen könnten" (ebd.), denn wenn er nichts „verstehen" würde, dürfte er ja eigentlich gar nicht anwesend sein! Eindrucksmache und fiktive Kommunikation treten also an die Stelle eines Miteinander-Umgehens, in dem auch aktuell erlebte Emotionen ausgedrückt und wahrgenommen werden können.

Der skizzierte Kommunikationsstil und die mangelhafte Hilfestellung, die Studenten nach eigenen Aussagen durch die Hochschule erhalten (vgl. *Esser* 1978) führen dazu, daß auch eine Vielzahl sozialer Ängste wie z. B. Verlegenheit, Publikumsangst, Schüchternheit und Scham nicht nur entstehen, sondern im Verlaufe des Studiums sich auch noch verstärken können (dazu *Schwarzer* 1981, S. 126 ff.). Gemeinsam ist den genannten Formen der sozialen Angst, daß die Betroffenen sich bei Anwesenheit anderer unbehaglich fühlen, daß sie eine Beeinträchtigung ihres Selbst-Wertes erleben oder befürchten, verbunden mit einem Zustand der „öffentlichen Selbstaufmerksamkeit" (a.a.O., S. 140). Es entsteht Streß: Man bemüht sich, ein wichtiges Ziel zu erreichen, man erlebt dabei eine Verunsicherung oder Bedrohung, fühlt sich hilflos, verdoppelt die Anstrengungen, kann den Erfolg immer noch nicht sichern, man wird nervös und gefährdet damit das Gelingen immer mehr. Typisch dafür ist die Situation des nicht angekommenen Vortrags oder Referates: „Wenn keiner die Miene verzieht, wenn eisiges Schweigen herrscht oder die Zuhörer teilnahmslos in der Gegend umherblicken, empfindet der Handelnde soziale Nichtbeachtung oder Desinteresse, was für ihn im Widerspruch zu seinem persönlichen Anstrengungsaufwand steht" (*Schwarzer* 1981, S. 134).

Vielleicht haben Sie diese Situation selbst schon erfahren. Es gibt auch noch viele andere „kritische" Situationen im Alltag des Studiums. Versuchen Sie, sich

---

Schüchternheit

I. Eine Skala zur Messung von Schüchternheit (nach Buss 1980, S. 139)

1. Ich bin angespannt, wenn ich mit Leuten zusammen bin, die ich nicht gut kenne.
2. Ich fühle mich in sozialen Situationen beeinträchtigt.
3. Im Beisein anderer bin ich etwas unbeholfen.
4. Bei Parties und anderen geselligen Anlässen fühle ich mich oft unbehaglich.
5. Bei der Unterhaltung bin ich besorgt, daß ich etwas Dummes sagen könnte.
6. Wenn ich mit einer Autoritätsperson spreche, bin ich ganz nervös.
7. Ich bin schüchterner gegenüber Angehörigen des anderen Geschlechts.
8. Es bereitet mir Schwierigkeiten, jemandem direkt in die Augen zu blicken.

(–) 9. Es macht mir nichts aus, mit Fremden zu sprechen.

II. Rangordnung von Auslösesituationen der Schüchternheit bei Studenten (nach Zimbardo 1977, S. 55)

Andere Menschen	*Anteil schüchterner Studenten*
Fremde	70%
Angehörige des anderen Geschlechts	64%
Autoritätspersonen (aufgrund ihrer Sachkenntnis)	55%
Autoritätspersonen (aufgrund ihrer Rolle)	40%
Verwandte	21%
Alte Leute	12%
Freunde	11%
Kinder	10%
Eltern	8%

Situationen	
Wenn ich vor einer Gruppe im Mittelpunkt stehe	73%
Große Gruppen	68%
Wenn ich einen niedrigen Status einnehme	56%
Soziale Situationen im allgemeinen	55%
Neue Situationen im allgemeinen	55%
Wenn ich mich selbst behaupten muß	54%
Wenn ich bewertet werde	53%
Wenn ich in kleinen Gruppen im Mittelpunkt stehe	52%
Kleingruppen	48%
Interaktionen mit einem Angehörigen des anderen Geschlechts	48%
Wenn ich Hilfe benötige und verwundbar bin	48%
Aufgabenorientierte Kleingruppen	28%
Interaktionen mit einem Partner desselben Geschlechts	14%

(*Schwarzer* 1981, S. 136 u. 137)

eine derartige Situation möglichst konkret zu vergegenwärtigen, z. B. „Warten vor der Sprechstunde", „Ohne-Rat-Weggeschickt-Werden", „Abwertung durch Ironie". Es scheint, daß allen hier entsprechenden Gefühlsreaktionen – Beschämung, hilflose Wut, Angst – mindestens eines gemeinsam ist, nämlich das Gefühl, *als Person nicht ernst genommen zu werden.* Diese Erfahrung ist oft die Grundlage mangelnden Vertrauens, also des Gefühls, daß man sich verlassen kann auf den anderen, auf seine Glaubwürdigkeit, seine Zuverlässigkeit und sein Interesse (vgl. *Rotter* 1981). Einen Menschen ernst nehmen heißt vor allem, seine Gefühle ernst nehmen, und dies ist (u. a.) Voraussetzung für die Entwicklung einer Vertrauensbeziehung.

Zur Abwehr von Emotionen in der Öffentlichkeit: einige Strategien

Stellen Sie sich vor, Sie sitzen in einem öffentlichen Verkehrsmittel. Neben Ihnen sitzt jemand und fragt Sie: „Wieviel Uhr ist es?" Was empfinden Sie dabei und wie werden Sie reagieren?

Ein anderes Mal sitzt jemand neben Ihnen, der plötzlich auf seine Uhr schaut und mit allen Anzeichen des Entsetzens vor sich hinmurmelt: „Mein Gott, es ist schon so spät!" Wie reagieren Sie da?

Und wieder ein anderes Mal sitzt jemand neben Ihnen, der Sie plötzlich mit starrer Miene ansieht und mit tonloser Stimme sagt: „Ich bin so unglücklich." Wie würden Sie darauf reagieren?

Ich nehme einmal hypothetisch an, daß Sie im letzteren Fall etwa so reagieren: Sie werden eine Entschuldigung murmeln und an der nächsten Haltestelle aussteigen, auch wenn das gar nicht die richtige Haltestelle ist. Oder Sie werden sich intensiver mit Ihrer Zeitung beschäftigen. In jedem Fall werden Sie ziemlich befremdet sein. Sie werden sich unbehaglich fühlen. Sie werden zumindest ein bißchen wegrücken von Ihrem Nachbarn, den Sie vielleicht für „nicht ganz dicht" halten.

Der dritte Nachbar in unserem Beispiel hat sich zweifellos etwas „unpassend" verhalten, er war geradezu „aufdringlich", indem er mit seiner Bemerkung eine Intimität der Interaktionsbeziehung herstellte, die in einem öffentlichen Verkehrsmittel und gegenüber einem Fremden zumindest ungewöhnlich ist. Seine Äußerung drückt nicht nur eigene persönliche Betroffenheit aus, sie fordert auch eine solche oder zumindest eine hohe persönliche Anteilnahme vom Gesprächspartner. Die drei Situationen repräsentieren *ansteigende Grade der zwischenmenschlichen Intimität.* Ich nehme an, daß Sie sich schon bei der zweiten Szene etwas unbehaglich fühlen, weil Sie ungewollt Zeuge einer recht heftigen emotionalen Regung sind.

Was können wir aus diesen Beispielen und ihrem Zusammenhang lernen? Wir haben offenbar ziemlich genaue Vorstellungen davon, in welchen Situationen welche emotionalen Äußerungen „erlaubt" oder „normal" sind. Und wir haben es nicht gerne, wenn jemand diese Regeln verletzt, weil wir nicht darauf vorbereitet sind, Anteilnahme zu zeigen oder uns zu engagieren – und weil wir dies auch oft nicht wollen. Die Beispiele zeigen, daß unser eigenes und auch das Verhalten unserer Mitmenschen, insbesondere verbale oder sonstige Äußerungen von Emotionen eine bestimmte Art von Interaktionsbeziehung und Interaktionssituation schaffen oder auch: implizit oder explizit voraussetzen. Auf eine neutrale Frage („Wie spät ist es?") reagieren wir anders als auf eine emotionale Äußerung, die der andere noch dazu auf seine eigene Zuständlichkeit bezieht. Das in diesem Fall von mir hypothetisch unterstellte Verhalten (Sie verlassen die Situation) könnte man als „Ablenken" oder „Ignorieren" bezeichnen.

Im Alltag gibt es viele Formen der *Abwehr oder Distanzierung von Gefühlen,* auf die ich im folgenden nur kurz und nur illustrativ eingehen kann. – Ein Beispiel aus meinem eigenen Berufsalltag: Wenn in einer mündlichen Prüfung die Kandi-

Wann sind wir gerne alleine?

100 Studenten der Universität wurden danach befragt, in welchen Situationen sie lieber alleine wären oder wann sie die Gesellschaft anderer vorzögen. Unter anderem gaben sie das auch für die folgenden Situationen an:

Situation	Studenten in %, die		
	mit anderen zusammen sein wollten	allein sein wollten	unentschieden waren
Wenn man deprimiert ist	42	48	10
Wenn man beunruhigt ist über ein ernstes persönliches Problem	52	44	4
Wenn man müde ist	6	85	9
Wenn man sehr glücklich ist	88	2	10
Wenn man sich wegen einer Sache schuldig fühlt	45	43	12
Wenn man verärgert ist	16	76	4
Wenn einem nach Weinen zumute ist	8	88	4
Wenn man sich in einer ungewohnten Situation befindet oder etwas völlig Neues tut	77	13	10

(*Nach Middlebrook* 1973, entnommen aus *Zimbardo/Ruch* 1978, S. 444)

datin oder der Kandidat blaß wird, Schweiß auf die Stirn tritt, die Stimme zu versagen droht, wenn also der Prüfling offenkundig große Angst hat, dann neige ich in der Mehrzahl der Fälle dazu, diese Anzeichen zu übersehen und damit auch die Angst tendenziell zu ignorieren. Wohl versuche ich, beruhigend auf den Kandidaten einzuwirken, aber nur selten spreche ich die Angst offen an. *Verharmlosen* ist eine ähnliche Form der Abwehr; wenn sich ein Kind wehgetan hat, sagen viele Eltern – anstatt zu trösten –: „ Das hat ja gar nicht weh getan!" Es gibt viele Formen der Unterdrückung von Emotionen, die teilweise auch in kulturellen Wertvorstellungen begründet sind, wie z. B.: „Ein Junge weint nicht!"

Eine besonders raffinierte Form der Distanzierung ist die *Ritualisierung*, die man gelegentlich auf Parties der „gehobenen" Gesellschaftsschichten beobachten kann, wie z. B. den ritualisierten Austausch von Zärtlichkeiten bei Begrüßung und Abschied. Vor kurzem hörte ich auf einer derartigen Veranstaltung eine Frau ausrufen: „Oh, ich war ja so happy!" In diesem Party-Neudeutsch wird zwar eine Emotion angesprochen, aber nur ganz indirekt; entweder soll damit ein gar nicht vorhandenes Gefühl demonstrativ zur Schau gestellt werden, oder die Sprecherin hat Angst, zu einem tatsächlichen Gefühl als Person ganz zu stehen und zu sagen: „Ich war glücklich!"

Die Strategien „Ablenken" und *„Abwiegeln"* werden oft eingesetzt, um Konfliktpotential zu entschärfen oder um vorbeugend größere psychische Belastungen zu verhindern. Eine besondere Form ist das „cooling out" (*Clark* 1974), also das „Abkühlen". Beispiel: Den Eltern eines Schülers, der vorzeitig das Gymnasium verlassen muß, wird erklärt, der Schüler habe ja große Stärken im „praktischen" Bereich; es bleibe ihm außerdem viel erspart an weiteren seelischen Qualen an der Oberschule usw. Schließlich gibt es auch noch das *„Tabuieren",* wenn die Nachbarn sich nicht darum kümmern, daß in ihrer nächsten Umgebung Kinder regelmäßig von ihren Eltern so geschlagen werden, daß die Schmerzensschreie unüberhörbar sind. Hier geht in unserem Kopf etwas vor, was auch für die anderen Beispiele kennzeichnend ist: „Es geht mich nichts an!" Die Folge ist, daß man Menschen als Mit-Menschen nicht mehr ernst nimmt, daß man eine Mauer der „Privatheit" errichtet, die als Rechtfertigungs-Schutz vor einem Engagement dient, das man aus Egoismus nicht will oder das man sich aus Angst und Unfähigkeit nicht einzugehen getraut (vgl. hierzu auch den wichtigen Forschungsbereich „Pro-Soziales Verhalten", z. B. *Lück* 1975, *Staub* 1982).

Wer erkennbar „Gefühle" hat, wer „zuviele" hat bzw. wer sie zu offen zeigt, der gilt leicht als kopflos und labil (vgl. *Zimmer* 1981 a). Emotionalität wird in westlichen Industriegesellschaften häufig als Schwäche, als Unreife oder als Luxus angesehen, den man sich nur in besonderen, dafür vorgesehenen „Freiräumen" wie z. B. der Familie erlauben sollte.

Dazu einige Beispiele: In der Auseinandersetzung mit Anhängern der „Friedensbewegung" wird z. B. ein Gegensatz zwischen „Ratio" und „Emotion" konstruiert, womit den Friedensdemonstranten „Emotionalität" im Sinne von Unbelehrbarkeit attestiert werden soll (Dönhoff in *Die Zeit* vom 18. 10. 1981). Wenn die Anhänger und Gegner eines Ausbaus des Frankfurter Flughafens sich öffentlich beschimpfen, dann heißt es, die Diskussion werde immer „emotionaler" geführt (*Süddeutsche Zeitung* vom 3. 11. 1981, S. 3). Wenn im Kollegenkreis sich ein Kollege gegen ungerechtfertigte Angriffe zur Wehr setzt, dann wird ihm oft vorgeworfen, er reagiere „emotional", was hier heißen soll: unpassend, unsachlich, unvernünftig, zu „persönlich". Der „emotionale" Mensch erscheint uns im Alltag oft als unberechenbar, als unzugänglich für „vernünftige" Argumente, als tendenziell uneinsichtig; er verunsichert uns. Die Gegenstrategie hat *Hofstätter* (1960, S. 115) so zusammengefaßt: „Von der Antike (‚Erkenne Dich selbst!') bis zur Gegenwart (Psychotherapie) ergeht an den mit der Zuständlichkeit seines Gefühls ringenden Menschen die Aufforderung zur gegenständlichen Erfassung der ihn bewegenden Kräfte und damit – meist unausgesprochenerweise – zur *Neutralisierung seines Bezuges zur Welt"* (Hv. D. U.).

Meine Beispiele für diese Versuche der „Neutralisierung" sollen kein Plädoyer für eine „Emotionalisierung" sein, sondern lediglich zeigen, wie schwer wir uns im Alltag tun, mit persönlicher Betroffenheit, mit Belastungen und mit persönlichem Engagement umzugehen, gerade wenn es uns nicht paßt. Zeigt sich die Humanität einer Gesellschaft nicht auch darin, wie die in ihr zusammenlebenden Menschen mit ihren Gefühlen und den Gefühlen anderer umgehen? Viele öffentliche Reaktionen auf Angst und Betroffenheit nach der Atomkatastrophe von Tschernobyl hatten die Diffamierung und Ausgrenzung von Emotionen zum Ziel. Die Geringschätzung von Gefühlen, das Nicht-Ernstnehmen: Hier wurde es zur Geringschätzung des Lebens, also eine Aufforderung zur Selbstverleugnung. Wir sehen wieder: Wer Gefühle nicht ernst nimmt, nimmt die Menschen nicht ernst.

Der Aufforderung zur Neutralisierung zu widerstehen, bedeutet nicht, Innerlichkeit und Betroffenheit zu kultivieren. Auch die Abdrängung von Gefühlen in eine wie auch immer definierte Privatheit steht ja im Dienste einer „öffentlichen" Neutralisierung, der „Rationalität" der Atomkraftwerke. Sondern die geforderte Selbstverleugnung kann man nur durch eine aktive Mitgestaltung der eigenen Lebensgrundlagen und Lebensqualität abwehren mit dem Ziel, „Ich-Beteiligung", Involviertheit, Engagement, Lebensfreude, sinnliches Genießen, Beziehungen und Bindungen zu ermöglichen und zu verwirklichen.

Im Umgehen mit Gefühlen spiegelt sich unsere Einstellung gegenüber unserem Mitmenschen *als* Person. Jemanden als Person wahrzunehmen und ernstzunehmen, heißt auch, ihm Individualität zuzubilligen und die Möglichkeit von Entfaltung und Entwicklung einzuräumen, „Personalität" als schützenswertes Gut anzuerkennen. Diese Sichtweise ist eine Errungenschaft der bürgerlichen Aufklärungsbewegung, in manchen Ländern auch Produkt revolutionärer Befreiungsbewegungen. Sie hat viel zur Humanisierung der Gesellschaft und auch von Beziehungen beigetragen, ist aber nicht immer frei von elitärer Selbstdeutung oder geschützt gegen Gefährdungen durch „Sachzwänge" – siehe Diffamierung von Angst nach Tschernobyl.

1.3. Können wir ohne Emotionen leben?

Die Bedeutung von Emotionen im Alltag können wir auch dadurch verstehen lernen, daß wir uns das Gegenteil vorstellen, uns also ganz besonders krasse Fälle von Gefühls-Losigkeit vergegenwärtigen. Damit möchte ich zweierlei zeigen, nämlich (1), daß in bestimmten Situationen gewisse Gefühlsreaktionen „normal" sind, also auch erwartet werden, und (2), daß Gefühle zentrale Merkmale unseres Mensch-Seins sind. Weil man an viele „normale" und notwendige Gefühle (wie z. B. Vertrauen) im Alltag schon gewöhnt ist, kann man anthropologische Sachverhalte wie den eben genannten manchmal nur mit Hilfe von Extrembeispielen wieder ins Bewußtsein heben: Oft macht uns erst eine Kindstötung klar, wie wichtig Mutterliebe ist. Meine folgende Beispiel-Auswahl folgt also einem didaktischen Prinzip und bedeutet nicht, daß es keine positiven Emotionen gibt, oder daß diese weniger wichtig seien.

Interaktion

Haben Sie schon einmal gegen einen Roboter Schach gespielt? Wenn nicht, versuchen Sie doch, sich in die Situation eines Schachspielers zu versetzen, der gegen einen der inzwischen ziemlich verbreiteten Schach-Roboter spielt. Würde Ihnen so ein Spiel Spaß machen? Und wenn nicht: Warum?

Ein Roboter kann viele Leistungen erbringen. „Aber er würde niemals lächeln, lachen, weinen, erröten" (*Zimbardo/Ruch* 1978, S. 275). Der Roboter kann also sofort als nicht-menschliches Wesen erkannt werden, weil er niemals Gefühle zeigt, wenn er sich in einer „emotionalen" Situation befindet (ebd.). Können wir den Roboter menschlicher machen, indem wir ihm einfach ein paar Tränenkanäle einbauen und „ihn so programmieren, daß er bei den Gelegenheiten weint, bei denen Menschen das tun? Aber *wann* weinen Menschen?" (ebd.). Wenn Sie über diese Frage nachdenken, wird deutlich werden, daß es wiederum persönliche Betroffenheit ist, die Menschen zum Weinen bringt. Und es ist keine Situation denkbar, die einen Computer „betroffen" machen könnte. Genau dies aber ist es, was Sie beim Spiel mit dem Schach-Roboter vermissen werden. Zwei Schachspieler (Karpow und Kortschnoi), die in Weltmeisterschaftskämpfen oft gegeneinander gespielt und dies teilweise mit einer ungewöhnlichen (politisch motivierten) Feindseligkeit betrieben haben, haben zeitweise ihr Verhalten dem eines Roboters angenähert, um damit ihren Gegner zu verunsichern. Ein Spieler trug z. B. regelmäßig eine spiegelnde Sonnenbrille, um seine Mimik zu verbergen; ein anderes Mal ging er nur zu den eigenen Zügen ans Schachbrett und hielt sich ansonsten in einer Kabine auf. Auch damit unterbrach er die normale Interaktion, denn sein Gegner saß den weitaus größten Teil der Zeit einem leeren Stuhl gegenüber.

Zusammenfassend: Wir fühlen uns in unserem Mensch-Sein reduziert oder eingeschränkt, wenn unser Handeln keinen lebendigen, d. h. gefühle-zeigenden Widerpart hat.

Bürokratie

„Ihr Kind besucht nicht mehr unsere Schule."

Diesen Bescheid gab ein Gymnasialdirektor einem Vater, der nach der Selbsttötung seines Kindes um ein Gespräch bat (*Singer* 1981, S. 113). Obwohl die in dem „Bescheid" zum Ausdruck kommende Haltung weder für die Schule allgemein noch für Schuldirektoren typisch ist, macht sie deutlich, was möglich ist an Unmenschlichkeit im Rahmen einer bürokratischen Organisation, die eine „Neutralisierung" menschlicher Beziehungen nicht nur erlaubt, sondern in gewissem Umfang auch fordert.

Über die Schwierigkeiten von Kindern, in der Schule Gefühle zu erleben und zu zeigen, schreibt ein Autor, der gleichermaßen als Pädagoge wie als Wissenschaftler engagiert ist: „Wenn sich Kinder in der Schule so anpassen müssen, daß es für sie unmöglich wird, persönliche Gefühle zu zeigen und zu erleben, wird dadurch ein Teil ihres Selbst zerstört ... Ein Kind, das seine Gefühle nicht äußern darf, weil es sonst Liebesentzug befürchten muß, wird seine Gefühle abtöten und damit ein Stück seiner *Lebendigkeit* verlieren" (*Singer* 1981, S. 107/108, Hv. D. U.). Grundsätzlich gilt: Ein Kind kann Gefühle nur erleben, „wenn eine Person da ist, die es mit diesen Gefühlen annimmt, versteht und begleitet" (*Miller* 1979, S. 26).

Ein sehr banales, alltägliches Beispiel dazu: Ein Schüler, der sich am Anfang seiner Gymnasialzeit befindet, geht am Ende des ersten Schultages, wie er es in der Grundschule mit anderen Kindern zusammen immer getan hatte, mit einem Lächeln spontan auf den Lehrer zu, um sich zu verabschieden. Dieser übersieht geflissentlich die ausgestreckte Hand und wiederholt, den Blick über den Schüler hinweg ins Leere gerichtet, sein anonymes „Auf Wiedersehen!". Der Schüler – es ist mein Sohn – fühlt sich zurückgestoßen, er „versteht" den Lehrer zunächst nicht. Ich „erkläre" meinem Sohn, daß es im Gymnasium eben anders sei, und daß er das schon berücksichtigen müsse. Das hat er auch „verstanden", – aber wie sieht es mit dem emotionalen Anteil dieses Verstehens aus? Einige Wochen später – das Ende der Probezeit im ersten Jahr am Gymnasium steht bevor – erzählt mein Sohn folgenden Ausspruch seines Klassenlehrers: „Morgen wird ausgemistet. Da kommen die ungeeigneten auf die Grundschule zurück!"

Gewalt

„Nachdem ich ihn erschoß, nicht wirklich irgendein besonderes Gefühl, nehme ich nicht an. Ich habe mich nicht gut gefühlt. Ich hab mich nicht schlecht gefühlt. Ich nehme an, ich habe nichts gefühlt."

„Das ist 'ne unpersönliche Sache. . . . Man hat keine Gefühle für diese Leute. Ich hab kein Gefühl für sie oder irgendwas. Äh – man muß keinen Haß für den Mann empfinden oder irgendso was. Und man tut nur einfach das, wofür man trainiert wurde."

„So ist das nun mal bei dem Spiel. Ich meine, das ist es, was ich fühle, du hast einen Job zu erledigen und du gehst raus und erledigst den Job (Frauen und Kinder zu töten)."

„Mir hat mein Einsatz Spaß gemacht."

„Ich hatte nie das Gefühl, daß ich einen Mann als Individuum getötet habe."

„Ich hab mich ziemlich gut gefühlt, weil es der erste Einsatz war und ich sechs gekriegt hab."

„Ich war nur glücklich, daß ich meinen ersten Vietcong gekriegt hab."

„Es ist eine Leistung, mehr oder weniger sich anzupirschen, an einen Menschen, sich an etwas Lebendes anzupirschen, so wie man Rehe jagt. Man pirscht sich an ein Reh an, man geht in Stellung, man wartet, man wartet und schließlich wird das Reh kommen, und du kriegst es, und wenn du's Reh kriegst, fühlst du dich – fühlst du dich gut."

„Sind Sie jemals jagen gegangen, auf Rehe? Du führst. Das ist einfach ein glücklicher Schuß. Ich hatte das Gefühl wie bei einer Party. Einfach ein verrückter, glücklicher Schuß." (Er erschoß einen Vietnamesen aus einer Entfernung von 1000 Metern.)

„Um die Wahrheit zu sagen, ich hab wirklich nicht soviel darüber nachgedacht."

Was sind das für Menschen, die den Unterschied zwischen Rehen und Menschen nicht gelernt haben? Die Töten als Sport, als Spaß oder wenigstens als gutbezahlten Job ansehen? Die keine Schwierigkeiten beim Töten haben? – Alle Zitate stammen von Mitgliedern einer im letzten Vietnam-Krieg eingesetzten

Spezialtruppe, der „Green Berets". Die Äußerungen wurden in einer Untersuchung auf die Frage gegeben, wie sich die Soldaten beim Töten der Gegner, insbesondere auch Frauen und Kinder, gefühlt hätten (*Mantell* 1978, S. 288 ff.). Der Klappentext des Buches nennt den Grund, warum ich diese Untersuchung für einen wichtigen Beitrag zur Emotionspsychologie halte: „Brutalität mag in Kriegen sichtbar werden, aber sie ist im wesentlichen das Ergebnis eines steuerbaren Erziehungsprozesses in der Familie, die über die Ausbildung gewaltsamer und gewaltloser Eigenschaften im Menschen sehr früh entscheidet."

An dem Beispiel der Untersuchung von Mantell kann ich nun die meiner Ansicht nach wichtigste *Aufgabe einer Emotionspsychologie* deutlich machen: die Untersuchung der konkreten Entwicklungsbedingungen konkreter Emotionen bzw. – wie bei Mantell – auch des Fehlens von Emotionen wie z. B. des Mitleids, das man nach übereinstimmenden Auffassungen sicherlich zum „normalen" Menschsein hinzurechnen muß. Leider habe ich bisher in keiner Abhandlung zum Thema „Emotion" eine Erwähnung der Untersuchung von Mantell gefunden – auch dies ein Hinweis auf die Alltagsferne der Emotionspsychologie.

Die eingangs gestellte (rhetorische) Frage, ob wir ohne Emotionen leben können, kann aufgrund der wenigen Beispiele wieder nur pauschal beantwortet werden: Manche Menschen werden daran gehindert, bestimmte Gefühle zu entwickeln, zu erleben und zu äußern; manche Menschen können offenbar auch ganz gut ohne bestimmte Gefühle (wie Mitleid, Scham usw.) leben; und bestimmte Umstände erlauben das Lernen, Erleben und Äußern gewisser Gefühle in recht unterschiedlichem Maße. Letztlich geht es hier auch um eine anthropologische Frage: Was zum Mensch-Sein gehört, kann nur aufgrund von Wertentscheidungen bestimmt werden. Diese zwingen uns aber auch dazu, über die oben zitierten Äußerungen der „Green Berets" nicht achselzuckend mit dem Hinweis auf die bedauerlichen Notwendigkeiten eines Krieges hinwegzugehen, sondern z. B. auch Gefühlslosigkeit als einen zentralen Gegenstand der Emotionspsychologie selbst anzusehen.

2. Bestimmungsmerkmale von Emotionen und Fragestellungen der Emotionspsychologie

In diesem Kapitel möchte ich Bestimmungsmerkmale erarbeiten, mit deren Hilfe man Emotionen von anderen Komponenten des Erlebens und Verhaltens unterscheiden kann. Dabei gehe ich von der traditionellen Einteilung in verschiedene psychische „Vermögen" – Denken, Wollen, Fühlen – aus und frage, welchen theoretischen oder praktischen Sinn eine solche Unterscheidung haben kann. Vor dem Hintergrund der Unterschiede und Beziehungen zwischen Emotion, Motiv, Kognition und Handeln werden dann die Bestimmungsmerkmale entwickelt. Dann gehe ich auf Fragen ein, die in der Emotionspsychologie gestellt werden bzw. gestellt werden *sollten*. Dabei komme ich auch zu einer klassifikatorischen Unterscheidung von Gefühls-Erlebnis, Gefühls-Haltung und Stimmung.

Das Kapitel hat also drei Unterkapitel: (1) Der „dreigeteilte Mensch", (2) Zehn Bestimmungsmerkmale von Emotionen, (3) Fragestellungen in der Emotionspsychologie.

2.1. Der dreigeteilte Mensch: Emotionen in ihrer Beziehung zu anderen psychischen Komponenten

Wer sich in der Psychologie mit dem Thema „Emotion" beschäftigt, muß eigentlich angeben, worin sich Emotionen von anderen psychischen Erscheinungen wie z. B. Motiven, Wahrnehmung, Denken, Gedächtnis, Verhalten und Handeln unterscheiden. Gleichzeitig muß er auch sagen können, wie diese verschiedenen Vorgänge in der Persönlichkeit eines Menschen hypothetisch oder real zusammenwirken. Emotionen haben mit anderen Komponenten wie z. B. Motiven viel gemeinsam: z. B. eine Entwicklungs- und Lerngeschichte, einen bestimmten Umweltbezug, eine mehr oder weniger stabile Verankerung „in" der Persönlichkeit, Beziehungen zu Selbstbild und Identität, sichtbare Wirkungen „nach außen" wie z. B. in bestimmten Leistungen oder auch bestimmten Auffälligkeiten, Störungen usw. Emotionen hängen mit allen anderen Prozessen innerhalb des Erlebens und Handelns einer Person eng zusammen. Die Gemeinsamkeiten und Beziehungen verdecken jedoch nicht die Tatsache, daß Emotionen auch Besonderheiten aufweisen, die wir erkennen müssen, wenn wir andere Menschen und uns selbst wirklich verstehen wollen.

In diesem Abschnitt wollen wir uns mit der Frage beschäftigen, welchen Sinn es hat, im Erleben und Handeln bestimmte Bündel von psychischen Prozessen oder Merkmalen kategorial voneinander zu unterscheiden. Welche Alltagserfahrungen sprechen *für* eine solche Unterteilung, welche Argumente werden von der Psychologie gebracht? Was spricht *gegen* solche Unterteilungen? Ich möchte zu

17

Vermögenspsychologie (1888)

„Wenn wir die Inhalte des Bewußtseins untersuchen, finden wir drei verschiedene Arten von Phänomenen, die elementar sind, aber in die Gestaltung des seelischen Erlebens eingehen:

1. Wissen ist ein Zustand der Gewißheit, den die Seele in sich selbst entdeckt, wenn immer Objekte anwesend sind. So nehme ich dieses Buch in meine Hand und weiß, daß ich es habe, daß es dieses Buch ist, und daß es sich von anderen mich umgebenden Dingen unterscheidet.
2. Fühlen ist ein Zustand der Seele, der sich vom Wissen unterscheidet, nicht leicht beschreibbar, aber rasch zu charakterisieren. So berühre ich das Buch mit meinem Finger, und es entsteht in Ergänzung zu dem Wissen, daß ich es berühre, das in mir, was ich ein *Fühlen* nenne, unterschieden vom Wissen.
3. Wollen ist ein Akt der Seele, anderes als sowohl Wissen wie Fühlen. Ich hebe das Buch auf vom Tisch. Es ist *meine* Handlung. Es hat seinen Ursprung in *mir,* nicht in dem Buch oder in dem Tisch.

Diese elementaren Erscheinungen begleiten einander, aber sie sind nicht identisch und können nicht ineinander aufgelöst oder voneinander abgeleitet werden."

(*Hill* 1888, S. 7, zit. n. *Candland* 1977, S. 61).

zeigen versuchen, daß es sich bei Begriffen wie „Emotion", „Motiv" oder „Kognition" um *einander ergänzende Aspekte eines einheitlichen psychischen Geschehens* handelt. Bestimmte theoretische und praktische Fragestellungen können uns dazu veranlassen, einen dieser Aspekte in den Vordergrund zu schieben und einer gesonderten Betrachtung zu unterziehen. So wird sich beispielsweise der soeben verlassene Liebhaber recht wenig für die „kognitive" Ausstattung seiner ehemaligen Freundin interessieren, sondern er wird vor allem nach deren Motiven fragen. Wenn dagegen in der Schule ein Schüler versagt, wird man sich genauer für die Beziehung zwischen Leistungsbereitschaft (Motiv) und Leistungsvermögen (Fähigkeit) interessieren. Oder ein letztes Beispiel: Wer einem ängstlichen Kind mit intelligenten Argumenten die Grundlosigkeit seiner Angst klar zu machen versucht, wird wenig Erfolg haben, weil er eben die Eigenständigkeit und Spezifität der Emotion Angst nicht berücksichtigt.

Ich gliedere dieses Unterkapitel in drei Abschnitte: Im ersten Abschnitt werde ich die Unterscheidung verschiedener psychischer Einheiten von der Psychologie her darstellen. Im zweiten Abschnitt werde ich die Brauchbarkeit der Unterscheidung anhand eines konkreten Beispiels untersuchen. Und im dritten Abschnitt werde ich dafür argumentieren, die Beziehungen zwischen den verschiedenen Einheiten als ein Ergänzungsverhältnis aufzufassen, das aber zur Beantwortung bestimmter Fragestellungen analytisch aufgebrochen werden kann. Die Klärung der Unterschiede und Gemeinsamkeiten zwischen Emotionen und anderen psychischen Komponenten ist jedenfalls eine wichtige Voraussetzung für die Bestimmung derjenigen Merkmale, die für Emotionen spezifisch und kennzeichnend sind.

Begriffe der Psychologie

Zunächst eine kleine Aufgabe: Vergleichen Sie bitte die folgenden beiden Personen-Beschreibungen:

Herr Schmidt ist durchschnittlich intelligent. Er hat eine rasche Auffassungsgabe. Sein Wissen ist begrenzt. Er hat gelernt, folgerichtig zu denken. Von seinem guten Gedächtnis kann er zweckmäßigen Gebrauch machen. Er kann konzentriert arbeiten.

Herr Müller hat Angst vor seinem Vorgesetzten. Seine Kinder liebt Herr Müller, seine Frau weniger. Er möchte weniger arbeiten. Er ist glücklich, wenn er am Strand in der Sonne liegt. Seiner Regierung gegenüber ist er mißtrauisch.

Von welcher der beiden Personen haben Sie ein deutlicheres Bild? Woran liegt das? Worin unterscheiden sich die beiden Beschreibungen? Die Antworten sind nicht sehr schwer: Die Beschreibung von Herrn Müller bezieht sich auf dessen Emotionen und Motive; ein Mensch, von dem wir wissen, was er mag und sich wünscht, steht uns in der Regel klarer vor Augen als eine Person wie Herr Schmidt, von der wir nur ihre kognitive Leistungsfähigkeit kennen.

Was ist mit den Begriffen „Kognition", „Motiv", „Emotion" gemeint? Die Unterscheidung zwischen Denken, Fühlen und Wollen geht bekanntlich bis in die griechische Philosophie zurück; sie hat die Psychologie bis heute stark beeinflußt (vgl. z. B. *Candland* 1977, S. 4 ff.). Die Unterscheidung der drei „Vermögen" des Menschen liegt auf sehr allgemeiner, abstrakt-anthropologischer Ebene und besagt zunächst nichts anderes, als daß zum menschlichen Wesen bzw. zum Mensch-Sein eben diese Grundausstattung gehört. Sehen wir uns an, wie diese Begriffe heute von der Psychologie bestimmt werden.

Kognition ist ein Sammelname für alle Vorgänge des Erwerbs, der Organisation, der Speicherung und des Gebrauchs von Wissen (vgl. *Neisser* 1976; *Moroz* 1972). Diese Vorgänge umfassen also auch Denken, Urteilen, Verstehen, Gedächtnis, Wahrnehmung und Erinnern. Interessant ist hier die Wende, die einer der führenden Kognitionspsychologen, nämlich *Neisser* vollzogen hat: In seinem Buch von 1967 konzentrierte er sich noch auf ‚Prozesse' und Mechanismen der Informationsverarbeitung, die nach bestimmten internen Regeln und Vorschriften ablaufen sollen, die vom Forscher entdeckt werden müssen. 1976 wird Kognition viel eindeutiger von dem in seiner natürlichen Umwelt lebenden und erlebenden Subjekt her bestimmt, nämlich als „Erkenntnistätigkeit", die sich auf eine gegebene Umwelt bezieht und in diesem realen Umweltbezug untersucht werden muß. „Wahrnehmung und Kognition sind für gewöhnlich nicht einfach Operationen im Kopf, sondern Transaktionen mit der Welt" (1976, S. 11).

„Kognition bezeichnet einmal Erkenntnis als Bestand an Erkanntem, als angeeignetes, organisiertes und gespeichertes Wissen über die Welt, zum anderen auch den Vorgang des Erkennens als Prozeß der Aneignung bzw. Anwendung von

Wissen" (*Huber/Mandl* 1980, S. 631). Wissen umfaßt nicht nur beschreibende Aussagen, die nach dem Kriterium „wahr – falsch" beurteilt werden können, sondern auch Überzeugungen, Vermutungen, Vorstellungen, Erwartungen, Wünsche und Wertungen (vgl. *Groeben/Scheele* 1977). Das wichtigste Merkmal von Kognitionen (als Wissen oder als Prozeß) ist, daß sie etwas repräsentieren, also etwas darstellen, verkörpern, abbilden in dem Sinne, daß sie ein oder mehrere interne Modelle der dinglichen, gedanklichen (ideellen) und sozialen Umwelt entwickeln, die freilich in unterschiedlichen Graden die Wirklichkeit korrekt wiedergeben (*Moroz* 1972, S. 205). Denn Kognitionen haben immer auch konstruktive Elemente, die auf vorangegangener Erfahrung aufbauen, auf Wünschen und Phantasie beruhen und eine person- und bedürfnisbezogene Integration des „Neuen" in das „Alte" bewirken. Unsere Kognitionen sind gleichzeitig „Stellvertreter" der Wirklichkeit, und sie dürfen dieser nicht zu unähnlich werden, wenn effizientes Handeln möglich bleiben soll.

Motiv ist ein Sammelname für „dahinterliegende", nur erschließbare psychische Ursachen von Handlungen und innerpsychischen Zuständen und Prozessen. Man meint damit also etwas ähnliches wie der vorwissenschaftliche Sprachgebrauch, der Motive als „bewußte Beweggründe des Handelns" bzw. als erlebte Handlungsimpulse bezeichnet (zur Motivationspsychologie vgl. *Schiefele* 1978; *Haußer/Ulich* 1980). Der Prozeß der Motivation ist die Umsetzung (Transformation) von Bedürfnissen, Zielsetzungen und Erwartungen in bestimmte Handlungsimpulse, Handlungspläne und Handlungen. Auch dieser Vorgang ist als aktive Auseinandersetzung mit der realen oder kognitiv repräsentierten Umwelt zu verstehen. Motive werden häufig eingeteilt in primäre Antriebe wie z. B. Sexus oder Hunger, in „erworbene" Antriebe wie z. B. Furcht, und in kognitive Antizipationen wie z. B. Erwartungen. Gegenwärtig dominieren „kognitive" Theorien der Motivation, die Motivation als rationalen Entscheidungsprozeß auffassen (vgl. auch Kap. 3.4. in diesem Buch). Antworten auf die Frage nach Motiven erhalten wir, wenn wir nach dem „Warum" (neuerdings auch: dem „Wozu") einer Handlung, einer Äußerung, eines Zustands, einer Veränderung usw. fragen.

Emotion: Die Unterscheidung von Motiv und Emotion ist sehr schwierig und manchmal gar nicht möglich. Denn auch die Nennung einer Emotion gibt Auskunft auf die Frage nach dem „Warum": Weil ich traurig bin, weil ich Angst habe, weil ich mich darüber freue usw. Wo ist die Grenze zwischen bloßer subjektiver Befindlichkeit oder Zuständlichkeit einerseits und Handlungsimpuls andererseits? Sicher gibt es eine stille, kontemplative Freude, die nicht zum Handeln treibt, und es gibt auch die laute, expansive Freude, die mich irgend etwas (Schönes) zu tun veranlaßt. Es gibt lähmende Angst und es gibt Angst, die mich zur Flucht bewegt. Oben hatte ich gesagt, daß sich in Emotionen persönliche Betroffenheit und Engagement in unseren Beziehungen zur Welt ausdrücken, was man auch mit den Begriffen „Selbstbetroffenheit" und „Anteilnahme" bezeichnen kann. Also sind Emotionen, prinzipiell gesehen, noch elementarer als Motive, denn ein qualitativ positiver emotionaler Umweltbezug – von *Izard* (1981) als „Interesse", von *Spitz* als „Urvertrauen", von *Berlyne* und anderen als „Neugier" bezeichnet – ist

Voraussetzung für die Entwicklung jeglicher Handlungsimpulse. Die Behinderung einer Entwicklung von Selbstvertrauen oder von „Selbst-Wirksamkeit" (*Bandura*) führt zu einer passiven Haltung der Ohnmacht und Hilflosigkeit, der „Entfremdung" von der Welt; es können sich dann keine Zeit- und Zukunftsperspektive entwickeln und damit auch kaum Handlungsmotive.

Da wir uns ja im zweiten Hauptteil dieses Kapitels noch intensiv mit den Bestimmungsmerkmalen von Emotionen beschäftigen werden, breche ich den Versuch einer rein begrifflichen Unterscheidung hier ab. Im nächsten Abschnitt soll der Nutzen dieser Unterscheidung an einem konkreten Beispiel demonstriert werden, was dann auch noch systematischere begriffliche Festlegungen erlauben soll.

Ein Beispiel für das Zusammenwirken der psychischen „Vermögen"

In diesem Abschnitt will ich erstens zeigen, daß es möglich und sinnvoll ist, in der Beschreibung der Auseinandersetzung mit der Umwelt verschiedene psychische Zustände und Prozesse begrifflich voneinander abzuheben. Zweitens will ich aber auch deutlich machen, daß bestimmte Zusammenhänge und bestimmte Abfolgen (z. B. zwischen Emotion und Kognition oder zwischen Kognition und Handlung) nicht in jedem Falle zwingend dieselben sind. Daher kann man auch nicht das eine aus dem anderen „ableiten" oder das eine unter das andere subsumieren; ich muß immer nach der spezifischen Qualität der eigenständigen Zustände und Prozesse fragen, die an einer Auseinandersetzung mit einer Situation beteiligt sein *können*.

Ausgangspunkt der folgenden Überlegungen ist die Vermutung, daß mit den Begriffen „Motiv", „Emotion", „Kognition" und „Handlung" verschiedene Arten des Person-Umwelt-Bezuges bezeichnet werden, also der Art und Weise, in der eine Person ihrer Umwelt begegnet oder sich auf ihre Umwelt bezieht. Dies macht eine erlebnis-phänomenologische Analyse jeder beliebigen Person-Umwelt-Begegnung deutlich, wie wir im Beispiel gleich sehen werden. Eine derartige Analyse setzt allerdings den Idealfall voraus, daß alle Person-Umwelt-Bezüge der betreffenden Person in jedem Moment bewußt sind, was in der Realität sicher oft nicht zutrifft. Vorbild für unsere erlebnis-phänomenologische Begriffs-Unterscheidung ist *Wundt* (1896), der Emotion als „Zustands-Bewußtsein" von Kognition (er nannte es anders) als „Gegenstands-Bewußtsein" abhob.

Nun das (schon einmal strapazierte) Beispiel: *Ich stelle mir vor, ich begegne im Wald einem Bären*. Welche Komponenten bewußten Erlebens lassen sich nun im Verlaufe dieser Begegnung voneinander unterscheiden?
1. *Emotion:* Ich erstarre vor Schreck, ich habe Angst, ich werde von Panik erfaßt. Diese Gefühle geben mir „Antwort" auf die Frage: Was bin ich in bezug auf den Bären? Man könnte also von einem *„Wie-bin-ich-Modus"* der Person-Gegenstands-Beziehung sprechen. In diesem Modus drückt sich ein unmittelbares oder auch kognitiv vermitteltes Angemutetwerden und gleichzeitig eine Stellungnahme oder ein intuitives Urteil aus, wobei ich selbst Ausgangspunkt und Mittelpunkt des Erlebens bleibe. Das Erleben der Emotion „Angst"

signalisiert mir selbst mein eigenes So-Sein, weshalb *Wundt* eine Emotion als *„Zustands-Bewußtsein"* bezeichnete.

2. *Motiv:* Was will ich tun in bezug auf den Gegenstand? Wenn ich überhaupt etwas tun wollen kann und nicht vor Angst gelähmt bin! Wie werde ich mit dem Gegenstand umgehen? Hier ist ein stärkerer Zukunftsbezug gegeben als bei Emotionen. Denke ich nur: „Verflucht" oder „Wie entsetzlich" beim Anblick des Bären, so folgt daraus noch keine Ziel-Handlungs-Orientierung, sondern es liegt nur eine wertende Stellungnahme im Sinne einer Äußerung über die eigene Zuständlichkeit vor. Motive hingegen meinen auf die Zukunft gerichtete Handlungsorientierungen (im weitesten Sinne); in ihnen drückt sich der *„Was-will-ich-tun-Modus"* der Person-Umwelt-Beziehung aus, der auf der Bewußtseinsebene als *„Impuls-Bewußtsein"* erlebt wird: Ich erlebe den Impuls, auf den nächsten Baum zu klettern, schnell zu meinem Auto zurück zu laufen, um Hilfe zu rufen, ein Gewehr in Anschlag zu bringen usw. (Natürlich haben auch Emotionen wie z. B. Angst und Hoffnung einen Zukunftsbezug. Aus der Angst z. B. können jedoch viele unterschiedliche Handlungsimpulse folgen.)

3. *Kognition:* Welche Kenntnisse habe ich über den Gegenstand, wie kann ich Kenntnisse erwerben, wie aktiviere ich meine Kenntnisse, und wie setze ich sie ein? Im engeren Sinne meint Kognition den *„Was-weiß-ich-Modus"* der Person-Umwelt-Beziehung, wobei natürlich aktive Handlungen des Erwerbs, der Verarbeitung und des Einsatzes von Informationen miteingeschlossen sind. Es geht also hier um den „Was-weiß-ich-Modus" des Person-Umwelt-Bezuges, der als *„Gegenstands-Bewußtsein"* erlebt wird. – Aufgrund meiner Kenntnis der Gattung Bär und meiner unmittelbaren Wahrnehmungen der situativen Umstände, der Größe des Bären usw. komme ich zu einer (intuitiven oder überlegten) Einschätzung meiner eigenen Möglichkeiten: Was kann ich tun? Die Antwort ist im *„Kompetenz-Bewußtsein"* gegeben (vgl. auch *Lazarus* 1981). Aus Gegenstands-Bewußtsein und Kompetenz-Bewußtsein ergibt sich z. B. die Einschätzung: Ich erreiche mein Auto nicht mehr, weil der Bär zu schnell ist; oder: Der Bär kann mir auf den Baum nachklettern; oder: Ich sollte lieber beruhigend auf ihn einreden, weil Bären gerne menschliche Stimmen hören.

4. *Handlung:* Was tue ich tatsächlich? Hier geht es nun um den *„Tun-Modus"* der Person-Umwelt-Beziehung und entsprechend um *Handlungs-Bewußtsein.* Gerade Handlungen sind jedoch nicht immer im Bewußtsein repräsentiert, z. B. bei Schreck-, Panik- oder Wut-Reaktionen oder z. B. auch dann, wenn Handlungen routinemäßig-automatisiert, also gewohnheitsmäßig ablaufen. Dennoch stellt das Handeln als absichtsvolles Einwirken auf die Umwelt einen Modus dar, der von den anderen klar zu unterscheiden ist. Denn meist sind es ja die ausgeführten Handlungen, die eine Situation oder einen Zustand wirklich verändern (indem ich also wirklich auf einen Baum klettere). Handlungen liegen auch dann vor, wenn ich meine Einschätzung der Situation verändere oder wenn ich sonstwie durch kognitive Vorgänge eine Änderung der Person-

Umwelt-Beziehung herbeiführe: Ich sehe oder rede mir ein, daß der Bär ja ein zahmer Bär aus dem Zirkus ist, ich „überzeuge" mich davon, daß Bären kein Menschenfleisch mögen, oder ich rufe mir ins Gedächtnis, daß ich ja bewaffnet bin usw.

Es ist nun sehr wichtig, sich klar zu machen, daß die genannten Komponenten des Erlebens und Handelns weder immer alle vollständig gegeben sein müssen noch in einer festen zeitlichen Abfolge auftreten bzw. sich gegenseitig bedingen oder aufeinander folgen müssen. Es gibt zahlreiche bedeutende Abhandlungen und unzählige Experimente z. B. zu der Frage, ob erst Emotionen oder erst Kognitionen auftreten (vgl. z. B. *Mandl/Huber* 1983). Da ich im nächsten Abschnitt auf die Beziehung zwischen den Komponenten des Erlebens noch systematischer eingehen werde, will ich hier nur kurz eine Alternative zum beliebten „Sequenzen-Modell" anbieten und anhand einiger Beispiele illustrieren.

Die skizzierten unterschiedlichen Modi des Person-Umwelt-Bezuges kann man sich – anstatt mit Hilfe eines Stufen-Modells – viel besser mit dem Bild eines Seiles oder Taues veranschaulichen, das aus verschiedenen Strängen besteht. Die verschiedenen Person-Umwelt-Bezüge können nämlich *gleichzeitig* erlebt werden und *gleichzeitig* „wirken"; sie sind unterschiedliche „Stränge" in einer einheitlichen Person-Umwelt-Interaktion. Die Stränge sind eng miteinander verwoben und durchwirken sich gegenseitig. Wenn ein Strang (immer) fehlt, dann – um im Bild zu bleiben – hält das Seil nicht mehr, es ist kein „echtes" Seil mehr. Das heißt auch: Es besteht ein Ergänzungsverhältnis zwischen den verschiedenen Modi des Person-Umwelt-Bezuges.

Die Auseinandersetzung mit der Umwelt ist nicht als stufenförmiger, sondern als ein *kontinuierlicher* Prozeß anzusehen, der auch nach dem Bild von sich wiederholenden und sich verändernden „Rück-Kopplungs-Schleifen" begriffen werden kann (vgl. dazu nächsten Abschnitt). Einerseits hängt es von der jeweiligen konkreten Beziehung zwischen Person und Situation, also von bestimmten Merkmalen, Zielen, Kompetenzen usw. ab, welcher Modus gerade überwiegt, welche Gefühle oder Motive dominieren, welche Handlungen geplant und ausgeführt werden. Andererseits sind es aber auch unsere eigenen wissenschaftlichen Fragestellungen und Untersuchungsinteressen, die gerade bestimmte Person-Umwelt-Beziehungen hervorheben und hervortreten lassen: Fragen wir nach Zielen oder Handlungsorientierungen, dann „erkennen" wir Motive; fragen wir nach subjektiven Zuständlichkeiten, dann „erkennen" wir Emotionen. Unsere Tätigkeit als Wissenschaftler ist der eines Pathologen oder Chirurgen vergleichbar, der aus organischen Einheiten bestimmte Teile (z. B. Teil-Stränge von komplexen Nervensystemen) herauspräpariert, um sie genauer untersuchen zu können. Dadurch wird die prinzipielle Einheit oder „Ganzheitlichkeit" des Organischen ebensowenig zerstört oder sogar geleugnet, wie ich als Psychologe die Einheitlichkeit des Erlebens und die Zusammengehörigkeit der unterschiedlichen Modi des Person-Umwelt-Bezuges aufhebe, indem ich mich auf einen bestimmten Modus (wie z. B. die Emotionen) konzentriere.

Ich bringe nun einige Beispiele dafür, daß bestimmte Beziehungen oder gar Abfolgen zwischen den genannten Komponenten des Erlebens und Handelns, insbesondere zwischen Emotion und Kognition, möglich, aber nicht notwendig sind.

Emotionen müssen nicht mit ganz bestimmten Handlungsimpulsen oder Handlungen verbunden sein. Der Magersüchtige empfindet zwar das Gefühl des Hungers, er erlebt aber keinen Handlungsimpuls, etwas zu essen (weil dieser unterdrückt wurde). Nach einem Auffahr-Unfall erlebe ich zwar meine Wut, aber ich werde dem anderen in der Regel nichts antun. Im Vergleich zu Aggression oder Aggressionsneigung schließt Feindseligkeit allein noch keine Impulse zu schädigenden Aktivitäten ein (vgl. auch *Izard/Buechler* 1980, S. 171). Im Fußballstadion: Der Empörung über das Foul eines Spielers der gegnerischen Mannschaft oder über eine „Fehl"-Entscheidung des Schiedsrichters geht weder eine differenzierte kognitive Analyse voraus, noch folgen – in der Mehrzahl der Fälle – entsprechende aggressive Handlungen nach. In der Schule: Wohl kann ein Schüler einsehen, daß er sich zur Vermeidung von Nachteilen mehr anstrengen müßte; er wird es oft dennoch nicht tun, wenn er nicht weiß, wozu das Lernen sonst noch gut sein soll, wenn er also keine positive emotionale Beziehung zu den Lerngegenständen (sprich: Interesse) entwickeln konnte.

„Es gibt keine spezielle Art von Handlungen, die wir von jemandem allein deshalb erwarten, weil er von Freude überwältigt oder weil er verunsichert ist" (*Alston* 1981, S. 15). Man kann Angst haben und dennoch nicht fliehen; man kann wütend sein und dennoch lächeln; wir können Mitleid haben und dennoch weitergehen. Umgekehrt gilt: Wenn wir etwas *nicht* für irgendwie bedrohlich halten, haben wir keine Furcht. Aber: Die Angst besteht nicht *allein* darin, „etwas als gefährlich anzusehen, denn das Maß der Angst kann variieren, ohne daß die Bewertung sich unterscheidet" (a.a.O., S. 16 und 30). Es gibt bekanntlich auch Leute, denen man das Angst-Haben abgewöhnt hat oder die „angemessene" Emotionen nicht gelernt haben (vgl. die erwähnte Studie von *Mantell* 1978). Wenn Emotionen auch häufig „Urteils-Bestandteile" haben, so gehen jene in diesen doch nicht restlos auf.

Aus unterschiedlichsten Emotionen, Einstellungen und Motiven heraus können dieselben Handlungen folgen. Dazu ein Beispiel aus der Geschichte: An den Kreuzzügen beteiligten sich unter anderem Kirchenleute, Soldaten und Ritter. Alle hatten dasselbe Ziel (Eroberung Jerusalems), alle hatten den Handlungsimpuls, dorthin zu marschieren, und alle marschierten dorthin. In den Emotionen und Bedürfnissen gab es jedoch große Unterschiede: Während die Kirchenleute vor allem an einer Bekehrung der „Ungläubigen" interessiert waren, kam es vielen anderen eher auf Bereicherung durch Raub und Plünderung an.

In der Psychologie gibt es zahlreiche Untersuchungen darüber, inwieweit „Einstellungen" und „Verhalten" zusammenhängen, also Verhalten von Einstellungen her vorausgesagt werden kann. Die Ergebnisse sind nicht sehr ermutigend (die umfassendste Übersicht dazu findet sich bei *Kreitler/Kreitler* 1976, S. 343 ff.).

Noch schwieriger wird die Bestimmung der Beziehung zwischen den verschiedenen psychischen Komponenten dadurch, daß gerade Emotionen immer im Bewußtsein sind, ja dem Bewußtsein seine eigentliche Kontinuität geben (*Izard* 1981). Nahezu alle Wahrnehmungen und Kognitionen haben eine emotionale Komponente: Wir sehen nicht einfach ein „Haus", sondern wir sehen ein „schönes" Haus, ein „häßliches" Haus, ein „protziges" Haus (*Zajonc* 1980, S. 154). Fühlen ist nahezu niemals frei von Denken, und Denken ist nahezu niemals frei von Fühlen.

Angesichts dieser schwierigen, wenngleich unvermeidbaren Sachlage ist es dringend erforderlich, sich über die Beziehungen zwischen den psychischen „Vermögen" oder Komponenten zumindest prinzipiell weitere Gedanken zu machen. Dies ist Voraussetzung für eine Klärung der Bestimmungsmerkmale und Rolle von Emotionen im individuellen Erleben und Handeln.

Die psychischen „Vermögen" ergänzen sich in einer kontinuierlichen Wechselwirkung

Sind alle Emotionen das Produkt, also die *Folge* von vorausgegangenen kognitiven Einschätzungen? Oder ist es umgekehrt: Gehen die Emotionen der kognitiven Verarbeitung *voraus,* als unmittelbare, spontan auftretende Erfahrungen? In dieser schlichten Gegenüberstellung wird diese Frage tatsächlich zur Zeit in vielen bedeutenden Beiträgen (vgl. z. B. *Mandl/Huber* 1983) so diskutiert, als ob sie eine echte Alternative beinhalte. Das Problem der Abfolge oder Sequenz von „Kognition" und „Emotion" soll hier stellvertretend für alle anderen Fragen diskutiert werden, die sich auf den Zusammenhang der verschiedenen Komponenten im Erleben und Handeln beziehen.

Das „Abfolge-Problem"

Gegen Ende des 19. Jahrhunderts gab es zwei Auffassungen darüber: Emotionen waren entweder etwas rein Kognitives, oder sie stellten unsere Wahrnehmung von Körperprozessen dar, die ihrerseits aus der Wahrnehmung äußerer Ereignisse resultierten:

Wahrnehmung	→	Kognition	→	Erregungszustand
(Ich sehe einen Bären)	→	(Ich fürchte mich)	→	(Ich zittere)

Wahrnehmung	→	Erregungszustand	→	Kognition
(Ich sehe einen Bären)	→	(Ich zittere)	→	(Ich fürchte mich)

(nach *Candland* 1977, S. 22)

Zur Illustration des Problems zunächst einige Beispiele: Wenn Sie deprimiert sind: Wissen Sie immer genau, warum Sie deprimiert sind? Wenn Sie Angst haben: Ändert sich die Angst, wenn Sie „wissen", daß die Angst eigentlich grundlos ist? Falsches Denken macht Angst (z. B. bei Phobien), aber Angst macht auch dumm, also ist der Zusammenhang ein wechselseitiger. Oder wenn Sie ein schlechtes Gewissen haben: Ist das eher etwas „Emotionales" oder etwas „Kognitives"? Zu sich selbst sagen Sie: „Ich habe das dumme *Gefühl,* ich hätte das nicht tun sollen." Wenn Ihnen jemand Vorwürfe macht, sagen Sie: „Ich *weiß,* daß es nicht richtig war." Oder wenn Sie in einem Wildbach baden und plötzlich das kalte Wasser spüren: Können Sie da „Kognition" und „Emotion" auseinanderhalten? Oder wenn Sie auf dem Zahnarzt-Stuhl sitzen, und plötzlich wird der Nerv berührt: Müssen Sie da erst überlegen, ob es weh tut? Manchmal freilich spürt man einen Schmerz nicht; Kampfflieger haben häufig erst nach der Landung gemerkt, daß sie verletzt waren; oder bei einer heftigen Rauferei kann es passieren, daß sich jemand in der Angriffswut die Faust blutig schlägt, ohne es zu merken. Ein letztes Beispiel: Wenn ein Kind am ersten Schultag orientierungslos durch die Schule irrt: Hat es dann ein „kognitives" oder ein „emotionales" Problem?

Die wenigen Beispiele zeigen, daß es keinesfalls leicht ist, im alltäglichen Erleben die Trennung zwischen Kognition und Emotion nachzuvollziehen, die es in der Psychologie seit den Anfängen ihrer Geschichte gibt. Allerdings ist die Unterscheidung zwischen kognitiven und emotionalen Aspekten des Erlebens und Handelns nicht grundsätzlich unmöglich, sondern sie hat manchmal auch einen praktischen Sinn, wie wir am Schluß des Abschnittes sehen werden. Beides ist eben richtig: Im alltäglichen Erleben erscheinen uns die verschiedenen Komponenten zu einer Einheit verbunden; aufgrund bestimmter Fragestellungen können wir diese Einheit aber auch aufspalten in verschiedene Komponenten. So stellt sich z. B. bei individuellem Schulversagen häufig die Frage, ob ein Schüler versagt, weil er ängstlich ist, oder weil er sich zuwenig anstrengt, oder weil er nicht intelligent genug ist.

Es ist weder notwendig noch möglich, die Frage der Abfolge von Emotion und Kognition *prinzipiell* zu entscheiden. Angesichts der vielen in der Realität vorkommenden Möglichkeiten enthält das Sequenzenproblem sogar ein Schein-Problem (vgl. auch *Candland* 1977, S. 66), das viel fruchtlose Forschung und irreführende Ergebnisse produziert hat. Die Beziehung und Aufeinanderfolge von Kognition, Emotion, Motivation und möglicherweise auch deren physiologischen Begleiterscheinungen kann man am besten als einen kontinuierlichen Fluß in einer permanenten Rückkoppelungsschleife symbolisieren (vgl. *Candland* 1977, S. 67). In dieser Rückkoppelungsschleife beeinflussen sich alle Elemente gegenseitig; man kann nur künstlich, d. h. willkürlich diesen Fluß unterbrechen, d. h. einen „Schnitt" machen, um einen „Anfang" oder eine „Ursache" bzw. ein „Ende" oder eine „Wirkung" zu isolieren.

Nehmen wir als Beispiel wieder Schulversagen: Ein Schüler strengt sich zuwenig an, weil er sich keine Erfolge zutraut; die folgende Erfahrung des neuerlichen Mißerfolgs bestätigt ihn in seiner Erwartung; es entsteht ein Teufelskreis zwischen der Einschätzung der Aufgaben (als zu schwierig), der niedrigen Leistung, der Erfahrung des Versagens, dem ständigen Erleben von Selbstwert-Verlust und Selbstvertrauen und sinkender Leistungsmotivation. Was ist hier „Ursache": die kognitive Einschätzung, die geringe Leistungsbereitschaft oder geringes Selbstvertrauen und Angst? Man kann diesem Schüler nur helfen, wenn man auf allen Ebenen gleichzeitig oder jedenfalls nicht einseitig *nur* „kognitiv" oder *nur* motivationsfördernd ansetzt (*Betz/Breuninger* 1982); am besten wäre eine Erhöhung des Selbstvertrauens durch die Ermöglichung kontrastierender positiver Erfahrungen mit den eigenen Leistungsmöglichkeiten und eine anschließende Bekräftigung der besseren Leistungen.

„Wenn man Affektivität und Kognition (im perzeptiven und intellektuellen Sinne) als zwei Aspekte des Verhaltens auffaßt, so ist die Frage, in welcher kausalen Beziehung beide Aspekte zueinander stehen oder welcher Aspekt vorgeordnet ist, absolut ohne Bedeutung; weder ist ein Aspekt Ursache des andern, noch ist einer dem andern vorgeordnet, vielmehr sind sie zueinander komplementär, da sie nicht unabhängig voneinander funktionieren können" (*Piaget,* unveröff. Vorlesung, 1954). Warum dies in der Emotionspsychologie so leicht in Vergessenheit gerät – zugunsten der Fragen nach der Sequenz –, hat mindestens die folgenden Gründe.

1. Es wird übersehen, daß die Begriffe Emotion und Kognition jeweils in ganz unterschiedlichen Bedeutungen verwendet werden. Kognition bedeutet z. B. bei den „kognitiven" Emotionstheoretikern wie z. B. *Lazarus,* aber auch bei den Verhaltenstherapeuten *Beck* und *Meichenbaum* einen komplexen Prozeß der Einschätzung und Gewichtung von Umweltfaktoren und eigenen Handlungsmöglichkeiten. Emotion sei dann das Resultat dieser komplizierten Informationsverarbeitung. Emotion interessiert hier nur insoweit, als sie Resultat einer solchen Informationsverarbeitung ist. Bei *Arnold,* deren Theorie *Lazarus* ausgearbeitet hat, ist Kognition ebenfalls der Emotion vorgeordnet, aber sie meint damit eher eine unwillkürliche, spontane, äußerst rasche, intuitive Einschätzung.

Diesen Unterschied übersieht *Zajonc*(1980), der sich gegen das Informationsverarbeitungs-Modell der Kognitions-Emotions-Folge wendet. Er bringt gute Argumente gegen die Auffassung, daß der Entstehung eines Gefühls immer eine gedankliche Bearbeitung von Sinneseindrücken, rationale Urteile, Vergleiche, Abwägungen oder gar Entscheidungen vorausgehen. Er setzt die Auffassung dagegen, daß die erste unmittelbare Reaktion in einer Situation fast immer eine gefühlsmäßige sei, die ohne ausgiebiges vorstellungsmäßiges Entschlüsseln und Verarbeiten vor sich gehe. Zweifellos spielen solche intuitiven gefühlsmäßigen Stellungnahmen z. B. beim ersten Eindruck eine große Rolle (uns wird ein Unbekannter vorgestellt; ich sehe zum ersten Mal eine fremde Stadt, oder meinen neuen Arbeitsplatz usw.). Diese oft recht diffusen emotionalen Tönungen sind normaler Bestandteil fast aller unserer Begegnungen mit der Umwelt. Aber: Dies sind ganz andere Arten von Emotionen als diejenigen, welche die „kognitiven" Emotionstheoretiker meinen (dazu auch *Schwarzer* 1981, S. 65 ff.). *Zajonc* befaßt sich nicht mit den üblichen Emotionen wie z. B. Angst, Ärger, Freude. Dies ist aber gerade das Interesse von z. B.

Eine moderne Sicht des Abfolge-Problems

„In den meisten gegenwärtigen Theorien wird Affekt als post-kognitiv angesehen, d. h. Affekte erscheinen nur dann, wenn beträchtliche kognitive Operationen durchgeführt wurden. Eine Anzahl experimenteller Befunde über Bevorzugungen, Einstellungen, Eindrucksbildung und Entscheidungen sowie einige klinische Phänomene legen jedoch nahe, daß affektive Urteile ziemlich unabhängig von Wahrnehmungen und kognitiven Operationen sein und diesen sogar vorausgehen können, von denen üblicherweise angenommen wird, daß sie die Grundlage jener affektiven Urteile sind. Affektive Reaktionen auf Reize sind oft die allerersten Reaktionen des Organismus, und für niedere Organismen sind sie die dominanten Reaktionen. Affektive Reaktionen können auftreten ohne extensives Entschlüsseln auf der Ebene des Wahrnehmens und Denkens, ihnen wird mehr Vertrauen geschenkt als kognitiven Urteilen, und sie können früher gemacht werden. Experimentelle Belege zeigen, daß zuverlässige affektive Unterscheidungen („mag- mag nicht"-Urteile) gemacht werden können bei völliger Abwesenheit von Wiedererinnerung (alt- neu-Urteile). Einige Unterschiede zwischen Urteilen, die auf Affekt beruhen, und Urteilen, die auf Wahrnehmung und kognitiven Prozessen beruhen, werden untersucht. Es wird gefolgert, daß Affekt und Kognition unter der Kontrolle getrennter und teilweise unabhängiger Systeme stehen, die sich gegenseitig auf vielfältige Weise beeinflussen können; beide bilden unabhängige Ursachenbündel bei der Informationsverarbeitung."

(Zajonc 1980, S. 151)

Lazarus, der auch Angst als das Resultat komplexer Informationsverarbeitungsprozesse ansieht, also als Ergebnis von „Kopfarbeit". Er interessiert sich wiederum nicht für die unmittelbaren Affekte oder affektiven Tönungen, die blitzschnell und unmittelbar entstehen wie z. B. plötzlicher Schreck oder starke Wut, bei der sich ein detaillierter vorauslaufender Informationsverarbeitungsprozeß sicher nur selten nachweisen läßt.

Emotion ist also nicht gleich Emotion, und Kognition ist nicht gleich Kognition. Es ließen sich viele Scheingefechte vermeiden, wenn die Autoren immer sagen würden, daß sie nicht Emotion oder Kognition „an sich", sondern eine bestimmte Art oder Gruppe von Kognitionen oder Emotionen meinen.

2. Es wird übersehen, daß die Behauptung einer bestimmten Ursache-Wirkungs-Beziehung zwischen Kognitionen und Emotionen schlicht davon abhängt, *wo* man in der oben erwähnten kontinuierlichen Rück-Koppelungsschleife einen „Schnitt" macht (*Watzlawick* u. a, 1972, nennen dies eine Frage der „Interpunktion"). Wenn ich komplexe Person-Umwelt-Interaktionen untersuche, wie es z. B. der Streß-Forscher *Lazarus* neuerdings tut, dann interessiere ich

mich nicht für Emotionen bei der allerersten Eindrucksbildung, sondern eher für deren Bedeutung als Streß-Folgen und deren Rolle bei der weiteren Handlungssteuerung. Es hängt grundsätzlich von der Zeiterstreckung einer Person-Umwelt-Interaktion oder eines Ereignisses, einer Erfahrung oder eines Erlebnisses ab, *ob* und *wo* ich überall Einschnitte machen kann, um (willkürlich) Ursache-Wirkungs-Beziehungen herauszupräparieren. Durch „späte" Einschnitte würde ich erste, unmittelbare affektive Tönungen oder Stellungnahmen ausblenden und so den Eindruck erwecken, „Emotion" sei die Folge von „Kognition". Handlungen können ganz unterschiedlich vorbereitet und repräsentiert sein (vgl. *Zajonc* 1980, S. 170): Manche Handlungen durchlaufen alle Stationen der Wahrnehmung, affektiven Stellungnahme, Wiedererkennung des Gegenstandes (Einordnung im Gedächtnis) und kognitiven Differenzierung der Merkmale des Gegenstandes. Andere Handlungen wie z. B. Routinehandlungen „überspringen" die (explizite) affektive Reaktion. Wieder andere Handlungen wie z. B. impulsive Handlungen „überspringen" explizite kognitive Einschätzungsprozesse. Die emotionale Stellungnahme oder Tötung kann den kognitiven Einschätzungen sowohl vorausgehen wie folgen, je nach Art und Dauer der Person-Umwelt-Interaktion, des Ereignisses usw. Daß es sich bei der Frage, „erst Kognition oder zuerst Emotion" nicht um ein Entweder-Oder, sondern um ein Sowohl-als-Auch handelt, daß also unterschiedliche Formen des Zusammenhangs festgestellt werden können, abhängig von unseren Analyseschritten, dies wird inzwischen auch von anderen Autoren so gesehen (vgl. *Groeben/Scheele* 1983, S. 9; *Clark/Fiske* 1982; *Kuhl* 1983, S. 23; *Plutchik* 1985). *Plutchik* verwendet wie ich (s. o.) das Bild eines Systems zirkulärer Rückkoppelungsschleifen, um den möglichen Zusammenhang zwischen „Emotion" und „Kognition" zu verdeutlichen. An jedem Punkt dieses Systems könne man intervenieren, um das System zu beeinflußen (a.a.O., S. 199), was auch heißt: Man kann jedes Element eigens einer Betrachtung unterziehen (ebd.), wodurch dieses naturgemäß stärker in den Vordergrund tritt als die anderen Elemente, ohne deshalb aber „ursächlicher" zu sein als diese.

3. Es wird oft übersehen, daß Emotionen, Kognitionen und Motive im Bewußtsein mit unterschiedlicher Lebhaftigkeit, Intensität und Dauer repräsentiert sein können. Im Brennpunkt des bewußten Erlebens stehen manchmal Emotionen, manchmal Urteile, manchmal Handlungsimpulse usw. Die Tatsache der wechselnden Dominanz von „Gegenstands-Bewußtsein" (Kognition) und „Zustandsbewußtsein" (Gefühl) hat *Heller* (1980, S. 25) prägnant so ausgedrückt: „*Involviert* kann ich in etwas sein, und *in etwas* kann ich involviert sein." Ersteres bezeichnet eine Dominanz des Zustands-Bewußtseins, letzteres eine Dominanz des Gegenstands-Bewußtseins. Je nachdem, ob der Gegenstand selbst oder das darauf bezogene Gefühl im Zentrum stehen, ist das Gefühl „Hintergrund" oder „Figur" (*Heller* ebd.). Niemals stehen Gefühle immer im Vordergrund; Liebe etwa bleibt nicht „Figur", wenn der Verliebte im Büro eine Konstruktion anfertigt (ebd.). Im Bewußtseinshintergrund sind Gefühle vor allem bei gezielten willentlichen Handlungen, beim Wahrnehmen

(soweit nicht etwas besonders Bedeutsames wahrgenommen wird), beim rezeptiven Lernen und ähnlichen alltäglichen Dingen (vgl. *Heller*, S. 25 ff.). „Figur" werden Gefühle vor allem in zwischenmenschlichen Kontakten und Beziehungen – aber auch nicht andauernd –, bei intensiven negativen oder positiven Gefühlen wie Furcht, Trauer, Freude, Schreck, und bei plötzlichen Veränderungen im Handeln, Denken oder Fühlen wie z. B. bei Blockierungen, Behinderungen, Frustrationen, Konflikten, Überraschungen.

Natürlich handelt es sich hier nur um Tendenzen. Im Hinblick auf die Zeiterstreckung gibt es aber Extremfälle: Manchmal halten depressive Grundstimmungen jahrelang an und verhindern so, daß irgendwelche Gegenstandsbezüge zur „Figur" werden können; oder umgekehrt: Manche Wissenschaftler können sich sehr lange in gegenständliche Probleme vergraben, so daß nur selten und nur wenige (z. B. vitale) Gefühle „Figur" werden können. Aber auch angesichts solcher Extremfälle wäre es gewiß fahrlässig, wenn man aus der Dominanz bzw. wechselnden Dominanz von Emotionen und Kognitionen im bewußten Erleben auf „Kausalität" schließen würde. Wie immer man zur Psychoanalyse stehen mag: Daß das jeweils im Bewußtsein Dominierende (oder vom Forscher zentral erhobene) das Ursächliche gegenüber dem gerade nicht Dominierenden sei, diese Annahme hat *Freud* unwiderlegbar als Naivität entlarvt.

Was bleibt als Fazit unserer Überlegungen über die Beziehungen der psychischen „Vermögen" untereinander?

Soweit mit der Unterscheidung verschiedener „Vermögen" wie Denken, Wollen und Fühlen eine prinzipielle *theoretische* Aussage über die Psyche des Alltagsmenschen intendiert ist, geht diese Aussage an der Wirklichkeit vorbei; die Unterscheidung der „Vermögen" ist ein Artefakt der Psychologie- und Philosophie-Geschichte.

In Wirklichkeit lassen sich die „Vermögen" auf der Ebene des alltäglichen Handelns nur künstlich und willkürlich als verschiedene Aspekte eines einheitlichen Erlebens unterscheiden, und nur im Hinblick auf konkrete Fragen. Wir können etwas besonders hervorheben oder ins Zentrum der Betrachtung rücken. Wir können denselben Sachverhalt unter verschiedenen Blickwinkeln betrachten (*Kagan* 1978, S. 18): „Der Mann ist traurig" sagt etwas über den Gefühlszustand aus; „Der Mann denkt an seine Frau zu Hause" weist auf einen Gedankeninhalt hin; „Der Mann möchte bei seiner Frau sein" betont die motivationale Komponente.

Praktisch gesehen gibt es oft gute Gründe, die Aspekte „Emotion", „Kognition" und „Motiv" voneinander abzuheben. Dies gilt vor allem für Probleme und Situationen, die Entscheidungen, Prognosen und Interventionen erfordern. Beispiele:

– Schulversagen: Will er nicht oder kann er nicht oder hat er Angst?
– Eheprobleme: Mag sie ihn nicht oder mag sie ihn doch?
– Kommunikationsprobleme: Ist er bloß schüchtern oder mag er mich nicht?

– Depression: Will er nur Mitleid haben oder geht es ihm wirklich so schlecht?

– Politik: Ist er wirklich so naiv oder tut er nur so?

– Verbrechen: Geht die Tat auf Gefühlskälte oder Dummheit oder Berechnung zurück? Schuldfähig oder nicht?

Ich werde im nächsten Abschnitt zeigen, daß es sehr wohl möglich ist, Bestimmungsmerkmale von Emotionen zu entwickeln, die eine akzentuierende Unterscheidung von anderen psychischen Komponenten erlauben. Zwar gibt es nahezu kein einziges Merkmal, das sowohl notwendiges wie auch hinreichendes Kennzeichen von Emotion bzw. für das Erleben von Gefühlen exklusiv charakterisierend wäre. Aber es läßt sich eine Konfiguration oder Konstellation von Merkmalen bestimmen, die „typisch" für Gefühle im Vergleich etwa zu „Kognition" oder „Motiv" ist.

2.2. Zehn Bestimmungsmerkmale von Emotionen

Kann man die Begriffe „Emotion" oder „Gefühl" eindeutig definieren? Anders gefragt: Kann man aus der Vielzahl der bisher vorgeschlagenen Begriffsbestimmungen einen kleinsten gemeinsamen Nenner bilden, der das mit dem Begriff „Emotion" Gemeinte klar und eindeutig wiedergibt? Heraus kommt dabei bestenfalls ein Querschnitt wichtiger Auffassungen und Zugangswege, also eine durchschnittliche normative Bestimmung dessen, was wir unter Emotion verstehen sollen. Am meisten Mühe habe sich in dieser Hinsicht *Kleinginna/Kleinginna* (1981) gemacht, die aus der Literatur 101 Definitionen und Stellungnahmen zusammengesucht und das Resümee daraus zu ziehen versucht haben. Es lautet (Übersetzung von *Mandl/ Euler* 1983, S. 7):

„Emotion ist ein komplexes Interaktionsgefüge subjektiver und objektiver Faktoren, das von neuronal/hormonalen Systemen vermittelt wird, die a) affektive Erfahrungen, wie Gefühle der Erregung oder Lust/Unlust, bewirken können; b) kognitive Prozesse, wie emotional relevante Wahrnehmungseffekte, Bewertungen, Klassifikationsprozesse, hervorrufen können; c) ausgedehnte physiologische Anpassungen an die erregungsauslösenden Bedingungen in Gang setzen können; d) zu Verhalten führen können, welches oft expressiv, zielgerichtet und adaptiv ist."

Dieser Versuch, die Sichtweisen unterschiedlicher Theorierichtungen summarisch zu bündeln, trägt wohl eher zur Verwirrung als zur Klärung bei. Ich werde die hier angesprochenen und weitere Theorien im 5. Kapitel des Buches in jeweils eigenen Abschnitten behandeln, damit deren Anspruch und Erklärungswert eigens eingeschätzt werden kann. Eine zusammenfassende Definition im Sinne der Begriffsklärung von *Kleinginna/Kleinginna* erscheint schon deshalb als nicht sehr vielversprechend, weil in den verschiedenen Forschungsbereichen und Theorierichtungen, wie in Kapitel 5 deutlich werden wird, ganz unterschiedliche Fragen gestellt und entsprechend unterschiedliche Antworten erarbeitet werden, aus denen sich eben kein „Querschnitt" bilden läßt. Die Antworten sind, wegen der unterschiedlichen Herkunft der Fragen, untereinander gar nicht vergleichbar.

Aus den Begriffsdiskussionen in der Literatur gehen eigentlich nur zwei Punkte als unstrittig hervor:

1. Emotionen zeigen leib-seelische Zuständlichkeiten einer Person an;
2. je nach Fragerichtung und Betrachtungsebene kann man unterschiedliche Komponenten eines zweifellos komplexen Geschehens hervorheben bzw. akzentuieren: eine subjektive Erlebniskomponente, eine neuro-physiologische Erregungskomponente, eine kognitive Bewertungskomponente, eine interpersonale Ausdrucks- und Mitteilungskomponente.

Eine akzentuierende Abhebung der Emotionen von anderen psychischen Phänomenen wie z. B. Motiven oder Kognitionen scheint durch die summarische Aufzählung aller möglichen Komponenten von Emotionen kaum möglich zu sein. Weitere Probleme von Komponenten-Definitionen nennt *Pekrun* (1988, S. 98): Die einzelnen Komponenten sind empirisch nur sehr lose miteinander verknüpft; weder eine bestimmte Art physiologischer Aktivierung noch Ausdruckserscheinungen sind immer zwingend mit dem Erleben von Gefühlen verbunden; teilweise können die einzelnen Komponenten auch unabhängig voneinander variieren; Emotionen müssen nicht immer einen Bezug zu bestimmten Handlungen haben usw. Mit weiteren guten Gründen schlägt *Pekrun* daher vor, den Emotionsbegriff ausschließlich auf die Komponente subjektiven, emotionalen Erlebens zu beziehen (a.a.O., S. 99). Auch in dem weiter angelegten Emotion-Konzept von *Scherer* (1983, S. 420f.) erhält der subjektive Gefühlszustand einen zentralen Stellenwert: „Den subjektiven Gefühlszustand verstehe ich theoretisch als Bewußtwerdung oder Bewußtsein der jeweiligen Zustandsformen aller anderen Subsysteme", wobei mit letzteren die in der obigen Definition und im folgenden angesprochenen Komponenten gemeint sind. Das subjektive Erleben stelle nun auch ich in den Mittelpunkt bei meinem Versuch, Bestimmungsmerkmale von Emotionen zu entwickeln. Was heißt „Bestimmungsmerkmal" und wie kommt man zur Formulierung von Bestimmungsmerkmalen? Auch in diesem Abschnitt will ich die Ebene der erlebnisphänomenologischen Analyse nicht verlassen, um etwa zum „Wesen" oder den „grundlegenden Gesetzmäßigkeiten" von Emotionen vorzustoßen. Emotion interessiert hier in erster Linie als konkreter Forschungsgegenstand, der

○ auf der Grundlage unserer Alltagserfahrung, zumindest nicht gegen diese entwickelt werden muß,
○ nicht losgelöst vom konkreten Handeln der Forscher bestimmt werden und
○ nicht theorie-unabhängig konzipiert werden kann.

Bei der Entwicklung von Bestimmungsmerkmalen müssen also mindestens zwei Wege miteinander verknüpft werden: Zum einen müssen wir uns in möglichst kontrollierter Weise über unser Alltagsverständnis klar werden, zum anderen müssen wir den in bestimmten Forschungsprogrammen und Theorien entwickelten „Gegenstand" Emotion durch eine Analyse der Theorien selbst zu rekonstruieren versuchen, um Ziel und Grundlage unserer eigenen Forschung festlegen zu können. Indem wir Gegenstandsverständnis und methodische Zugänge, Untersuchungsinteressen und theoretische Annahmen analysieren, erkennen wir: Der Forscher X interessiert sich für Emotionen *als* Motivatoren und Regulatoren des Handelns; der Forscher Y interessiert sich für Emotionen in ihrer Rolle *als* Signale des Wohlbefindens und der Anpassungseffektivität; der Forscher Z interessiert sich für Emotionen *als* Garanten des (biologischen) Überlebens der Art u. ä. m. (Diese Art der Rekonstruktion von Gegenstandsverständnis versuche ich im 5. Kapitel des Buches.)

Man kann also zu Bestimmungsmerkmalen von Emotion kommen, indem man aus verschiedenen Ansätzen der Emotionsforschung und aus der Alltagserfahrung (vgl. z. B. *Averill* 1980, S. 306; *Rohracher* 1960, S. 391) jene Bestimmungsstücke emotionalen Erlebens herausfiltert oder rekonstruiert, die zum einen in einem nicht-widersprüchlichen Ergänzungsverhältnis zueinander stehen, und die zum anderen möglichst viele „Stimmen" der Forscher auf sich vereinigen, also in möglichst hohem Grade konsensfähig sind. Auf diese Weise kommt man zwar nicht zu „Wesensbestimmungen", sondern lediglich zu einer Sammlung von Beispielen bzw. von Anwendungsfällen, die in ihrer Gesamtheit die „Familienähnlichkeit" (*Wittgenstein*) der Emotionen untereinander ergeben (vgl. *Alston* 1981, S. 32). Es ergibt sich eine Liste typischer Merkmale, von denen jedoch kein einziges ausschließlich für die psychische Erscheinung „Emotion" kennzeichnend ist. Lediglich in ihrer Konstellation bzw. in ihrem Zusammen-Vorkommen sind die Merkmale in akzentuierender Weise für Emotion charakteristisch. Die Merkmale sind auch nicht voneinander unabhängig. Keines der typischen Merkmale liegt in allen Fällen (emotionalen Erlebens) vor und in allen Fällen sind immer nur einige Merkmale vorhanden (*Alston,* ebd.). Zusammen machen die Merkmale den *„Idealtypus Emotion"* aus, also einen lediglich gedachten „reinen Fall", der zwar in der Wirklichkeit nicht vorkommt, aber die Zuordnung realer Einzelfälle ermöglichen soll.

Der Typus mit seinen abstufbaren Eigenschaftskombinationen dient dazu, „die Einzelerscheinungen mit ihm zu vergleichen und im Grade ihrer Annäherung oder ihres Abstandes zu ihm zu messen und so zu bestimmen, ob und inwieweit der empirische Befund die Zuordnung zum Typ rechtfertigt oder nicht" (*Winckelmann* 1972, S. 352 f.). Ist also z. B. das Vertrauen, das eine Person in einer bestimmten Situation empfindet oder verbal äußert, eher eine Emotion oder eher eine Meinung, also eine Kognition? Ist eine bestimmte Annahme über ein zukünftiges Ereignis eher eine Erwartung (Kognition) oder eher eine Hoffnung (Emotion)? (Wobei letzteres sich auf die Gesamtbefindlichkeit der Person stärker auswirkt als ersteres, vgl. auch *Bedfort* 1981, S. 45).

Auch die folgende idealtypische Zusammenstellung von Merkmalen, die in ihrer Gesamtheit für Emotionen „typisch" sein sollen, verfolgt lediglich terminologische, klassifikatorische und vor allem heuristische Zwecke, liegt also im Vorfeld der Erkenntnisgewinnung. Ähnliche Überlegungen finden sich bei *Averill* (1980), *Izard* (1981), *Mandler* (1980), *Rohracher* (1960) und *Zajonc* (1980). Emotionen werden hier, daran sei noch einmal erinnert, als Bewußtseinsinhalte verstanden. Die folgenden Merkmale oder Beschreibungskategorien beziehen sich immer auf das *aktuelle Erleben* eines bestimmten Gefühls oder Gefühlszustandes, also weniger auf Stimmungen, Gefühlstönungen, extreme Affekte u. ä. (dazu Kap. 2.3.).

Merkmal 1:

Beim Erleben eines Gefühls steht die *leib-seelische Zuständlichkeit* einer Person im Zentrum des Bewußtseins, und nicht eine „Sache", ein Akt, eine Kognition, eine willentliche Vornahme oder ähnliches. *Wundt* hat dafür den Begriff des „Zustands-Bewußtseins" geprägt.

Merkmal 2:

Grundlage dieses Zustandsbewußtseins ist *Selbstbetroffenheit* – als das vielleicht einzige *notwendige* Bestimmungsmerkmal von Emotionen. Gefühle sind das Gegenteil von Gleichgültigkeit; sie entstehen nur, wenn eigene Ziele, Interessen und Bedürfnisse betroffen sind. Die Person erlebt etwas „in bezug auf sich selbst". Andere Ausdrücke für diese Betroffenheit sind: emotionale Beteiligung *(Mandler),* ego-involvement, Ich-Bezug, commitment (*Lazarus;* als „Bindung" nur schlecht übersetzbar). Wenn mich etwas nichts angeht, wenn es mich kalt läßt, wenn ich mich nicht angesprochen fühle, wenn ich etwas nicht ernst nehme: dann gibt es auch keine Emotionen.

Das Bild, das unsere Sinnesorgane uns über die Außenwelt (und Innenwelt) vermitteln, stellt fast immer „mehr als einen bloßen Tatsachenbericht dar, denn es enthält neben den Ereignissen und mit diesen verwoben auch unsere Relationen zu diesen. Das ‚Etwas', das uns zum Bewußtsein kommt, ist nur selten für uns völlig neutral, meistens ist es ein Etwas, über das wir uns freuen, vor dem wir uns fürchten, das uns lächerlich oder auch beruhigend vorkommt usw." (*Hofstätter* 1960, S. 114). Je mehr die emotionale Qualität des Erlebens im Vordergrund steht, desto mehr ist man in dieses Etwas „involviert" (*Heller* 1980, S. 19 ff.). „Das Involviertsein ist keine ‚Begleiterscheinung'. Es handelt sich nicht darum, daß meine Handlungen, Gedanken, Gespräche, Reaktionen und mein Informationserwerb durch das in ihnen Involviertsein ‚begleitet' werden, sondern darum, daß das Gefühl inhärenter Bestandteil von Handlung, Denken etc. ist, daß es in all dem – auf aktive oder reaktive Weise – enthalten ist" (a.a.O., S. 21).

„Einem Mann wurde von einem Freund ein Wappen gezeigt. Er verhielt sich gleichgültig, bis man ihn davon überzeugt, daß es sich in Wirklichkeit um ein Bild seines eigenen Familienwappens handle. Von da an hielt er das Bild in Ehren, zeigte es gerne anderen Leuten und war gekränkt, wenn sie desinteressiert schienen. Er verhielt sich gegenüber der Abbildung auf dem Stück Papier, als ob es sich um eine Verlängerung seiner selbst handle" (*Beck* 1979, S. 49). Ein anderes Beispiel für unterschiedliche Grade der Betroffenheit oder Ich-Beteiligung: Ich blättere in der Zeitung nach der Seite mit den Todesanzeigen, „schaue nach, wer wann und wie gestorben ist, einige überfliege ich (bin nicht involviert), bei anderen zögere ich (lese nach): ‚Diesen Menschen kannte ich doch, tut mir leid für ihn‘ oder: ‚Sieh mal, auch die Schurken leben nicht ewig‘ oder ‚Der war doch in meinem Alter‘, ‚Der hatte dieselbe Krankheit wie ich‘ – ich bin involviert, da ich die Information auf mich selbst beziehe. Mit anderen Worten: Ich empfinde Mitleid, Schadenfreude, Furcht oder wenigstens Angst" (*Heller* 1980, S. 20).

Vor kurzem hörte ich von folgender schrecklicher Begebenheit: In einem Dorf begegnet eine Frau vor ihrem Haus einer anderen Frau, die ihr voller Entsetzen erzählt, ein paar Straßen weiter läge ein Mann leblos auf der Straße; sie wolle schnell Hilfe holen. Als die Frau, der dies berichtet wurde, den Mann dort liegen sieht, erkennt sie in dem Toten ihren eigenen Ehemann. *Mandler* (1979, S. 302 f.) bringt ein ähnliches Beispiel für unterschiedliche Grade „emotionaler Beteiligung", wie er Selbstbetroffenheit nennt: „Das allgemeine Ereignis, daß ein Kind von einem Auto überfahren wird, kann in unser Aufmerksamkeitsfeld kommen, indem wir eine kurze Meldung in einer auswärtigen Zeitung lesen, durch dieselbe Meldung in der Lokalzeitung mit Bezug auf eine nahegelegene Straßenecke, durch dieselbe Meldung bezüglich eines Nachbarkindes; indem wir wirklich sehen, wie es einem Kind, das wir kennen, passiert, und im extremen Fall, wenn wir selbst das Kind sind, das in einen solchen Unfall verwickelt ist. Das Ausmaß emotionaler Beteiligung steigt natürlich, von der ersten unemotionalen, intellektuellen Informationsaufnahme bis zu persönlichem Schrecken, Angst und Schmerz."

Die Werte und Ziele, die im Gefühlserleben als tangiert erfahren werden, sind natürlich auch mit Wert- und Zielvorstellungen einer Gruppe oder Gesellschaft verbunden. Unter diesem Gesichtspunkt erscheinen Gefühlsreaktionen auch als wertende Stellungnahmen (vgl. auch *Rohracher* 1960, S. 400 ff.), womit aber nur ein möglicher Aspekt von Emotionen getroffen ist. Erinnern wir uns an die Untersuchung von *Mantell:* In der Ausnahmesituation des Krieges harmonieren sogar Gewaltsamkeit, Mitleidlosigkeit und Grausamkeit durchaus mit dem gesellschaftlichen Auftrag und den gesellschaftlichen Erwartungen an die „Green Berets". Im Alltag hingegen gilt das Gebot, mit dem Schwächeren Mitleid zu haben, physische Grausamkeiten zu unterlassen, Konflikte nicht gewaltsam zu lösen usw.

Zusammenfassend: Emotionale Ansprechbarkeit oder Reagibilität im Sinne von persönlicher Betroffenheit ist sowohl Voraussetzung für die Entstehung jeglicher Handlungsimpulse wie auch Bedingung für die (emotionale) Verletzbarkeit einer Person im Sinne von Konflikten, Frustrationen, Verstimmungen und auch schwerwiegenderen psychischen Störungen.

Merkmal 3:

Emotionen erscheinen häufig *„wie von selbst", spontan, ohne Anstrengung, unwillkürlich* (vgl. *Rohracher* S. 391; *Zajonc* 1980, S. 156). Sie können auch ohne Anstrengung wieder erscheinen bzw. „ungerufen" auftauchen. Aber auch das Umgekehrte gilt, wie Freud gezeigt hat: Bestimmte „verdrängte" Emotionen können auch durch größte Anstrengung nicht wieder ans Tageslicht befördert werden. In beidem scheinen Emotionen „extremer" zu sein als andere Bewußtseinsinhalte.

Merkmal 4:

Im Erleben von Gefühlen *erfährt sich die Person eher als passiv,* als Ausgeliefert-Sein, als „Erleidende", auch bei positiven Emotionen wie Freude und Glück. Es ergreift einen, man kann nicht aus; man fühlt sich oft für das, was man willkürlich weder herbeiführen noch kontrollieren oder beenden kann, nicht „verantwortlich" (vgl. auch *Averill; Zajonc*). *Lantermann* (1983, S. 275) weist daraufhin, daß in Übereinstimmung mit den meisten Emotionstheorien für Emotionen der Charakter des „Widerfahrens", also des Erleidens, des passiven Erlebens, konstituiv ist. Auch in *Herrmanns* Rekonstruktion des „Psychologischen" in psychologischen Theorien (*Herrmann* 1986) wären die Emotionen den „Widerfahrnissen" zuzuordnen (zu den Problemen einer „Ordnung" psychischer Phänomene vgl. *Ulich* 1989, 1. Kapitel).

Merkmal 5:

Das Erleben einer Gefühlsregung ist oft mit einer inneren, von außen oder nur von innen wahrnehmbaren *Erregung* oder Aufregung verbunden, in der sich bestimmte physiologische Erregungszustände widerspiegeln. Ohne diese innere, auch in der Vital-Sphäre begründete Beteiligung der leib-seelischen „Ganzheit" der Person könnte man Engagement und Gleichgültigkeit oft nicht voneinander unterscheiden (vgl. auch Kap. 5.1. über die Theorie von *James/Lange*). Von dieser Erregung kommt auch die „Wärme" der Emotionen, ihre subjektive Glaubwürdigkeit und Überzeugungskraft.

Merkmal 6:

Die aktuellen Gefühlsregungen einer Person in einer gegebenen Situation sind selten vorgeprägte oder gesellschaftlich vorgeformte Wiederholungen, Wiedergaben oder Reproduktionen z.B. einer „Ur-Angst", sondern meist *einzigartige* Erscheinungen und Bewußtseinsinhalte. Mag es auch anthropologisch fixierbare „Weisen des Fühlens" (etwa als transzendentale Möglichkeitsbedingungen) geben: Ein aktuell erlebtes Gefühl ist immer *einmalig und unverwechselbar,* auch wenn es von der Person in Analogie zu früheren Erfahrungen verstanden und eingeordnet werden kann.

Gefühle in einer gegebenen Situation sind immer auch ad hoc „konstruiert" oder „improvisiert", womit kein willkürlicher, kognitiv gesteuerter Akt gemeint ist, sondern das je eigentümliche, „idiosynkratische" Muster von spezifischen Gefühlsregungen (vgl. zum „konstruktiven" Charakter von Emotionen auch *Averill* 1980). Konkret: Auch gegenüber derselben Person ist man sogar in vergleichbaren Situationen nie in derselben Weise aggressiv oder ängstlich oder neidisch oder mißtrauisch usw. Auf der Erfahrungsebene ist jede Emotion eine „einzigartige Qualität des Bewußtseins" (*Izard/Buechler* 1980, S. 167), obwohl es sozio-kulturell vereinheitlichte Regeln der Darstellung von Gefühlen gibt, obwohl es auch für Emotionen vergleichbare Sozialisations- und Lernbedingungen gibt, obwohl aufgrund von Persönlichkeitsmerkmalen, Lernprozessen, Erfahrungen und situativen Merkmalen in bestimmten Situationen natürlich einige Emotionen wahrscheinlicher sind als andere. So wird man ein Liebesgeständnis in der Regel nicht mit einem Faustschlag beantworten; beim Anblick eines weinenden Kindes wird man nicht in Lachen ausbrechen; der Verlust eines nahen Angehörigen wird eher Trauer als Ärger auslösen. Dennoch wird auch jede dieser Emotionen (Liebe, Mitleid, Trauer) von einer einzigartigen, unverwechselbaren Qualität sein, bezogen auf eine bestimmte zwischenmenschliche Beziehung, eine bestimmte Person, bestimmte Situationen und Augenblicke usw.

Merkmal 7:

Emotionen als die „grundlegendste" Bezogenheit der Person auf die Wirklichkeit geben mehr als andere psychische Erscheinungen *dem Bewußtsein Kontinuität* (*Izard*). Stärker als im „Wissen", im „Wollen" oder im „Handeln" erlebt die Person in ihren Gefühlsregungen sich als mit sich selbst identisch. Hier sind allerdings auch Stimmungen und Gefühlstönungen hinzuzunehmen (vgl. Kap. 2.3.).

Das individuelle Bewußtsein wird durch Emotionen „organisiert", welche für die Prozesse des Empfindens, Wahrnehmens und Erkennens Richtung und Ansatzpunkt vorgeben (*Izard/Buechler* 1980, S. 167). Emotionen bestimmen nach dieser Auffassung den Bereich des „input" in das Bewußtsein, „indem sie die Prozesse des Gewahrwerdens kontrollieren" (a.a.O., S. 168). Es leuchtet ein, daß z. B. die grundlegende Emotion „Interesse" eine andere Beziehung zur Welt bzw. eine andere Einschätzung eines Objektes nahelegt bzw. „diktiert" als die Emotionen Furcht oder Ärger (ebd.). Wären dagegen Emotionen lediglich Produkte eines Einschätzungsprozesses oder Reaktionen auf einen Bewertungsvorgang, dann käme die Kontinuität des Bewußtseins von diesen „Kognitionen" oder kognitiven Prozessen (vgl. dazu auch Kap. 5 über kognitive Gefühlstheorien).

„Bewußtsein" ist mehr als „Wissen" im Sinne von Fakten-Wissen, rein kognitiver Umweltorientierung u. ä. (vgl. auch *Graumann* 1966). Darauf hat schon *Wundt* mit seinem Begriff des Zustands-Bewußtseins (für Emotionen) hingewiesen. Bloßes Faktenwissen ist ohnehin eine idealtypologische Abstraktion; schon oben (vgl. Pkt. 2) habe ich darauf hingewiesen, daß es keine „neutralen" Bedeutungen von Objekten usw. geben kann. Emotionen haben als Bewußtseinsinhalte zumindest insofern Erkenntniswert, als ohne emotionale Qualifizierung das meiste von unseren Meinungen und unserem Wissen psychisch irrelevant wäre, keine realitätsbezogenen und -adäquaten Einschätzungen und Handlungen anleiten könnte. Wissen ohne emotionale Qualifizierung ist keine Erkenntnis.

Dies möchte ich kurz anhand eines Beispiels illustrieren. Man verliert einen Menschen, der einem sehr nahe war. Würde nun dieser Verlust nur „kognitiv" repräsentiert werden, etwa als Unterschied zwischen Dasein und Nicht-Dasein, so wäre das Verlusterlebnis unvollständig, es wäre offensichtlich eine pathologische Erscheinung. Das Ereignis als solches bliebe unbegriffen, unverstanden; die Beziehung der Person zur Welt wäre gestört. Zur Erkenntnis dieses Ereignisses als Verlust gehört also das Trauergefühl notwendig hinzu, denn es qualifiziert das Ereignis. Ohne qualitative Eigenschaften, ohne qualitative Bedeutungszuschreibung wären Erkennen, Sich-Orientieren und Verstehen unmöglich.

Merkmal 8:

Die *„Funktion"* von Emotionen besteht darin, *daß sie erlebt werden* (*Mandler* 1979); eine Emotion *„has an existence of its own"* (*Zajonc,* S. 168). Emotionen sind also „selbstgenügsam", sie bedürfen keiner Zwecke außerhalb ihrer selbst. Warum springen wir vor Freude in die Luft? Weil wir uns freuen! Wenn also Warum-Fragen gelegentlich schon problematisch sind, so sind bei Emotionen „Wozu"-Fragen geradezu absurd: „Wozu" springen wir in die Luft? *Um* uns zu freuen? Nicht nur bezogen auf das Ausdrücken von Gefühlen, sondern auch bezogen auf das Erleben von Gefühlen sind Wozu-Fragen unzulässig, weil unsinnig.

Dies ist auch dann richtig, wenn das gezielte Herbeiführen bestimmter Gefühlserlebnisse (z. B. sexuelles Erleben, Drogen, Therapie) in einem Mittel-Zweck-Zusammenhang interpretiert werden kann, oder wenn Emotionen pauschal und vorweg z. B. von biologistischen Evolutionstheoretikern wie etwa *Plutchik* fälschlicherweise bestimmte Zwecke zugeschrieben werden. (Im 5. Kapitel des Buches werde ich mich mit diesen Versuchen einer Instrumentalisierung von Gefühlen auseinandersetzen.) Vom „Zustands-Charakter" der Gefühle kann man ihren „Signal-Charakter" unterscheiden. Signalcharakter haben Gefühle dann, wenn sie auf positive Anreize, Situationen usw. oder auf Gefahren hinweisen; der Signalcharakter betrifft also mögliche Folgen und Wirkungen von Gefühlen. Die Signalbedeutung ist nicht zwingend, im Gegensatz zum Zustandscharakter. In jedem Fall, von reflexhaftem Verhalten abgesehen, ist der Signalcharakter dem Zustandscharakter nachgeordnet.

Merkmal 9:

Das Ausdrücken und Verstehen von Emotionen läuft – im Vergleich zu anderen psychischen Erscheinungen – bevorzugt auch über *nicht-verbale Kommunikationskanäle.* Dazu korrespondiert, daß Emotionen oft schwer in eindeutigen verbalen Beschreibungskategorien wiedergegeben werden können (vgl. auch *Zajonc*).

Merkmal 10:

Im Vergleich zu anderen psychischen Erscheinungen ist bei der *Entwicklung* von Emotionen die *Verwobenheit in zwischenmenschliche Beziehungen* besonders stark (vgl. z. B. *Izard*). Dazu gehört – über interpersonelle Beziehungen vermittelt – die Orientierung und Anteilnahme (oder auch Nicht-Anteilnahme) an Werten einer Gesellschaft und Gruppe. (Hierauf gehe ich im Kapitel 6 wieder ein.)

Die genannten zehn Bestimmungsmerkmale sind natürlich von unterschiedlichem Gewicht. Ich habe hier auch einige Merkmale nicht genannt, die in den letzten Jahren für ganz wesentlich gehalten werden, wie z. B. die angebliche „Überlebens-Funktion" von Emotionen, die Verankerung von Emotionen in physiologischen Prozessen, die Rolle von Emotionen bei der „Handlungs-Regulation", die Signal-Funktion von Emotionen, die Zweiteilung von Emotionen in „angenehme" und „unangenehme" Gefühle. Im ganzen Buch, besonders im 5. Kapitel, finden sich Argumente gegen die Bedeutsamkeit dieser (angeblichen) Merkmale von Emotionen.

Abschließend fasse ich die entwickelten Bestimmungsmerkmale noch einmal zusammen:
Gefühlsregungen sind
– einzigartige
– auf der Grundlage von Selbstbetroffenheit und
– meist über nicht-verbale Kanäle vermittelte
– innerhalb zwischenmenschlicher Beziehungen erworbene und
– bevorzugt über nicht-verbale Kanäle vermittelte
– *seelische Zustände* (Inhalte eines zuständlichen, auf den eigenen Zustand bezogenen Bewußtseins), die
– meist mit einem erhöhten Grad von Erregung erlebt werden
– in denen die Person sich als eher passiv erfährt
– die dem Bewußtsein Kontinuität und „Identität" verleihen
– die keine primäre Funktion außerhalb ihrer selbst haben.

Von diesen zehn Merkmalen möchten *Groeben/Scheele* (1983) nach einer kritischen Diskussion meines Vorschlags nur noch stehenlassen (S. 6): „die Zuständlichkeit, die Selbstbetroffenheit und die Kontinuitäts- sowie Identitätsfunktion für das Bewußtsein, außerdem in einer indirekt vermittelten Weise das Erworbensein innerhalb zwischenmenschlicher Beziehungen und die relative Passivität des Fühlenden."

2.3. Fragestellungen und Themen in der Emotionspsychologie

Was will man *warum* über Emotionen wissen? Genauer: Über welche Aspekte von Emotionen welcher Menschen unter welchen Umständen?
Die Frage nach dem Warum zielt auf das Untersuchungsinteresse: Man interessiert sich jeweils für ganz unterschiedliche Aspekte von Emotionen, je nachdem, ob man schwerpunktmäßig in der Allgemeinen Psychologie, in der Persönlichkeitspsychologie oder in der Angewandten Psychologie, z. B. in der Klinischen Psychologie arbeitet. Das Vorgehen hängt außerdem davon ab, ob man z. B. methodische Zugänge erproben oder ob man mit bereits bewährten Methoden diagnostische Fragen beantworten will; ob man die Durchschnittswerte einer größeren Stichprobe, deren Verteilung und Ko-Variation oder aber bei einer oder

wenigen Personen die Veränderung von Gefühlen in Einzelfallstudien kennenlernen will, oder ob man unter einer praktischen Fragestellung Emotionen nicht nur erkennen, sondern auch beeinflussen will (z. B. in der Therapie).

Meist werden die verschiedenen Untersuchungsebenen und Fragerichtungen nicht deutlich genug auseinander gehalten. Ich möchte deshalb im folgenden versuchen, in die Vielzahl möglicher Fragestellungen etwas Ordnung zu bringen. Aufgrund der Komplexität und Unerforschtheit der Emotionen ist es gerade hier besonders wichtig, zur Vermeidung von Mißverständnissen das eigene Untersuchungsziel und den Untersuchungsgegenstand bestimmten Analyseebenen und Fragerichtungen zuzuordnen. Wie soll sich z. B. jemand gleichzeitig mit den folgenden beiden Fragen beschäftigen können: Welche Emotionen haben wir mit den Tieren gemeinsam? Wie kann ich dem schulängstlichen Kind Peter helfen? Eindeutig ist hier die erste Frage einer philosophisch-anthropologischen Ebene, die zweite Frage einer klinisch-psychologischen (angewandten) Ebene zuzuordnen. Natürlich sind die verschiedenen Analyseebenen aufeinander bezogen; auch darauf gehe ich im folgenden ein.

In einem ersten Schritt möchte ich anhand möglicher Fragestellungen das Gesamtfeld umreißen; dann werde ich in zwei verschiedenen Abschnitten die allgemeinpsychologische und die persönlichkeitspsychologische Fragerichtung skizzieren.

Welche Fragen werden in der Emotionspsychologie überhaupt gestellt?

Bevor wir in die Fachliteratur schauen: Fragen wir uns zunächst einmal selbst, wann wir dazu angeregt werden, über Emotionen nachzudenken.

Dies ist meistens dann der Fall,

. . . wenn Menschen (einschließlich wir selbst) *keine* Emotionen oder ganz bestimmte Emotionen *nicht* erleben können. Wenn wir sehr deprimiert sind, dann können wir uns über nichts freuen, und nichts interessiert uns. Eine Mutter, die ihr Kind umbringt, scheint viele Emotionen, die wir für „normal'' halten, nicht erleben, nicht fühlen zu können. Wer Menschen wie Rehe abschießt (vgl. 1.3), dem schreiben wir ein gravierendes Defizit im Gefühlsbereich zu.

. . . wenn Menschen die „*falschen''* Emotionen erleben, z. B. bei Tierquälerei, Sadismus, grundloser Freude, übertriebener Furcht (z. B. bei Waschzwang).

. . . wenn Menschen *zuviel* von einer oder mehreren Emotionen erleben, z. B. ständige Angst, dauernde Niedergeschlagenheit, manische Euphorie, endlose Trauer.

. . . wenn Menschen unter ihren Emotionen *leiden,* wofür jeweils ein Zuviel oder Zuwenig im schon genannten Sinne der Grund sein kann.

. . . wenn Menschen mit ihren Emotionen *störend auffallen,* z. B. bei ausgeprägter Feindseligkeit, bei „hysterischem'' Benehmen, bei ungewöhnlicher Verschlossenheit usw.

41

... wenn wir Emotionen und Verhalten *vorhersagen und/oder beeinflussen*, also z. B. eigene Beziehungsprobleme lösen (hat sie zuviel Angst vor mir?) oder therapeutisch-beratend tätig sind (z. B. Behandlung von Schulangst).

... wenn wir *Veränderungen* an Menschen bemerken oder wenn uns Wandlungen in den Emotionen oder im Ausdrücken von Emotionen auffallen, die mit sozio-kulturellen Veränderungen zusammenhängen und sich z. B. in Generationen-Unterschieden ausdrücken können.

Diese unsystematische Beispielsammlung ergibt als vorläufige Schlußfolgerung: Wir denken meistens dann über Emotionen nach, wenn uns irgendetwas „auffällt", weil es vom Gewohnten, Erwarteten, „Normalen" in quantitativer („Zuviel"/„Zuwenig") oder qualitativer („falsche" Emotionen) Hinsicht abweicht. Wir verstehen etwas nicht, können uns nicht einfühlen, etwas nicht nachvollziehen, aber auch: Wenn wir selbst besonders glücklich oder besonders unglücklich sind, wenn wir Freude, Entspannung, Konflikt und Frustration erleben. Nicht immer natürlich, auch nicht in extremen Fällen, werden wir uns unserer Emotionen „bewußt" in dem Sinne, daß wir sie zum Gegenstand reflektierenden Nachdenkens machen können (oder auch wollen!). Hier setzt nun das Erkenntnisinteresse der Wissenschaft ein: Sie kann mit Emotionen nur dann umgehen, wenn diese sich irgendwie *objektivieren,* sich also in Erlebnisberichten der Personen selbst, in physiologischen Meßwerten, im Verhalten oder im Ausdrucksverhalten zeigen. (Darauf gehe ich ausführlicher aber erst im vierten Kapitel ein.)

Im Vergleich zu den skizzierten konkreten Fragen und Problemen sind die zur Zeit in der Fachliteratur genannten Fragestellungen der Emotionspsychologie recht vage und allgemein. Die am häufigsten genannten Fragestellungen lassen sich unter fünf Gesichtspunkten gruppieren:

1. Fragen nach dem „Wesen" von Emotionen: Was ist die „Natur", also das Wesen von Emotionen (z. B. *Plutchik/Kellermann* 1980, S. XXI)? Bei der Suche nach grundlegenden Bestimmungsmerkmalen von Emotionen wird gelegentlich so getan, als seien Emotionen etwas in der Natur (des Menschen, des Lebens) Vorfindliches und eindeutig Erkennbares und Abgrenzbares, wie z. B. eine noch nicht entdeckte oder noch nicht hinreichend erforschte Tier- oder Pflanzenart. Entsprechend naiv sind die weiteren in diesem Zusammenhang gestellten Fragen (ebd.): Wie viele Emotionen gibt es? (vgl. auch *Izard* 1979, S. 7). Welche sind die grundlegenden (basic) Emotionen? Haben wir diese grundlegenden Emotionen auch mit niederen Tieren gemeinsam? Sind einige Emotionen positiv und andere negativ, einige normal und andere pathologisch? Warum gibt es überhaupt Emotionen? Diese letzte Frage wird häufig explizit oder implizit umformuliert zu der Frage: Wozu gibt es (welche) Emotionen? Welche Funktion haben Emotionen?

Die hinter diesen Themen stehende biologistisch-essentialistische Emotionstheorie, zur Zeit am prägnantesten von *Plutchik* vertreten, gibt auf die genannten Fragen gleich die entsprechenden (simplen) Antworten (vgl. auch Kap. 5 in diesem Buch): Emotionen dienen dem Überleben der Art; aufgrund der evolutionären Entwicklungsgeschichte der Gattung Mensch haben wir grundlegende, d. h. sich in der Evolution als überlebens-wirksam entwickelte oder durchgesetzte Emotionen – ihre Zahl wird meist mit 8 oder 10 angegeben, – die wir auch mit niederen Tieren gemeinsam haben (vgl. *Plutchik/Kellermann* 1980, z. B. S. 386). Trotz mehrmaliger und intensiver Lektüre der entsprechenden Arbeiten ist mir bis heute nicht klar geworden, was sich die Vertreter biologistisch-essentialistischer Emotionstheorien von ihren naiven Fragen und den meist ebenso naiv-spekulativen Antworten auf diese Fragen eigentlich selbst erwarten.

Da ich auf die Probleme dieser Ansätze im 5. Kapitel genauer eingehen werde, sei hier nur folgendes angedeutet: Diese Theorien bieten aufgrund ihres spekulativen und zugleich biologistisch-dogmatischen Ansatzes kaum eine Möglichkeit, Entwicklung und Erscheinungsformen von Emotionen als historisch und soziokulturell mit-bedingte Erlebnis-Formen und individuell-einzigartige Erlebnis-Qualitäten empirisch zu untersuchen. Es werden nirgendwo Aussagen zu der Frage gemacht, in welchem Verhältnis die Befriedigung bzw. Nicht-Befriedigung (angeblicher) biologischer Grundbedürfnisse zu den Interessen und Anliegen, Sorgen und Hoffnungen eines Menschen in entwickelten Industrie-Gesellschaften des 20. Jahrhunderts stehen. So können lediglich spekulative Analogieschlüsse zustande kommen, die bei *Plutchik* bis zur Rechtfertigung sozialer Ungleichheiten gehen: Soziale Hierarchien, wie z. B. die zwischen Mann und Frau seien zu akzeptieren, da sie „natürlich" seien (vgl. *Plutchik* 1980).

Zusammenfassend: Solange Individuen lediglich als Gattungswesen und Emotionen lediglich als Ausdruck einer irgendwie behaupteten menschlichen „Natur" angesehen werden, können die wirklichen Emotionen wirklicher Menschen hier und heute nicht erforscht werden.

Gibt es überhaupt einzelne, voneinander unterscheidbare Emotionen – als Erlebnisformen und Erlebnisqualitäten – oder ist Emotion nichts anderes als ein allgemeiner, unspezifischer psycho-physischer Erregungs- oder Aktivationszustand (vgl. *Izard* 1979, S. 7)? Nahezu alle Autoren vertreten heute die zuerst genannte Position. Ebenso verbreitet ist die Auffassung, daß man bei Emotionen mehrere Komponenten oder Aspekte unterscheiden kann (z. B. *Izard,* ebd.; *Lazarus/Kanner/Folkman* 1980): (a) den subjektiven Erlebnis- oder Erfahrungsaspekt, also quasi die „Innenseite" der Emotion; (b) einen Verhaltensaspekt, (c) neurophysiologische Korrelate; (d) einen Ausdrucks- oder Signal-Sende-Aspekt. Leider ist der Zusammenhang dieser verschiedenen Komponenten nicht immer eindeutig nachweisbar, worauf ich im Methoden-Kapitel noch eingehen werde. Keine Emotion kann als inhärent gut oder angenehm bzw. als schlecht bzw. unangenehm aufgefaßt werden, weil sich die subjektive Erlebnisqualität erst in besonderen Person-Umwelt-Beziehungen ergibt (vgl. auch *Izard,* a.a.O.).

Wissenschaftler, die immer direkt nach dem „Wesen" der Dinge fragen (Was genau sind Furcht und Zorn?), sind „wie Menschen, die eine Artischocke auf der Suche nach der eigentlichen Artischocke ihrer Blätter entkleiden: Was immer sie zurückbehalten, ist nicht die wirkliche Sache und nicht genug" (*Pitcher* 1981,

S. 106). Diese Wesensforschung wird nur möglich, wenn man Emotionen von den erlebenden Personen ablöst, wenn man sie nicht mehr als subjektive Sinn- und Bedeutungseinheiten versteht. Es gibt keine „Substanz" von Zorn oder Furcht, die sich jenseits subjektiver Erlebnisformen- und -qualitäten definieren ließe. Der ebenso beliebte wie letztlich unsinnige Versuch, durch Analyse des Wortgebrauchs bzw. von Sprachkonventionen – wann sprechen wir von Zorn, wann von Scham usw. – zu einer Definition von Emotion zu kommen, beruht auf einer Verwechslung von „Erleben" und „Benennen". Die Beschreibung eines Erlebnisses ist nicht das Erlebnis selbst (vgl. *Chanowitz/Langer* 1980, S. 98 ff., und Kap. 4 in diesem Buch).

Wer nach dem „Wesen" von Emotion fragt und diese Frage nicht kategorisch durch Verweis auf die „Natur", die „Evolution" oder irgendeine angebliche biologische Grundausstattung des Menschen bzw. „grundlegende" Emotionen beantworten will, der muß vor allem zwei Aufgaben bewältigen (vgl. auch *Debus* 1977, S. 157): Erstens müssen Beschreibungs- oder Bestimmungsmerkmale gefunden werden, die Emotionen idealtypisch und akzentuierend von anderen psychischen Erscheinungen abzuheben erlauben (vgl. in diesem Buch Kap. 2.2), und zweitens muß eine Klassifikation von Emotionen als Erlebnis-Formen und Erlebnis-Qualitäten anhand bestimmter Unterscheidungskriterien versucht werden (s. u.).

2. *Die Frage nach den Beziehungen zwischen Emotionen und anderen psychischen Erscheinungen* (Wahrnehmung, Denken, Motivation, Verhalten, Persönlichkeitsstruktur):

Eine Skizzierung der damit zusammenhängenden Probleme und Lösungsmöglichkeiten habe ich bereits in Kap. 2.1 versucht. Die Frage nach den Beziehungen wird je nach theoretischem Hintergrund anders gestellt und anders beantwortet (vgl. *Plutchik/Kellermann* 1980, S. XXI; *Izard* 1979, S. 7; *Debus* 1977). In letzter Zeit interessiert dabei, wie ich schon in anderen Kapiteln ausgeführt habe, insbesondere die Frage, ob Kognitionen den Emotionen nachgeordnet sind oder ob sie Emotionen auslösen (vgl. auch *Mertens* 1980, S. 670).

3. *Die Frage nach der regulativen Funktion von Emotionen im Erleben und Handeln und die Frage nach der Kontrolle der Emotionen:* Beide Fragen hängen eng zusammen; sie können nur beantwortet werden, wenn Antworten zu Frage 2 vorliegen. Im 5. Kapitel werde ich näher auf die grundlegenden Probleme eingehen, die sich ergeben, wenn man Emotionen vorweg in Zweck-Mittel-Zusammenhänge einspannt, wie dies zum einen in den schon erwähnten biologistischen Modellen und zum anderen in modernen Handlungstheorien geschieht, die entweder vom Tätigkeitskonzept ausgehen (vgl. z. B. *Reykowsky* 1973) oder kognitivistisch orientiert sind (vgl. z. B. *Lazarus* u. a. 1980). Davon unabhängig ist es sicher wichtig, die Frage der Beeinflußbarkeit von Emotionen durch eigenes Handeln und eigene Erfahrungen oder durch Beratung und Therapie zu untersuchen.

4. Die Frage nach der Entwicklung von Emotionen:

Diese Frage muß in drei verschiedene Unter-Fragen gegliedert werden:

a) Die Art- oder stammesgeschichtliche Entwicklung von Emotionen *(Phylogenese):* Wie haben sich im Prozeß der Menschwerdung bestimmte Emotionen als grundlegende Erlebnis-Formen herausgebildet? Welche Bedeutung haben diese für die (natur-geschichtliche) Bewältigung von (Überlebens-)Aufgaben? Wie läßt sich die Kontinuität in der Evolution vom Tier her beschreiben? Welche Spuren der naturgeschichtlichen Kontinuität und „Funktionalität" des emotionalen Ausdrucksverhaltens lassen sich noch heute feststellen und als Nachweis der artgeschichtlichen Bedeutsamkeit der Emotionen vorzeigen? Bekanntlich gehen derartige Fragestellungen auf *Darwin* zurück (dazu auch Kap. 5.1). Selbst eingefleischte Evolutionstheoretiker wie *Plutchik* räumen allerdings ein, daß *Darwin* weniger an Emotionen selbst als vielmehr am Ausdrucks*verhalten* interessiert war (*Plutchik/Kellermann* 1980, S. 386). Gelegentlich haben sich aber Annahmen über die (angebliche) artgeschichtliche Entwicklung und Bedeutung des Ausdrucksverhaltens wie ein Fettfleck auf die Entwicklungen der Emotionen selbst ausgebreitet.

Leider lassen sich in der Geschichte der Menschwerdung vergangene Emotionen nicht ebenso in versteinerter Form auffinden wie die Knochen unserer tierischen und menschlichen Vorfahren (vgl. *Candland* 1977). Schon deshalb ist auf die oben skizzierten Fragen nicht viel mehr als Spekulation zu erwarten. Darüberhinaus fehlt bis heute jeder Nachweis dafür, daß Aussagen über die Phylogenese von – ein für allemal fixierten? – Emotionen überhaupt notwendig sind für das Verständnis individueller Entwicklung, individuellen Erlebens und Verhaltens. Niemand versteigt sich heute (hoffentlich) zu so absurden Behauptungen wie: X weint häufig, um damit (imaginäre) Staubkörner aus den Augen zu treiben, oder Y lacht, um (mit der angeblich spurenhaft im Lachen enthaltenen Aggressionsdrohung) seine Feinde einzuschüchtern.

Zusammenfassend: Im Gegensatz zu vielen Kollegen halte ich Fragen nach der Phylogenese von Emotionen weder für vorrangig noch für beantwortbar, wenn man mit Emotion jene Erlebnis-Formen und Erlebnis-Qualitäten meint, die uns heute im Selbsterleben und in der Fremdbeobachtung zugänglich und wichtig erscheinen.

b) Die Entwicklung von Emotionen im individuellen Lebenslauf *(Ontogenese):* Hier geht es um Fragen wie: Wie entsteht in der Kindheit bei bestimmten Menschen die Bereitschaft, bestimmte Emotionen (z. B. Angst) häufiger/seltener zu erleben als andere? Wie wirken sich bestimmte Lebensumstände, Lernprozesse, Bezugspersonen, Kontakte und Erfahrungen auf die Entwicklung von Emotionen aus? Wie entwickeln sich Emotionen als individuum-spezifische, einzigartige Erlebnisqualitäten? Lassen sich Entstehungsbedingungen feststellen, die für die Ausprägung bestimmter Emotionen, wie z. B. Feindseligkeit und Ängstlichkeit kennzeichnend sind? (Vgl. die in Kap. 6 ausführlich vorgestellte Studie von Mantell über die Entstehung von Gewalttätigkeit und Gewaltlosigkeit in der familialen Sozialisation.) „Welche Rolle spielt die sozio-kulturelle Umwelt mit

ihren Normen und Handlungsregeln für das Erkennen, Benennen und Ausdrük-
ken von Emotionen?" (*Mertens* 1980, S. 670). Wie kommen Unterschiede (im
Gefühlserleben) *zwischen* Individuen zustande, und wie sind Veränderungen,
einschließlich Stimmungen, im Gefühlserleben *einer* Person über den gesamten
Lebenslauf hinweg zu erklären? Zur Klärung derartiger Fragen sind Längsschnittuntersuchungen durchzuführen (vgl. auch Kap. 4 und 6).

c) Die Entwicklung von Gefühlsregungen in gegebenen Situationen *(Aktualgenese):* Hier geht es um das unmittelbare Erleben, also um Entstehung, Wirkung
und um das Abklingen von Gefühlsregungen im engeren Sinne, wie ich sie in
Kapitel 2.2 anhand der 10 Bestimmungsmerkmale zu kennzeichnen versucht
habe. Unter welchen Bedingungen erlebt eine Person konkret welche Gefühle,
wann und wie entstehen diese, wie werden sie bewußt, wie werden sie aufrechterhalten, wie verschwinden sie wieder? (Vgl. auch *Debus* 1977, S. 157; *Walschburger* 1980 b, S. 2 f.). Es wird in einer Momentaufnahme bzw. in einer Querschnitts-
analyse gefragt nach den gefühlsauslösenden und -modifizierenden Bedingungen
(vgl. *Debus* a.a.O.). Hier ist die Untersuchungsmethode eher das Experiment.

Eine Entwicklungspsychologie der Emotionen muß eine differentielle Entwicklungspsychologie sein, die die Unterschiede erklären kann, die zwischen den
Entwicklungen und Veränderungen von verschiedenen Individuen auftreten.

5. Die Frage nach emotionaler Belastung:
Welche Rolle spielen Emotionen bei psychischen Erkrankungen? Auf welche
Weise machen Gefühle (qualitativ/quantitativ) krank? Welche Emotionen können uns unter welchen Umständen auf welche Weise krank machen? Wie können
wir emotionale Belastungen bewältigen (vgl. auch *Debus,* a.a.O.; *Walschburger*
a.a.O.)? Im 7. Kapitel dieses Buches will ich anhand einiger Beispiele auf diese
Fragen eingehen.

Zur weiteren Verdeutlichung der Unterschiede zwischen bestimmten Analyseebenen will ich im folgenden noch einmal schwerpunktmäßig die *allgemeinpsychologische* und die *persönlichkeits-* oder differentialpsychologische Analyseebene
beschreiben. Auf ersterer erscheinen Emotionen als allgemeine Erlebnis-*Formen,*
letztere thematisiert Gefühle als individuumspezifische Erlebnis-*Qualitäten.*

Ekman & Scherer (1984) gruppieren die Befunde und Aussagen der Beiträge in
ihrem Sammelband unter den folgenden, noch weiter ausdifferenzierten Fragen:
Funktionen von Emotionen; vorauslaufende Bedingungen; Emotion und Kognition; Ausdruck von Emotionen; autonome, zentralnervöse und neuro-endokrine
Substrate von Emotionen; Kontrolle von Emotionen. Als wichtigste Aufgaben der
Emotionsforschung bezeichnen *Wallbott/Scherer* (1985 a, S. 304) die folgenden:
„1. die Klassifikation emotionsauslösender antezedenter Situationen, 2. die Untersuchung differentieller physiologischer Symptome und nonverbaler Reaktionen,
3. die Betrachtung möglicher personspezifischer Reaktionsmuster auf emotionale
Situationen, und 4. die Untersuchung sozialer Kontroll- und Regulationspro-
zesse."

Im folgenden möchte ich die eher allgemeinpsychologischen und die eher persönlichkeitspsychologischen Fragen aus diesen Katalogen getrennt besprechen.

Fragen auf der allgemeinpsychologischen Ebene

Die Allgemeine Psychologie interessiert sich für Emotionen insoweit, als es sich dabei um *universelle Erlebnis-Formen* handelt, die bestimmte grundlegende Gemeinsamkeiten haben und deren Funktionsweise einschließlich Entwicklung, Auswirkung und Beeinflußbarkeit allgemeinen Gesetzmäßigkeiten unterliegt bzw. bestimmte Regelmäßigkeiten aufweist. „Universell" heißt: Emotionen (im Sinne von Dispositionen, s. u.) lassen sich grundsätzlich bei allen Menschen feststellen. Konkret: Alle Menschen können Furcht, Scham, Stolz, Freude usw. erleben und anhand der Ausprägung dieser Gefühlserlebnisse (Grade, Intensität usw.) beurteilt werden. „Grundlegend" heißt: Es läßt sich zumindest idealtypisch eine Merkmalskonstellation bestimmen, die allen Emotionen gemeinsam ist und insofern Emotionen von anderen psychischen Erscheinungen abzuheben erlaubt. „Allgemein" heißt: Es wird von Besonderheiten der individuellen Entwicklung, der spezifischen Situation, einer gegebenen Interaktionsbeziehung usw. abstrahiert; im Vergleich zu Naturwissenschaften kann die Psychologie jedoch nicht absehen von den bestimmenden Einflüssen zeitgeschichtlicher Epochen, sozio-kulturellen Einflüssen, gesellschaftlichen Normen und Erwartungen, gesellschaftlichen Ordnungsprinzipien. Auch im Bereich der Psychologie gibt es konstante und regelhafte Beziehungen zwischen bestimmten Erscheinungsformen (wie z. B. aggressivem Verhalten und Aggressions-Auslösern), aber diese Regelmäßigkeiten gehen nicht auf Natur-Gesetze zurück.

Wenn wir uns nun aber an das erinnern, was bisher schon über die Einzigartigkeit, Persongebundenheit und subjektive Bedeutungshaltigkeit von Emotionen gesagt wurde, dann stellt sich die Frage, ob Emotionen auf der allgemeinpsychologischen Analyseebene überhaupt angegangen werden können, oder umgekehrt: ob Emotionen überhaupt ein Thema für die Allgemeine Psychologie sein können. Schon aus der Alltagserfahrung wissen wir ja, daß in der Tat nicht alle Menschen zu allen Zeitpunkten und in allen Situationen Furcht, Scham, Stolz oder Freude erleben, ja nicht einmal erleben *können,* weil bestimmte Erwartungen dem entgegenstehen oder weil sie es nicht „gelernt" haben, diese Emotionen zu erleben (wie es etwa die Interviewten aus der schon mehrfach genannten Studie von Mantell nicht „gelernt" haben, mit ihren Opfern Mitleid zu haben). Andererseits: Können wir uns überhaupt über Emotionen verständigen, können wir uns selbst und andere Menschen überhaupt (z. B. für praktische Zwecke der Beurteilung und Entscheidung) beschreiben und vergleichen, wenn wir nicht *allgemeine* Auffassungen von Emotionen haben? Wenn z. B. jemand sagt: „Ich habe soviel Angst vor meinem Vorgesetzten, daß ich nicht mehr arbeiten kann", so muß ich wissen, was Angst ist, unabhängig von diesem konkreten Fall; denn sonst könnte ich den anderen weder verstehen noch könnte ich ihm helfen. Wenn ein Mann zu einer

Frau sagt: „Ich liebe dich", dann muß die Frau wissen, was er meint, wenn er dies sagt.

Zum Verständnis von Emotionen sind also allgemeine Kategorien zum Benennen, Erfassen, Beschreiben und Erklären nötig. Individuelles Erleben und Verhalten können nur mit Begriffen und Theorien verstanden werden, die eine Einordnung des Einzelfalles in ein übergeordnetes System regelhafter Zusammenhänge erlauben. Selbst die Mutter auf dem Spielplatz, die das auffallend aggressive oder schüchterne Verhalten ihres Kindes verstehen will, sucht nach Erklärungen allgemeiner Art, subsumiert das Verhalten ihres Kindes unter allgemeine „Gesetzmäßigkeiten". Es ist also weniger die Frage, *ob* wir allgemeine Annahmen über Emotionen brauchen, sondern *wie* wir dazu kommen, angesichts der bisher in diesem Buch schon entwickelten Besonderheiten von Emotionen, die einer allgemeinen Betrachtung ja bestimmte Hindernisse entgegenzusetzen scheinen.

Die Antwort auf dieses „Wie" will ich hier nur ganz vorläufig und abstrakt formulieren: In vergleichenden prospektiven entwicklungs-psychologischen Längsschnittuntersuchungen können Bedingungen erforscht werden, die – innerhalb einer Epoche, einer Generation, einer Kultur, einer gesellschaftlichen Untergruppe – für bestimmte Gemeinsamkeiten des Erlebens von bestimmten Emotionen sorgen und insofern Grundlage für Verallgemeinerungen über emotionales Erleben sind.

Diese Strategie ist eher induktiv-empirisch (wenn auch durch theoretische Annahmen geleitet), sie geht vom Subjekt und seiner Lebensgeschichte aus. Andere Wege einer allgemeinen Psychologie der Emotionen sind z. B.: Bestimmung „grundlegender" Emotionen; Entwicklung von begrifflichen Beschreibungs- und Klassifikationskriterien, die „von außen" an emotionales Erleben herangetragen werden. Auf diese beiden Wege einer Emotionspsychologie „von oben" will ich jetzt kurz eingehen.

Die Suche nach „grundlegenden" Emotionen: Die Behauptung „grundlegender" Emotionen ist heute für viele Kollegen das Kernstück einer Allgemeinen Psychologie der Emotionen. Allgemeine Psychologie steht mit vielen ihrer Aussagen an der Schwelle zur Philosophischen Anthropologie, ja oft überschreitet sie (notwendigerweise) diese Schwelle auch, indem sie Annahmen zum Wesen des Menschen machen muß. Entscheidend ist dabei die Begründung, also der Weg, wie man zu den allgemeinen Aussagen kommt. „Grundlegende" Emotionen werden z. B. von Izard, Tomkins oder Plutchik behauptet. Plutchik etwa zählt auf: Furcht, Ärger, Freude, Traurigkeit, Aufnahmebereitschaft, Ekel, Erwartung und Überraschung. Welche Möglichkeiten gibt es, die Existenz „grundlegender" Emotionen zu belegen? Die Meinung, es gebe ein allen Menschen gemeinsames Repertoire von Gefühlen, ist populär und scheint plausibel. Was aber heißt „gemeinsam", was heißt „grundlegend", worin drückt sich dieses „Grundlegende" aus? Wenn man einen Zirkel – grundlegend sind die (behaupteten 8 oder 10) Emotionen, weil sie bei allen Menschen vorkommen, und gemeinsam sind sie allen Menschen, weil sie grundlegend sind – vermeiden will, muß man sich für eine der folgenden oder eine weitere Erklärungsmöglichkeit entscheiden:

– grundlegend heißt: hirnanatomisch eindeutig lokalisierbar bzw. hirnanatomisch älteren Schichten zuordenbar;

– grundlegend heißt: mit den Tieren gemeinsam, also (!) von grundlegender Bedeutung in artgeschichtlicher und evolutionärer Hinsicht;

– grundlegend heißt: Diese Emotionen dienen dem Überleben (der Art). Auch hier besteht eine Zirkelgefahr: Heute vorkommende Emotionen haben deshalb eine Überlebens-Funktion, weil sie ja sonst im Verlaufe der „Evolution" verschwunden wären.

– grundlegend heißt: notwendig für die Daseinsbewältigung, für die Kommunikation, für die Bewältigung von typischen „Grundsituationen" im Lebenslauf wie etwa Durchsetzung, Hilfeleistung, Fürsorge, Leistung u. ä.

– grundlegend heißt: Im interkulturellen Vergleich ergibt sich, daß diese Emotionen von allen Menschen gleichermaßen z. B. anhand des Gesichtsausdrucks verstanden und voneinander unterschieden werden können (vgl. *Ekman* 1981; in diesem Buch Kap. 6).

Abgesehen von der (im einzelnen noch zu diskutierenden) Fragwürdigkeit jedes dieser Begründungsversuche kennen wir alle Emotionen, die in keinem dieser Systeme als grundlegend bezeichnet, die wir selbst aber so ansehen würden. Wenn ich z. B. am Weihnachtsabend 1000 Kilometer von zu Hause entfernt allein in einem Hotelzimmer sitze und dabei eine bedrückende Leere, Nichtigkeit, Einsamkeit empfinde, – ist das keine „grundlegende" Emotion? Wenn dies aus der Sicht der oben genannten Begründungssysteme als weniger grundlegend als die eigenen behaupteten „basic emotions" angesehen wird, so hat dies den Beigeschmack eines „theoretischen Imperialismus" (*Kagan* 1978, S. 28; auch das Beispiel stammt von ihm). – Oder: Läßt sich eine Allgemeine Psychologie der Emotionen auf der Tatsache aufbauen, daß Menschen aus unterschiedlichen Kulturen ein ähnliches Gesicht machen, wenn sie in einen sauren Apfel beißen (vgl. *Zajonc* 1980, S. 157)? Viele scheinen in der Tat dieser Meinung zu sein, daß nämlich die – empirisch gar nicht ausreichend belegte – Universalität von Gefühls-*Ausdruck* „die evolutionäre Kontinuität mit anderen Arten und die grundlegende Bedeutung der Emotionen" nahelege (ebd.).

In besonders krasser und naiver Form findet sich dieser Glaube im bekannten Sammelband von *Plutchik* und *Kellermann* (1980), deren Herausgeber (S. 386) nicht vor der Behauptung zurückschrecken, sogar mit den niederen Tieren hätten wir alle wesentlichen Emotionen gemeinsam. Da ausreichende Belege für diese Behauptung fehlen, können wir uns selbst einmal genauso naiv fragen: Was hat Herr Müller mit seiner Katze gemeinsam? Wenn Sie diese Frage zu beantworten versuchen, werden Sie feststellen: Mit Hilfe vager Analogieschlüsse wird Herr Müller auf einen puren Organismus reduziert; Menschliches wird herausdefiniert. Der Erkenntnisgewinn ist gleich Null: Daß Herr Müller (wie seine Katze) vitale Bedürfnisse wie Hunger und Durst hat, daß er Gefahren meidet und angenehme Situationen aufsucht – das alles wissen wir auch ohne den Vergleich mit der Katze.

Die Existenz einer geringen Zahl biologisch determinierter Emotionen (mit festgelegten neuralen Erregungsmustern) ist „bislang empirisch nicht belegt"

(*Scherer* 1983, S. 416). Insbesondere ist offen, ob sich „grundlegende" Emotionen tatsächlich so im Verhalten und Erleben eindeutig nachweisen lassen „und nicht nur Emotions*worte* von verschiedenen Personen konsistent verwendet werden" (*Asendorpf* 1984, S. 125). Die empirische Basis für Ansätze wie die von *Plutchik* und *Izard* scheint keineswegs so breit und stabil zu sein, wie diese Autoren suggerieren. Die Ansätze zur Differenzierung von Emotionen durch verbale Reaktionsmuster sind stark sprachabhängig; sie können letztlich nicht widerlegen, „daß die unterschiedlichen verbalen Reaktionsmuster für differentielle Emotionen *unabhängig* vom tatsächlichen emotionalen Erleben der Versuchspersonen zustande gekommen seien" (a.a.O., S. 127).

Ein Weg, zu einer Ordnung von Bedeutungsgehalten der Emotionswörter selbst zu kommen, besteht darin, „den in alltagssprachlichen Bezeichnungen für Gefühlswörter implizit vorhandenen psychologischen Bedeutungsgehalt zu explizieren (*Mees* 1985, S. 3). Die Klassifikation von Emotions*worten* enthält dann folgende Kategorie (a.a.O.): 1. Beziehungsqualifizierende Emotionswörter, wie z. B. Vertrauen, 2. Empathie-Gefühlsworte wie z. B. Mitleid und 3. Zielqualifizierende Gefühlswörter. Letztere unterteilen sich weiter in a) Bewertungsemotionen wie z. B. Zufriedenheit, b) Erwartungsemotionen wie z. B. Hoffnung, c) Attributionsemotionen wie z. B. Stolz, und d) moralische Emotionen wie z. B. Scham.

Die von *Plutchik, Izard* und anderen vertretene Auffassung, es gebe unverbundene, nicht in Beziehung zueinander stehende „grundlegende" Emotionen, wird von Studien in Frage gestellt, die nicht Emotionswörter abfragen, sondern die nach tatsächlichen emotionalen Erfahrungen fragen (vgl. z. B. *Scherer/Tannenbaum* 1986). Ein weiteres Beispiel dafür ist die Untersuchung von *Diener/Iran-Nejad* (1986), in der sich zeigte, daß Emotionen derselben Valenz wie z. B. Furcht und Ärger dazu tendieren, zusammen aufzutreten, während positive und negative Emotionen sich insbesondere bei hoher Intensität gegenseitig ausschließen. Die Probanden hatten in der einen Teilstudie Geschichten zu lesen, die verschiedene Arten von Emotionen provozieren sollten. In der zweiten Teilstudie hatten die Probanden über einen Zeitraum von sechs Wochen hinweg täglich ihre Gefühlsregungen einzuschätzen.

Ein ähnliches Vorgehen wählten *Wallbott* und *Scherer* in ihrer interkulturell vergleichenden Studie über situationsbezogene Emotionserinnerungen (vgl. z. B. *Scherer, Wallbott & Summerfield* 1986). Der Fragebogen wurde zu den vier vorgegebenen Emotionen Freude/Glück, Trauer/Kummer, Furcht/Angst und Ärger/Wut erhoben: Situationscharakteristika, Personcharakteristika, Gefühlscharakteristika, Reaktionscharakteristika und Regulationscharakteristika. Zu diesen Dimensionen sollten die Probanden entsprechende Fragen beantworten, nachdem sie sich zu den vorgegebenen Emotionen entsprechende persönlich erlebte Ereignisse und Gefühlsregungen ins Gedächtnis gerufen hatten. Es konnten emotions-typische Beziehungen zwischen den verschiedenen Charakteristika festgestellt werden.

Die Notwendigkeit von Beschreibungskategorien: Gefühls-Regung, Gefühls-Haltung, Stimmung: Alle empirischen und auch alle praktischen Zwecke der

Psychologie erfordern Vergleiche, und zwar nicht nur Vergleiche *zwischen Personen,* sondern auch Vergleiche zwischen Erlebnis- und Verhaltensweisen *derselben Person* zu unterschiedlichen Zeitpunkten, in unterschiedlichen Situationen usw. Vergleiche sind nur auf der Grundlage exakter Beschreibungen bzw. Messungen möglich, und diese setzen voraus, daß begriffliche Kategorien für die Beschreibung vorhanden sind. Man muß also, je nach Untersuchungsinteresse und Fragestellung, Beschreibungsdimensionen festlegen: Im Hinblick auf welche Merkmale interessieren mich Unterschiede zwischen Personen, Emotionen, Verhaltensweisen, Leistungen usw.? Wenn ich z. B. eine Wohnung suche, dann werde ich etwa folgende Merkmals-Dimensionen als „Meßlatten" anlegen: Lage (zentral/peripher), Ökologie (im Grünen/im Häusermeer), Helligkeit/Freundlichkeit (hell/duster), Nachbarn (freundlich/zurückhaltend), Preis (hoch/niedrig), Ausstattung (komfortabel/dürftig) u. ä. m. Wenn Sie in der Zeitung die Heiratsanzeigen ansehen, dann werden Sie feststellen, daß auch in diesem ganz anderen Bereich ganz bestimmte, sogar ziemlich einheitliche Beurteilungs-Maßstäbe verwendet werden.

Wie aber kann man nun Emotionen vergleichbar machen? Da es Emotionen nicht „an sich" gibt, sondern nur in unserem Erleben bzw. durch die Brille eines bestimmten Untersuchungsinteresses, müssen die Ziele der Beschreibung und Unterscheidung genannt werden. Wann ergibt sich die Notwendigkeit einer Unterscheidung von Gefühlen oder Gefühlsqualitäten? Dies ist im Alltag meist in interpersonellen Beziehungen der Fall, wenn man also jemanden kennenlernt, wenn man dauernd mit jemandem umgeht, wenn man Meinungen und Erwartungen ausbildet, wenn man Prognosen macht, wenn man jemanden beeinflussen will usw. Wenn ein Mann eine Frau heiraten will, dann will er wissen, ob sie ihn „wirklich" liebt, ob sie ihn „sehr" liebt, ob ihre gelegentlichen Wutanfälle ein Zeichen verborgener Aggression sind, ob sie ihn auch noch in 10 Jahren lieben wird, ob sie eine fürsorgliche Mutter sein wird usw. Hier kann man schon einige Beschreibungsmerkmale erkennen: Intensität oder Grad, Dauer, „Tiefe", Änderungs-Resistenz, „positive" versus „negative" Emotionen.

Auf der höchsten Abstraktionsebene scheint das wichtigste Unterscheidungsmerkmal für die Beschreibung unterschiedlicher Formen von Emotionen die *Zeit* zu sein, oder genauer: die Dauer und die zeitliche Verlaufsform von Emotionen. So ist leicht nachzuvollziehen, daß ein Unterschied besteht zwischen einem akuten Wutanfall einerseits und andererseits dem jahrelangen nagenden Haß etwa gegen den eigenen Vater oder dem habituellen Neid auf (angeblich) bessergestellte Menschen. Es besteht auch ein Unterschied zwischen einer langandauernden Depression einerseits und der Trauer um einen verlorenen Menschen andererseits, die zwar in eine Depression umschlagen kann, aber in der Regel nach einem gewissen Zeitraum wieder abklingt.

Zur Systematisierung dieser Unterschiede möchte ich nun folgende *drei Formen von Gefühlszuständen* unterscheiden: Gefühlsregungen im engeren Sinne; Gefühls-Haltungen oder „Erlebnistönungen"; Stimmungen (ähnlich *Ewert* 1965/1983).

1. Gefühlsregungen im engeren Sinne: Auf sie bezogen sich die in Abschnitt 2.2 entwickelten zehn Bestimmungsmerkmale. Gefühlsregungen haben eine eigene charakteristische zeitliche Entfaltung, einen „Einsatz", ein Auf- und Abklingen (vgl. *Ewert* a.a.O.). Sie sind akute oder aktuelle Zustände, sie haben „Figur"-Charakter. Sie sind „flüchtige Episoden", eine „kleine eigene Welt", ein kleines „Drama" (vgl. *Lazarus/Kanner/Folkman* 1980, S. 196 f.). Mit letzterem ist wieder auf die schon öfter erwähnte Einzigartigkeit von Emotionen Bezug genommen; jede Gefühlsregung drückt eine je unterschiedliche Facette der Person-Umwelt-Beziehung aus, auf einer jeweils unterschiedlichen Stufe einer sich ständig – auch in der Folge der Emotion – ändernden Person-Umwelt-Beziehung (ebd.). Im Gegensatz zu den anderen beiden Gefühls-Arten können immer mehrere Gefühlsregungen auch in einem Ambivalenz- oder Mischungs-Verhältnis gleichzeitig auftreten.

Natürlich sind auch Gefühlsregungen im engeren Sinne trotz ihrer Einzigartigkeit immer im Hinblick auf einige Aspekte vergleichbar. Nehmen wir als Beispiel: *Ich freue mich darüber,* daß die Sonne scheint, daß ich soeben eine gute Stelle bekommen habe, daß mein Sohn wider Erwarten keine schwere Krankheit hat, daß „mein" Verein im Fußball ein Spiel gewonnen hat, daß ich keinen Unfall auf einer langen Reise hatte, daß ich heute abend Pizza essen werde. Einerseits ist sicher in allen diesen Fällen die Emotion „Freude" angemessen, andererseits gibt es zwischen den genannten Gefühlsregungen auch große Unterschiede im Hinblick auf die subjektive Bedeutsamkeit, den Grad an Betroffenheit, Wert- und Zielbezüge, Nachhaltigkeit, Folgen für das weitere Erleben und Verhalten, die „Identität". Es hängt vom konkreten Fall ab, welche Merkmale jeweils besonderes Gewicht haben.

Was heißt akut oder aktuell? „Jemand, der sich vor einem Gesicht am Fenster fürchtet oder sich über zwei Jungen ärgert, weil sie einen Hund quälen", der hat eine Emotion im „akuten" Sinne (*Pitcher* 1981, S. 89). Er würde sagen: Ich ärgere mich, oder: ich habe Angst. Er würde nicht sagen: ich *bin* ängstlich, oder ich *bin* verärgert, oder „Ich hasse *alle* kleinen Jungen, die Tiere quälen." Damit komme ich zur nächsten Gefühls-Form:

2. Gefühls-Haltungen: Jemand, der seinen Vater haßt oder seinen Vermieter beneidet (vgl. *Pitcher* a.a.O.), der hat eine Emotion im Sinne einer Gefühls-Haltung. Emotion ist hier ähnlich wie bei den Stimmungen eine „Disposition" im Sinne einer Bereitschaft zu bestimmten Empfindungen. Jemand, der sein ganzes Leben lang seinen Vater haßt, steht gleichwohl nicht in jedem Augenblick unter dem Einfluß dieser Emotion. Diese Gefühlshaltung muß nicht immer „Figur" sein; oft ist sie auch „Grund" z.B. in dem Sinne, daß der Betreffende in der Begegnung mit Autoritätspersonen in besonderer Weise gefühlsmäßig reagiert, z.B. mit Feindseligkeit, Angst, Scham, Minderwertigkeitsgefühlen u.ä.

Es können ganz unterschiedliche Gefühls-Regungen vor dem Hintergrund derselben oder verschiedener Gefühls-Haltungen erlebt werden (vgl. auch *Ewert* a.a.O.). Im Unterschied zu den Stimmungen sind Gefühls-Haltungen spezifischer an bestimmte Typen von Situationen (z. B. Leistungssituationen) und interpersonelle Beziehungsmuster (z. B. gegengeschlechtliche Beziehungen, Beziehungen zu den Eltern, Konkurrenzbeziehungen) gebunden.

Nehmen wir wieder ein Beispiel: *Ich liebe* Italien, meine Mutter, meine Kinder, den Schnee im Winter, meinen Hund. Offenbar ist hier immer mehr als eine akute, momentane Gefühlsregung wie in dem vorigen Beispiel angesprochen, nämlich etwas Dauerhaftes, Stabiles, eine Haltung oder Einstellung. Wie oben ist zum einen die Emotion „Liebe" in jedem der Beispiele angemessen, zum anderen gibt es jedoch auch hier gravierende Unterschiede. Unterscheidbar – was Vergleichbarkeit voraussetzt! – sind die einzelnen Gefühls-Haltungen gegenüber so unterschiedlichen „Gegenständen" wiederum aufgrund von subjektiver Bedeutsamkeit, Stellenwert, Konsequenzen usw. Man kann einen Hund noch so sehr lieben: Wenn er stirbt, dann sind die Folgen dennoch ganz andere als beim Verlust eines nahen Angehörigen. Gefühlshaltungen sind nur im Märchen etwas Durchgängiges: die „gute" Fee, die „böse" Stiefmutter. Im Alltag kommen selbst innerhalb derselben Persönlichkeit krasse Unterschiede vor. Man denke nur an einige KZ-Schergen und andere Massenmörder, die nichtsdestotrotz mit rührender Liebe an ihren Blumen und Hunden hingen.

Mit dem Begriff „Gefühls-Haltung" bin ich nicht ganz zufrieden; *Ewert* (a.a.O.) verwendet den Begriff „Erlebnistönung", um ebenfalls die Dauerhaftigkeit und den „Grund"-Charakter von relativ stabilen gefühlshaften Haltungen auszudrücken. Lazarus verwendet den Begriff „sentiment". Sowohl hier als auch bei den Stimmungen muß Stabilität erklärt werden, und zwar aus Lernprozessen, Erfahrungen, Konflikten, die nicht gelöst wurden, aber auch aus einer so simplen Tatsache, daß jemand sich selbst immer wieder in den Zustand einer bestimmten Gefühlshaltung oder Stimmung bringt, indem er entweder bestimmte Situationen aufsucht oder an etwas Bestimmtes denkt, also Situationen, Beziehungen, Konflikte usw. „durchlebt" (vgl. *Lazarus/Kanner/Folkman* a.a.O.).

3. Stimmungen: Im Vergleich zu den nicht immer bewußten und nicht die ganze Person dauerhaft durchdringenden oder beherrschenden Gefühls-Haltungen sind Stimmungen wie z. B. Niedergeschlagenheit, Ängstlichkeit, Traurigkeit, Mißmut, Heiterkeit oder Sorglosigkeit eine Art „Dauertönung des Erlebnisfeldes" (*Ewert* a.a.O., S. 230, auch das folgende). Sie stellen den oft diffusen und ungegliederten, lediglich atmosphärischen Grund bzw. Hintergrund des Erlebens dar. Stimmungen beziehen sich nicht auf bestimmte Personen, Dinge und Ereignisse, sie verweisen als *„reine" Zustandserlebnisse* „nicht hinaus auf etwas außer ihnen Liegendes" (ebd.). Stimmungen sind Erlebnisse „eines Zumuteseins", das den Bezugsrahmen für andere Erlebnisse abgibt (ebd.). Stimmungen sind habituell; anhand der jeweils vorherrschenden Stimmung können wir Personen voneinander unterscheiden. Natürlich gibt es auch Stimmungsschwankungen; auch diese können in ihrer spezifischen Ablaufgestalt für einzelne Personen kennzeichnend sein.

Fragen auf der differentialpsychologischen Ebene

Nehmen wir als Beispiel die *Ängstlichkeit*. Wenn ich über jemanden sage, er sei ängstlich, dann meine ich damit weder eine einzelne Gefühlsregung (z. B. Angst bei einem Gewitter) noch eine bestimmte Gefühls-Haltung (z. B. Angst vor Autoritätspersonen), sondern eine durchgängige Lebensgrundhaltung oder -stimmung. Auf der Ebene der Stimmungen sprechen wir Personen „Eigenschaften", d. h. überdauernde Erlebens- und Verhaltensbereitschaften zu. Auf diese Frage nach der Stabilität individueller Gefühls-Merkmale gehe ich im Abschnitt über differentialpsychologische Fragen noch kurz ein.

In diesem Zusammenhang ein kurzes Beispiel, das die *praktische* Bedeutung der Unterscheidung in Stimmungen, Haltungen und Gefühlsregungen illustrieren soll:

Wenn mir in einer Prüfung ein Student gegenübersitzt, dem der Angstschweiß auf die Stirn tritt, so kann dies Anlaß für die folgenden unterschiedlichen Annahmen sein:
– Angst als Gefühlsregung: Der Student hat in dieser spezifischen Situation Angst, weil er das Fach oder den Prüfer fürchtet, weil ihm die Note sehr wichtig ist u. ä. m.
– Angst als Gefühls-Haltung: Der Student ist in allen Leistungssituationen ängstlich, was nicht heißen muß, daß er auch in anderen Situationen (z. B. zwischengeschlechtliche Beziehungen) Angst hat.
– Angst als Grundstimmung: Der Student ist ein generell ängstlicher Mensch. – In diesem Fall müßten mein Verhalten und meine Konsequenzen als Prüfer sicher anders sein als im ersten Fall. Kann man einen generell ängstlichen Menschen als Psychologen auf häufig ebenfalls ängstliche Klienten loslassen? Man muß, aber ein ungutes Gefühl bleibt beim Prüfer doch zurück.

Wir sind mit diesem Beispiel in der Persönlichkeits- oder Differentiellen Psychologie. Während die Allgemeine Psychologie sich für regelhafte Beziehungen zwischen Emotionen und bestimmten Bedingungszusammenhängen sowie den Beziehungen zu anderen Erlebnis- und Verhaltensmerkmalen (z. B. Angst und Leistung) interessiert, geht es der Differentiellen Psychologie um den Vergleich von Personen und um die Erklärung der Unterschiede. Warum haben welche Leute welche Emotionen (hier als person-eigene subjektive Erlebnisqualitäten verstanden)? Hier ist nicht nur der Bereich der Entwicklung, sondern auch der Bereich der Diagnostik angesprochen.

Das obige Beispiel des prüfungsängstlichen Studenten hat bereits die Fragerichtung der Differentiellen Psychologie deutlich gemacht: Es wird gefragt nach denjenigen „im" Individuum liegenden Erlebnis- und Verhaltensbereitschaften, die das konkrete Erleben und Handeln einer Person *im Unterschied zu anderen Personen* kennzeichnen (z. B. mehr Angst/weniger Angst als andere) und erklären (z. B. Leistungsversagen aus Angst und weniger aus geringer Intelligenz, geringer Strebsamkeit o. ä.). Diese Ziele setzen voraus, daß man schon weiß, was (in unserem Falle) Emotionen „sind" und wie Emotionen mit anderen Merkmalen einer Person zusammenhängen (können). Gleichzeitig kann ihrerseits die Allgemeine Psychologie ihre Aussagen z. B. über die Ko-Variation von Merkmalen in einer bestimmten Population ebenfalls nur durch den Vergleich von individuellen Merkmalsausprägungen gewinnen, wenn auch mit einer anderen Zielrichtung als die Differentielle Psychologie. Allgemeine und Differentielle Psychologie sind aufeinander angewiesen.

Vergleiche von Personen setzen voraus, daß es diagnostische Methoden gibt, um die individuelle Eigenart einer Person eindeutig und zuverlässig zu erfassen; sonst könnte man eine Person auf vorgegebenen Merkmalsdimensionen (z. B. Prüfungsängstlichkeit, Intelligenz, Depression) nicht einordnen. Differentiell orientierte Emotionsforschung konzentriert sich auf die Beschreibung und Erklärung intra- und interindividuell unterschiedlicher Gefühlsregungen, Haltungen und Stimmungen. Sie berücksichtigt dazu unterschiedliche Persönlichkeitsentwicklungen in unterschiedlichen Lebensphasen und Umwelten, personspezifische Erfahrungen und Bereitschaften zu bestimmten Gefühlshaltungen. Es wird dann z. B. weniger danach gefragt, welche Mimik jemand zeigt, wenn er zornig ist, sondern: Ob überhaupt, bei welchen Anlässen, wie oft und warum und mit welchen Folgen jemand zornig ist, und zwar im Vergleich zu anderen Personen, zu früheren Lebensphasen bzw. Situationen, in denen er nicht zornig war.

Das Interesse richtet sich sowohl auf habituelle bzw. habitualisierte Emotionen wie auch auf Persönlichkeitsbedingungen von Emotionen (vgl. *Pekrun* 1988, S. 153). Bei ersteren „handelt es sich um emotionale Zustände und Prozesse, die in einem Lebensabschnitt einer Person oder über ihr gesamtes Leben hinweg in charakteristischer und konsistenter (also relativ zeitstabiler) Weise wiederholt auftauchen. Parameter individueller Variation können dabei u. a. Inhalte, Häufigkeiten, Intensitäten und Verlaufsformen der jeweiligen Emotionen sein" (ebd.). Zu den Persönlichkeitsbedingungen gehören z. B. kognitive Deutungstendenzen wie z. B. Kontrollüberzeugungen, Attribuierungsstile oder Erwartungen wie z. B. Erwartung von Mißerfolg (ebd.). Weitere Ausführungen zu „habituellen Emotionen" und ihren Bedingungen finden sich bei *Pekrun* (a.a.O.). Ich werde die differentielle Fragestellung vor allem im 6. Kapitel wieder aufgreifen und mit Beispielen illustrieren.

Rückblickend sei noch einmal der Zweck dieses Kapitels über „Fragerichtungen in der Emotionspsychologie" hervorgehoben: Es kam mir darauf an zu zeigen, daß verschiedene Analyse-Ebenen auseinander gehalten werden müssen, daß man sein eigenes Untersuchungsinteresse von einem bestimmten Gegenstandsverständnis her begründen und den Analyseebenen schlüssig zuordnen muß, daß – aus meiner Sicht – bestimmte Fragen vorrangig beantwortet werden müssen, und daß diese Fragen sich auf die wirklichen Emotionen wirklicher Menschen und nicht auf unser biologisches Erbe, auf das „Wesen" von Gefühlen oder deren physiologischen Korellate beziehen sollen.

3. Wie geht die Psychologie mit Emotionen um?

Daß das Thema „Emotion" bisher in der Psychologie sehr vernachlässigt wurde, wissen wir nicht erst seit dem Kongreß-Referat von Scheerer 1980 in Zürich. Es gibt bisher keine historischen und systematischen Untersuchungen der Gründe für diese Geringschätzung. Ich kann daher in diesem Kapitel nur allgemeine Überlegungen zu der Frage anstellen, wie die Psychologie bisher mit Emotionen umgegangen ist. Im Abschnitt 3.4. will ich unter dem Stichwort „Kognitive Wende" dann etwas genauer auf die Entwicklung in den letzten Jahren eingehen. Schwierigkeiten der Psychologie mit den Emotionen werden nicht nur in diesem Kapitel angesprochen, sondern auch in den Kapiteln über Methoden, über Theorien und über Definitionsprobleme. In diesem Kapitel geht es vor allem um den Schritt vom Alltag zur Wissenschaft: Wie nähert sich die Psychologie dem, was wir im Alltag als „Gefühle" erleben?

Allgemein kann man zwei Ursachen-Bündel für die Schwierigkeiten der Psychologie mit den Emotionen annehmen: Die Gründe liegen erstens im „Gegenstand" selbst; schon im Alltag fällt es uns häufig sehr schwer, Gefühlserlebnisse in eine sprachliche Form zu bringen. Zweitens liegen die Schwierigkeiten in den verschiedenen historisch entwickelten Erkenntnis- und Untersuchungsinteressen der Psychologie begründet, wie an vielen Stellen des Buches deutlich wird.

3.1. Einige Schwierigkeiten der Psychologie mit den Emotionen

Die Psychologie des Gefühlslebens steckt immer noch in ihren Anfängen, trotz der zahlreichen in den letzten Jahren erschienenen Buchveröffentlichungen. In einem der bekanntesten Sammelbände (*Plutchik/Kellermann* 1980) werden programmatische Modell-Entwürfe vorgelegt, die sich aufgrund ihrer Allgemeinheit entweder kaum mit der empirischen Wirklichkeit des konkreten emotionalen Erlebens verbinden lassen oder die auf ziemlich wirklichkeitsfremden oder randständigen Befunden und Experimentiertechniken beruhen. Wenn ich im folgenden einige Schwierigkeiten der Psychologie mit den Emotionen zu benennen versuche, so ist dies zugleich ein Plädoyer dafür, *Emotionen als subjektive Erfahrungstatsachen ernst zu nehmen* und in dieser Erscheinungsform auch zu *untersuchen*.

Die Psychologie kann den Alltag nicht einholen

Es ist große Bescheidenheit in bezug auf den Gegenstand „Emotion" angebracht: „Gegenüber der Wirklichkeit muß die wissenschaftliche Forschung auf diesem Gebiete immer unzulänglich bleiben; mit trockenen Begriffen lassen sich die befreienden Erlebnisse eines künstlerischen oder wissenschaftlichen Einfalles, die Seligkeit der Liebe, die reinen Freuden an den Schönheiten der Berge, die jubelnde Begeisterung über die Befreiung des eigenen Volkes niemals beschreiben" (*Rohracher* 1960, S. 402). „Der Reichtum an Arten und die unübersehbare individuelle Variation der Gefühle sind die Ursachen dafür, daß die Psychologie des Gefühlslebens noch ganz an ihren Anfängen steht" (a.a.O., S. 390). Auch wenn diese Diagnose heute im Prinzip noch zutrifft, sind noch weitere Gründe für den unbefriedigenden Erkenntnisstand der Emotionspsychologie zu suchen. Ein weiterer Grund liegt darin, daß die Psychologen nicht nur bescheiden, sondern oft auch zu bescheiden in ihren Erkenntnisansprüchen waren, wenn sie z.B. statt des subjektiven Gefühlserlebens nur Blutdruck und Hautwiderstand gemessen oder handliche Fragebogen zur Erfassung von Angst ausgeteilt haben.

Passen die Methoden zum Gegenstand?

Stellen Sie sich vor, Sie sagen zu einem Psychologen: „Ich habe Angst". Ein orthodoxer Behaviorist oder ein Physiologe hätte Ihnen vor einigen Jahrzehnten dann etwa so geantwortet: „Was Sie da in bedauerlich mißverständlicher Weise Ihre ‚Angst' nennen, das ist in Wirklichkeit nichts anderes als ein meßbarer Zustand Ihres Körpers, z.B. Änderungen im Tonus der Muskulatur, der Drüsen- oder Darmtätigkeit. Man hat Ihnen beigebracht, diese körperlichen Prozesse mit irgendwelchen, letztlich beliebigen Worten zu belegen. ‚Angst' ist für uns Wissenschaftler ein hypothetisches Konstrukt, mit dem wir hilfsweise das bezeichnen, was Sie leider nur ganz subjektiv und privat an Ihrem eigenen Körper wahrnehmen können. Ich darf Sie nun bitten, sich ein wenig frei zu machen, damit ich die Elektroden anlegen kann."

Physiologische Meßmethoden

Die Aktivität des autonomen Nervensystems dieser jungen Frau – Herzschlag, Atemfrequenz und elektrische Hautreaktion – wird mit Hilfe des Polygraphen aufgezeichnet.

(aus *Davison/Neale* 1979, S. 117)

Emotionen führen in der Psychologie immer noch ein Schattendasein, trotz (oder gerade: wegen) der neuerdings wieder erstarkten Interessen an biologischen „Ursprüngen" von Gefühlen, an der Rolle von Emotionen bei der „Handlungsregulation" oder an einem (auch emotions-zentrierten) Ausbau der physiologischen Psychologie. Einerseits sind Gefühle die „psychologischsten" aller psychologischen Gegenstände, „weil sich im Gefühlsleben Psychisches gewissermaßen in Reinkultur ausdrückt, ohne durch Rationalität überformt oder durch Rationalisierung untergraben zu sein" (*Kleiber/Stadler* 1981, S. 3). Andererseits haben in der Emotionspsychologie besonders in den Anfängen hauptsächlich physiologisch orientierte Psychologen gearbeitet, „die die Gefühlswelt, als das subjektivste aller psychischen Phänomene, durch objektive, nicht-psychologische Meßmethoden anzugehen versuchten"; natürlich blieb dabei der Inhalt dessen, was ein Gefühl ist, leicht auf der Strecke (a.a.O.). Aus dieser Arbeitsrichtung kam dann auch der konsequente Vorschlag, den Begriff Emotion in der Psychologie nicht mehr zu verwenden, da ihm kein reales Phänomen entspreche (*Duffy* 1941). Geblieben ist von dieser Forderung immerhin die Weigerung vieler Autoren, ihren Gegenstand „Emotion" überhaupt definitorisch von anderen Gegenständen abzugrenzen (vgl. *Cofer* 1975; *Kleiber/Stadler* 1981).

Über die Emotionsforschung schreibt *Rohracher* 1960 in seinem Lehrbuch (S. 429/433): „Recht dürftig sind leider – trotz eines sehr großen Aufwandes von Mühe und Geduld und experimenteller Geschicklichkeit – die Resultate der *experimentellen* Gefühlsforschung. Die Methodik bestand dabei fast ausschließlich in der Registrierung der Veränderungen, die im Blutkreislauf, in der Atmung, in der Herztätigkeit und in der Haut bei Gefühlen auftraten." „Die kargen Ergebnisse der experimentellen Gefühlsforschung haben dazu geführt, daß es in der Untersuchung der Gefühle in den Fachkreisen schließlich zu einer resignierten Zurückhaltung gekommen ist. Dies gilt auch für die theoretische Bearbeitung des Gefühlslebens." Wenn diese Bestandsaufnahme heute auch in manchen Punkten zu korrigieren ist, so ist sie im Vergleich zum Erkenntnisstand etwa in der kognitiven Psychologie oder der Motivationsforschung immer noch richtig.

Es fehlen bis heute genaue erlebnisphänomenologische Beschreibungen von Gefühlsregungen, -zuständen oder Stimmungen; man schenkte weder den Charakteristika der Emotionen noch den vorausgehenden Bedingungen (in aktual- und vor allem in ontogenetischer Hinsicht) genügend Beachtung (*Zimbardo/Ruch* 1978, S. 276). Im Mittelpunkt der Forschung standen jahrzehntelang (oft künstlich induzierte oder durch Fragebogen abgefragte) Emotionen und deren *Konsequenzen* für das Verhalten. Beispielhaft sind für Tierexperimente die Untersuchungen von Miller (1948) oder auch Seligman (1979): Angst oder Hilflosigkeit werden mit Hilfe von Elektroschocks induziert; die Auswirkungen auf Lernen oder auf die Entwicklung von Störungen werden durch Verhaltensbeobachtung erfaßt. Für die Untersuchung mit menschlichen Versuchspersonen sind typisch die unzähligen Korrelationen zwischen einerseits Fragebogen-Angst und andererseits allen nur denkbaren anderen psychischen Merkmalen wie z.B. Schulleistung (vgl. auch Kap. 4).

Menschenbilder: Emotionen sind etwas Negatives; oder: Emotionen helfen bei der „Handlungsregulation"

Neben der vorwiegenden Untersuchung lediglich der Folgen von emotionalen Zuständen gibt es noch eine andere gravierende Einschränkung: die nahezu ausschließliche Bevorzugung *negativer* Emotionen (die, wie wir sehen werden, inzwischen etwas korrigiert wird). Man untersuchte Furcht und Angst und vernachlässigte Liebe, Freude, Glück, Zufriedenheit, Hoffnung, Vertrauen. Diese Vorliebe der Psychologen für das Unangenehme steht nicht nur im Widerspruch zur Realität, sondern auch zur Belletristik: Da ist die Relation „angenehme" vs. „unangenehme" Emotionen genau umgekehrt (vgl. *Zimbardo/Ruch* 1978, S. 291).

Natürlich konnte sich auch die Psychologie von bestimmten Geistesströmungen nicht freihalten, die seit der Antike das „Tierhafte", Gefährliche und Zerstörerische an menschlichen Gefühlen betont haben. Einflüsse dieser „pessimistischen Anthropologie" werden wir im fünften Kapitel an biologisch orientierten Theorien kennenlernen oder auch an Handlungsregulations-Modellen, die Emotionen nicht anders begreifen können denn als notwendige Rädchen in der Maschinerie des rastlos tätigen, pflichtbewußten „Handelnden". Der handlungstheoretische Zugang zu Gefühlen ist nicht nur, ähnlich wie das Menschenbild der kognitiven Verhaltensmodifikation (vgl. *Jaeggi* 1981 a) vom Rationalismus beeinflußt und zusätzlich vom Tätigkeits-Konzept Leontjews, sondern auch, was oft übersehen wird, von puritanistischen Strömungen. Mit diesem Einfluß hängt eine Überbetonung von Selbstverantwortlichkeit zusammen, die in der „kognitiven Wende" entstanden ist und nicht zufällig ihre stärkste Ausprägung in der Leistungsmotivationsforschung gefunden hat. Auf diese Zusammenhänge werde ich in Abschnitt 3.4. zurückkommen.

Emotionen werden vereinnahmt

Nicht nur übertriebene Bescheidenheit oder das Verhaftetsein in Menschenbildern, die einer Untersuchung von Emotionen nicht sehr förderlich sind, haben sich in der Emotionspsychologie als Hindernisse erwiesen. Emotionen wurden auch zu wenig als eigenständige psychische Phänomene untersucht. Häufig interpretierte man Emotionen in *Analogie* zu anderen psychischen Phänomenen (wie z. B. Motiven, bewußten Handlungsabläufen, physiologischen Erregungsprozessen u. ä.), ohne genauer hinzusehen; so ließ man Gefühle zumindest tendenziell in anderen Phänomenen aufgehen. Rein äußerlich entstand mancher Etikettenschwindel, so, wenn z. B. das Buch von *Cofer* („Motivation und Emotion") auf weniger als 10% des Gesamtumfangs über Emotion berichtet. Viele Emotionstheorien sind Extrapolationen aus anderen Theorien über andere psychische Phänomene (*Averill* 1980, S. 307). Oft wurde mit allzu schlichten Analogien gearbeitet, so wenn z. B. von den Emotionen der Tiere gesprochen und gleichzeitig der metaphorische Charakter dieser Ausdrucksweise unterschlagen wird (a.a.O., S. 306).

Brauchen wir den Begriff „Emotion" gar nicht?

Wie Duffy den Begriff der Emotion eliminiert und an seine Stelle bloße Veränderungen eines unspezifischen, allgemeinen Erregungsniveaus setzt: „Alles Verhalten ist beschreibbar hinsichtlich a) seiner Richtung (Annäherung oder Sichzurückziehen) und b) seiner Intensität (interner Erregung), obwohl ohne Zweifel Untertitel dieser grundlegenden Kategorien benötigt werden.

Diese Beschreibungskategorien, die sich auf funktionale und meßbare Verhaltensweisen beziehen, sollten günstigerweise an die Stelle der traditionellen Beschreibungskategorien der Psychologie treten, von denen viele nicht operational definiert werden können.

Wenn die Intensität des Verhaltens oder der Grad der Aktivation (Energie-Mobilisierung) des Organismus Gegenstand der Untersuchung ist, kann man beobachten, daß eine große Zahl von Maßen der autonomen Funktionen oder der Funktionen der Skelett-Muskulatur und der Gehirn-Funktionen in beträchtlicher Übereinstimmung variiert *in einer Richtung mit erhöhter Stimulation* des Organismus und in der entgegengesetzten Richtung mit *verminderter Stimulation* des Organismus.

Diese Veränderungen sind nicht spezifisch für Schlaf oder für ‚Emotion' oder für irgendeinen anderen besonderen Zustand. Im Gegenteil, sie mögen nicht nur einerseits während des Schlafes oder andererseits bei intensiver Erregung gefunden werden, sondern auch während solcher Zwischenstadien wie Entspannung im Wachzustand, Bearbeitung leichter Aufgaben oder Arbeit an schwierigeren Aufgaben. Offensichtlich variieren sie (die Veränderungen) auf einem Kontinuum.

Innerhalb der Grenzen seiner Fähigkeit dazu scheint ein Individuum ein Aktivations-Niveau aufrechtzuerhalten, das den Erfordernissen der Reizsituation angemessen ist, so wie es diese interpretiert.

Der Begriff ‚Emotion' stellt ein besonders schlagendes Beispiel dar für die Unfähigkeit, eindeutig zu unterscheiden zwischen dem Grad der Aktivation und der Richtung des Verhaltens. Beide Aspekte der Reaktion sind in einem einzigen Konzept enthalten. Der Begriff ‚Emotion', wie er gewöhnlich verwendet wird, bezieht sich auf einen Zustand, in dem die Aktivation ungewöhnlich hoch (Aufregung) oder ungewöhnlich niedrig (Depression ohne Agitation) ist, und in dem Verhalten in Richtung Annäherung oder Rückzug geht, inbezug auf einige Aspekte der Umwelt . . .

Es scheint (jedoch) klar zu sein, daß bei emotionalem Verhalten wie bei anderem Verhalten Richtung und Intensität der Reaktion *unabhängig voneinander* variieren können (sodaß nicht ein einziger Begriff wie ‚Emotion' beide Aspekte zugleich bezeichnen kann)."

(*Duffy* 1962, S. 112/113 u. 11/12, Klammereinfügungen und Hervorhebung DU).

Auch heute noch gültige oder erst neuerdings entwickelte attraktive Versuche der Analogienbildung sind z. B. die folgenden (Genaueres in Kap. 5):

Emotion wird analysiert in Analogie zu
○ Motiven (z. B. *Izard* 1981)
○ komplexen Handlungs-Steuerungs-Prozessen (*Lazarus* 1981; *Reykowsky* 1973)
○ biologisch determinierten Anpassungs- und Überlebens-Mechanismen (z. B. *Plutchik* 1980)
○ Störungen, Unterbrechungen des Handelns (*Mandler* 1979; *Weinrich* 1980)
○ bewußten Entscheidungen, Wahlentscheidungen (*Scherer* 1981 a; andere Handlungstheoretiker).

Herrmann (1976, S. 9) unterscheidet bekanntlich zwei verschiedene Typen psychologischer Forschungsprogramme: „die variable Beantwortung einer fixierten Forschungsfrage (Typ a-Programm) und die variable Anwendung eines fixierten Beantwortungsschemas (Typ b-Programm). Es hat immer noch den Anschein, als ob in der Emotionspsychologie Typ b-Forschungsprogramme stark überwiegen: Man konzeptualisiert und „rekonstruiert" Emotionen und die Aktualgenese von Emotionen im Rahmen und mit Hilfe eines vorfabrizierten Ansatzes, der ursprünglich für die Untersuchung anderer Phänomene entworfen wurde. Besonders auffallend und bedenklich ist dies, wenn kognitiv-handlungstheoretische Ansätze zur Konzeptualisierung von Emotionen herangezogen werden (vgl. *Lantermann* 1983; *Kuhl* 1983; *Eckensberger/Lantermann* 1985).

Der nützliche Sammelband von *Scherer/Ekman* (1984) über Emotionen ist weniger nach Forschungsfragen, sondern in erster Linie nach „Ansätzen" aufgebaut. Obwohl Typ a- und Typ b-Programme sich nicht ausschließen, sondern Endpunkte eines Kontinuums darstellen, kommt die Emotionsforschung wohl nur dann voran, wenn man eigenständige Forschungsfragen entwickelt und sich nicht darauf verläßt, daß bereits vorliegende Beantwortungsschemata auch für das Verständnis von Emotionen hinreichend leistungsfähig sind. In diesem Zusammenhang ist der interessante Versuch von *Denzin* (1984) erwähnenswert, der eine phänomenologische Analyse der Emotionen in ihrer „Eigenständigkeit" unternimmt.

Meine Kritik läuft nicht darauf hinaus, daß man die Ähnlichkeiten und Beziehungen zwischen Emotionen und anderen psychischen Phänomenen unbeachtet lassen soll; auf diese Beziehungen ging ich in einem eigenen Abschnitt ein (2.1.). Sondern ich kritisiere, daß Theorien entwickelt werden, ohne gleichzeitig in ausreichendem Umfang die erlebnisphänomenologischen Erscheinungsformen von Emotionen zu berücksichtigen. Ich wende mich gegen die zahlreichen Versuche, Emotionen (ohne ausreichende Empirie!) unter jedes Dach zu subsumieren oder zu vereinnahmen, das man gerade für besonders tragfähig hält, oder, um ein noch drastischeres Bild zu gebrauchen: in jeden Kahn zu kippen, den einem die jeweilige Modewelle gerade vor die Haustür gespült hat. Zur Zeit heißen diese Modewellen „Kognitionen" oder „handlungsleitende Kognitionen" sowie „Handlungstheorie"; in den USA gibt es auch noch „biologische" und „evolutionäre" Bewegungen. Ich sehe ein wichtiges Ziel dieses Buches darin, die Eigenständigkeit und das eigene Gewicht von Emotionen gegen derartige alles verschlingende Modewellen zur Geltung zu bringen.

Der Mensch „an sich"

Schließlich ist ein letztes Hindernis zu nennen: In vielen theoretischen oder sonstwie systematischen Annahmen über Emotion ist der Mensch „an sich" angezielt. Was soll die empirische Forschung z. B. mit Fragen anfangen wie: Gibt es ein allen Menschen gemeinsames Repertoire an „grundlegenden" Gefühlen? (vgl. *Plutchik/Kellerman* 1980, S. XXI, auch zum folgenden). Wieviele „grundlegende" Emotionen gibt es? Was tragen diese zum Überleben der Art bei, also des Steinzeitmenschen ebenso wie eines Menschen in Bangla-Desh oder in München oder in der Chefetage des World Trade Center in Manhattan? Sind bestimmte Emotionen „positiv", während andere „negativ" sind? Was ist das „Wesen" der Emotionen (the nature of emotions)? Haben wir alle Emotionen mit den Tieren gemeinsam oder nur die „grundlegenden"?

Von hier aus führt kein Weg zur empirischen Untersuchung z. B. der biographischen Bedingungen von Hilflosigkeit, von Aggressivität oder Angst oder irgendeiner anderen bedeutsamen Emotion. Auch dies wird hoffentlich im weiteren Verlauf der Darstellung deutlich werden.

3.2. Die Angst vor dem „Privaten"
Wege zur Rehabilitierung des Bewußtseins

In diesem Abschnitt möchte ich zeigen, wie sich das Problem der Emotionen und vor allem des empirischen Zugangs zu Emotionen innerhalb der bis heute in der Psychologie dominierenden Richtung des (Neo-)Behaviorismus verändert hat. Im Vordergrund steht dabei die Frage, wie im Behaviorismus mit dem „Bewußtsein" umgegangen wurde.

In der Emotionspsychologie – wie auch in anderen Bereichen der Psychologie – hat es immer wieder einen Widerspruch oder besser: eine Asymmetrie zwischen „subjektiver Gewißheit" (des Erlebenden) und „objektivem Zweifel" (des Forschers) gegeben. Während für Wundt, Titchener, Bühler und die frühe Denkpsychologie der Würzburger Schule kein Zweifel an den „Bewußtseinstatsachen" bestand, entwickelten sich bekanntlich seit Watson in der Psychologie erhebliche Bedenken gegenüber der Zuverlässigkeit und Gültigkeit der Methode der Selbstbeobachtung und insofern auch Bedenken gegenüber den damit zutage geförderten Erkenntnissen. Die Forderung nach intersubjektiver Vergleichbarkeit der Beobachtungen verminderte die Gesamtheit möglicher Untersuchungsgegenstände in der Psychologie auf (vermeintlich) eindeutig Beobachtbares und Vergleichbares (zum Behaviorismus vgl. auch *Ulich* 1980 a). Zwar wurde die Existenz von z. B. Gefühlen nicht geleugnet, aber diese wurden meist als allzu „privat" und methodisch unzugänglich aus dem Bereich möglicher Untersuchungsgegenstände ausgeklammert (vgl. *Watson* 1913). (Inzwischen konnte der „Verlust" der Person in der Persönlichkeitsforschung wenigstens teilweise wieder rückgängig gemacht werden, so daß man diesen Zweig der Psychologie sogar als Studium der „private experience" bezeichnen darf, vgl. *Singer/Kolligian* 1987).

Wenn gesagt wurde, daß Emotionen „private", weil nur dem Erlebenden selbst zugängliche Ereignisse darstellen und daher von einer „objektiven" Wissenschaft nicht untersuchbar seien, so ist diese Auffassung sicherlich schon im Ansatz schief gewesen. Denn Emotionen, die nur dem Erlebenden selbst zugänglich sind, die nicht nach außen vermittelbar sind, in keiner Beziehung zur sozialen Mitwelt stehen – solche Emotionen wären sicher Kennzeichen eines krankhaften Zustandes. Für Bewußtseinszustände wie z. B. Angst interessierte man sich jedoch besonders im frühen Behaviorismus nahezu ausschließlich unter dem Aspekt, welche Rolle diese Zustände in bezug auf beobachtbares Verhalten spielen. Konkret heißt dies: Es interessierte nicht, wieviel (und welche) Angst ein Mensch hatte, sondern: was die Angst den Menschen zu tun bzw. nicht zu tun veranlaßte. Die bevorzugte Untersuchungsstrategie z. B. von *Miller* (1948) war entsprechend dieser Auffassung: Induktion von Furcht durch z. B. Elektro-Schock, Untersuchung des davon (und von anderen zusätzlichen Lernbedingungen wie z. B.

Ratten lernen Furcht

In der neo-behavioristischen Forschung wurde typischerweise folgende Versuchsanordnung verwendet (vgl. z. B. *Miller* 1948): Der Versuchskäfig bestand aus zwei Abteilungen, die für das Tier durch Farb- oder Helligkeitsunterschiede unterschiedlich gekennzeichnet waren. Der Boden in der einen Hälfte war elektrisch aufladbar. Befand die Ratte sich in dieser Hälfte, so erhielt sie Stromschläge, denen sie entfliehen konnte, indem sie in das andere Abteil überwechselte. Ein „natürlicher" Schmerz-Reiz bewirkte eine „natürliche" Flucht-Reaktion. Wenn die Ratte diese gelernt hatte, wechselte sie auch ohne Stromschlag sofort in den anderen Teil des Käfigs, wenn sie in den „Schock-Teil" gesetzt wurde. Warum? Weil sie aufgrund ihrer „Erfahrungen" einen „sekundären Trieb", nämlich *Furcht* erworben hatte. Der Schock-Käfig (oder auch ein Signal, das vorher vor dem Schock gegeben wurde) löste diese Furcht aus, diese wiederum die Flucht, und diese wirkt sich furcht-reduzierend aus, also im Sinne einer „Verstärkung". Merkmale des Schock-Käfigs oder Signale waren zu konditionierten Reizen, Furcht ein erworbener Trieb und das Fluchtverhalten eine konditionierte instrumentelle Reaktion geworden, die dann und deshalb im Verhaltensrepertoir verankert ist, wenn und weil sie „trieb-reduzierend", d. h. Furcht-vermindernd wirkt.

„Triebstärke") abhängigen Erwerbs von Flucht- oder Vermeidungsverhalten. Die Bevorzugung von Labor-Untersuchungen bestimmt bis heute den Erkenntnisstand in der Emotionspsychologie, obwohl gerade in den letzten Jahren starke Zweifel an der Ergiebigkeit auch von physiologischen Untersuchungen über Emotionen geäußert wurden (vgl. z. B. *Walschburger* 1980 a, auch Teil 5 dieses Buches). Entsprechend der unterschiedlichen „Auslösbarkeit" gibt es ungeheuer viele Untersuchungen über Angst, aber keine über Traurigkeit oder Freude.

Neben der Beschränkung auf die experimentelle Auslösung von Emotionen gibt es in der vom Behaviorismus bestimmten Psychologie noch einen weiteren Hemmschuh auf dem Wege zu einer „realistischen" Auffassung von Gefühlen. Man nahm nämlich an, daß Lernvorgänge – über den Weg des „klassischen" oder „instrumentellen" Konditionierens – ausschließlich als *unbewußte, automatische* Prozesse ablaufen. Experimente mit Tieren und auch die wenigen Experimente mit Kindern (z. B. *Watson/Rayner* 1920) waren nicht geeignet, diese Auffassung zu korrigieren, weil weder Tiere noch kleine Kinder nach ihren „Bewußtseinszuständen" befragt werden konnten. Die Anwendung einer bestimmten experimentellen Technik wie z. B. der des „Konditionierens" führte nach der Intention und theoretischen Überzeugung der Forscher unvermittelt dazu, daß bestimmte Prozesse der – im Falle des Konditionierens – schrittweisen Koppelung von bestimmten Reizen und Reaktionen abliefen.

Mit der Meinung, emotionale „Reaktionen" würden auf unbewußte, automatische Weise erworben (und geäußert!), war zunächst einmal der Weg verlegt zu einer Auffassung, Emotionen seien subjektive Erfahrungstatsachen, auf der Ebene des bewußten Erlebens angesiedelt und daher auch nur dort untersuchbar. Im Neo-Behaviorismus wurden Emotionen zu „intervenierenden Variablen", die durch ihre Beziehungen zu beobachtbaren Bedingungen und beobachtbarem Verhalten definiert wurden. Beobachtbar sind z. B. die Stromstärke eines elektrischen Schlages und die Lernfortschritte, oder auf eine Klassenzimmer-Situation bezogen: der Führungsstil des Lehrers und die Lernfortschritte des Schülers. Die intervenierende Variable „Angst" kann nun erklären, warum Schüler auf den – für alle objektiv gleichen – Führungsstil so unterschiedlich reagieren, daß sich die Lernfortschritte der Schüler unterscheiden (vorausgesetzt, alle Schüler sind gleich intelligent, gleich alt usw.). Auch in diesem Fall kann die Ebene subjektiven Erlebens vernachlässigt werden, denn die Ängstlichkeit wird meist ganz unspezifisch mit Hilfe eines Fragebogens erfaßt, der z. B. *allgemeine* Prüfungsängstlichkeit mißt (zur Kritik vgl. *Mandler* 1972; *Weidenmann* 1978, auch Kap. 7 dieses Buches). Nicht erfaßt wird, wie ein bestimmter Schüler einen bestimmten Lehrer *tatsächlich* erlebt, welche Rolle dabei die bisherigen Erfahrungen des Schülers spielen, welcher Art die Angst des Schülers ist, worauf sie sich bezieht, wie Leistungsanforderungen subjektiv erlebt werden, wie der Schüler sich selbst einschätzt, wie Angst und Kompetenz im Selbstbild erscheinen usw.

Etwas polemisch überspitzt könnte man über manche behavioristischen Ansätze in der Emotionsforschung sagen: die „Realität" von Emotionen wie z. B. Angst besteht vor allem in bestimmten Korrelations-Koeffizienten; Angst ist das, was die

Die traurige Geschichte vom kleinen Albert

„Albert war ein gesundes, stabiles und ziemlich unemotionales Kind. Er reagierte nie furchtsam auf die vom Versuchsleiter ausgeklügelten Test-Situationen. Wenn plötzlich eine Reihe von Objekten vor ihn gelegt wurde, streckte er die Hand aus, um damit zu spielen. Es waren da eine weiße Ratte, ein Hase, ein Pelzmantel, ein Ball aus Baumwolle und einige Masken. Aber Albert schreckte zusammen und schrie fürchterlich, wenn plötzlich dicht hinter ihm lauter Lärm erzeugt wurde (eine Stahlstange wurde mit einem Hammer bearbeitet).

Als ihm im Alter von 11 Monaten und 3 Tagen die Ratte gezeigt wurde, und er seine Hand nach ihr ausstreckte, ertönte derselbe scheußliche Lärm hinter ihm. Nachdem Albert diese Erfahrung zweimal gemacht hatte, wimmerte er. Als ihm die Ratte 1 Woche später erneut gezeigt wurde, hatte er seine Lektion gelernt: er zog die Hand zurück, bevor er den alten Spielkameraden berührte. Jetzt wurde systematisch mit der Konditionierung einer starken negativen emotionalen Reaktion auf die weiße Ratte begonnen. Sieben Mal hintereinander tauchten die Ratte und der gräßliche Lärm zusammen auf. Als die Ratte das nächste Mal alleine dargeboten wurde, fing Albert an zu weinen, drehte sich um, fiel hin und krabbelte mit ganzer Kraft davon.

Nach einer Woche stellte sich heraus, daß sich die Furchtreaktion von der weißen Ratte auch auf den freundlichen Hasen übertragen hatte. Nun hatte Albert plötzlich Angst vor dem Hund, beim Ansehen des Pelzmantels fing er an zu weinen, und er schreckte sogar vor seinem Baumwollball zurück. Auch reagierte er „ausgesprochen negativ", als man ihm eine Nikolaus-Maske zeigte. Keine Angst hatte er vor Bauklötzen oder andere Objekten, die nicht zur *Reiz-Dimension* „Pelz oder pelzähnlich" gehörten.

Leider wissen wir nicht, was aus Albert geworden ist. Die Untersucher berichteten, daß „Albert unglücklicherweise noch an dem Tag, an dem man die beschriebenen Tests durchgeführt hatte, aus dem Krankenhaus entlassen wurde. Daher hatten wir leider nicht die Möglichkeit, eine Methode zur Löschung der konditionierten emotionalen Reaktion zu entwickeln" (Watson und Rayner, 1920).

(*Zimbardo/Ruch* 1978, S. 136)

Leistung von Schülergruppe A gegenüber Schülergruppe B vermindert. *Wie* dies auf der Ebene subjektiven Erlebens geschieht, weiß man nicht, muß man auch nicht immer wissen. Inzwischen ist eine derartige „Bescheidenheit" auch innerhalb neo-behavioristischer Lerntheorien aufgegeben worden (vgl. dazu vor allem *Bandura* 1976). Heute herrscht vor allem im Bereich der „sozialen Lerntheorie" (vgl. auch *Rotter* u. a. 1972; *Mischel* 1973) die Auffassung vor, daß es vor allem *bewußte* Prozesse der Organisation von Erfahrungen sind, die Lernen bewerkstelligen: Höhere geistige Prozesse wie z. B. Einsicht, Problemlösen, Aufmerksamkeitszuwendung, Informationsverarbeitung.

In einer hervorragenden Sekundär-Analyse zahlreicher Untersuchungen zum klassischen und instrumentellen Konditionieren mit erwachsenen Versuchspersonen kommt *Brewer* (1974) zum gleichen Ergebnis wie *Bandura:* „Konditionierung" wie z. B. die Einübung gewohnheitsmäßiger Verhaltensweisen ist Ergebnis, nicht Bedingung höherer geistiger Prozesse. Konkret: Erst wenn ich die Beziehung zwischen „Reiz" und (geforderter) „Reaktion" begriffen, verstanden oder „eingesehen" habe, kann ich lernen; dann lerne ich sogar besser, als wenn dies nicht der Fall ist. Das heißt nicht, daß es nicht auch primitivere Formen des Lernens etwa durch klassisches Konditionieren gibt, wenn z. B. ein Kind lernt, daß die Mutter „lieb" ist, weil sie Essen bringt, oder daß der Ofen heiß ist, weil man sich die Hand verbrennt u. ä. Außerdem wäre es sicher falsch, unser gesamtes alltägliches Handeln auf das Wirken von bewußten Steuerungsprozessen zurückzuführen. Das ändert jedoch nichts daran, daß Lernen insbesondere im Erwachsenenalter eine bewußte Zuwendung und ein bewußtes Verstehen der Lernaufgabe erfordert (*Brewer* 1974, S. 29). Dabei werden einfachere Lernvorgänge durch höhere Bewußtseins-Operationen gesteuert und überformt. „Bewußtsein" umfaßt auch bei *Bandura* keineswegs nur „kognitive" Vorgänge wie Denken und Informationsverarbeitung, sondern auch dynamische Faktoren wie z. B. Motive, welche die Aufmerksamkeit mitsteuern.

An der Rehabilitierung des Bewußtseins und damit auch des bewußten, subjektiven Erfahrens und Erlebens von Wirklichkeit hat nicht nur die soziale Lerntheorie mitgewirkt, sondern insgesamt die „kognitive Wende" in der Psychologie (vgl. den folgenden Abschnitt 3.4.), ferner handlungstheoretische Ansätze (vgl. Kap. 5) und kognitive Theorien in der Streß- und Emotionsforschung selbst (wie z. B. *Lazarus,* vgl. Kap. 5), auch einzelne Beiträge der kognitiven Verhaltensmodifikation (vgl. *Meichenbaum* 1977). Über historische und wissenschaftstheoretische Aspekte dieser Entwicklung informieren z. B. *Thomae* (1977, S. 183–186) und *Graumann* (1966; 1965). Wie wir im Abschnitt 2.4. über die „kognitive Wende" sehen werden, war die Betonung von bewußten Vorgängen der Handlungssteuerung jedoch nicht immer förderlich für die Berücksichtigung und Untersuchung von Emotionen, weil sie zu neuen Einseitigkeiten führte.

Halten wir zusammenfassend fest: In der orthodox-behavioristischen Phase der Psychologie wurden Begriffe wie „Erwartung", „Aufmerksamkeit" oder „Bewußtsein" nicht verwendet; es bestand daher auch gar keine Notwendigkeit, mit den Versuchspersonen zu *sprechen (Brewer* 1974, S. 31). Ähnliches gilt für große Teile der physiologisch orientierten Belastungs- und Aktivationsforschung (vgl. *Walschburger* 1980 a) und auch für die extensiv betriebene Fragebogen-Angst-Forschung. Inzwischen behauptet niemand mehr, daß Emotionsforschung unter Umgehung des bewußten Erlebens möglich sei. Viel Mißtrauen gegenüber dem, was Versuchspersonen über ihr eigenes Erleben berichten, ist jedoch geblieben (vgl. z. B. exemplarisch *Plutchik* 1980, S. 5 f.). Dieses Mißtrauen ist insofern grundsätzlich berechtigt, als prinzipielle Unterschiede zwischen dem Erleben einer Emotion und der nachträglichen Beschreibung dieses Erlebens bestehen (vgl. auch *Chanowitz/Langer* 1980; genaueres in Kap. 2). Fraglich ist aber, ob die gegen die tendenzielle Unzuverlässigkeit verbaler Berichte eingesetzten Korrektur-Strategien immer greifen.

Empfohlen wird z. B. von nahezu allen Autoren, zusätzliche Meßverfahren zu berücksichtigen, die sich richten auf physiologische Begleiterscheinungen, mimisches, sprachliches und sonstiges körperliches Ausdrucksverhalten, beobachtbares Verhalten. Leider sind die korrelativen Zusammenhänge zwischen Indikatoren auf diesen verschiedenen Meßebenen nicht so hoch (s. u.), daß man wirklich glauben könnte, alle diese Ebenen böten gleichermaßen und gleich valide Zugänge zum emotionalen Erleben. (Auf diese Probleme gehe ich später genauer im Methoden-Kapitel ein.) Insgesamt ist die Psychologie aber insofern „Emotionsfreundlicher" geworden, als sie subjektives Erleben ernster nimmt: Das Sprechen mit den Versuchspersonen ist inzwischen erlaubt.

3.3. Lösung des Methoden-Problems: Emotions are well and alive!

Im Anschluß an die Darstellung des Weges, der in der behavioristischen bzw. neobehavioristischen Psychologie zur Rehabilitierung der Emotionen als Untersuchungs-Gegenstände genommen wurde, folgen nun einige grundsätzliche Überlegungen zur Methode. Es geht jetzt im engeren Sinne um den erkenntnistheoretischen Status von Emotionen und um die damit zusammenhängende Frage des geeigneten Zugangs. Die folgenden Überlegungen sind mir zwar sehr wichtig, aber sie sind vielleicht etwas abstrakt und können ohne viel Schaden auch ausgelassen werden.

Die höchste Hürde, die zu nehmen ist, ist erkenntnistheoretischer Art. Ich möchte sie mit dem etwas komplizierten Begriff „konstruktivistischer Existenz-Vorbehalt" bezeichnen. Damit ist die von vielen Psychologen (z. B. prägnant von *Dann* 1980) vertretene Auffassung gemeint, die Psychologie „schaffe" mit ihren Begriffen (wie z. B. „Intelligenz") erst die Gegenstände, die sie untersuche. Falsch ist an dieser Auffassung, daß Menschen natürlich längst vor und unabhängig von psychologischer Begriffsbildung z. B. vernünftig und einsichtig gehandelt haben. Richtig ist dagegen, daß die Psychologie mit einer Begriffs-Definition ein bestimmtes Untersuchungsinteresse angibt und damit zugleich bestimmte Aspekte von Erfahrungstatsachen wie z. B. von konkreten Emotionen hervorhebt. Zum „Existenzvorbehalt" gegenüber Emotionen wird die skizzierte Auffassung dann, wenn a) die begriffliche Konstruktion grundsätzlich über die Alltagserfahrung gestellt wird, wenn b) Mißtrauen gegenüber dieser Alltagserfahrung zum leitenden methodischen Prinzip erhoben wird und schließlich c), wenn Emotionen auf ihre beobachtbaren physiologischen Korrelate oder auf entsprechende Verhaltensweisen bzw. Ausdrucksformen reduziert werden.

Auf Erscheinungsformen und Probleme der skizzierten und verwandter erkenntnistheoretischer Positionen werden wir immer wieder zurückkommen (vgl. zur Auseinandersetzung auch *Popper* 1973). Natürlich steht ein Existenzvorbehalt letztlich im Widerspruch zu der Forderung, einen „Austausch" zwischen Alltagserfahrung und wissenschaftlichen Erkenntnissen herbeizuführen (*Heckhausen* 1976). Diese Aufgabe erfordert es, von der *Alltagserfahrung* auszugehen (vgl. auch *Averill* 1980). *Rohracher,* dem als naturwissenschaftlich orientiertem Psychologen Naivität sicherlich fremd ist, zählt viele im alltäglichen Leben vorkommende Gefühle auf, wie z. B. Freude und Trauer, Angst und Sorge; dann schreibt er: „Zu beschreiben braucht man diese Gefühle nicht; jeder kennt sie" (1960, S. 401). Auch wenn diese Übereinstimmung nur grundsätzlich und nicht für jeden Einzelfall zutreffen mag, so sind damit Emotionen als subjektive Erfahrungstatsachen unbezweifelbar anerkannt. In einem nächsten Schritt muß dann die erlebende *Person* als diejenige anerkannt werden, die zu diesen Erfahrungstatsachen den unmittelbarsten Zugang hat – was Irrtümer nicht ausschließt. In der Forschungsrichtung, die mir selbst für Emotionen gegenwärtig am erfolgversprechendsten erscheint, nämlich in vergleichenden biographischen Längsschnittuntersuchungen in der Entwicklungspsychologie (vgl. Kap. 6 dieses Buches), gilt der Grundsatz: Nur das Individuum selbst ist Zeuge seines Verhaltens im natürlichen Ablauf seines Lebens (*Thomae* 1968, S. 111).

Wenn einerseits die zu untersuchenden Phänomene dort untersucht werden sollen, wo sie aller Wahrscheinlichkeit nach auch wirklich vorkommen, nämlich im Alltag, und wenn andererseits aus naheliegenden ethischen und politischen Gründen eine hinreichend extensive und intensive Fremdbeobachtung (z. B. von Entwicklungsprozessen) unmöglich ist, dann muß der Wissenschaftler versuchen, „dem einzig verfügbaren Zeugen, nämlich dem Subjekt des Geschehens, mehr Glauben zu schenken. Seine Aussagen . . . stellen von hier aus gesehen die einzige *sichere* Quelle für die Erschließung des Verhaltens in ‚natürlichen' Situationen dar" (*Thomae* 1968, S. 222).

Diese methodische Grundentscheidung bedeutet nicht, daß Emotionen voraussetzungslos und theorielos beschrieben werden sollen oder können. Sie bedeutet erst recht nicht, daß das Alltagsverständnis von Emotionen einer kritischen Überprüfung und Diskussion entzogen werden soll. Dies gilt auch für Wissenschaftler, denn viele von ihnen scheinen die zu untersuchenden Sachverhalte hauptsächlich aufgrund ihres eigenen Alltagsverständnisses auszuwählen, u. a. deshalb, weil über wesentliche Bestimmungsmerkmale von Emotionen keine hinreichende Einigkeit besteht (vgl. auch *Debus* 1977, S. 157). Das Subjekt als Träger von Erfahrungstatsachen ernst zu nehmen bedeutet außerdem nicht, daß das Evidenz-Erleben des Subjekts das einzige Wahrheitskriterium bzw. der alleinige Maßstab für wissenschaftliche Erkenntnis werden soll. Noch problematischer wäre es aber, ausgerechnet Emotionen nur mit Hilfe von Tricks und Täuschung „hinter dem Rücken des Subjekts" erkennen zu wollen.

Die Festlegung, Emotionen seien subjektive Erfahrungstatsachen, bedeutet methodisch, daß ich z. B. die Äußerung einer Person „Ich bin traurig" so lange als

empirisches Faktum nehmen muß, bis ich begründete Zweifel an der Glaubwürdigkeit und/oder der Kompetenz der Person habe. Das häufig dominierende methodische Prinzip des Mißtrauens wird also in sein Gegenteil verkehrt: *Ich vertraue solange, bis ich vom Gegenteil überzeugt bin.* Übrigens dürfte diese Strategie letztlich auch erfolgreicher sein, wie empirische Untersuchungen zum „Vertrauen" in der Alltagskommunikation ergeben haben (*Rotter* 1981). Wenn von „subjektiven" Erfahrungstatsachen die Rede ist, so meint „subjektiv" dabei nicht: ohne Beziehung zur sozialen und dinglichen Umwelt. Im 6. Kapitel des Buches werden wir uns im Gegenteil näher mit der Beziehung „Emotion und Umwelt" beschäftigen. „Subjektiv" heißt allerdings: Von System-Eigenschaften wie z. B. „sozialer Schicht" kann nicht unmittelbar auf Emotionen geschlossen werden; Emotionen lassen sich weder auf Umweltmerkmale oder „Reiz-Konstellationen" reduzieren, noch lassen sie sich aufgrund solcher eindeutig vorhersagen. Darauf werde ich im Kapitel über Methodenfragen näher eingehen.

Über die Entwicklung in der Psychologie hinaus und diese zugleich umgreifend kann ich auf mindestens drei verschiedenen Ebenen für die Existenz von Gefühlen als subjektiven Erfahrungstatsachen argumentieren:

1. Die Ebene der *Alltagserfahrung.* Wenn Descartes mit seinem Diktum „cogito ergo sum" ausdrücken wollte: Im Denken bin ich mir meiner selbst sicher bzw.: Indem ich denke, wird mir unbezweifelbar, daß ich existiere, so gilt diese Erkenntnis natürlich auch für Gefühle. Indem ich ein Gefühl erlebe, erlebe ich mich selbst zugleich als derjenige, der fühlt. Der Soldat, der in der Kaserne sitzt und Sehnsucht nach seiner Geliebten hat, fühlt und weiß gleichermaßen, was er empfindet und daß er es ist, der Sehnsucht empfindet. Übrigens können wir alle nachfühlen und verstehen, was er empfindet. Selbst wenn Gefühlsregungen oder Stimmungen konflikthaft, ambivalent, nicht eindeutig oder schwankend sind, werden die emotionalen Zustände als solche mit unbezweifelbarer subjektiver Gewißheit erlebt. Das heißt nicht, daß alle Zustände mit derselben Klarheit und Eindeutigkeit erlebt werden, oder daß alle Zustände, die ich einmal erlebt habe, zu jeder Zeit bewußtseinsfähig sind, oder daß ich immer weiß, *warum* oder *wovor* ich z. B. Angst habe.

2. Die *methodische* Ebene. Auch für die psychologische Untersuchung von Gefühlen gilt das methodische Prinzip der „Selbstanwendung": Wenn ich als Wissenschaftler Emotionen erlebe, so kann ich meinen „Versuchspersonen" diese Möglichkeit nicht absprechen. Ich kann mich nicht selbst für einen fühlenden, denkenden, zuverlässig reflektierenden und redenden Menschen halten und alle diese Kompetenzen meinen Versuchspersonen absprechen, denn dies liefe auf eine Zweiteilung meines Menschenbildes hinaus (vgl. zur Diskussion um das Prinzip der Selbstanwendung *Kelly* 1958; *Groeben/Scheele* 1977; *Herrmann* 1979; *Groeben* 1979).

3. Die *erkenntnistheoretische* Ebene. Mein Bewußtsein kann diese schöne Welt nicht geschaffen haben, denn die Welt existiert weiter, wenn ich nicht mehr bin; und die Dinge verschwinden nicht, wenn ich nicht mehr hinsehe (*Popper* 1973, S. 54 und 51). In einer ebenso polemischen wie erfrischenden Kritik des

erkenntnistheoretischen Idealismus plädiert *Popper* zugleich für den (kritischen) Realismus: Die Welt ist wirklich (S. 45). Zu dieser Welt gehört auch die innere Welt der Erfahrungen und des Erlebens, denn sie ist grundsätzlich, wenn auch auf vielfältige und recht unterschiedliche Weise, mit der „äußeren" Welt verknüpft. Natürlich müssen wir lernen; es ist nichts unmittelbar in unserer Erfahrung gegeben, es gibt keinen unmittelbaren Zugang zur Wirklichkeit (außer im unmittelbaren Gefühlserleben z. B. von starken Affekten; hier kann zwischen Emotion und einem „Medium" des Bewußtseins nicht unterschieden werden).

Als Psychologe sehe ich zwischen der („objektiven") Zuständlichkeit und Beschreibung der „äußeren" Welt und der subjektiven Erfahrung dieser äußeren Welt, ihrem „inneren" Erleben und ihrer psychischen Verkörperung einen unauflöslichen Zusammenhang. Nicht nur Äußeres, also z. B. ein Ding, das ich anfassen kann wie etwa einen Tisch, ist real. Daß Emotionen und Glaubensüberzeugungen, Wissen und Handlungsimpulse ebenso real sind, erkenne ich spätestens an ihren Wirkungen. Dabei kann zwar gelegentlich im Einzelfall, aber niemals grundsätzlich entschieden werden, was mehr Gewicht hat, was zuerst da war: das „Äußere" oder das „Innere". Manche Selbstmörder bringen sich um, weil die objektiv gegebenen Probleme ihnen keinen anderen Ausweg mehr ließen; manche bringen sich aber auch um, weil ihre subjektive Verarbeitung der Wirklichkeit allzu fehlerhaft und gestört war.

Wir werden im nächsten Abschnitt sehen, daß es in der Psychologie-Geschichte nicht nur Phasen gab, in denen der Umwelt-Anteil (wenn auch oft nur in Gestalt manipulierbarer „Reiz-Konstellationen") überbetont wurde.

3.4. Die neuere Entwicklung: Werden Emotionen jetzt Opfer der „kognitiven Wende" in der Psychologie?

Die „kognitive Wende" in der Psychologie hat in den letzten 10 Jahren ein Menschenbild favorisiert, in dem das Subjekt wieder mehr im Vordergrund steht. Während die Person vorher eher als eine von Motiven oder Trieben „geschobene" oder von Erwartungen „gezogene" erschien, wird sie uns nun als selbstverantwortlich und souverän handelnde nahegebracht. Es stellt sich aber die Frage, ob bei soviel Selbstverantwortlichkeit und Souveränität überhaupt noch Platz für Emotionen ist. Dieser Frage will ich im folgenden nachgehen.

Die „kognitive Wende" in der neueren Psychologie

Mit dem Begriff „kognitive Wende" bezeichnet man Tendenzen, gegenüber „mechanistischen" Theorien stärker kognitive Prozesse und Merkmale zur Erklärung und Vorhersage von Verhalten zu berücksichtigen wie z. B.: subjektive Einschätzungen der Person in bezug auf sich selbst („Selbstkonzept", „Selbstbild", Annahmen über eigene „Fähigkeiten") und die Umwelt; Erwartungen und Absichten; Ursachenzuschreibungen; Bewertungen und Wahl-Entscheidungen; Einschätzungen der eigenen Kompetenz; „subjektive" oder „naive" Theorien u. ä. Natürlich ist die Hervorhebung kognitiver Faktoren nicht neu in der Psychologie-Geschichte. Neu ist jedoch der Anspruch, behavioristische Menschenbilder und Denkmodelle „endgültig" ablösen zu wollen (vgl. z. B. *Groeben/Scheele* 1977). Die Reichweite der Ansprüche und die Erscheinungsformen der „kognitiven Wende" sind in verschiedenen Bereichen der Psychologie ganz unterschiedlich. Ausdruck gefunden hat die propagierte Tendenzwende z. B. in der Streß-Forschung (vgl. *Lazarus/Launier* 1981), in der Sozialpsychologie, insbesondere der Attributionsforschung (vgl. *Ulich* 1982), in Handlungstheorien, in der Klinischen Psychologie (vgl. *Jaeggi* 1979; *Meichenbaum* 1977), innerhalb behavioristischer Lerntheorien selbst (vgl. *Mischel* 1973; *Bandura* 1976; *Bolles* 1972; *Dember* 1974), in der Leistungsmotivationsforschung (*Weiner* 1972/1976; *Heckhausen/Weiner* 1972) und in der Untersuchung „naiver" oder „subjektiver" Theorien (vgl. *Groeben/Scheele* 1977).

Beispielhaft für die „kognitive Wende" ist die Entwicklung der Leistungsmotivationsforschung in den letzten 10 bis 15 Jahren (vgl. *Heckhausen* 1980; auch zum folgenden). Hier sind sowohl Programmatik wie auch Empirie am besten ausgearbeitet; daher werde ich mich im folgenden vor allem auf die Leistungsmotivationsforschung konzentrieren. *Herrmann,* der der „kognitiven Wende" eher skeptisch gegenübersteht, erwartet dennoch gerade von der Entwicklung in der Theorie der Leistungsmotivation weitreichende Folgen für eine allgemeine Theorie der Motivation und damit auch für die Persönlichkeitspsychologie (1976, S. 122 f.). Der Untertitel von *Weiner*s Buch (1972) lautet programmatisch: „From Mechanism to Cognition"; er fordert selbstbewußt eine „Rückkehr zur Erforschung des Bewußtseins, des Geistes und seiner Vorgänge" (1976, S. 174). Nicht externe Reizkonstellationen beeinflussen uns, sondern unser Denken, also das, was wir im Kopf haben, die Meinung, die wir uns gebildet haben, die Urteile und Entscheidungen. Diese muß ich kennen, um Handlungen anderer verstehen und eigene Handlungen effizient planen zu können.

Die Person wird nicht mehr als ein passiv-reagierender Organismus angesehen; dem Individuum wird viel stärker die Fähigkeit zugetraut, seine Umwelt aktiv zu beeinflussen, nach seinen Bedürfnissen zu gestalten. Die Person „konstruiert" ihre Handlungen, indem sie intuitive Theorie in die Umwelt hineinträgt, kontrolliert Handlungsentwürfe ausprobiert und die entsprechenden „Rückmeldungen" aus der Umwelt zur Korrektur ihrer Handlungsentwürfe einsetzt. Das Individuum ist weder äußeren Situationen noch eigenen „Trieben" hilflos ausgeliefert, sondern fähig zur rationalen und zugleich reflexiven Zielsetzung und Entscheidung, zur aktiv-selbsttätigen Informationsverarbeitung, zur Zukunftsplanung und Selbststeuerung. Zentral in dieser Selbststeuerung sei die „Selbstbewertung"; sie tritt an die Stelle dynamischer Bedürfnisse. In die Selbstbewertung gehen u. a. ein: Ziele, Anspruchsniveau, die kognitive Repräsentation von Situationsmerkmalen, Kompetenzeinschätzungen, Erwartungen, Wahrscheinlichkeitsberechnungen usw.

Der Prozeß der Motivation wird von einem eher unbewußt, automatisch ablaufenden Prozeß der Energie-Versorgung und Richtungs-Steuerung zu einem bewußten Entscheidungs- oder Kalkulationsvorgang.

Zweifellos haben derartige Überlegungen viel zu einer notwendigen Öffnung der Diskussion über Menschenbilder in der Psychologie, über die weltanschaulichen und methodischen Grundlagen des Neo-Behaviorismus, über den Praxisbezug der Psychologie und über die theoretischen Grundlagen praktisch-psychologischen Handelns beigetragen. Es gibt in der Tat viele Widersprüchlichkeiten innerhalb der neobehavioristischen Richtung der Psychologie (vgl. z. B. *Westmeyer* 1976). Sicher ist auch die Einsicht richtig, daß Individuen, deren Leistungsbereitschaft man erhöhen will, eher im Bereich ihrer moralischen Handlungsbewertungen und ihrer subjektiven Überzeugungen ansprechbar sind als über vitale Bedürfnisse, die im „Roh-Zustand" (beim Menschen) ohnehin nicht manipulierbar sind. Aber gleichzeitig ist auch das „neue" kognitive Menschenbild nicht frei von Widersprüchen und Einseitigkeiten. Wie sehen beispielsweise real die Möglichkeiten zum selbstbestimmten und reflexiven Handeln aus in einer Umwelt, die tendenziell undurchschaubar und nicht kontrollierbar (etwa im Sinne von *Rotter* 1975, oder *Seligman* 1979) ist? Wie müssen Entwicklungs- und Lernbedingungen aussehen, die Kompetenzen wie die geforderte Denk- und Entscheidungsfähigkeit, Selbstverantwortlichkeit, Fähigkeit zur Selbstbewertung und Selbstreflexion oder das konstitutive Bedürfnis nach Information über die eigenen Fähigkeiten (s. u.) hervorbringen können?

Für unser Thema „Emotion" ist es darüber hinaus wichtig, die Gefahr des Kognitivismus zu sehen. Kognitivismus würde zum einen dann vorliegen, wenn Kognitionen von den gegebenen Realitäten, auf die sie sich beziehen, isoliert oder „abgeschnitten" werden, wenn also der Realitätsbezug der Kognitionen nicht mehr in die Analyse miteinbezogen würde. Zum anderen liegt Kognitivismus vor, wenn vitale, emotionale Betroffenheit nicht mehr in ihrem eigenständigen Gewicht, sondern nur noch in ihren „kognitiven" Anteilen, also als „Präferenz-Urteil", als „wertende Stellungnahme" u. ä. berücksichtigt wird. Auf diese Gefahren will ich im folgenden kurz eingehen.

Kognitivismus als Abschneiden des Umweltbezuges

Wenn die Gefahr besteht, daß konkrete Umweltbezüge nur noch als subjektiv repräsentierte, „kognizierte" Umweltbezüge erfaßt werden, wenn also (tendenziell) nur noch die „Welt in meinem Kopf" und die „Welt in Deinem Kopf" interessieren, dann hat dies auch Folgen für die Auffassung von Emotionen. Emotionen sind dann nur noch die „evaluativen" Anhängsel der Kognitionen. Angst wäre dann nicht mehr die Angst vor etwas real gegebenem (etwa vor meinem Vorgesetzten, vor einer gefährlichen Wegstrecke, vor einem Unwetter); sie wäre lediglich die „negative" Komponente meiner Vorstellungen und Erwartungen, verbunden mit Bildern von der Wirklichkeit. Natürlich leiden Menschen auch an ihren subjektiven Überzeugungen, Hoffnungen und Befürchtungen;

Wahnvorstellungen machen deutlich, daß Emotionen sich tatsächlich an Bilder heften können, die in keinem Zusammenhang mit der Wirklichkeit stehen. Aber anzunehmen, unser Handeln sei wesentlich nicht durch die Umwelt, sondern durch unsere *Vorstellungen von* der Umwelt bestimmt, hieße, sich selbst den Weg abzuschneiden zu einem (zumindest auch notwendigen) besseren Verständnis von Emotionen: Emotionen sind fast immer auch Ausdruck *vitaler Betroffenheit* durch eine Umwelt, die immer nur in beschränktem Umfang verstehbar, beeinflußbar und kognitiv repräsentierbar ist. Dies wissen wir aus der Entwicklungspsychologie und der Klinischen Psychologie.

Natürlich handelt es sich hier gar nicht um ein „Entweder-Oder". Die Frage, ob unsere Umwelt oder unsere Vorstellungen von der Umwelt unser Handeln leiten, ist insofern ein Scheinproblem, als nur in Extremfällen wie z. B. einer Katastrophe (Umwelt überwiegt) oder eines Wahns (Kognition überwiegt) eine eindeutige Unterscheidung möglich ist. Um so erstaunlicher sind die folgenden Äußerungen von Kognitivisten, die teilweise sogar als geradezu revolutionäre Erkenntnisse ausgegeben werden.

Klinische Psychologie: Das Bewußtsein eines Menschen enthält Elemente, „die für die emotionalen Störungen und die verwirrenden Gedanken verantwortlich sind, die ihn veranlassen, sich um Hilfe zu bemühen" (*Beck* 1979, S. 7). Entsprechend besitze der Mensch *innerhalb* seines eigenen Bewußtseins den Schlüssel zum Verständnis und zur Lösung seiner psychischen Probleme (ebd.). Keineswegs ist der gestörte Mensch das „Opfer verborgener Kräfte, über die er keine Kontrolle hat" (a.a.O., S. 6). Auch die Umwelt habe keinen wesentlichen Einfluß, denn: „Was die Menschen bewegt, sind nicht die Dinge selbst, sondern die Ansichten, die sie von ihnen haben" (Epiktet, zit. von *Beck,* S. 43). Soweit damit ausgesagt werden soll, daß wir Umwelt immer durch den „Filter" unserer Interessen, unseres bisherigen Wissens, unserer kulturellen Perspektiven auffassen, ist die Aussage selbst banal. Soweit aber damit gemeint ist, daß eine Untersuchung der Umwelt sich erübrige, daß lediglich eine Änderung der Meinung *über* die Umwelt nötig sei zur Heilung, ist damit einem gefährlichen Zynismus die Tür geöffnet. Der Patient soll seine Störung als etwas den Mißverständnissen Verwandtes betrachten; seine unrichtigen Auffassungen seien im wesentlichen auf Lernmängel während der kognitiven (!) Entwicklung zurückzuführen; der Therapeut hilft einfach dem Patienten, „seine unrichtigen Auffassungen zu identifizieren und alternative wirklichkeitsnähere Möglichkeiten zur Formulierung seiner Erfahrungen zu finden" (a.a.O., S. 8).

Es ist ein schwacher Trost, daß derselbe Autor in seiner praktischen therapeutischen Arbeit offenbar mehr berücksichtigt als nur die „falschen Meinungen" seiner Patienten. Theoretisch-konzeptionell bleibt als Fazit bestehen: Wir leiden nicht an der Wirklichkeit, sondern nur an unserer falschen Meinung über die Wirklichkeit. (Für die Freude und das Glück gilt Analoges!). Konsequent wäre die Aufforderung an den Patienten: „Nun seien Sie doch vernünftig!" (*Jaeggi* 1981 a). *Beck* steht hier stellvertretend für eine Reihe anderer Vertreter der „kognitiven Verhaltensmodifikation", die zwar weniger krasse, aber in der Tendenz oft ähnliche Auffassungen vertreten (vgl. dazu *Jaeggi* 1979; *Meichenbaum* 1977; *v. Quekelberghe* 1979).

Versuchen Sie einmal selbst, diese „Theorie" in die Praxis umzusetzen! Sprechen Sie z. B. mit einem arbeitslosen Lehrer, der in eine schwere depressive Krise geraten ist. Erklären Sie ihm, daß seine emotionalen Probleme, seine Niedergeschlagenheit, sein Selbstwert-Verlust, sein Verlust an Vitalität, seine Ängste usw. nur von seiner falschen Sicht der Realität herrühren. Aber gehen Sie rechtzeitig in Deckung, falls Ihr Gesprächspartner Ihr Bemühen nicht richtig würdigen sollte! Hier wird wieder deutlich, worauf es mir in diesem Buch immer wieder ankommt: Emotionen ernstzunehmen heißt, den Menschen als Person ernstnehmen. Niemand fühlt sich ganz ernst genommen, wenn man ihm zu zeigen versucht, daß alles nur eine Frage des richtigen Denkens ist.

Motivationspsychologie: Frühere Motivationstheorien haben vitalen Interessen, Bedürfnissen und „Affekten" weit mehr Raum gegeben, als dies heute nach der „kognitiven Wende" der Fall ist (vgl. zum historischen Überblick *Heckhausen* 1980; *Madsen* 1968). Bei manchen Autoren scheint heute nur noch ein einziges Bedürfnis übrig geblieben zu sein: das Interesse an „Informationen über die eigene Fähigkeit" (*Meyer* 1973). Dabei wurde bei aller berechtigten Kritik an allzu simplen und mechanistischen Vorstellungen früherer Motivationstheorien gelegentlich übersehen, daß mit den Begriffen „Trieb", „Bedürfnis" oder „Affekt" Elemente vitaler Betroffenheit benannt wurden, die in Kognitionen eben nicht ohne Rest aufgehen (vgl. auch *Thomae* 1980, S. 297). Im „affekt-dynamischen Modell" der Motivation etwa von *Atkinson* sieht der Motivierungsvorgang noch so aus: Ein Kind (z. B. ein Schüler) erlebt eine Diskrepanz zwischen Anforderungen und momentaner eigener Leistung bzw. eigenem Kenntnisstand; diese Diskrepanz verbindet sich mit Gefühlsreaktionen (z. B. Ängsten oder Hoffnungen), die bestimmte Erwartungen und eine entsprechende Anstrengungsbereitschaft hervorbringen. Das Erleben bzw. die gedankliche Vorwegnahme der Affekte war zugleich das energetisierende Moment im Handlungsablauf.

Heute geht es kühler und rationaler zu: In kognitiven Ansätzen wird vor allem der Informationsaspekt hervorgehoben. „Leistungsorientiertes Verhalten findet demnach nicht statt, um positiven Affekt zu maximieren bzw. negativen Affekt zu minimieren, sondern um bestimmte Informationen über die eigene Person – insbesondere die eigene Tüchtigkeit – zu erhalten bzw. zu vermeiden" (*Schmalt/ Meyer* 1976, S. 12). Der Motivierungsvorgang sieht dann so aus: Wahrgenommene Anforderungen werden auf das „Selbstkonzept der eigenen Fähigkeit" bezogen; mögliche Ursachen von Erfolg und Mißerfolg werden gedanklich durchgespielt, Vergleichsmaßstäbe und Anspruchsniveau werden gedanklich vergegenwärtigt; Erfolgs- oder Mißerfolgserwartungen entstehen, die dann die Anstrengungsbereitschaft bestimmen.

Wenn ich hier auch nicht das „affekt-dynamische Modell" in seinen Über-Vereinfachungen verteidigen will, so ist doch andererseits auch sehr zu bezweifeln, ob es wirklich die Gier nach Informationen über die eigene Tüchtigkeit ist, die unsere Schüler in der Schule dazu bringt, etwas zu lernen. Vielleicht ist es doch Angst oder sogar Interesse? Immerhin entstand aus dem Kreis der „kognitiven" Motivationsforscher auch eine Arbeit mit dem Titel „Anstrengung wozu?" (in der Schule nämlich; *Rheinberg* 1979). Ein rein hedonistisches Modell, das nur nach Befriedigungs-Maximierung fragt, geht ebenso an der Wirklichkeit vorbei, wie ein Modell, das die Person als souveränen Könner im Denken und Entscheiden auffaßt. Man kann Angst und Freude, Scham und Stolz, Hoffnung und Verzweiflung nicht zu einem bloßen Anhängsel der „Information" machen (wie *Schmalt/Meyer,* a.a.O.), zu einer Reaktion auf die „Selbstbewertung". Denn diese Emotionen entstehen in der unmittelbaren Begegnung mit der Umwelt und den „Aufgaben"; sie bestimmen diese Begegnung mindestens ebenso sehr wie „Kognitionen". Was mir begegnet, was mich berührt, mich angeht, mich betroffen macht, wird nicht *prinzipiell* erst durch den Computer der Informationsverarbeitung geschickt, um dann „emotional" bewertet zu werden. (Auf diese Probleme ging ich im Kap. 2.1. genauer ein.)

Unmittelbares Erleben, unmittelbare emotionale Betroffenheit werden jedoch tendenziell ausgeklammert oder zumindest vernachlässigt bzw. gering geschätzt, wenn es heißt: „Nicht die ‚objektiven' Gegebenheiten determinieren das Verhalten, sondern deren kognitive Repräsentation und subjektive Bewertung durch die Person" (*Halisch/Butzkamm/Prose* 1976, S. 153). Nur das, was der Handelnde glaubt, was *er* für „wirklich" hält, determiniere sein Verhalten, auch wenn es objektiv falsch sein sollte (*Heckhausen* 1976, S. 8). „Verhalten ist eher eine Funktion wahrgenommener als tatsächlicher Ursachen" (*Weiner* 1973, S. 80). Gegenstand der Forschung sind die Beziehungen zwischen „Gedanken" und „Handlungen" bzw. die Art und Weise, in der „Kognitionen Affekte und Handlungen beeinflussen" (*Weiner* 1976, S. 125 f.).

Problematisch werden diese Auffassungen vor allem durch das häufige Versäumnis, die Beziehungen der Kognitionen nach der anderen Seite hin, also zur Umwelt, zu untersuchen. Die Entstehung der Kognitionen wird nur sehr selten analysiert. Die wenigen Untersuchungen über z. B. die Entwicklung von Zuschreibungstendenzen (Attribuierungsmustern) setzen auch kaum bei den unmittelbaren Begegnungen von Kindern mit ihrer Umwelt an, sondern beschränken sich häufig auf ein Nachzeichnen der Entwicklung des Verständnisses von Kausalitäts-Begriffen (vgl. *Heckhausen* 1982; *Weiner* 1982).

Wichtig wäre jedoch auch die Frage, welche Kinder warum welche Welt wie *erleben,* was sie bei den (ersten) Begegnungen mit bestimmten Situationen empfinden, ob sie sich angenommen fühlen oder zurückgestoßen, ob sie überhaupt Vertrauen und grundlegende Intentionalität entwickeln können u. ä. mehr. Ein Zugang über das Begriffsverständnis von „Verursachung" kann da nur die Oberfläche treffen. Denn *warum* ein Kind z. B. dazu neigt, sich selbst für unfähig und hilflos zu halten (Versagen wird mit eigener Schuld erklärt), das kann ich nicht durch eine Analyse seines Begriffsrepertoires erfahren, sondern nur durch eine Untersuchung des gesamten komplexen Erlebens in frühen Begegnungen mit der sozialen und dinglichen Umwelt (vgl. zur Attributionsforschung unter entwicklungspsychologischer Perspektive *Ulich* 1982).

Wie ist z. B. das Erleben *gemeinsamer* Betroffenheit denkbar, wenn der Kognitivismus die Welt in eine unübersehbare Menge von Einzelperspektiven auflöst? Dies ist nämlich in der Auffassung impliziert, die Menschen ließen sich vor allem von ihren eigenen subjektiven Interpretationen der Wirklichkeit leiten. Menschliches Verhalten kann sicher nicht in erster Linie auf intentionale kognitive Tätigkeit zurückgeführt werden, denn Umwelt ist immer mehr als kognizierte Umwelt. Es gibt immer etwas, was der subjektiven Beliebigkeit interpretativer Deutungen Widerstand entgegensetzt, denn sonst wären Individuen ja tendenziell die Konstrukteure ihrer eigenen Verhaltensursachen. Auch wenn wir seit Descartes zu der Annahme neigen, vor allem im Denken und weniger im Fühlen würden wir uns als unzweifelhaft Seiende erleben: Einen Existenz-Vorbehalt gegenüber einer real gegebenen Welt kann man daraus nicht ableiten. Im nächsten Abschnitt will ich kurz skizzieren, welche fatalen Folgen für die Untersuchung von Emotionen entstehen können, wenn man die *erlebte* Umwelt nur noch als *gedachte* begreift.

Die Folgen: Vernachlässigung von Emotionen

Die „kognitive Wende" hat ein paradoxes Menschenbild geschaffen: Einerseits wird das Bewußtsein voll rehabilitiert, es wird der Person Selbstverantwortlichkeit, Denk- und Entscheidungsfähigkeit zugebilligt; andererseits und gleichzeitig wird die Person-Umwelt-Beziehung um eine wesentliche Dimension beschnitten, nämlich die des unmittelbaren Betroffenseins und Erlebens von Gefühlen. Es wird soviel Mühe auf das Verstehen von „Informationsverarbeitung" verwandt (vgl. auch *Seiler* 1978, S. 26), daß die Welt nur noch als zu Verarbeitende, kognitiv zu Bewältigende oder (in Handlungstheorien) zu Manipulierende erscheint, aber nicht mehr als erlebte, konkret und unmittelbar zu erfahrende Mit-Welt. Paradox ist dieses Menschenbild insofern, als durch die Ausklammerung emotionaler Umweltbezogenheit alle zugebilligten Erkenntnisvorgänge unvollständig bleiben und damit die Person immer weiter von der konkreten Realität weggenommen anstatt ihr angenähert wird.

In der kognitiven Psychologie im engeren Sinne, in der es um Prozesse der Informationsverarbeitung einschließlich Wahrnehmung, Gedächtnis, Denken und Problemlösen geht, werden Emotionen meist ganz ignoriert (nach *Zajonc* 1980, S. 152). Dies kann man nicht mit der traditionellen Arbeitsteilung unter den Psychologen entschuldigen, denn eine Analyse kognitiver Vorgänge ohne Berücksichtigung emotionaler Komponenten ist einfach wirklichkeitsfremd. Dies haben einige Autoren auch selbst gemerkt und sich daher dazu entschlossen, den kognitiven Variablen so etwas wie „Fühlen" *hinzuzufügen,* ohne jedoch dazu etwas Genaueres zu sagen (ebd.). Dies geschieht dann häufig nur, um das schlechte Gewissen zu beruhigen und um das „Modell" irgendwie zu vervollständigen. „Fühlen" wird dann oft unter „Wahrnehmen" oder „Erinnern" subsumiert. Sogar in Untersuchungen, die sich mit „interpersoneller Anziehung" beschäftigen, also damit, warum sich Leute mögen oder nicht mögen, gibt es keine spezifischen Analysen der Frage, wie sich Emotion als Teil des Erlebens und Erfahrens „in" der Person darstellt und repräsentiert ist (a.a.O., S. 153; dieser Mangel wird inzwischen selbstkritisch erkannt, vgl. *Berscheid* 1981).

Sie werden sich fragen, wie man denn überhaupt untersuchen kann, warum sich bestimmte Leute mögen, wenn man dabei die beteiligten Emotionen nicht genauer analysiert. Die Antwort heißt: Ich erfasse die Urteile oder Entscheidungen, in denen sich eine Bevorzugung oder Ablehnung von (hypothetischen, erinnerten oder realen) Personen ausdrückt. Dies kann ich z. B. so machen, daß ich den Versuchspersonen Listen mit Eigenschaftswörtern vorlege, in denen diejenigen angestrichen werden müssen, die auf eine (hypothetische oder reale) Person zutreffen. Mit einem Vergleich von Selbst- und Fremdbeurteilung kann ich dann die gegenseitige „Anziehung" zwischen Personen feststellen, ohne mich im geringsten um Emotionen kümmern zu müssen (dazu *Berscheid* 1981, vgl. auch Kap. 4.). Natürlich hat die so festgestellte „Anziehung" nichts oder nur sehr wenig etwa mit einer real gegebenen Liebes- oder Freundschaftsbeziehung zu tun (ebd.). Ich wollte mit diesem Beispiel auch nur deutlich machen, auf welche Weise in der Psychologie Emotionen „kognitiviert", d. h. in Kognitionen umgeformt werden können: Emotionen erscheinen dann bestenfalls noch als „evaluative judgements" oder „evaluative statements", als „Präferenz-Urteile", „evaluative Urteile" u. ä. (vgl. *O'Malley* 1981; *Lantermann* 1980; *Zajonc* 1980).

Kann man aber Emotionen überhaupt anders erfassen als durch die Erhebung der Urteile über erlebte emotionale Gegenstandsbezüge? Gibt es nicht einen grundlegenden Unterschied zwischen dem *Erleben* einer Emotion und dem *Beschreiben* dieses Erlebens (vgl. auch Kap. 4)? Ohne diese Probleme zu verharmlosen kann man einen der genannten Kritik-Punkte aufrechterhalten: Kognitionen werden (1) häufig als sowohl notwendige wie auch hinreichende(!) Bedingungen von Emotionen aufgefaßt (z. B. *Lazarus* 1981; *Weiner* 1982); und (2) interessiert an der emotionalen „Reaktion" in erster Linie der Urteils-Aspekt. Mit beiden Auffassungen können persönliche Betroffenheit und subjektive Befindlichkeit im emotionalen Erleben nur sehr unzureichend berücksichtigt und wiedergegeben werden.

Diese Unzulänglichkeiten werden besonders deutlich, wenn man sieht, wie Handlungstheoretiker und „kognitive" Psychotherapeuten mit psychischen Störungen umzugehen versuchen (vgl. z. B. *Kleiber/Stadler* 1981). Theorien der Handlungsregulation setzen das voraus, was in der Therapie erst erreicht werden soll, nämlich ein „Funktionieren" der Person in dem Sinne, daß sie Ziele setzen kann, daß sie Informationen angemessen verarbeiten kann, daß sie ihre eigenen Erlebnisse, Erfahrungen und Emotionen erkennen und beschreiben, daß sie urteilen und entscheiden kann usw. Gerade bei psychischen Störungen wie z. B. übergroßen Ängsten wird deutlich, daß wir unsere dingliche und soziale Umwelt oft eher im Sinne eines komplexen „Angemutetwerdens" – was manchmal auch den Charakter eines passiven Ausgeliefertseins hat – erleben, als im Sinne sofortiger konstruktiver bewertender Kategorisierung. Auch wer Emotionen vorschnell in Urteile gefaßt haben will, verfehlt zentrale Merkmale von Emotionen wie z. B. die häufige Vagheit, Ambivalenz, die übergroße „Ich-Beteiligung", die distanzierendes Urteilen oft nicht erlaubt, die unauflösliche Verknüpfung mit individuum-spezifischen Problem-Sichten u. ä. m.

Warum konnte sich dann die Suche nach „handlungsleitenden *Kognitionen*" inzwischen sogar zu einem eigenen Forschungszweig entwickeln? Die Lösung ist einfach: Wer fragt, erhält auch eine Antwort, insbesondere in ungleichen Interaktionsbeziehungen, wie es die Therapeut-Klient- oder die Forscher-Befragten-Beziehungen sind. *Jaeggi* (1979, S. 53) drückt dies so aus: Die Auffassung vom „direkten Verhaltensanstoß per explizite Kognition" kann sehr leicht ein Artefakt allzu direkter Befragung (in Therapie und Forschung) sein und braucht sich im Alltag nicht in gleicher Weise bestätigen lassen. Schließlich teilen auch alle Beteiligten dasselbe Menschenbild, nach dem unser Handeln „kontrolliert" aufgrund von bestimmten Überzeugungen und „Überlegungen" abzulaufen hat und nicht aufgrund allzu subjektiver Vorlieben und vager Gefühle. Wenn ich jemanden frage: „Warum hast Du das getan?", so wird höchstens ein Kind antworten: „Weil ich Lust dazu hatte" oder „weil ich es schön finde". Ein Erwachsener wird sagen: „Weil ich der *Meinung* bin, daß . . .".

Trotz dieser alltäglichen Praxis im Tabuieren von Emotionen bleibt festzuhalten: Eine Theorie zielgerichteter, kognitiv kontrollierter Handlungen und eine Psychotherapie, die nur die kognitiven Aspekte der Handlungssteuerung bearbeitet, wird „fast mit Sicherheit ihren eigentlichen Gegenstand – menschliches Leiden, Erleben, Fühlen, Empfinden etc." verfehlen (*Kleiber/Stadler* 1981, S. 1). Daß psychische Gesundheit nicht mit effizienter kognitiver Handlungsregulation identisch ist, wird am deutlichsten im Falle des Selbstmords, der in der Regel auf längeren und komplexen Entscheidungsprozessen, Planungen und gezielten Handlungsentwürfen beruht.

Auch in einigen marxistisch orientierten Handlungs- und Sozialisationstheorien gibt es eine ähnliche Überbetonung der kognitiven Seite. Die „professio-zentristischen" Verzerrungen der Autoren miteinbeziehend schreiben *Mertens/Fuchs* (1978) über das Menschenbild der „Kritischen Psychologie": „Der Holzkamp-Osterkampsche Homunculus eines rastlos mit der Untersuchung und Manipulation der gegenständlichen Welt beschäftigten kleinen Intellektuellen, für den der sozial-emotionale und sinnliche Kontakt mit seinen erwachsenen Bezugspersonen den Stellenwert einer quantité negligeable hat, kann seine Herkunft aus der Feder eines rastlos schaffenden Intellektuellen" nicht verbergen. Leider ist dieses Bild vom Kind nicht nur in der marxistisch orientierten, sondern auch in vielen anderen Ansätzen der Sozialisationsforschung leitend gewesen (vgl. *Mertens* 1980, S. 669f., auch zum folgenden). Im Vergleich zu Untersuchungen über kognitive und motivationale Entwicklung gibt es nur sehr wenig Untersuchungen über die emotionale Entwicklung (vgl. auch Kap. 6 in diesem Buch). Das Kind erscheint also vorwiegend als „homo intellectus"; daß Kinder auch Gefühle haben, scheinen viele Wissenschaftler vergessen zu haben – vielleicht weil sie, wie es Erich Kästner einmal von allen Erwachsenen gesagt hat, ihre eigene Kindheit ablegen wie einen alten Hut? Es fehlt jedenfalls eine „Phänomenologie der kindlichen Erfahrungs- und Erlebniswelt"; was für kindliche Erfahrungsbildung wirklich wichtig ist, wissen wir noch kaum (*Mertens,* a.a.O.). Hier ist auch *Piaget* nicht sehr hilfreich gewesen, der emotionale Entwicklung entweder ignorierte oder unbefangen in

Analogie zur kognitiven Entwicklung konzipierte (vgl. *Piaget* 1954; zur Kritik auch *Seiler* 1980).

Nicht nur die Entwicklung von Kindern, sondern auch der Gegenpol dazu, also das praktische pädagogische Handeln in Erziehung und Unterricht werden häufig nach dem Modell der kognitiven Handlungssteuerung begriffen. Als Beispiel soll hier das Handeln von Lehrern in der Schule dienen, das heute vor allem unter den Aspekten der Informationsverarbeitung und des Entscheidungsverhaltens analysiert wird (zusammenfassend: *Hofer* 1981). Derartige Ansätze „versuchen zu beschreiben, was beim Unterrichten im Bewußtsein des Lehrers abläuft, welche Intention er verfolgt, welche Handlungspläne er auswählt und verwirft, wie er Handlungsfolgen bewertet" (*Weidenmann* 1981, S. 258). Was diese Theorien *nicht* beschreiben: wann Lehrer Angst haben, wann sie sich freuen, welche Lieblingsschüler sie haben und warum, welche Beziehungen sie zu den Schülern und Kollegen haben, ob ihnen der Stoff Spaß macht, worüber sie sich aufregen und ärgern, wie sie Sympathie und Antipathie verteilen, woran sie zweifeln oder auch verzweifeln. Es wäre naiv, anzunehmen, daß diese zuletzt genannten Faktoren weniger wichtig wären als die „kognitiven". Ebenso naiv wäre es zu glauben, es gäbe nur „rationales Entscheidungshandeln" im Unterricht. Außerdem kommen mindestens noch vor: automatisierte Routinehandlungen, spontane, impulsive Handlungen sowie Handlungen in Streß-Situationen, die kognitive Handlungssteuerung in der theoretisch geforderten Weise gar nicht erlauben (z. B. unter dem sog. „Praxisschock").

Hier möchte ich nun auf ein mögliches Mißverständnis eingehen, das sich aus meiner Kritik an der Vernachlässigung der Emotionen in neueren kognitiv orientierten Theorie- und Forschungsansätzen ergeben könnte. Mir geht es keineswegs, sozusagen im Gegenzug, um eine Diffamierung von Kognitionen oder gar um den Nachweis, daß der Mensch im Prinzip ein „emotionales" und kein „rationales" Wesen sei. Ich würde auch nicht dafür plädieren, Kognitionen, Informationsverarbeitung, Handlungsplanung und -steuerung weniger intensiv zu untersuchen. Mir geht es in diesem Abschnitt vor allem um den Nachweis, daß Emotionales nicht ignoriert bzw. nicht in „Kognitives" aufgelöst werden kann, ohne daß Schaden für den gesamten *Erkenntnisanspruch* der Psychologie entsteht.

3.5. Es geht nicht ohne Emotionen

Im Alltag wissen wir genau, daß zur Wirklichkeit des Lebens und Erlebens auch die Emotionen gehören. In der Auseinandersetzung mit der Umwelt erleben wir subjektive Betroffenheit, die sich in Gefühlen ausdrückt. Wenn also z. B. die neuere Motivationspsychologie glaubt, auf „dynamische" Elemente wie z. B. vitale Bedürfnisse in ihrem Erklärungsmodell verzichten zu können, oder wenn andere immer wieder betonen, daß die „Gedanken" (und sonst nichts!) unsere Gefühle lenken und füllen, dann drückt sich darin auch eine Distanz zu subjektiver Betroffenheit bzw. zu Lebensumständen und einem Leben aus, in dem Betroffenheit noch erzeugt und erlebt wird (auch *Thomae* 1980, S. 297 f.). Diese Distanz entstand nicht zufällig in einer Zeit wirtschaftlicher Prosperität und politischen Friedens und – ebenfalls nicht zufällig – innerhalb einer Gruppe von Leuten, die neben ihrem relativ entlasteten und gesicherten Berufsleben auch „von der im großen und ganzen ausgeglichenen Bedürfnislage von Angehörigen einer sozialen Mittelschicht" profitieren (*Thomae* ebd.). *Thomae* (ebd.) fordert, die Wechselwirkung zwischen Motivation (Emotion) und Kognition auch von der Bedürfnislage großer Bevölkerungsteile zu sehen, „die in chronischen Ungleichgewichtszuständen leben". Ich ergänze: Dann würden auch „kognitive" Theorien sich vielleicht wieder mehr mit Betroffenheit und Emotionen beschäftigen müssen.

Plüsch als Liebesersatz

„Harry F. Harlow untersuchte über mehrere Jahre hinweg den Einfluß unterschiedlicher Reizqualitäten auf die emotionale Entwicklung von Affenkindern.

Die Neugeborenen wurden sechs bis zwölf Stunden nach der Geburt von den Affenmüttern getrennt. Die weitere Aufzucht übernahmen „künstliche Affenmütter", die sich vor allem durch ihre taktilen Reizqualitäten unterschieden. Die eine Affenmutter bestand aus einem Holzklotz, der mit flauschigem Plüsch bespannt war. Die andere Ersatzmutter hatte ein Drahtkleid, das wenig Möglichkeiten zum Anschmiegen und Umklammern bot, dafür war sie jedoch mit einem Halter für die Flaschennahrung ausgerüstet. Die Affenbabies konnten jeweils zwischen den beiden Müttern wählen. Nach Auffassung verschiedener lernpsychologischer Theorien über die Entstehung der Liebe zur Mutter müßten die Affensäuglinge die nahrungspendende „Drahtmutter" bevorzugen, weil die andauernde Spannungsreduktion bei der Befriedigung des Hungerbedürfnisses die liebevolle Bindung des Säuglings an die Mutter ausmachen soll.

Harlows Affenkinder entschieden sich jedoch anders: Zwischen 15 und 18 Stunden am Tag umklammerten sie die „*Plüschmutter*" und „kuschelten" sich in ihren flauschigen Überzug, während die nahrungspendende „Drahtmutter" kaum mehr als zwei Stunden am Tag aufgesucht wurde. Offensichtlich ist es nicht die Spannungsreduktion bei der Nahrungsaufnahme, die eine Bindung zur Mutter herstellt, sondern vielmehr ein angeborenes Bedürfnis nach taktiler Reizzufuhr. In weiteren Experimenten konnte Harlow feststellen, daß rhythmische Bewegungen einen weiteren wichtigen Faktor für den engen Kontakt zur Mutter darstellen.

Die bevorzugte Wahl der „Plüschmutter" ließ eine starke „affektive Bindung" an die künstliche Ersatzmutter entstehen, beim Auftauchen von Angstreizen „gewährte" sie Schutz und „stärkte" das Selbstvertrauen der Kleinkinder, die nach anfänglichem Verkriechen im flauschigen Plüsch wieder mutig von der „Mutter" herunterstiegen und nach dem Eindringling Ausschau hielten.

Affensäuglinge, die ohne jegliche Reizzufuhr in sozialer Isolation heranwuchsen und ohne Kontakte zu Ersatzmüttern ernährt wurden, zeigten extreme Tendenzen zur Selbstzerstörung (Autoaggression). Sie lagen bewegungslos am Boden und bissen sich hin und wieder in Arme und Beine. Wenn sie später mit Artgenossen zusammengebracht wurden, waren sie nicht mehr zu sozialen Kontakten befähigt. Diese Tiere verhielten sich ähnlich wie menschliche Säuglinge, die bis zu zwei Jahren ohne „Liebeszuwendungen" aufwachsen mußten. Man könnte also die Liebesbeziehung zwischen Mutter und Kind als notwendige Bedingung zur Befriedigung des „Reizhungers" von Säuglingen beschreiben. Treten Störungen in der notwendigen Stimulation in früher Kindheit auf, so führt das zu Entwicklungsstörungen, die sich in gestörtem Sozialverhalten und Selbstvernichtung (Autoaggression) äußern."

(Legewie/Ehlers 1978, S. 157)

Halten wir für den weiteren Fortgang der Darstellung fest: „Die Psychologie muß sich der Tatsache stellen, daß sich in der Phylogenese (Stammesgeschichte) vor und neben den kognitiven Möglichkeiten der Aneignung und Bewältigung von Umwelt eine unmittelbare Art des Erlebens und der Steuerung von Handlungen entwickelte. Keine Reduktion auf kognitive Prozesse wird die langfristigen Wirkungen von Erlebnissen im ersten Lebensjahr erklärbar machen. Die Entwicklung etwa überdauernder Ängste oder einer Bevorzugung gegen- oder gleichgeschlechtlicher Sexualpartner wird durch kenntnisbezogene Entscheidungen nicht erklärt" (*Eyferth* 1981, S. 30). „Hunger läßt sich nicht kognitiv auflösen; Angst hat Erlebnisqualitäten, die nicht in dem kognitiven Schluß enthalten sind, daß eine Situation Gefahr enthalte" (ebd.). Die Entwicklung von „Selbstsicherheit, von Initiative oder von Sensibilität für die Bedürfnisse anderer" läßt sich „nur aus einer beschreibbaren Organisation emotionaler Erfahrungen ableiten" (ebd.).

Nur mit letzterem, also einer Beschreibung der Organisation emotionaler Erfahrungen in der Entwicklung und im Lebenslauf läßt sich übrigens ein *Theorieanspruch in der Emotionspsychologie* begründen und – als unbedingt notwendige Voraussetzung – auch erfüllen. Dies weist wiederum darauf hin, daß wir dringend empirischer Untersuchungen über die Entwicklung von Emotionen bedürfen. In der bisherigen Darstellung hat sich als Kennzeichnung schon ergeben: *Emotionen sind subjektive Erfahrungstatsachen bzw. Bewußtseinsinhalte, die persönliche Betroffenheit und Engagement in unseren Beziehungen zur Welt ausdrücken.*

4. Methoden zur Erfassung von Emotionen

Wenn Psychologen wissen wollen, wie intelligent jemand ist, dann machen sie mit ihm einen Intelligenztest. Was machen sie aber, wenn sie die Emotionen eines Menschen kennenlernen wollen? Natürlich gibt es inzwischen – über die seit Jahrzehnten beliebten Angst-Fragebogen hinaus – zahlreiche Verfahren, um intra- und inter-individuelle Unterschiede zwischen den Ausprägungen von bestimmten Emotionen zu erfassen, bis hin zur Depressionsskala von *Beck* (1979; vgl. zu einzelnen Emotionen *Izard* 1981). Aus Raumgründen kann ich hier nur beispielhaft darauf eingehen, *was* die einzelnen Verfahren eigentlich messen und *wie* sie es messen. Vor dieser Analyse möchte ich auf allgemeine Probleme einer empirischen Erfassung von Emotionen eingehen. Am Schluß werde ich einige Prinzipien skizzieren, die meiner Meinung nach für die künftige Forschung leitend sein sollen.

Das Mißtrauen des Forschers und seine Folgen

Die im Kap. 2.2. entwickelten Bestimmungsmerkmale von Emotionen lassen vermuten, daß Emotionen nicht in vergleichbar „direkter" Weise erforscht werden können wie z. B. Intelligenz, Konzentrationsvermögen, Schulleistung u. ä. (auf die eigenen Probleme dieser Verfahren kann ich hier nicht eingehen). Emotionen werden vorwiegend oder zumindest zu einem Teil auf nicht-verbale Weise ausgedrückt und verstanden; man muß also stets mehrere Zugangswege (über Erlebnisberichte, Ausdrucksverhalten, physiologische Meßwerte, Verhalten) wählen, wobei aber der Zusammenhang zwischen den verschiedenen Indikatoren nach wie vor unklar ist (vgl. *Candland* 1977; *Legewie/Ehlers* 1978, S. 137 ff; *Walschburger* 1980 a). Die Verfahren müssen die jeweilige Art der zu untersuchenden Emotion berücksichtigen (Stimmung, Gefühlshaltung, Gefühlsregung). Da wir Emotionen als zustandsbezogene Bewußtseinsinhalte aufgefaßt haben, können Gefühle nur dann erfaßt werden, wenn sie „Figur" sind. Aber das aktuelle Erleben einer Emotion ist nicht dasselbe wie das (nachträgliche) Beschreiben. Will man das aktuelle Erleben für Untersuchungszwecke experimentell hervorrufen (z. B. in der Streßforschung), dann vermindert sich die Übertragbarkeit der Ergebnisse auf den Alltag.

Diese und andere Schwierigkeiten haben dazu geführt, daß „verbalen" Daten, also Erlebnisberichten von Personen, großes Mißtrauen entgegengebracht wird. Die prinzipielle Unzuverlässigkeit verbaler Daten begründet z. B. *Plutchik* (1980, S. 5 f.) so: Verbale Berichte über eigene Emotionen können gezielte Versuche sein, den anderen zu täuschen; solche Berichte können aus bewußten oder unbewußten Gründen Verzerrungen oder Teilwahrheiten sein; Verdrängung kann falsche Eindrücke hervorrufen; verbale Berichte sind von der Lerngeschichte und der Geübtheit im Sprechen abhängig; das Erinnerungsvermögen spielt eine Rolle sowie die dabei wirkenden verzerrenden Einflüsse wie z. B. Wunschdenken; die

(Selbst-)Beobachtung kann das, was beobachtet werden soll, verzerren; die Kontextabhängigkeit schränkt die Eindeutigkeit und Allgemeingültigkeit der Aussagen ein.

Unabhängig von der zumindest teilweisen Richtigkeit dieser kritischen Argumente ist aufgrund der bisher in diesem Buch entwickelten Annahmen über die Eigenart von Emotionen ein Schluß sicher nicht zulässig, nämlich der, mit dem Probanden erst gar nicht mehr zu reden, sondern ihn noch an physiologische Meßgeräte anzuschließen. Ein Beispiel aus dem Alltag soll die Problematik eines solchen Vorgehens veranschaulichen: Stellen Sie sich einen Konflikt mit der Ihnen am nächsten stehenden Person vor. Von Mißtrauen gegen die „verbalen" Daten geplagt besorgen Sie sich einen (inzwischen gottlob aus der Mode gekommenen) „Lügen-Detektor" und führen damit bei der anderen Person die erforderlichen physiologischen Messungen durch (vgl. zum Lügendetektor *Tent* 1967). Offenkundig würde jede Alltagskommunikation und -beziehung zusammenbrechen, würde sie von jenem Mißtrauen beherrscht, das auch heute noch viele Experimental-Psychologen als grundlegend für ihre Forschung betrachten.

Aus der berechtigten Forderung, auch in der Emotionsforschung die Zuverlässigkeit und Gültigkeit von Verfahren und Daten zu kontrollieren, braucht keineswegs der Schluß gezogen werden, daß man auf „objektive" physiologische Daten ausweichen muß, die quasi hinter dem Rücken des Individuums erhoben werden können; auf andere Möglichkeiten der Kontrolle gehe ich am Ende des Kapitels kurz ein.

Allerdings müssen die oben genannten Probleme deutlich gesehen werden, deren gravierendstes sicher der *Unterschied zwischen „Erleben" und „Beschreiben"* ist (vgl. *Chanowitz/Langer* 1980, S. 98 ff., auch zum folgenden). Diesen kann man wieder an einem Beispiel aus dem Alltag deutlich machen (ebd.): Sie fahren zum ersten Mal in Ihrem Leben ein Auto (die erste Fahrstunde z. B.) und erleben dabei zahllose Ängste, Unsicherheiten, Hoffnungen, usw. Später erzählen Sie jemandem von diesem Erlebnis. Episodenhafte Gefühlsregungen werden in Worte übersetzt, was, wie Sie selbst spüren, nur mangelhaft gelingt. Sie können von Ihrer emotionalen Erregung kaum etwas mitteilen, der Zuhörer bleibt kühl.

Das Erlebnis oder die Erfahrung als Ganzes ist mehr als die Summe der beschreibbaren Teile, die in Wirklichkeit als verbale Beschreibungen gar nicht Teil des Erlebnisses, sondern dessen Produkt sind. Die Beschreibung *steht für* die Erfahrung, ist aber nicht mit ihr identisch. Hier ist nun auch der Unterschied zur Intelligenz(-Messung) noch deutlicher: Was erregend ist beim Versuch, das Auto unter Kontrolle zu bringen, ist nicht Kompetenz oder die Erfahrung von Kompetenz (Ich *kann* es tun), sondern der Prozeß selbst, also die Erfahrung der eigenen Tätigkeit, das Erleben des „In-Bewegung-Seins". Ich erlebe mich selbst, *wie* ich etwas „geschehen mache", ohne daß ich dies gleich so in präzise Beschreibungskategorien fassen könnte, wie ich es dann in einer nachträglichen Beschreibung versuche.

Auch im Alltag sind uns diese Unterschiede zwischen „Erleben" und „Beschreiben" bekannt. Auch im Alltag vertrauen wir oft den nicht-verbalen Äußerungen von Emotionen in Stimme, Mimik und Gestik mehr als dem, was eine Person verbal äußert (*Candland* 1977, S. 8 f.). Erst recht traut man auf der Ebene der Forschung Meßergebnissen zu Hormonen, Blutdruckschwankungen, Schweißabsonderungen der Haut oder anderen physiologischen Maßen mehr (ebd.). Die Bevorzugung physiologischer Methoden (auf die ich im übernächsten Abschnitt noch einmal kurz eingehen werde) belastet aber nicht nur die Gestaltung der Untersuchungssituation schwerwiegend, wie ich oben mit dem Beispiel des „Lügen-Detektors" angedeutet habe. Schlimmer noch: Diese Forschungstradition geht von einem Emotionsbegriff aus, der Emotionen als etwas in der „Natur" Auffindbares ansieht, unabhängig von spezifischen Untersuchungsinteressen und Untersuchungssituationen, unabhängig von konkreten Gesellschaften und konkreten Lerngeschichten.

In dieser Tradition des „naiven Empirismus" (vgl. dazu *Ulich* 1980 b) begreift sich der Forscher als passiver Registrator, welcher der Natur ihre Geheimnisse ablauscht, oder etwas anspruchsvoller: der durch ein induktives Sammeln empirischer Daten einschließlich der experimentellen Herbeiführung von Emotionen zur „Entdeckung" oder „Enthüllung" der Gesetze von Emotionen, ihrer Entstehung und Wirkung kommt. Nur in dieser Forschungstradition ergibt die Forderung einen Sinn, verschiedene Zugangswege und Indikatoren nebeneinander und gleichzeitig als Hinweise auf *dieselbe* Emotion anzusehen und zu verwenden. Dagegen wissen wir schon aus der Alltagserfahrung, daß nicht jedes Angstgefühl mit denselben physiologischen Begleiterscheinungen verbunden ist, daß die Angst vor dem Vorgesetzten etwas anderes ist als die Angst vor Glatteis auf der Straße, daß die Wut über schlechtes Wetter anders erlebt wird als die Wut über einen tätlichen Angriff oder die Wut über den Verlust der Geldbörse.

Das vorläufige Fazit: Methodische Probleme in der Emotionsforschung können nicht durch die einseitige Bevorzugung ganz bestimmter (z. B. physiologischer) Indikatoren gelöst werden, wenn diese noch dazu in keinem eindeutigen Zusammenhang zu subjektiven Bedeutungen und Betroffenheits-Graden stehen. Methodische Probleme können nur auf der Grundlage theoretischer Überlegungen gelöst werden.

Emotions-Forschung muß theoriegeleitet sein

Welche Methoden man für die Erfassung von Emotionen einsetzt, das hängt in erster Linie ab vom eigenen Untersuchungsinteresse, vom Gegenstandsverständnis und den eigenen Fragestellungen, in zweiter Linie auch von den Gegebenheiten des konkreten Falls. Mit der zweiten Voraussetzung – Gegebenheiten des konkreten Falls – ist gemeint, daß Situation und Probanden auch Einfluß auf die Wahl der Methode haben. So ist z. B. bei kleinen Kindern eher Beobachtung angemessen als Befragung. Die Auffassung, daß Methodenfragen Gegenstandsfragen nachgeordnet sind, ist bis heute keineswegs selbstverständlich. Auch im Bereich der Emotionspsychologie wird gelegentlich der umgekehrte Weg beschritten (so z. B. in *Legewie/Ehlers* 1978). In den bisherigen Kapiteln dieses Buches habe ich versucht, mich in Gegenstandsfragen und im Hinblick auf sinnvolle, wirklichkeitsnahe Fragestellungen festzulegen; welche Konsequenzen hat dies nun für methodologische und methodische Entscheidungen?

„Theoriegeleitet" im engeren Sinne heißt nach meinem Verständnis: Man entwickelt Annahmen darüber, wie in einer gegebenen Gesellschaft und in einem gegebenen Zeitraum Gemeinsamkeiten von Erfahrungen, Bedürfnissen, Interessen, Kompetenzen und Erlebnis-Bereitschaften zustandekommen, und wie sich individuell-einzigartige Erlebnisweisen und Erfahrungen vor dem Hintergrund gemeinsamer Erfahrungs- und Lernmöglichkeiten entwickeln. In keiner Gesellschaft sind Erfahrungs- und Handlungsmöglichkeiten zufällig verteilt. Historische Entwicklungen (z. B. zur Industriegesellschaft), Institutionen (z. B. die Schule), eigene Tätigkeiten als Lernender in der Schule und als Arbeitender im Beruf – all dies bedingt, daß unsere Erlebnisweisen bis zu einem gewissen Grade einander ähnlich und insofern vergleichbar sind; nur aufgrund dieser (relativen!) Vereinheitlichung unserer Lebensumstände, unserer Sprache, unserer Erwartungen sowie dessen, was wir gelernt haben, können wir uns gegenseitig verstehen. Theoretische Aussagen sind „allgemein" nur dann und nur insofern, als sie auf der empirischen Kenntnis dieser Gemeinsamkeiten unseres Erlebens und Handelns beruhen.

Angesichts des niedrigen Kenntnisstandes in der Emotionspsychologie müssen also methodische Strategien so angelegt sein, daß sie vor allem diese Gemeinsamkeiten erforschen können, denn sonst wären weder verallgemeinernde Aussagen, noch – auf deren Grundlage – Erklärungen und Vorhersagen von individuellem Verhalten möglich. Ein konkretes Beispiel: Mantell erklärt in seiner schon mehrfach erwähnten Studie das emotionale Erleben der Kriegsfreiwilligen, indem er familiale Erziehungsbedingungen aufzeigt, die in einem hohen Maße ähnlich waren in allen Familien der untersuchten Kriegsfreiwilligen – ganz im Gegensatz zu den familiären Erziehungssituationen der Kriegsdienstverweigerer, die untereinander ebenfalls recht ähnlich waren. Zur Frage nach den gemeinsamen Erlebnis- und Verhaltensbedingungen gehört natürlich zentral auch die Frage, ob, inwieweit und warum diese über die Zeit und über Kulturen, Gesellschaften, Gruppen hinweg stabil sind, unter welchen Voraussetzungen sie sich ändern, wie bestimmte emotionale Erlebnisweisen ihrerseits das Leben in einer Gruppe oder Gesellschaft mitbestimmen.

Einige Vorgehensweisen im Überblick

Eine grundlegende These dieses Buches lautete: Wer die Emotionen einer Person ernst nimmt, der nimmt diese als Menschen ernst. Die Geschichte der Methoden und Theorien in der Emotionspsychologie zeigt nun, daß hier Personen durchaus nicht immer als „ganze" Menschen ernst genommen wurden, sondern häufig auf bestimmte physiologische, biologische oder sonstige organismische Komponenten ihres Menschseins reduziert wurden. Da emotionspsychologische Forschung, soweit sie experimentell betrieben wurde, lange Zeit mit Streß-Forschung identisch war – als Belastungs- und Aktivationsforschung – will ich die folgende kursorische Betrachtung von Methoden zumindest teilweise an der Streß-Forschung orientieren (nach *Ulich/Mayring/Strehmel* 1983). In der Streß-Forschung hat sich inzwischen eine Wende von experimentellen Vorgehensweisen zu offeneren, prozeß- und alltagsorientierten Ansätzen ergeben (vgl. z. B. *Filipp* 1981; *Lazarus* 1981; *Silver/Wortman* 1980). Leider liegen jedoch bisher kaum Forschungen aus der zuletzt genannten Richtung vor; auf deren paradigmatische Ziele gehe ich im nächsten Abschnitt ein.

Man kann aus heutiger Sicht in der Emotionsforschung (mit Schwerpunkt Streß-Forschung) folgende methodische Vorgehensweisen unterscheiden:

Experimentelle physiologische Forschung: Kennzeichnend für die experimentelle Untersuchung von Emotionen ist die künstliche Herstellung der Untersuchungsbedingungen und damit auch das künstliche Hervorrufen von Emotionen. In emotions-psychologischen Experimenten werden häufig, aber nicht immer, Emotionen anhand bestimmter physiologischer Indikatoren (Blutdruck, Adrenalinspiegel, Hautwiderstand) bestimmt. Emotionen werden dabei zum einen als *abhängige Variable* untersucht, wie z. B. in der „klassischen" Versuchsanordnung: Wie wirken grausame Filme, Elektroschocks, Lärm oder andere unangenehme „Reize" (als „unabhängige" Bedingungen) auf die Entstehung von Angst oder anderen Emotionen? Zum anderen werden Emotionen als *unabhängige Variable* untersucht, wie in der ebenfalls „klassischen" Versuchsanordnung: Wie wirken sich unterschiedliche Grade von Angst auf die Leistungshöhe (als abhängige Variable) aus? Auf die Probleme beider Forschungsstrategien kann ich hier nicht ausführlich genug eingehen (vgl. dazu *Candland* 1977, S. 11 ff.).

Es mag in der Psychologie durchaus Fragestellungen geben, für die experimentelles Vorgehen angemessen ist (zu Problemen des Experiments in der Psychologie vgl. *Mertens* 1975). Fraglich ist jedoch, ob ausgerechnet in der Emotionspsychologie Experimente möglich und nötig sind. Die eben skizzierte experimentelle Induktion von Belastung wirkt recht künstlich und, schlimmer noch, eigentlich überflüssig, wenn man bedenkt, wie viele „natürliche" Belastungen es im Alltag gibt. Körperliche Reaktionen, als physiologische Anzeichen z. B. einer körperlichen „Aktivierung" erfaßt, hängen in einer bisher nicht bekannten Weise mit psychischen Größen wie „Bedeutsamkeit", subjektivem Leiden oder allgemeiner: mit individuellem Erleben zusammen. Sowohl subjektive Bedeutsamkeit wie auch bestimmte Einschätzungsprozesse – die Versuchsperson nimmt das Experiment (z. B. die induzierte Belastung) ernst –, werden in der Regel ungeprüft unterstellt.

Der physiologisch orientierten Forschung liegt die Annahme zugrunde, daß man Emotionen nur indirekt anhand beobachtbarer Begleiterscheinungen erfassen kann (vgl. z. B. *Legewie/Ehlers* 1978, S. 137). Diese Trennung zwischen „Erleben" und „Begleiterscheinungen" läßt sich im Alltag nicht immer nachvollziehen, sie erscheint gelegentlich etwas wirklichkeitsfremd. Wenn zwei Liebende sich ansehen, so *ist* dieses Sich-in-den-anderen-Versenken die Emotion selbst; das

Experimentelle Streß-Forschung:
Kognitive Bewertung und intrapsychische Verarbeitung

„Zur Erzeugung von Streßreaktionen wurde ein Stummfilm verwendet, der einen Initiationsritus bei australischen Ureinwohnern zeigte, wobei eine Reihe von grausamen Operationen an Penis und Hoden Jugendlicher zu sehen war. Drei Kommentare im Stile von Reiseberichten wurden für den Film erstellt: (1) ein Trauma-Kommentar, der die hauptsächlichen Quellen der Bedrohung (z. B. Schmerz, Krankheit, Sadismus, Kastration) in dem Film hervorhob; (2) ein Leugnungs-/Reaktionsbildungs-Kommentar, der das Geschehen als harmlos, für die Jungen nicht qualvoll und sogar als lustvoll charakterisierte; (3) ein Intellektualisierungs-Kommentar, der emotionale Distanz zu den Filmereignissen vermittelte.

Man stellte fest, daß der Trauma-Kommentar die Streßreaktionen (sowohl subjektiv als auch vegetativ) im Vergleich zu einer Kontrollbedingung verstärkte, während sowohl der Leugnungs- als auch der Intellektualisierungs-Kommentar sie abschwächten. Das Ausmaß der günstigen Wirkungen schien dabei abhängig von Persönlichkeitsmerkmalen zu sein: Versuchspersonen, die zur Leugnung als Bewältigungsform neigten, zeigten auf den Intellektualisierungs-Kommentar eine geringere Streßreduktion als auf den Leugnungs-Kommentar, für Versuchspersonen, die zu den Intellektualisierern gehörten, galt dies in umgekehrter Weise. Wir haben also den Bewertungsprozeß beeinflußt und damit auch das Ausmaß der Streßreaktion verändert; die Stärke dieses Effektes hing allerdings von Persönlichkeitsmerkmalen der Versuchspersonen ab: Der Effekt war größer, wenn der Inhalt der Manipulation mit den jeweiligen Bewältigungs- oder Denkstilen vereinbar war. Dieser letzte Befund ist ein gutes Beispiel für die Interaktion zwischen kausalen Determinanten, in diesem Fall einer Umweltbedingung (d. h. der experimentellen Manipulation), und einer Persönlichkeitsdisposition."

(*Lazarus/Launier* 1981, S. 229)

subjektive Involviertsein, als Glücksgefühl erlebt, teilen beide direkt und unmittelbar, es ist kein Schlußfolgerungsprozeß von der Mimik auf das Erleben nötig.

Inzwischen haben auch physiologisch orientierte bzw. experimentell arbeitende Forscher viele Probleme ihres Ansatzes selbst erkannt und daher z. T. andere Vorgehensweisen gewählt (vgl. zur Kritik *Lang* 1973; *Legewie/Ehlers* 1978; *Lazarus* 1981; *Walschburger* 1980 a u. b). Es ist bisher weder gelungen, eindeutige Zusammenhänge zwischen emotionalen Veränderungen und physiologischen Begleiterscheinungen (z. B. jeweils anhand von Intensitätsunterschieden erfaßt) nachzuweisen, noch konnten qualitativ unterschiedliche Gefühlszustände mit physiologischen Methoden eindeutig bestimmt werden (vgl. *Legewie/Ehlers* S. 139 f.).

Sind verschiedene Emotionen mit unterschiedlichen physiologischen Erregungsmustern verknüpft?

„Die wohl erste bedeutsame Untersuchung stammt von Ax (1953). Durch Zeitungsanzeigen und über ein Arbeitsamt wurden die Versuchspersonen rekrutiert. Der Versuchsleiter erklärte ihnen, man sei an physiologischen Unterschieden zwischen Leuten mit hohem und niedrigem Blutdruck interessiert. Ihre einzige Aufgabe bestände darin, ungefähr eine Stunde auf einem Bett zu liegen und Musik ihrer Wahl zu hören. Während dieser Zeit wurden kontinuierlich verschiedene physiologische Messungen vorgenommen (Herzfrequenz, Schlagvolumen, Atmung, Hauttemperatur, Hautleitfähigkeit, Muskelpotentiale, Blutdruck). Nach einer 25minütigen Ruhepause wurde nun bei den Versuchspersonen entweder Angst oder Ärger erzeugt. Die Angstsituation bestand darin, daß zunächst durch eine Elektrode am kleinen Finger schwache Elektroschocks verabreicht wurden. Wenn die Versuchsperson dies berichtete, zeigte sich der Versuchsleiter überrascht und überprüfte die Anschlüsse. Dabei drückte er einen Knopf, wodurch in der Nähe der Versuchsperson Funken flogen. Er sagte aufgeregt, daß ein gefährlicher Kurzschluß entstanden sei. Nach fünf Minuten wurde die Gefahr dann für beseitigt erklärt, und für 10 bis 15 Minuten nahm der Versuch wieder seinen normalen Verlauf. Dann kam ein technischer Gehilfe, der den Polygraphen bediente, in den Raum. Er war zuvor als jemand beschrieben worden, der wegen seiner Inkompetenz und Arroganz entlassen worden war, jetzt aber seinen erkrankten Nachfolger vertreten mußte. Der Versuchsleiter verließ den Raum, und der Gehilfe überprüfte die Kabel. Dabei verhielt er sich der Versuchsperson gegenüber sehr grob, stellte die Musik ab, kritisierte die Versuchsperson etc. Nach fünf Minuten kam der Versuchsleiter zurück, entschuldigte sich für das Verhalten des Gehilfen und forderte die Versuchsperson auf, sich wieder zu entspannen.

Die Reihenfolge der Angst- und Ärgerinduktion wurde bei der Hälfte der Versuchspersonen umgekehrt. Durch Verhaltensbeobachtung sowie eine Befragung der Versuchspersonen konnte überprüft werden, ob die beabsichtigten Emotionen eintraten. Immerhin mußten 6 von 49 Versuchspersonen wegen inadäquater Gefühle oder Verhaltensweisen ausgeschlossen werden.

Für insgesamt 14 physiologische Variablen wurden Differenzwerte zwischen den Ruhe- und Emotionsphasen berechnet. Vergleiche zwischen den beiden Emotionsbedingungen zeigen, daß 7 der 14 Reaktionswerte für die Ärger- und die Angstphase unterschiedlich ausfielen. Bei Angst nahm die Hautleitfähigkeit, die Anzahl der Muskelpotentialspitzen sowie die Atemfrequenz stärker zu als bei Ärger. Dagegen nahm der diastolische Blutdruck, die Anzahl elektrischer Hautreaktionen und die Muskelspannung bei Ärger stärker zu; die Herzfrequenz fiel stärker ab."

(*Schmidt-Atzert* 1981, S. 64/65)

Daß Emotionen überhaupt keine qualitativen oder Richtungskomponenten, sondern nur eine Intensitätskomponente haben, wird heute kaum noch behauptet. Man könnte mit dem „Aktivierungs"-Ansatz auch nicht Emotionen wie z. B. Trauer oder positive Emotionen wie z. B. Freude untersuchen, weil hier Aktivierung fehlt oder von ganz anderer Art ist als bei emotionaler Anspannung (vgl. *Walschburger* 1980 b). Das Konzept einer einheitlichen psycho-physiologischen Aktivierung wird heute nicht mehr aufrecht erhalten. Veränderungen physiologischer Indikatoren sind eher von der Person selbst und ihrer Lerngeschichte sowie von der spezifischen Art der Belastung abhängig (ebd.).

Die Beiträge der experimentellen physiologischen Forschung sind insofern wichtig, als sie auf die Bedeutung der „vitalen" Grundlage dessen hingewiesen haben, was auch in diesem Buch unter dem Stichwort „Erregung" als grundlegendes, wenn auch nicht immer vorhandenes Merkmal von Emotion angesehen wurde. Physiologische Methoden können gute Hilfsmittel sein, um aktuelle Gefühlsregungen wie z. B. starke Affekte zu beobachten, die allerdings durch den Meßvorgang in ihrer Intensität sicher reduziert würden, wenn man im Alltag überhaupt Affekte unmittelbar erfassen kann. Positiv ist außerdem, daß einige Probleme der Erfassung von Emotionen, die sich aus dem Unterschied von „Erleben" und „Beschreiben" ergeben, bei physiologischen Verfahren nicht auftauchen. Man wird sich allerdings schwer tun, Emotionen wie Stolz, Neid, Depression, Gerechtigkeitsgefühl, Mitleid u. ä. mit Hilfe physiologischer Methoden zu untersuchen. Diese Methoden sind häufig spezifisch menschlichen Erlebnis- und Kommunikationsweisen nicht angemessen, wie folgende Analogie in etwas grob überspitzter Weise deutlich macht: Auf der Straße begegnet mir ein Bekannter. Ich will wissen, wie es ihm geht. Anstatt ihn zu fragen, fühle ich seinen Puls.

Was dieses zugegebenermaßen etwas absurde Beispiel deutlich machen soll: Wer als Forscher ohne Not das Komplexitätsniveau des Erlebens, Denkens und Handelns seiner Probanden unterschreitet, also z. B. so tut, als könnten seine Versuchspersonen nicht sprechen, nicht reflektieren, nicht urteilen, Hypothesen und Versuchsplan nicht verstehen usw., der gefährdet in höchstem Grade die Validität seiner Untersuchung (zur Validität siehe auch den nächsten Abschnitt). Noch schlimmer ist es, wenn die Methode das zerstört, was sie eigentlich untersuchen soll: Wer mit Hilfe eines Lügendetektors feststellen wollte, ob seine Partnerin ihn – wie sie sagt – „wirklich" liebt, der würde die Emotion zerstören, auf die es ihm gerade ankommt.

Fragebögen und Einschätzungsskalen: Im Vergleich zu rein experimentellen Vorgehensweisen kommt es hier auf verbale (schriftliche oder mündliche) Äußerungen der Person an. Dabei kann die jeweilige „Reiz"-Vorgabe mehr oder weniger festgelegt sein, also der Person mehr oder weniger Spielraum für eigene Einschätzungen und Interpretationen lassen. Einen Überblick über die Skalenentwicklung in der Emotionsforschung gibt *Gable* (1986).

Sehr nah an experimentellen Methoden ist z. B. die Methodologie der Untersuchung „interpersoneller Anziehung" (vgl. z. B. *Berscheid* 1981): Der Versuchs-

Ist Liebe meßbar?

„Wenn man bedenkt, welche Bedeutung Liebe als „Motor" des Lebens für unser Lebensglück hat, ist es doch erstaunlich, in welch geringem Maße Psychologen dieses Thema erforscht haben. Das mag teilweise auf ein allgemeines Widerstreben zurückgehen, eine Sache zu „objektivieren", die als mystisch und romantisch gilt. Worin besteht dieses Phänomen, genannt Liebe? Die Forschungsarbeit von Zick Rubin (1973) veranschaulicht einen der systematischsten Ansätze zu diesem delikaten Thema

Diese Untersuchung verlief in drei Hauptphasen. Als erstes wurde ein Papier- und Bleistifttest, die sogenannte „Liebesskala" entwickelt. Zweitens wurde diese Skala zusammen mit anderen Tests 182 befreundeten Pärchen (Studenten) vorgelegt. Als drittes wurden Voraussagen auf Grund der sich abzeichnenden Vorstellung von Liebe in einem Laborexperiment getestet, das sich über sechs Monate hinzog.

Die Entwicklung der Liebesskala begann mit der Bildung eines Pools von Items, die sich auf Grund verschiedener psychologischer und soziologischer Mutmaßungen über romantische Liebe anboten. Items, die die ausführlicher untersuchte „prosaische" Spielart der interpersonellen Attraktion – die schlichte Sympathie – erfassen sollten, wurden ebenfalls mit aufgenommen. Nach einer vorläufigen Auswahl durch eine Gruppe von Beurteilern wurde ein Satz von siebzig Items mehreren hundert Studenten vorgelegt, die sich in der Beantwortung auf die Einstellung gegenüber ihren festen Partnern beziehen sollten. Vorwiegend auf der Grundlage einer Faktorenanalyse dieser Antworten wurde daraufhin eine kürzere Liebes- und Sympathieskala entwickelt.

Der Inhalt der Liebesskala diente dann in den folgenden Forschungsperioden als Arbeitsdefinition für Liebe. Sie enthielt drei wesentliche Komponenten: (a) *Bindungs- und Abhängigkeitsbedürfnisse,* (b) *Hilfsbereitschaft* und (c) *Ausschließlichkeit und Inanspruchnahme.*

Wie groß ist meine Liebe zu Dir? Laß mich die Items nachschauen. (Die Items werden es mir sagen) (Nach Rubin, 1973)

Rubins Liebesskala enthält die unten aufgeführten Items. Jedes Item wurde an Hand eines 9-Punkte-Kontinuums beantwortet, wobei
1 = „Trifft nicht zu; stimme überhaupt nicht überein" und
9 = „Trifft völlig zu; stimme absolut überein" bedeuten

Liebesskala

1. Wenn . . . trauriger Stimmung wäre, wäre es meine erste Pflicht, sie (ihn) aufzumuntern.
2. Ich glaube, daß ich . . . praktisch alles anvertrauen kann.
3. Es fällt mir leicht . . .s Schwächen zu akzeptieren.
4. Ich würde für . . . fast alles tun.
5. Ich habe große Besitzansprüche an . . .
6. Wenn ich nie mit . . . zusammen sein könnte, wäre ich sehr unglücklich.
7. Wenn ich einsam bin, ist mein erster Gedanke . . . aufzusuchen.
8. Eine meiner größten Sorgen ist . . .s Wohlergehen.
9. Ich würde . . . fast alles verzeihen.
10. Ich fühle mich verantwortlich für . . .
11. Wenn ich mit . . . zusammen bin, verbringe ich viel Zeit damit, sie (ihn) anzuschauen.
12. Ich würde mich sehr darüber freuen, wenn . . . mir vertrauen würde.
13. Es würde mir schwerfallen, ohne . . . auszukommen."

(aus *Zimbardo/Ruch* 1978, S. 450/451)

person werden standardisierte unterschiedliche Personenbeschreibungen vorgegeben, und sie soll angeben, welche Person sie vor den anderen bevorzugt. Dieses Urteil wird dann u. a. als Ausdruck einer Emotion angesehen, die neben kognitiven und motivationalen Komponenten zu unterschiedlichen Graden der Bevorzugung verschiedener „Personen" führe. In ähnlicher Weise werden in dieser Forschungsrichtung auch Photos von Personen vorgegeben, oder Personen erscheinen auf Bildschirmen; manchmal erscheinen die zu beurteilenden Personen auch leibhaftig im Labor. Solchen Vorgehensweisen, die ca. 80% der Forschung in diesem Bereich ausmachen, ist gemeinsam, daß die zu beurteilenden Personen absolut irrelevant für die Probanden sind, weil sie ihnen persönlich herzlich egal sein können. Sie sind diesen Personen noch nie begegnet und werden ihnen auch nie begegnen. Also ist durch die methodische Vorgehensweise genau das ausgeschaltet, was in der Emotionspsychologie als zentrales Merkmal von Emotionen angesehen wird, nämlich personale Selbstbetroffenheit (vgl. auch *Berscheid* a.a.O.). Heraus kommen dann „emotionale" Urteile, die mit der Wirklichkeit zwischenmenschlicher Beziehungen einschließlich deren Ambivalenzen, Widersprüchlichkeiten und Konflikthaftigkeiten nichts mehr zu tun haben (ebd.).

Wie sieht es nun mit den beliebten Angst-Fragebogen aus (zur Kritik vgl. *Mandler* 1972; *Weidenmann* 1978)? Stellen Sie sich die Untersuchungssituation vor: Jemand sitzt an einem schönen Sommertag im Hörsaal, im psychologischen Labor, in der therapeutischen Praxis oder gar zuhause im Garten und soll in einem Fragebogen anstreichen, wovor (und wann, in welchen Situationen) er Angst hat. Ganz offensichtlich sind hier viele Bedingungen für das Erleben einer Emotion nicht erfüllt. Subjektive Bedeutsamkeit der Fragen oder der hypothetischen Ereignisse wird einfach unterstellt; nach konkretem Erleben wird selten gefragt; die Ähnlichkeit real erlebter und hypothetisch vorgegebener Situationen wird nicht überprüft; das Bild, das die Versuchsperson von sich hat bzw. vermitteln will, steht in einer ungeklärten Beziehung zum Erleben. Trotz Tausender von Untersuchungen ist immer noch „weitgehend rätselhaft", was die vielen Angst-Fragebogen und Skalen eigentlich wirklich messen (*Weidenmann* 1978, S. 49).

Besser sieht es aus mit den Fragebögen und Einschätzungsskalen, die in der „life-event-Forschung" verwendet werden, um Zusammenhänge zwischen dem Erleben belastender Lebensereignisse (Umzug, Verlust eines nahen Angehörigen) und Erkrankung festzustellen (vgl. *Filipp* 1981). Diese Methoden können dann als gute Verfahren zur Erfassung von Emotionen angesehen werden, wenn subjektive Deutungen und auch Bewältigungsversuche miteinbezogen werden, wenn auch „alltägliche" Belastungen untersucht werden, wenn jeweils die konkreten Lebensbedingungen und andere individuelle Eigenarten eines Einzelfalles berücksichtigt werden, wenn schließlich Ereignisse nicht nur hypothetisch zum Ankreuzen (nach Belastung) vorgegeben werden, sondern wenn nach realen Belastungen offen gefragt wird (vgl. *Ulich/Mayring/Strehmel* 1983). Die Aussagen sollten zusätzlich mit Informationen aus anderen Datenquellen (Beobachtung, Tagebuch, Bezugspersonen im sozialen Netzwerk, Fremd- und Selbsteinschätzung auf Skalen usw.) verglichen werden, um die Validität der verbalen Erhebung zu erhöhen.

Selbstbeurteilungs-Angst-Skala von *Zung*

Anleitung	Beispiel	Häufigkeitsangabe
In diesem Fragebogen finden Sie 20 Feststellungen über Ihr Befinden. Bitte lesen Sie jede Aussage sorgfältig durch und entscheiden Sie, wie Sie sich während der letzten 7 Tage gefühlt haben. Entscheiden Sie, welche der folgenden Aussagen für Sie zutrifft: „selten oder nie", „manchmal", „oft" oder „meistens oder immer". Kreuzen Sie bitte das entsprechende Kästchen an! Bitte beantworten Sie alle Fragen!	Fesstellung: Ich bin nervös Wenn bei Ihnen für die Aussage „ich bin nervös" am besten „meistens oder immer" zutrifft, so kreuzen Sie das Kästchen „meistens oder immer" an.	nie oder selten / manchmal / oft / meistens oder immer

	nie oder selten / manchmal / oft / meistens od. immer		nie oder selten / manchmal / oft / meistens od. immer
1. Ich fühle mich nervöser und ängstlicher als sonst	☐☐☐☐	11. Ich leide unter Schwindelanfällen	☐☐☐☐
2. Ich fürchte mich ohne jeden Grund	☐☐☐☐	12. Ich habe Ohnmachtsanfälle oder das Gefühl, ohnmächtig zu werden	☐☐☐☐
3. Ich rege mich leicht auf oder bekomme das Gefühl, in Panik zu geraten	☐☐☐☐	13. Ich kann frei ein- und ausatmen	☐☐☐☐
4. Ich habe das Gefühl zusammenzubrechen	☐☐☐☐	14. Ich bekomme so ein Gefühl von Taubheit und Kribbeln in meinen Fingern und Zehen	☐☐☐☐
5. Ich glaube, daß alles in Ordnung ist und nichts Schlimmes geschehen wird	☐☐☐☐	15. Ich leide unter Magenschmerzen oder Verdauungsstörungen	☐☐☐☐
6. Meine Arme und Beine schlottern und zittern	☐☐☐☐	16. Ich muß häufiger als sonst Wasser lassen	☐☐☐☐
7. Ich leide an Kopf-, Nacken- und Rückenschmerzen	☐☐☐☐	17 Meine Hände sind gewöhnlich trocken und warm	☐☐☐☐
8. Ich fühle mich schwach und werde schnell müde	☐☐☐☐	18. Ich fühle, wie mein Gesicht heiß wird und ich erröte	☐☐☐☐
9. Ich fühle mich ganz ruhig und kann gut still sitzen	☐☐☐☐	19. Ich schlafe leicht ein und finde erholsamen Schlaf	☐☐☐☐
10. Ich kann spüren, wie mein Herz ganz schnell pocht	☐☐☐☐	20. Ich habe Alpträume	☐☐☐☐

Bitte prüfen Sie, ob Sie alle Feststellungen zutreffend beantwortet haben!

Score 1 ☐☐ Score 2 ☐☐

Offene Interviews bzw. Explorationen: In retrospektiven Lebenslauf-Analysen und begleitenden (prospektiven) Längsschnittuntersuchungen hat eine Bonner Forschungsgruppe untersucht, wie alte Menschen bestimmte Lebenseinschnitte (z. B. Pensionierung) erleben und wie sie damit fertig zu werden versuchen (vgl.

Thomae/Kranzhoff 1979). Zu bestimmten Erhebungszeitpunkten wurden sehr ausführliche Explorationen auch zum emotionalen Erleben durchgeführt, obwohl dies nicht der primäre Gegenstand der Untersuchungen war. Ähnlich ging *Vaillant* (1977) vor, der die Lebensläufe von 90 Amerikanern verfolgte und dabei vor allem auf – psychoanalytisch definierte – Bewältigungsstile achtete; emotionale Belastung wurde dabei nur unsystematisch erfaßt. In einem eigenen Forschungsprojekt (vgl. *Ulich* u. a. 1981) untersuchen wir den Zusammenhang zwischen dem Erleben einer persönlich hoch bedeutsamen Krise, nämlich Arbeitslosigkeit, und den darauf bezogenen Bewältigungsversuchen. Auf weitere Untersuchungsmöglichkeiten im Bereiche der Emotions- und Belastungsforschung gehe ich auch in anderen Kapiteln des Buches, vor allem in Kap. 6 und 7 noch ausführlicher ein.

Beobachtung: Hier ist nicht die Analyse des mimischen, gestischen, stimmlichen und sonstigen Ausdrucks von Emotionen gemeint; interessant sind vielmehr solche Studien, die ganze Geschehensabläufe, also konkrete Person-Umwelt-Auseinandersetzungen durch teilnehmende Beobachtung erfaßt haben. Eine der wenigen Studien, in denen dies auch auf Emotionen bezogen geschah, ist die berühmte Topeka-Studie (*Murphy/Moriarty* 1976), in der über 18 Jahre hinweg das Verhalten und Erleben von Kindern und Jugendlichen in herausfordernden und belastenden Situationen beobachtet wurde. Man versuchte Aussagen im Hinblick auf individuelle „Verletzbarkeiten" und „Bewältigungsstile", die sich jeweils aus der konkreten Erfahrung mit Herausforderungen, Belastungen und eigenen Bewältigungsversuchen ergaben. Hier wie in einigen anderen eher „offen" angelegten Untersuchungen fehlt es noch an Systematisierung und besserer theoretischer Interpretation.

Sprachanalyse: Im Vergleich zu den bisher genannten Vorgehensweisen wird diese Methode nur innerhalb der Allgemeinen Psychologie angewendet. Es wird gefragt, wieviele voneinander unterscheidbare Gefühle oder Dimensionen von Gefühlen bzw. Gefühls-Merkmalen „es gibt".

Eine Methode zur Beantwortung dieser meiner Meinung nach nicht sehr relevanten Frage wird in der Sprachanalyse gesehen: Man läßt die Versuchspersonen aus vorgegebenen Wortlisten diejenigen Worte (z. B. wütend, beschämt, fröhlich) heraussuchen, mit Hilfe derer sie voneinander unterscheidbare (hypothetische) Gefühlszustände beschreiben können. Die Begriffe werden entweder hypothetischen eigenen Gefühlszuständen zugeordnet oder anhand von Photographien oder Personenbeschreibungen geordnet. Um festzustellen, ob die Emotionsbegriffe nach irgendwelchen einheitlichen Gesichtspunkten geordnet werden können, führt man in der Regel Faktorenanalysen durch (vgl. z. B. *Plutchik* 1980; *Schlosberg* 1954; Überblick auch bei *Weidenmann* 1978, S. 16 f.). Heraus kommt bei derartigen Untersuchungen z. B., daß sich Emotionen ordnen lassen nach den Dimensionen „angenehm-unangenehm", „aktiv-passiv", „zugewandt-abgewandt" (vgl. *Schlosberg* 1954).

Was hat man wirklich über Emotionen erfahren, wenn man Versuchspersonen Eigenschaftswörter z. B. verschiedenen Photos mit unterschiedlichen Gesichtsausdrücken zuordnen läßt und die Übereinstimmungen dieser Zuordnungen rechnerisch herausfindet? Ist die relativ hohe Übereinstimmung der verschiedenen, so durchgeführten Untersuchungen ein Hinweis darauf, „daß sich Emotionen durch gemeinsame Merkmale auszeichnen", obwohl viel eher der Verdacht naheliegt, „daß – wie bei Arbeiten mit dem semantischen Differential – inhaltsinvariante sprachliche Grundstrukturen erfaßt werden?" (*Weidenmann* 1978, S. 17). Daraus, wie die Leute über bestimmte Dinge reden, kann man sicher noch nicht schließen, was diese Dinge sind – abgesehen davon, daß solche Wesensfragen vielleicht generell wenig sinnvoll sind. So bleibt weiterhin unklar, „wie eine

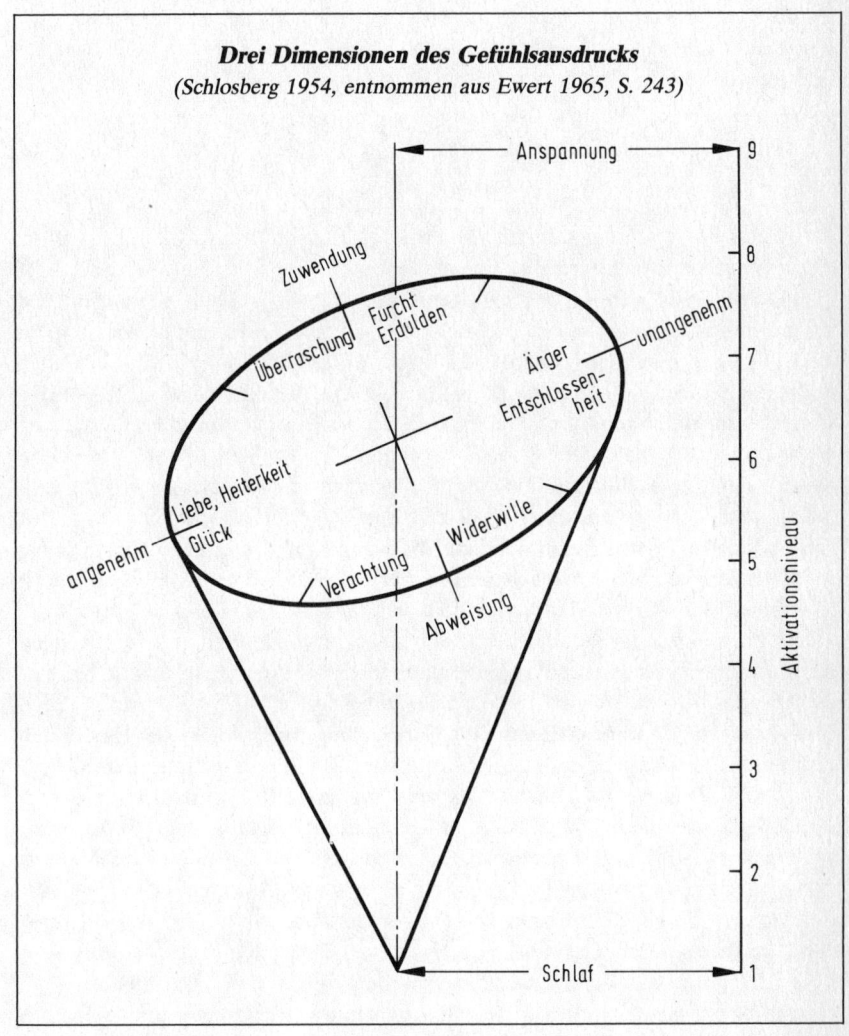

Drei Dimensionen des Gefühlsausdrucks
(Schlosberg 1954, entnommen aus Ewert 1965, S. 243)

95

Dimensionsanalyse des Umgangs mit alltagssprachlichem Vokabular die psychologische Theorienbildung weiterbringen soll" (*Weidenmann* ebd.).

Probleme der empirischen Emotionsforschung sieht man nun deutlicher (vgl. z. B. *Wallbott/Scherer,* 1985 b). Kritik richtet sich vor allem gegen die Bevorzugung des Laborexperiments, bei dem Emotionen künstlich induziert werden, was praktische und ethische Probleme aufwerfe (a.a.O., S. 86). Eine genauere Analyse derartiger Untersuchungen ergeben, „daß die angestrebten Emotionen nicht, nicht genügend intensiv oder nicht für alle Versuchspersonen in gleicher Weise induziert werden konnten" (ebd.). Als Alternativen kommen – nach Ansicht von *Wallbott/Scherer* ebenfalls problematische – Feldbeobachtungen in Frage oder ein – von den genannten Autoren favorisierter – Fragebogenansatz zur Erhebung von situationsspezifischen Emotionserinnerungen. Einen Überblick zu Verfahren für Kinder und Kleinkinder gibt der Sammelband von *Izard* (1982); über Meßmethoden in der Emotionsforschung informiert auch der Band von *Lewis/Michalson* (1983).

Forderungen an künftige Forschung

In den Kapiteln 2.2 und 2.3 habe ich versucht, Bestimmungsmerkmale von Emotionen und Fragestellungen für die Forschung zu entwickeln. Daran müssen forschungs-methodische Überlegungen anknüpfen.

Zunächst bietet sich an, Anregungen aus anderen Forschungsbereichen und deren Methoden-Diskussionen aufzugreifen, sie für die Emotionsforschung zu prüfen und gegebenenfalls fruchtbar zu machen. Zur Zeit finden in verschiedenen Bereichen der Psychologie Entwicklungen statt, die alle auf eine stärkere Berücksichtigung prozeßhafter Auseinandersetzungen des Individuums mit seinen natürlichen Umwelten, Anforderungen, Belastungen usw. abzielen, die idealerweise in begleitenden Längsschnittstudien unter Einbezug möglichst vieler Bedingungsfaktoren untersucht werden sollten (vgl. z.B. *Lazarus* 1981, *Montada* 1981). Nur Entwicklungstheorien können wirklich Erklärungen für Unterschiede im Erleben und Verhalten von Menschen liefern. Diese Entwicklungs-Theorien sollten jedoch differentiell statt universell orientiert sein, d. h. Erklärungen dafür liefern, warum welche Personen aufgrund welcher Bedingungskonstellationen und Erfahrungen sich in welcher Weise in ihrem gesamten Lebenslauf in ihrem Erleben und Verhalten verändern – bzw. warum sie dies nicht tun.

Anregungen für eine differentielle Entwicklungspsychologie der Emotionen kommen meiner Ansicht nach gegenwärtig vor allem aus der neueren Streß-Forschung (vgl. *Lazarus* 1981; *Ulich/Mayring/Strehmel* 1983), aus der life-event-Forschung (vgl. *Filipp* 1981), aus der Depressionsforschung (vgl. *Hautzinger/Hoffmann* 1979), aus der Sozialisationsforschung (vgl. *Mantell* 1978; *Mertens* 1980), aus der Gerontologie (vgl. *Thomae* 1976; *Lehr* 1980), aus der Jugendpsychologie und Drogen-Forschung (vgl. *Oerter/Montada* 1982; *Silbereisen/Eyferth* 1981), aus der am Lebenslauf orientierten Kinder-Psychologie (vgl. *Murphy/Moriarty* 1976) und aus der Entwicklungspsychologie des Erwachsenenalters (vgl. *Kohli* 1980; *Ulich* u.a. 1981). In allen genannten Richtungen und Beiträgen werden unter der (gedachten) Überschrift „Belastung und Bewältigung" Emotionen im Alltag untersucht, wenn auch nicht immer Emotionen, sondern Streß, Depression, Aggression, Sucht, Arbeitslosigkeit, Probleme des Alterns oder frühkindliche Entwicklung im Vordergrund der Betrachtung stehen. Es kommt also darauf an, aus diesen Ansätzen zu lernen, wie man Emotionen so untersuchen kann, daß die oben genannten differential-psychologischen Fragen beantwortet werden können. Natürlich gibt es nicht *die* einzig sinnvolle Methode zur Untersuchung von Emotionen; jede methodische Vorgehensweise hat ihre eigenen Vor- und Nachteile (vgl. z. B. *Butollo* u. a. 1978, S. 3075 ff.), deren Gewicht von Fragestellung zu Fragestellung unterschiedlich ist. Über einzelne Fragestellungen und Untersuchungsziele hinaus können jedoch Forderungen formuliert werden, die idealerweise *immer* berücksichtigt werden sollten:

1. Emotionspsychologische Untersuchungen sollen *erlebnis- und erfahrungsorientiert* sein, d. h. grundsätzlich von der individuellen Erfahrung einzelner Individuen ausgehen. Dies bedeutet eine Hinwendung zur „Phänomenologie des Einzelfalles" (*Dörner* 1974, S. 7; vgl. auch *Petermann/Hehl* 1979). Nur dann nämlich, wenn man Emotionen aus der Perspektive der Betroffenen untersucht, sind externe Validität bzw. „ökologische Repräsentativität" und interne oder „ökologische Validität" der Erhebungssituation gegeben (vgl. *Lantermann* 1979, S. 1 ff.). Mit der „ökologischen Repräsentativität" ist gemeint, daß die theoretisch angenommenen Prozesse und Variablen eines Entwicklungsgeschehens in der Erhebungssituation auch tatsächlich vorhanden, d. h. verwirklicht worden sind. Konkret: Die Untersuchungssituation ist so angelegt, daß das Merkmal „subjektive Betroffenheit" verwirklicht werden *kann*. Ansonsten würde irgendetwas anderes, aber nicht Emotion erforscht. „Repräsentativ" ist eine Untersuchungssituation also immer nur in Bezug auf eine Theorie; „Repräsentativität wird daher nicht empirisch festgestellt, sondern ist Ziel der theoriegeleiteten Wahl oder Konstruktion der Erhebungssituation" (*Lantermann,* a.a.O.).

   „Ökologisch valide" ist die Untersuchungssituation, wenn sie von der Versuchsperson tatsächlich entsprechend den theoriegeleiteten Intentionen des Forschers erfahren wird, also die Person wirklich z. B. subjektive Betroffenheit erlebt.

2. Schwerpunkt der Forschung soll der *Prozeß-Charakter* psychischen Geschehens sein (vgl. *Dörner* 1974, S. 6; *Lazarus* 1981; *Montada* 1981, S. 275). Psychisches Geschehen ist ein dynamisches System, das in einem ständigen Kommunikationsprozeß mit der Umwelt steht. Erleben und Verhalten sind geschichtsabhängig in dem Sinne, daß sich vergangene Erfahrungen auf gegenwärtiges Erleben und dieses auf die Antizipation der Zukunft auswirken (vgl. *Dörner* a.a.O.). Im Vordergrund der Untersuchungen können also nicht mehr „Eigenschaften" und deren Auswirkung auf das Verhalten stehen, sondern aktuelle Auseinandersetzungen, aus denen dann bestenfalls auf Erlebnis-Weisen oder -Formen bzw. Strategien oder Stile der Auseinandersetzung und Bewältigung geschlossen werden kann.

3. Emotionsforschung muß so weit und so lange wie möglich im *natürlichen* Umfeld alltäglichen Erlebens und Handelns stattfinden, also „im ökologischen Kontext statt im Labor" (*Montada* 1981, S. 274). 76% aller entwicklungspsychologischen Untersuchungen waren Laboruntersuchungen, in den Worten *Bronfenbrenners* (Zitat nach *Montada*, ebd.): „Untersuchungen merkwürdigen Verhaltens von Kindern in merkwürdigen Situationen mit merkwürdigen Erwachsenen für möglichst kurze Zeitperioden". „Wir können nicht von der Analyse *möglicher* Entwicklungsbedingungen in kontrollierten Laborsituationen ohne weiteres Aufschluß über die *wirklichen* Einflußfaktoren in realen Lebenssituationen erwarten" (*Montada*, ebd.). Ökologisch orientierte Forschung muß dann allerdings auch den Versuch machen, theoretisch und empirisch begründete Situations-Taxonomien zu entwickeln, wie es in der Streß-Forschung (vgl. *Ulich/Mayring/Strehmel* 1983) oder der Angst-Theorie (vgl. *Weidenmann* 1978) versuchsweise schon geschieht, ebenso in der life-event-Forschung oder der ökologischen Psychologie im engeren Sinne (vgl. *Walter* 1980).

Man kann z. B. nur von einer Kenntnis objektiv gegebener Belastungsfaktoren oder „Stressoren" her sagen, welche Anforderungen erlebt und bewältigt werden müssen, welche Bewältigungskompetenzen zu welchen Zeiten, in welchem Alter von welchen Personen in welchen sozialen Umständen oder Schichten entwickelt werden müssen, mit welcher Wahrscheinlichkeit welche Personen Belastungen erfahren werden usw. Die Begriffe „Entwicklungsaufgabe" und „kritisches Lebensereignis" (vgl. Kap. 6) könnten Rahmen abgeben für eine weitergehende Differenzierung von Anforderungsstrukturen, die auch emotional von Bedeutung sind. Allerdings läßt sich der größte Teil unserer alltäglichen Erlebnisse und Handlungen nicht bestimmten Einschnitten oder „kritischen" Lernphasen zuordnen; also müssen auch Beschreibungskategorien für die „kleinen" und „alltäglichen" Person-Umwelt-Kontakte entwickelt werden, vielleicht im Anschluß an das Konzept des „behavior setting" von *Barker* (vgl. *Saup* 1982).

4. In emotionspsychologischen Untersuchungen sollen *offene* Untersuchungsmethoden eingesetzt werden. Nur Methoden, die der eigenen Sicht und Darstellung der Person genügend Raum lassen, geben uns die Möglichkeit, Vorliegen und Verlauf von Emotionen im Sinne von Gefühlsregungen, Gefühlshaltungen oder Stimmungen zu erfassen. Andernfalls erhalten wir leicht Kunstprodukte unserer eigenen Methoden. Die Offenheit der Erhebungsmethoden folgt direkt aus den in Kap. 2.3. als sinnvoll bezeichneten Fragestellungen. „Offen" heißt nicht: Es sind keine Vergleiche der Ergebnisse verschiedener Personen oder verschiedener Erhebungszeitpunkte möglich, oder Zuverlässigkeit und Gültigkeit könnten nicht kontrolliert werden (vgl. zu diesen Problemen *Strehmel* 1981).

5. Emotionspsychologische Untersuchungen müssen als *Längsschnittuntersuchungen* angelegt werden, wenn sie theoriebezogene Ergebnisse erbringen sollen (zu den methodischen Fragen vgl. *Strehmel* 1981). Retrospektive Le-

benslaufanalysen reichen meist nicht aus, um Fragen nach der Entstehung bestimmter Erlebnisweisen und -bereitschaften zu beantworten, denn sie sind zu sehr auf das Erinnerungsvermögen und andere „förderliche" Merkmale der Person angewiesen. Auch die in der schon mehrfach genannten Untersuchung von Mantell angewandte Methode „Lebenslaufanalyse im Extremgruppenvergleich" beantwortet nicht die Frage, wie tatsächlich das familiäre Erziehungsklima zur Ausbildung so unterschiedlicher emotionaler Grundhaltungen (Gewalt vs. Gewaltlosigkeit) geführt hat. Ideal sind also prospektive, begleitende Längsschnittstudien mit nicht-spezifizierten (nicht ausgelesenen) Normal-Populationen (vgl. *Silbereisen/Eyferth* 1981), weil nur hier individuelle oder gruppenspezifische (z. B. „Ängstliche" vs. „Nicht-Ängstliche") Bedingungszusammenhänge herausgefunden werden können. Bei bereits spezifizierten Gruppen von Versuchspersonen (z. B. bereits drogensüchtig gewordenen Jugendlichen) weiß man ja nicht, welche anderen Entwicklungsmöglichkeiten es gegeben hätte und aus welchen Gründen die Jugendlichen gerade diese Form der „Bewältigung" gewählt haben (*Silbereisen/Eyferth* 1981).

Zusammenfassend: Nicht nur Momentaufnahmen im Prozeß der Person-Umwelt-Begegnungen sollen erfaßt werden; wir müssen ablaufende Veränderungen auch direkt begleitend mit- und nachvollziehen können, wenn wir sie erklären wollen.

6. In der Emotionsforschung ist grundsätzlich eine *ipsativ-normative Doppelstrategie* zu empfehlen (vgl. *Lazarus* 1981, S. 221 u. 227). „Ipsativ" meint: Einzelfall-intensive Erhebung und Auswertung; „normativ" meint: auf Merkmale und Merkmalszusammenhänge in einer größeren Stichprobe bezogen. Die Untersuchung individueller Veränderungen einzelner Personen und verallgemeinernde Aussagen auf der Grundlage interindividueller Vergleiche sind aufeinander angewiesen und ergänzen bzw. korrigieren sich gegenseitig. Die Ergebnisse von Überblicksuntersuchungen mit größeren Stichproben, also die Kenntnis der Verteilung und Ko-Variation von Merkmalen, können mir Hypothesen über Zusammenhänge liefern, die ich dann in Einzelfallstudien überprüfen kann (vgl. *Strehmel* 1981).

Dieses Ergänzungsverhältnis soll kurz an einem fiktiven Beispiel zu einer eigenen Untersuchung (*Ulich* u. a. 1981) illustriert werden: Welche Rolle spielt die soziale Stützung durch wichtige Personen im sozialen Netzwerk eines Arbeitslosen für das Erleben und die Bewältigung emotionaler Belastung? Für unsere Einzelfallstudien bilden wir uns die (falsche) Hypothese, daß die wichtigste Bezugsperson (z. B. Ehepartner) grundsätzlich *entlastende* Bedeutung für den Arbeitslosen habe. Aufgrund der geringen Zahl von Probanden können wir nicht erkennen, daß diese Hypothese falsch ist. Diese Erkenntnis liefert uns jedoch eine (hier ebenfalls fiktive) Überblicksstudie, eine Fragebogenuntersuchung mit einer großen Anzahl Arbeitsloser, die ergibt, daß in der Hälfte der Fälle die Beziehung entlastende Bedeutung hat, in der anderen Hälfte der Fälle die Beziehung aber die Belastung durch Arbeitslosigkeit noch verschärft. *Warum* dies so ist, wie also diese ganz unterschiedliche Rolle der Bezugsperson zu erklären ist, das kann man wiederum nur in einzelfallintensiven Längsschnittanalysen herausfinden.

Diese methodischen Überlegungen werden, wie schon angedeutet, im 6. und 7. Kapitel anhand konkreter Themen wieder aufgenommen.

5. Theorien und Denkmodelle in der Emotionspsychologie

In der Geschichte der Psychologie haben sich verschiedene Meinungen darüber herausgebildet, was Emotionen „sind", was der „Ursprung" der Emotionen ist, wie Emotionen „wirken", wie sie kontrolliert werden können, welche Bedeutung sie für das Handeln, für psychische Gesundheit und Krankheit haben u. ä. m. Die Auffassungen zu diesen Fragen sind bis heute so verschiedenartig und widersprüchlich, so wenig untereinander vergleichbar schon in den Fragestellungen, daß es vermessen wäre zu sagen, es gäbe bereits *Theorien* der Emotion in der Psychologie.

Dieses Kapitel steht insgesamt unter der leitenden Annahme, daß die meisten theoretisch gemeinten Aussagen über Emotionen den Status von Denk-Modellen haben, und zwar in der doppelten Bedeutung von „Modell": Zum einen sind sie abstrahierende, verallgemeinernde, repräsentativ gemeinte *Idealtypen,* welche die wichtigsten zentralen Eigenschaften ihres „Gegenstandes" in typologisch reiner Form abbilden. Zum anderen sind die als „Theorie" systematisierten Aussagen auch in dem Sinne „Modell", als sie Vorbild- oder Anleit-Funktion für die Fragen der Forschung haben. So enthält z. B., wie wir noch sehen werden, das Regelkreis-Modell der Emotion (vgl. Abschnitt 5.4.) über eine bestimmte Gegenstandsbestimmung hinaus die (unausgesprochene) Aufforderung, Emotion vor allem oder gar ausschließlich im Hinblick auf die Frage zu untersuchen, auf welche Weise Emotionen das Anpassungsverhalten günstig beeinflussen können.

Dieses Kapitel hat vor allem das Ziel, Ihnen die Orientierung im Bereich der sog. Emotions-Theorien zu erleichtern. Meine Darstellung und Analyse einiger heute dominierender Denkrichtungen in der Emotionspsychologie soll es Ihnen ermöglichen, theoretische Aussagen besser einzuordnen und zu beurteilen. Grundlegende Informationen über die Inhalte der Theorien gebe ich nur, soweit dies zum Verständnis unbedingt nötig ist. Ich bin nämlich der Meinung, daß die meisten der heute dominierenden Denk-Modelle bisher kaum dazu in der Lage sind, Forschung im Sinne der in diesem Buch entwickelten Annahmen über Emotion anzuregen. Die Gründe dafür werden Ihnen im folgenden hoffentlich deutlich werden.

5.1. Vom Organismus zur Person: Kurzer historischer Überblick

In diesem Abschnitt werde ich mich recht kurz fassen, denn Sie können sich auch in zahlreichen anderen Büchern über theoretische Ansätze in der Emotionspsychologie informieren (z. B. *Cofer* 1975; *Ewert* 1965/1982; *Legewie/Ehlers* 1978; *Schwarzer* 1981; *Strongman* 1973; *Zimbardo/Ruch* 1978). Auch diese Überblicke machen freilich die Schwierigkeiten deutlich, aus den sehr verschiedenartigen und sehr fragmentarischen Äußerungen weiterführende Forschungsfragen zu entwickeln (vgl. als Überblicke auch die anregenden Artikel von *Kuhl*, 1983 und *Rivera*, 1985, ferner das Buch von *Denzin*, 1984, S. 15ff.).

Der evolutionsbiologische Ansatz in der Folge von Darwin

Darwin (1872) hat bekanntlich die einflußreiche These entwickelt, die stammesgeschichtliche Entwicklung der verschiedenen Arten folge dem Prinzip der natürlichen „Zuchtwahl" durch einen „Kampf ums Dasein". Im Laufe der Naturgeschichte überleben nur solche Arten und innerhalb der Arten nur solche Exemplare der Art, die sich im Kampf ums Dasein durchsetzen konnten, die also entweder über ihre Artgenossen siegten oder die Merkmale entwickelt haben, die eine bestmögliche Anpassung an die Umwelt erlaubten. So können beispielsweise in einer Schneelandschaft nur die weißen Hasen langfristig als Art überleben, weil die andersfarbigen wegen ihrer Auffälligkeit leichter erbeutet und somit von der Fortpflanzung ausgeschaltet werden. Diese Weiterentwicklung der Arten durch Selektion wird damit erklärt, daß sich adaptiv nützliche, d. h. dem Überleben dienende Eigenschaften vererben.

Darwin hat diese Erkenntnisse vom „Ursprung der Arten" auch auf die Analyse des Ausdrucksverhaltens höherer Tierarten und bestimmter primitiv lebender Menschengruppen angewandt. Die grundlegende Hypothese lautet hier: Bestimmte Formen von Ausdrucksverhalten bei Tieren und Menschen (z. B. Sträuben der Haare bei Wut, Freilegen der Zähne bei Lachen, Tränensekretion beim Weinen, bestimmte Gesten wie das Stemmen der Ellbogen in die Hüfte u. ä. m.) existieren deshalb, weil sie einen bestimmten Zweck für das Überleben der Art – im weitesten Sinne – erfüllen oder zumindest erfüllt hatten. Solche Zwecke waren z. B.: Einschüchterung des Gegners, Schutz, Vorbereitung zum Kampf, Wiederherstellung der Orientierungsfähigkeit (z. B. dadurch, daß beim Weinen Fremdkörper wie Staub aus den Augen gespült werden), also ganz allgemein: Vorbereitung von Aktionen und Vermittlung von Signalen zwischen den Angehörigen einer Art (vgl. dazu auch *Walschburger* 1980b, S. 4). Aufgrund vergleichender Beobachtungen und experimenteller Studien kam Darwin zu dem Schluß, daß es eine Kontinuität des emotionalen Ausdrucks bei Tier und Mensch gäbe. Er zog auch den weiteren Schluß, daß das Ausdrucksverhalten zumindest einiger Emotionen nicht gelernt werden müsse, sondern daß ein biologisch-genetisches Grundprogramm bereitstehe, das allerdings durch Lernen modifizierbar sei (vgl. auch *Walschburger* ebd.).

Darwin selbst hat nie bestritten, daß es sich bei dem von ihm analysierten Ausdrucksverhalten lediglich um Überbleibsel aus der Stammesgeschichte, um rudimentäre Spuren eines einstmals – unter anderen Lebensumständen – lebenswichtigen Verhaltensrepertoires handelt. Sein primäres Interesse galt auch nicht den Emotionen selbst, sondern lediglich dem Ausdrucksverhalten (vgl. zum Ausdrucksverhalten und seiner Beziehung zu Emotionen auch neuere Stellungnahmen,

Der Ausdruck der Gemüthsbewegungen
(*Darwin* 1899, S. 10, 12–14, 318/19)

„Beim Menschen lassen sich einige Formen des Ausdrucks, so das Sträuben des Haares unter dem Einflusse des äußersten Schreckens, oder des Entblößens der Zähne unter dem der rasenden Wuth, kaum verstehen, ausgenommen unter der Annahme, daß der Mensch früher einmal in einem viel niedrigeren und thierähnlichen Zustande existirt hat. Die Gemeinsamkeit gewisser Ausdrucksweisen bei verschiedenen, aber verwandten Species, so die Bewegungen derselben Gesichtsmuskeln während des Lachens beim Menschen und bei verschiedenen Affen, wird etwas verständlicher, wenn wir an deren Abstammung von einem gemeinsamen Urerzeuger glauben.

Es schien mir von großer Bedeutung zu sein, zu ermitteln, ob dieselben Weisen des Ausdrucks, dieselben Geberden bei allen Menschenrassen, besonders bei denjenigen, welche nur wenig mit Europäern in gesellige Berührung gekommen sind, vorkommen, wie so oft ohne viele Belege zu geben behauptet worden ist. Wenn nur immer dieselben Bewegungen der Gesichtszüge oder des Körpers bei mehreren verschiedenen Rassen des Menschen dieselben Seelenbewegungen ausdrücken, so können wir mit großer Wahrscheinlichkeit folgern, daß derartige Ausdrucksarten echte sind, d. h. daß sie angeborne oder instinctive sind.

In Folge dieser Betrachtungen vertheilte ich, zeitig im Jahre 1867, die folgenden Fragen gedruckt mit der Aufforderung, welcher auch vollständig entsprochen worden ist, daß man sich nur auf wirkliche Beobachtungen, nicht auf das Gedächtnis verlassen möge.

1. Wird das Erstaunen dadurch ausgedrückt, daß die Augen und der Mund weit geöffnet und die Augenbrauen in die Höhe gezogen werden?

2. Erregt die Scham ein Erröthen, wenn die Farbe der Haut ein Sichtbarwerden desselben gestattet? und besonders: wie weit erstreckt sich das Erröthen am Körper abwärts?

3. Wenn ein Mensch indignirt oder trotzig ist, runzelt er die Stirn, hält er seinen Körper und Kopf aufrecht, wirft er seine Schultern zurück und ballt er die Faust?

4. Wenn er über irgend einen Gegenstand tief nachdenkt oder ein Räthsel zu lösen versucht, runzelt er die Stirn oder die Haut unterhalb der unteren Augenlider?

5. Sind im Zustande der Niedergeschlagenheit die Mundwinkel herabgezogen und die inneren Enden der Augenbrauen durch den Muskel, welchen die Franzosen den „Gram-Muskel" nennen, emporgehoben? Die Augenbrauen stehen in diesem Zustande unbedeutend schräg, ihr inneres Ende ist leicht angeschwollen und die Stirn ist im mittleren Theile quer gefaltet, aber nicht quer über die ganze Breite, wie dann, wenn die Augenbrauen beim Erstaunen in die Höhe gezogen werden.

6. Wenn der Mensch in guter Laune ist, glänzen dann die Augen, ist die Haut rund um sie herum und unter ihnen etwas gerunzelt und ist der Mund an den Winkeln ein wenig nach hinten gezogen?

7. Wenn ein Mensch einen andern verhöhnt oder bissig anfährt, wird dann der Winkel der Oberlippe über dem Hunds- oder Augenzahn auf der Seite erhoben, auf welcher der so angeredete Mensch sich findet?

8. Ist der Ausdruck des Mürrisch- oder Obstinatseins wiederzuerkennen, welcher sich hauptsächlich darin zeigt, daß der Mund fest geschlossen ist, die Augenbrauen etwas herabgezogen und leicht gerunzelt sind?

9. Wird Verachtung durch ein leichtes Vorstrecken der Lippen, durch Emporheben der Nase, verbunden mit einer leichten Exspiration ausgedrückt?

10. Wird Widerwille dadurch gezeigt, daß die Unterlippe nach abwärts gewendet und die Oberlippe leicht erhoben wird in Verbindung mit einer plötzlichen Exspiration, bald so wie ein beginnendes Erbrechen oder als wenn etwas aus dem Munde ausgespuckt würde?

Abscheu oder Widerwille wird in einer sehr frühen Zeit durch Bewegungen um den Mund, ähnlich denen des Erbrechens, gezeigt worden sein, – indessen nur, wenn die Ansicht, welche ich vermuthungsweise ausgesprochen habe, correct ist, daß nämlich unsere Urerzeuger die Fähigkeit hatten und auch davon Gebrauch machten, willkürlich und schnell irgend welche Nahrung aus ihrem Magen auszustoßen, die ihnen nicht zusagte. Die verfeinerte Art indessen, Verachtung oder Geringschätzung durch Herabsenkung der Augenlider oder Abwenden der Augen und des Gesichts auszudrücken, als wenn die verachtete Person nicht werth wäre, angesehen zu werden, wird wahrscheinlich nicht eher als in einer viel späteren Periode erlangt worden sein."

zusammenfassend z. B. *Pekrun* 1988, S. 129ff.). Bei Darwin wird nicht klar, *wofür* bestimmte Formen von Ausdrucksverhalten eigentlich stehen. Dennoch ist unglücklicherweise schon bei ihm der kühne Analogieschluß vom Verhalten auf die Emotion selbst angebahnt; aus diesem Analogieschluß ergab sich dann die folgenschwere und einflußreiche Frage nach dem „Überlebenswert" der Emotionen auch des hier und heute lebenden Menschen. (Auf die verhängnisvollen Folgen dieser Fragestellung gehe ich in Abschnitt 4 dieses Kapitels ein.)

An dieser Stelle soll noch einmal die grundlegende Behauptung festgehalten und zugleich problematisiert werden: Behauptet wird von den Anhängern einer erbbiologischen Evolutionstheorie (wie z. B. *Plutchik*) nicht nur, daß heute vorkommende Formen emotionalen Erlebens in der Stammesgeschichte bestimmte Überlebensfunktionen hatten, sondern daß sie dies heute auch noch haben – sonst wären sie nach der Logik der Evolutionstheorie im Verlaufe der Geschichte ja verschwunden. Wie kann man nun diesen Prozeß der Auswahl bestimmter Emotionen in der Stammesgeschichte bis heute belegen? Wohl können wir Töpferware und Knochen unserer Vorfahren als repräsentative Überbleibsel ihrer Existenz und ihrer Lebensweise finden und von daher die Stammesgeschichte rekonstruieren. Leider hinterlassen jedoch Emotionen keine Spuren dieser Art (vgl. *Candland* 1977, S. 43). Wie kann ich also die Existenz einer emotionalen Erlebnisweise damit begründen, daß diese sich im Laufe der Stammesgeschichte als überlebensfördernd herausgestellt hat, ohne bloß in einen Zirkel zu verfallen: Wenn die Emotion X nicht überlebensrelevant gewesen wäre, würde sie heute nicht existieren?

Machen wir uns diese Schwierigkeiten noch einmal anhand eines Beispiels deutlich, nämlich der Fremdenangst oder Acht-Monats-Angst von kleinen Kindern (vgl. *Candland* 1977, S. 41). Warum empfindet ein Kind diese Angst, und was passiert, wenn es diese Angst nicht empfindet? Wie verbreitet ist diese Angst? Welche anderen Emotionen gingen im Laufe der Stammesgeschichte warum verloren? Aus welchen Gründen, aufgrund welcher Ereignisse ist die Fremdenangst „übriggeblieben"? Welche Funktion hatte die Fremdenangst in verschiedenen Phasen der Stammesgeschichte, welche Funktion hat sie heute? Antworten auf diese Fragen sind schwierig, wenn nicht unmöglich. Neuere Ergebnisse über die Fremdenangst widersprechen einer evolutionstheoretischen Deutung (vgl. *Mertens* 1980, S. 670). Insgesamt liegt viel zuwenig vergleichende Forschung vor, um eine derartige Interpretation auch für andere Emotionen stützen zu können (vgl. auch *Candland*, S. 54 f.).

Zusammenfassend: Es leuchtet ein, daß bestimmte Emotionen wie z. B. Schreck oder Furcht in vielen Situationen unmittelbar lebenserhaltende Wirkungen haben; eine genetische Vorprogrammierung ist deshalb nicht unwahrscheinlich (vgl. auch *Mertens* a.a.O.). Dies ist jedoch für zahlreiche andere Emotionen unbewiesen oder zumindest nicht entscheidbar (ebd.). Dies liegt vor allem an der Nicht-Einlösbarkeit eines entsprechenden Forschungsprogrammes sowie daran, daß über die Uranfänglichkeit bestimmter emotionaler Erlebnisformen aus erkenntnistheoretischen Gründen keine Aussagen gemacht werden können (vgl. auch *Mertens,* a.a.O., S. 672). Für die Theorienbildung in der Emotionspsychologie muß festgehalten werden: Emotionen sind aus evolutionsbiologischer Sicht Dispositionen (Erlebnis- und Handlungsbereitschaften), die das Verhalten in Richtung Anpassung steuern. Alle Antworten beziehen sich auf die Frage: Wie helfen Emotionen dem Menschen bei der Bewältigung seiner „Überlebens"-Aufgaben?

Die Theorie von James/Lange

Diese Theorie versucht die Frage zu beantworten, wie wir Gefühle bei uns selbst wahrnehmen, warum wir also wissen, *was* wir fühlen. *James* (1884) und *Lange* (1885) haben unabhängig voneinander darauf die folgende Antwort gegeben: Wir nehmen Kenntnis von einem bestimmten Ereignis, einer Situation, einer Person usw.; wir sehen z. B. im Wald einen Bären. Der Anblick des Bären führt noch nicht unmittelbar zur Emotion „Furcht", sondern zunächst zur Erregung bzw. Veränderung in peripheren, an der Grenze zwischen Körper und Umwelt liegenden Organen und Teilen des autonomen (unwillkürlichen) Nervensystems: Die Haare sträuben sich, die Muskelspannung verändert sich, Schweiß bricht aus, aber auch die Herztätigkeit und die Atmung verändern sich, und auch andere physiologische Funktionen, z. B. die Verdauungsapparatur und Drüsen reagieren. Diese Veränderungen werden über das autonome Nervensystem zum Gehirn rückgemeldet. „Erst die Verarbeitung dieser Informationen zusammen mit dem Wahrnehmungskonzept des ursprünglichen Reizes läßt die Empfindung einer Emotion entstehen" (*Legewie/Ehlers* 1978, S. 163).

Zusammengefaßt: Die Empfindung der körperlichen Veränderungen *ist* die Emotion.

Dieser theoretische Ansatz stellt unser Alltagsverständnis auf den Kopf. Während wir im Alltag solche körperlichen Auffälligkeiten wie Herzklopfen, Schwitzen, Zittern u. ä. als Anzeichen bzw. Folgen eines psychischen Zustandes auffas-

---

Sind wir traurig, weil wir weinen?

„Für gewöhnlich nehmen wir von ... Emotionen an, daß die psychische Wahrnehmung irgendeines Ereignisses jene Gemütsbewegung hervorruft, die wir Emotion nennen, und daß dieser letztere psychische Zustand den körperlichen Ausdruck hervorruft.

Im Gegensatz dazu ist es meine Auffassung, daß die *körperlichen Veränderungen direkt der Wahrnehmung des auslösenden Ereignisses folgen, und daß unserer Empfindung eben dieser Veränderungen, so wie sie auftreten, die Emotion* ist. Der Common Sense behauptet: Das Glück verläßt uns, wir sind traurig und weinen; wir treffen einen Bären, fürchten uns und laufen weg; wir werden beschimpft von einem Rivalen, ärgern uns und schlagen zu. Die hier zu verteidigende Hypothese besagt, daß diese Reihenfolge unrichtig ist, daß nicht der eine psychische Zustand unmittelbar durch den anderen herbeigeführt wird, daß die körperlichen Manifestationen (vielmehr) zunächst dazwischentreten müssen, und daß die vernünftigere Behauptung ist, daß wir traurig sind, weil wir weinen, ärgerlich, weil wir zuschlagen, furchtsam, weil wir zittern, und nicht, daß wir weinen, zuschlagen oder zittern, weil wir traurig, ärgerlich oder furchtsam sind, wie es auch möglich wäre. Ohne die körperlichen Zustände, die der Wahrnehmung folgen, wäre letztere der Erscheinungsform nach rein kognitiv, blaß, farblos, von jeder emotionalen Wärme entblößt. Wir könnten zwar den Bären sehen und es für das beste halten, fortzulaufen, die Beleidigung empfangen und es für richtig erachten, zuzuschlagen, aber wir würden uns nicht tatsächlich ängstlich oder ärgerlich *fühlen*."

(*James* 1890, Bd. 2, S. 449–450)

sen, behaupteten die beiden Forscher das Gegenteil. In den bekannten Worten von James: Wir weinen nicht, weil wir traurig sind, sondern wir sind traurig, weil wir weinen. Oder in den abstrakteren Worten von *Hofstätter* (1960, S. 116): Es sind „die Rückempfindungen der Veränderungen im Bereich des Eingeweide-Muskelsystems, die wir als Gefühle erleben". Für die weitere Theorienbildung entscheidend ist also die Annahme, daß physiologische Erregung dem emotionalen Erleben vorausgeht, eine *notwendige* Vorbedingung für dieses ist.

Die Bedeutung dieser Annahme können wir uns mit *James* (1918, Bd. 2, S. 451, zit. n. *Oswald* 1981, S. 139) anhand eines Gedankenexperiments klarmachen: Stellen Sie sich eine Situation vor, in der Sie vor kurzem eine möglichst starke Emotion (Angst, sexuelle Triebspannung u. ä.) erlebt haben. „Wenn wir uns eine starke Emotion vorstellen und dann versuchen, im Bewußtsein dieser Emotion von allen Empfindungen ihrer körperlichen Symptome abzusehen, werden wir feststellen, daß wir nichts zurückbehalten haben, keinen ‚mind-stuff' (Rohstoff), aus dem die Emotion konstituiert werden könnte, und daß ein kalter und neutraler Zustand unserer intellektuellen Wahrnehmung alles ist, was uns verbleibt." Wenn Sie sich bei Ihrem eigenen Beispiel die entsprechenden Körperreaktionen wirklich noch konkret vorstellen konnten, dann werden Sie James in seiner Annahme zustimmen, daß zumindest starke Emotionen mit bestimmten physiologischen Begleiterscheinungen verbunden sind – was ich im Kap. 2.2. des Buches ja auch mit dem Bestimmungsmerkmal „Erregung" zu berücksichtigen versucht habe. Diese Einsicht sagt jedoch noch nichts aus über die *Reihenfolge* von körperlichen Veränderungen und bewußtem Gefühlserlebnis. James' Auffassung ist auch insofern problematisch, als sie voraussetzt, daß *alle* Emotionen (als aktuelle Erlebnisse, als Haltungen oder als Stimmungen) mit entsprechend wahrnehmbaren physiologischen Veränderungen verbunden sind. Dies ist schwer vorstellbar, wenn Sie an Emotionen wie Altruismus, Wahrheitsliebe, Neid, Stolz u. ä. denken.

Aber selbst dann, wenn man die James'sche Auffassung auf aktuelle, besonders starke Gefühlserlebnisse beschränkt, ergeben sich gravierende Einwände, die vor allem von *Cannon* (1927) vorgebracht wurden. Wenn Sie schon mal beim Zwiebelschneiden geweint haben, wenn Sie gelegentlich vor Freude weinen, oder ein anderes Mal aus Wut, wenn Sie vor Kummer weinen oder aus Trotz oder aus Sehnsucht, oder wenn Sie sich wehgetan haben, oder wenn Sie in einem traurigen Film sind oder einer Hochzeit beiwohnen – dann wissen Sie, wie schwer es sein dürfte, Körperreaktionen mit Emotionen in einen direkten Zusammenhang zu bringen (vgl. *Zimbardo/Ruch* 1978, S. 275.)

Die Rückmeldung körperlicher Veränderungen *kann* für emotionales Erleben sicherlich bedeutsam sein, vor allem, was den Intensitäts-Aspekt einer Emotion betrifft. Daß z. B. Psychopharmaka auf bestimmte Arten von Emotionen, vor allem Stimmungen, in dämpfender oder auch steigernder Weise wirken, zeigt deutlich diesen Weg einer möglichen Einflußnahme. Bis heute ist jedoch offen, in welcher Weise physiologische Erregungen in das Gefühlserleben eingehen, wie der zeitliche Ablauf ist, ob es emotionsspezifische physiologische Erregungsmuster gibt, welche Teile des Nervensystems und Gehirns an der Gefühlserregung beteiligt sind (vgl. z. B. *Cofer* 1975, S. 91 ff.). Diese Fragen weisen über die James-Langesche Theorie hinaus, die schon in den eingangs genannten Überblickswerken eingehend kritisiert wird. Ich will daher hier kurz auf allgemeinere Probleme hinweisen, die mit physiologisch begründeten Emotionstheorien zusammenhängen und besonders schwerwiegend sind, wenn diese auch noch eine Priorität (zeitliche und/oder qualitative) vor dem Erleben selbst behaupten.

Die in sich und untereinander widersprüchlichen Einzelbefunde sind noch weit von einer theoretischen Integration entfernt (vgl. *Walschburger* 1980 b, S. 16). Weder konnten qualitative oder Richtungskomponenten emotionaler Prozesse zuverlässig gemessen werden, noch konnten Qualitäts- und Intensitätsaspekte in psychophysiologischen Untersuchungen auseinandergehalten werden (vgl. *Walschburger* a. a. O.; *Cofer* a. a. O.). Vor allem läßt sich das u. a. auf *Duffy* (1941) zurückgehende Konzept einer einheitlichen psychophysischen Aktivierung nicht mehr aufrechterhalten. Eine Zeitlang war tatsächlich versucht worden, Emotionen ausschließlich auf der Grundlage von Veränderungen in diesem physiologischen Erregungsniveau zu bestimmen, also auf der Basis einer undifferenzierten Erregung. Dies war die Folge aus den Schwierigkeiten, die auch von James behauptete Existenz von emotions-spezifischen Erregungsmustern nachzuweisen. Die Annahme einer undifferenzierten, neutralen und beliebig interpretierbaren Energie oder Erregung stößt auf unüberwindliche Hindernisse (nach *Zimbardo/Ruch* 1978, S. 283): Auch bei körperlicher Anstrengung, wenn wir z. B. auf einen Berg steigen, sind wir physiologisch erregt, ohne deshalb einen bestimmten emotionalen Zustand zu erleben; gleiche Erregungsgrade können die qualitativen Unterschiede zwischen Emotionen (z. B. Angst, Zorn, Aufregung oder Verliebtsein bei „demselben" physiologischen Erregungsgrad) nicht erklären; und schließlich kann nichts darüber gesagt werden, warum ein Mensch gerade das empfindet, was er empfindet (z. B. diese Frau liebt und nicht jene).

Halten wir zusammenfassend fest: Viele emotionale Erlebnisweisen sind mit physiologischen Begleiterscheinungen verbunden, ohne daß man über einen kausalen oder zeitlichen Zusammenhang genaue Aussagen machen kann (vgl. dazu auch *Asendorpf* 1984; *Reisenzein* 1983). Viele Gefühlsregungen können in ihrer Bedeutsamkeit nur bei Berücksichtigung der körperlichen Begleiterscheinungen ausreichend verstanden werden (vgl. z. B. psychosomatische Krankheiten), aber der umgekehrte Schluß gilt nicht: Bestimmte physiologische Prozesse bzw. deren Wahrnehmung sind weder hinreichende noch notwendige Bedingungen für die Entstehung einer Emotion. Hier unterscheiden sich dann auch einige der nachfolgenden Theorien von der James/Langeschen Auffassung: Schachter/Singer (1962) sehen in physiologischer Erregung (wie z. B. auch Mandler) ebenfalls eine notwendige, aber keine hinreichende Bedingung; kognitive Einschätzung muß hinzu kommen (s. u.). R. S. Lazarus hingegen sieht in physiologischen Prozessen keine notwendige Bedingung mehr, sondern lediglich eine (notwendige) Komponente der Gefühls-*Reaktion,* die ihrerseits immer Folge einer (notwendigen) kognitiven Einschätzung ist (s. u.).

Psychoanalyse

Die jahrzehntelang vorwiegend physiologisch ausgerichtete, am experimentellen Belastungs-Aktivierungs-Modell orientierte Emotionsforschung hat von Freud nicht viel Kenntnis genommen. Dabei war Freud sicher der erste in der Psychologie, der auf die *Dynamik* emotionalen Erlebens, nämlich die komplizierten Wechselwirkungen zwischen gesellschaftlichen Erwartungen einerseits und individuellen trieb-verankerten Bedürfnissen andererseits sowie den daraus resultierenden Konflikten und Verarbeitungsversuchen hingewiesen hat. Damit war zugleich ein Bezugssystem für die Erforschung von Emotionen gegeben. Freud selbst hat diese Aufgabe allerdings nicht gerade erleichtert, denn seine Äußerungen über Emotionen – bei ihm meist „Affekte" genannt – sind recht unklar.

Ähnlich wie in den eben erwähnten Aktivierungstheorien ging Freud (1966) von einem Begriff *psychischer Energie* aus, die nach seiner Auffassung an Triebe gebunden ist und nach Entladung drängt. Die Regelung der Energieverteilung und Entladung folgt einem Gleichgewichtsprinzip; psychisch drückt sich dies im Lust- und Realitätsprinzip aus. Aufgrund des permanenten Gegensatzes zwischen Gesellschaft und nie ganz „zähmbaren" individuellen Bedürfnissen ist zunächst nahezu alle Triebentladung von Angst und Konflikten begleitet. Alle Emotionen enthalten sowohl unbewußte Anteile (aus dem triebhaften „Es" oder dem regulierenden „Über-Ich") wie auch Anteile aus den Abwehr- und Verarbeitungsversuchen, den „Abwehrmechanismen", die vom Individuum zur gefahrlosen Befriedigung seiner Bedürfnisse entwickelt werden müssen. Emotionen sind also nie reiner Ausdruck von Trieben, sondern immer „gemischt" insofern, als sie auch Ausdruck von – nicht immer bewußten – Konflikten und deren Lösungsversuchen sind (vgl. auch *Walschburger* 1980 b; *Strongman* 1973, S. 30 f., *Rapaport* 1953; *Mertens* 1980).

Problematisch an Freuds Auffassung ist vor allem die Bindung von Emotionen an eine vage definierte psychische „Energie"; Emotionen sind entweder mit dieser Energie identisch oder eine Form davon. Im emotionalen Erleben finden Prozesse der Entladung von Energie statt, die triebhaften Ursprungs ist. Affekte sind dann „die subjektiv erlebbaren Repräsentanten triebenergetischer Vorgänge", die aus einem je unterschiedlichen „Mischungsverhältnis" von Libido und Aggression entstehen, die bei Freud als angeboren gelten (*Mertens* 1980, S. 671).

Mehr können wir mit psychoanalytischen Aussagen anfangen, wenn wir deren entwicklungspsychologischen und klinisch-psychologischen Gehalt ansehen. Untersuchungen von *Spitz* (1967), *Bowlby* (1973), *Mahler* (1978) und vielen anderen haben auf die große Bedeutung früher Objektbeziehungen für die Entwicklung von Emotionen hingewiesen (vgl. zusammenfassend *Mertens* 1980). Alle Aussagen, die im Rahmen der psychoanalytischen Neurosenlehre und Therapie über die Entwicklung und Überwindung psychischer Störungen gemacht werden, sind letztlich Aussagen über emotionale Prozesse, weil in diesen Störungen das Selbstwert-Erleben, die eigene Zuständlichkeit, zentrale Bedürfnisse und Interessen betroffen sind bis hin zum Verlust der Erlebnisfähigkeit bzw. zu krassen

Verzerrungen im Erleben, wie z. B. bei Angstneurosen, bei Zwängen oder Depression.

Im Vergleich zu anderen Theorierichtungen in der Emotionspsychologie betont die Psychoanalyse (nach *Mertens* 1980, S. 672): Emotionen haben eine „Geschichte", sind „hergestellt" in der individuellen, freilich von außen mitbestimmten Biographie; das „Herstellen" vollzieht sich aufgrund von Interaktionen z. B. zwischen Mutter und Kind; Emotionen sind niemals nur kognitive Vorstellungsmuster, sondern immer mit (emotionalen) Zuständen wie z. B. Wohlbehagen, Sicherheit oder Angst verbunden, die jeweils eine spezifische Selbst-Betroffenheit ausdrücken; Emotionen können auch ohne äußere Anstöße auftreten, nämlich aufgrund der gedanklichen und gefühlsmäßigen Erinnerung, Vorstellung oder Vorwegnahme einer Situation oder eines Gefühlszustandes; das Erleben von Gefühlen ist nicht willkürlich oder beliebig, sondern die Erfahrungen, die Geschichte der Person und die aktuelle Situation sowie die jeweilige Zukunftsperspektive verleihen der Wahrnehmung und dem Erleben der Realität eine besondere gefühlsmäßige Tönung.

Zusammenfassend: Einfluß und Beiträge Freuds und der neueren Psychoanalyse sind eher indirekt (vgl. auch *Walschburger* a.a.O.), was ihre große Bedeutung jedoch nicht schmälert. Diese Bedeutung erkennt man besser, wenn man die Entwicklung und Veränderung von Emotionen in einem breiteren sozialisationstheoretischen Rahmen untersucht, als dies bisher in der experimentellen Forschung der Fall sein konnte (vgl. Kap. 6).

Behavioristisch-lerntheoretischer Ansatz

Gemäß der Überzeugung, daß man Psychisches nur am Verhalten ablesen kann, haben behavioristisch orientierte Lerntheoretiker wenig Aussagen über Emotionen machen können. Die Frage, wie ich etwas beobachten kann, von dem ich nicht weiß, was es ist (Ausschaltung der Alltagsbegriffe und Alltagserfahrung), hat die orthodoxen Behavioristen um Watson vor unlösbare Probleme gestellt. Emotionen wurden als eine Art Reflex aufgefaßt, nämlich als angeborene Reaktionsmuster, die Veränderungen körperlicher Prozesse, vor allem des Verdauungs- und Drüsensystems einschließen (vgl. *Watson* 1913). Nach *Watson* gibt es nur drei grundlegende angeborene emotionale Reaktionsmöglichkeiten: Furcht, Zorn und Liebe. Da diese angeborenerweise nur von ganz wenigen Reizen ausgelöst werden, ergibt sich das Problem, wie die Entstehung der Reichhaltigkeit des Gefühlslebens beim Erwachsenen zu erklären ist.

Hier beginnen nun wichtige Beiträge der behavioristischen Lerntheorien zur Emotionspsychologie. So gingen z. B. *Watson/Rayner* (1920) in ihrer berühmtberüchtigten Untersuchung mit dem kleinen Albert davon aus, „daß die beim Kleinkind sehr geringe Anzahl angeborener Reiz-Reaktionsverbindungen auf emotionalem Gebiet im Lauf der Entwicklung durch Lernvorgänge auf der Basis bedingter Reflexe erweitert wird" *(Blöschl* 1971, S. 22). In diesem Experiment

(Zusammenfassung z. B. bei *Blöschl,* a.a.O.) wurde dem kleinen Albert Angst vor Pelztieren beigebracht, indem die Experimentatoren beim Vorzeigen einer weißen Ratte, die der kleine Albert sehr liebte, immer gleichzeitig ein lautes Geräusch erklingen ließen, bei dem sich Albert sehr erschreckte. Nach einiger Zeit reagierte er schon mit panischer Furcht, wenn das Pelztier auch ohne das laute Geräusch in seine Nähe kam. Es hatte „Signal-Lernen" stattgefunden: Furcht wurde als Reaktion auf das Pelztier gelernt, das seinerseits nur das Signal für den befürchteten, aber gar nicht mehr eintreffenden lauten Knall war.

Es steht außer Zweifel, daß derartige Vorgänge des Signal-Lernens vor allem in der frühen Kindheit eine große Rolle gerade im Bereich der Emotionen spielen (vgl. auch *Nolting* 1978, S. 80 ff.). Auch komplexere Prozesse des instrumentellen und hier speziell des operanten Lernens haben Behavioristen für den Bereich der Emotionen beschrieben und im Labor nachzubilden versucht. So konnte z. B. gezeigt werden, daß unter schmerzhaften Bedingungen (Elektroschocks) Furcht als ein „sekundäres" Bedürfnis gelernt wird, das Flucht- oder Vermeidungsverhalten hervorruft (vgl. die bekannten Experimente von *Miller* 1948). Wenn man dies auf etwas höhere Formen des Verhaltens und der Erziehung überträgt, so kann man sogar bis zur Erklärung dessen kommen, was wir im Alltag die Bildung des Gewissens und seine Wirksamkeit nennen (vgl. *Aronfreed* 1969). Die zunächst mit Schlägen oder Drohungen verbundenen Zurechtweisungen erhalten allmählich den Charakter von warnenden Signalen, die schließlich als Aufforderungen der Person an sich selbst „verinnerlicht" werden und dann sogar „unbewußt" das Verhalten steuern können.

Schon in den frühen Arbeiten um Watson wurde der therapeutische Aspekt des Konditionierens mitberücksichtigt; man versuchte z. B. Kindern Furcht abzugewöhnen, und zwar mit Hilfe einer Reihe auch heute noch interessanter Techniken der Konditionierung, Nachahmung, verbalen Beeinflussung usw. (zusammenfassend *Blöschl* 1971, S. 25 ff.). Dieser Entwicklungsstrang zur Verhaltensmodifikation soll hier nicht weiter verfolgt werden.

Abgesehen von anderen, schon häufig diskutierten Problemen verhaltenstheoretischer Ansätze (vgl. zusammenfassend *Ulich* 1980 a) erscheinen hier zwei Fragen besonders dringlich. Die erste betrifft die Anwendung lerntheoretischer Prinzipien auf alltäglich stattfindende Prozesse des Lernens und der Beeinflussung, z. B. in der familialen Erziehungssituation. Hier fehlen empirische Längsschnittstudien über die tatsächliche kindliche Entwicklung, welche die Vielzahl spekulativer Analogieschlüsse vom Labor auf die Wirklichkeit überprüfen könnten (vgl. auch *Baldwin* 1974). Die andere Frage bezieht sich auf die zugrundeliegende Auffassung von emotionalem „Verhalten" oder Emotion. Es ist sicher zu wenig, wenn man Emotion nur unter dem Aspekt der Beeinflußbarkeit und Kontrolle durch extern gesteuerte Lernprozesse analysiert. Versuchspersonen können auch reden; sie sind manchmal selbst betroffen, manchmal aber auch nicht (dann wundern sie sich nur über den Experimentator!).

Zusammenfassend: Lerntheorien können etwas beitragen zum Verständnis der Art und Weise, wie bestimmte Emotionen entstehen, beibehalten oder aufgegeben werden, auch wie sie beeinflußt werden können. Diesen Beitrag können wir jedoch nur dann erwarten, wenn zunehmend auch reales alltägliches Verhalten beobachtet und den Erklärungen zugrunde gelegt wird. Dann könnte man z. B. die Entstehung und auch Veränderbarkeit einer Schulphobie aus spezifischen Eltern-Kind-Interaktionen heraus erklären und den Beteiligten zeigen, wie sie mit Hilfe der Kenntnis von Lernprinzipien ihre Probleme besser verstehen und überwinden können (vgl. dazu *Innerhofer* 1977).

Die Zwei-Faktoren-Theorie von Schachter/Singer

Wir müssen nun einen Sprung zurück zu James (s. o.) machen, denn Schachter/Singer haben ihren Ansatz im Anschluß an James/Lange und zugleich als Widerlegung bzw. Korrektur entwickelt. Das Neue: Zur physiologischen Erregung, die weiterhin notwendige Bedingung bleibt, allerdings jetzt als unspezifisch aufgefaßt wird, kommt als zweiter notwendiger Faktor die kognitive, situationsabhängige Einschätzung bzw. *Interpretation* eben dieser unspezifischen Erregung hinzu. Erstere ist für die Intensität, letztere für die inhaltliche Qualität der Emotion verantwortlich. Schachter und Singer sind vor allem wegen ihrer recht originellen Experimente bekannt geworden (vgl. z. B. 1962). Sie haben einigen ihrer Versuchspersonen Adrenalin injiziert (um ‚Erregung' herbeizuführen) und sie dann in unterschiedliche Versuchsituationen gebracht, in denen ein Mitarbeiter des Versuchleiters entweder Verärgerung oder Euphorie vorspielte. Erwartungsgemäß ließ sich zumindest ein Teil der Versuchspersonen emotional „anstecken" und reagierte mit einer ähnlichen Emotion wie das „Modell".

Diese Experimente haben große Aufregung und Bewunderung in der Fachwelt hervorgerufen. Sie konnten allerdings bis heute nicht eindeutig genug wiederholt werden (vgl. *Walschburger* 1980 b, S. 21; *Zimbardo/Ruch* 1978, S. 283 ff.; *Schwanenberg* 1981; *Oswald* 1981). Die Grundthesen von *Schachter/Singer* waren folgende:

1. Physiologische Erregungszustände (im Experiment durch Injektion künstlich hervorgerufen) sind eine notwendige, aber keine hinreichende Bedingung für das Erleben von Emotionen.
2. Physiologische Erregungszustände können nur dann Emotionen auslösen, wenn die Person weiß, *warum* sie aufgeregt ist, wenn sie also ereignis-, objekt- oder situationsbezogene Einschätzungen vornehmen kann, die der Erregung ihre inhaltliche Bedeutung geben.
3. Befindet sich eine Person im Zustand der Desorientierung, weiß sie also nicht, warum sie aufgeregt ist, so sucht sie nach Gründen und Anhaltspunkten dafür. Die „Etikettierung" des Erregungszustandes ist abhängig davon, welche Erklärung die Person selbst dafür findet.

Nun ist sicher richtig, daß in einer Situation der relativen Desorientierung, wie sie die genannten Experimente darstellen, Unsicherheit im Hinblick auf die eigene Lage aufkommen *kann*. Es ist auch nicht unwahrscheinlich, daß man sich in einer solchen labilisierten Situation nach Modellen oder Vorbildern umsieht, die offenbar die Sache besser „durchschauen". Von daher gesehen war das Verhalten der Versuchpersonen von *Schachter/Singer* sicher nicht unvernünftig. Aber: Erstens kommen solche Situationen im Alltag ziemlich selten vor. Zweitens ist die Trennung in voneinander unabhängige Erregung und deren Interpretation nicht nur im Hinblick auf Alltagserleben unwahrscheinlich, sondern auch wissenschaftlich nicht haltbar (vgl. z. B. *Schwanenberg* a.a.O.; *Zimbardo/Ruch* a.a.O.). Niemand überlegt ernstlich, ob er in einer Situation Angst hat oder sich ärgert; allerdings sind Gefühls-„Mischungen" häufig. Sogar ein Mitarbeiter von *Schachter* ist der Meinung, daß für das Zustandekommen von Emotionen physiologische Reaktionen nicht notwendigerweise vorliegen müssen (nach *Oswald* 1981).

Was ist erstaunlich an den Ergebnissen von *Schachter/Singer?* Sicherlich nicht die Tatsache, daß beim emotionalen Erleben auch Einschätzungsprozesse eine Rolle spielen; das haben wir schon immer gewußt. Es mag sogar auch Emotionen geben, die erst durch nachträgliches Reflektieren und „Etikettieren" zustande kommen, wie z. B. manche Depressionen (vgl. *Beck* 1979). Aber dies ist ein Sonderfall, der nicht zu der Annahme berechtigt, Emotionen kämen *immer* bzw. *nur* aufgrund situationsbezogener *nachträglicher* Benennungen von wahrgenommenen Erregungen zustande (vgl. *Schwanenberg* 1981; vgl. hierzu auch den aufschlußreichen und kritischen Beitrag von *Reisenzein,* 1983).

Die Annahmen von *Schachter/Singer* sind heute vor allem aus historischen Gründen interessant, denn sie stehen genau zwischen physiologisch orientierten Theorien wie der von *James/Lange* einerseits und modernen kognitivistischen Theorien wie der von Lazarus andererseits. Bevor wir im nächsten Abschnitt auf den Ansatz von Lazarus eingehen, bleibt festzuhalten: Zwar werden Menschen in ihrem Menschsein sicher ernster genommen, wenn man über ihren Status als Organismus hinaus auch noch Denkprozesse mitberücksichtigt, aber dies darf nicht nur eine kategoriale oder mit fragwürdigen Experimenten eingelöste Behauptung bleiben. Allerdings werden wir im nächsten Abschnitt sehen, daß man es auch zu weit treiben kann, wenn man Menschen *nur* noch als denkende auffaßt, die souverän und selbstverantwortlich ihr Leben ordnen können.

Kognitive Bewertungstheorien

Welche Wege sind in der Theorienbildung noch offen, wenn sich weder aus der physiologischen Aktivität noch aus der Vermischung von physiologischer Erregung und der darauf bezogenen Einschätzung entscheidende Hinweise auf die Entstehung und Auswirkung emotionaler Erlebnisweisen entnehmen lassen? Antwort: Man kann fragen, was Menschen eigentlich tun, wenn sie im Alltag mit einem Ereignis, einer Situation oder auch einer Belastung konfrontiert sind. Die Auseinandersetzung der Person mit konkreten Problemen und Belastungen, die als herausfordernd oder bedrohlich erlebt werden, ist Gegenstand der kognitiven Emotionstheorie von *Lazarus* (vgl. *Lazarus/Kanner/Folkman* 1980). Hier interessiert diese Theorie in ihrer neueren Fassung, in der Lazarus selbst seinen Ansatz als „kognitiv-phänomenologisch" bezeichnet; er geht vom Erleben und Handeln der Person selbst aus und versucht, Erleben, Entscheidungen und Handlungen als Prozesse der *Informationsverarbeitung* zu verstehen. Lazarus ist eigentlich Streß-Forscher.

Seine Grundideen über die Bedeutung kognitiver Einschätzungen beim emotionalen Erleben gehen auf *Arnold* (1960) zurück. Anders als Arnold und auch Pribram (1970) verzichtet Lazarus auf hirnphysiologische Begründungen seines Modells. Sein Begriff der „Einschätzung" (appraisal) umfaßt im Vergleich zu Arnold auch mehr als nur einen spontanen, eher intuitiven Vorgang. Gemeinsam ist beiden Auffassungen eine handlungstheoretische Orientierung.

Kern der Emotions-Theorie ist bei Lazarus ein idealtypisches Verlaufsmodell zur Beschreibung episodischer Interaktionen zwischen Person und Umwelt. Dieser Vorgang läßt sich auch als *offener Regelkreis* oder als offener Rück-Koppelungs-Prozeß auffassen (vgl. die Abb. in Kap. 7.2. in diesem Buch). Die Statio-

---

Emotion und Kognition in der Theorie von Arnold

„Wenn etwas wahrgenommen, erinnert oder vorgestellt wird, so bleibt dies niemals ein isoliertes Stückchen Wissen. Vielmehr wird jedes Objekt unmittelbar in Beziehung zu uns selbst gesehen und als gut, schlecht oder belanglos für uns eingeschätzt. Im Alltag ist die Einschätzung von allem, dem wir in seiner Beziehung zu uns selbst begegnen, unmittelbar, automatisch, beinahe unwillkürlich. Was in irgendeiner Hinsicht ‚gut' (bedeutsam, vorteilhaft, brauchbar) ist, wird beachtet und angestrebt; was ‚schlecht' (schädlich, ärgerlich) ist, wird vermieden oder überwunden; und was belanglos (bedeutungslos, unwichtig, nutzlos) ist, wird einfach vernachlässigt. Was wir die ‚Bedeutung' oder ‚Interpretation' einer Situation nennen, ist das Produkt einer solchen Bewertung in Relation zu uns. . . .

Jede Einschätzung von irgendetwas als gut, hier und jetzt, schafft einen Impuls zu ihm hin, der zur Handlung führt, bis eine andere Bewertung dazwischenkommt. . . . So vervollständigt die Einschätzung die Wahrnehmung und schafft eine Tendenz, mit dem Objekt in einer bestimmten Weise umzugehen. Wenn diese Tendenz stark ist, das heißt, wenn das Objekt als sehr erwünscht oder sehr unerwünscht eingeschätzt wird, wird sie eine Emotion genannt. . . .

Was auch immer erlebt wird, in irgendeiner Sinnesmodalität, erregt nicht nur ein Gedächtnisbild von ähnlichen gesehenen, gehörten oder sonstwie erfahrenen Dingen . . ., sondern wieder-belebt auch den zugehörigen Affekt. . . . Diese positiven oder negativen Gefühle über ein Objekt oder eine Handlung sind affektive Erinnerungen. Sie repräsentieren ein Wiedererleben vergangener Einschätzungen, obwohl sie weder als ‚vergangen' noch als ‚Einschätzungen' erlebt werden, sondern lediglich als unmittelbare positive oder negative Haltungen."

(Arnold 1970, S. 262–264)

---

nen dieses Prozesses sehen so aus: Eine Situation oder ein Ereignis wird als bedeutsam für das eigene Wohlergehen aufgefaßt und als herausfordernd oder bedrohlich, bzw. als Schaden oder Verlust eingeschätzt. Daraufhin fragt sich die Person, wie sie mit der Situation bzw. den herausfordernden oder belastenden Momenten der Situation fertig werden kann. Je nach dieser Einschätzung der eigenen Bewältigungsmöglichkeiten werden dann Bewältigungsversuche geplant und ausgeführt. Diese reichen von direkten, auf Veränderung der Situation gerichteten Bewältigungsversuchen bis zu intra-psychischen Verarbeitungsformen wie z. B. Verdrängung oder Verleugnung.

Welche Rolle spielen nun Emotionen in diesem Prozeß? Emotionen sind fast immer Folge, nicht Ursache der kognitiven Bewertungen. Daher sind ihnen auch nicht primär motivierende Funktionen (wie z. B. bei *Izard*) zuzuschreiben; Entscheidungsgrundlage für das Handeln sind die kognitiven Einschätzungen. Emotionen sind auch nicht die (inhaltlich unspezifischen) „Energie-Lieferanten" wie etwa bei James, Freud oder Schachter/Singer. Sondern Emotionen sind gefühlsmäßige Stellungnahmen und als solche komplexe Reaktionsmuster, die den kognitiven Bewertungen als deren emotionale Qualität folgen, also eigentlich Bestandteil dieser Bewertung sind. So drückt sich z. B. in der Angst emotionale Bewertung der kognitiven Einschätzung aus, einer Bedrohung nicht mit ausreichenden eigenen Mitteln begegnen zu können. Jede einzelne Emotion ist mit einem spezifischen Bewertungsprozeß bzw. einem Urteil verbunden, jede Emotion beinhaltet also eine eigene unverwechselbare Einschätzung, die sich auf die eigene aktuelle Befindlichkeit bezieht.

Emotionen sind nach der Auffassung von Lazarus komplexe, organisierte Zustände (analog zu Syndromen als Krankheitsbezeichnungen), die aus kognitiven Einschätzungen, Handlungsimpulsen und körperlichen Reaktionsmustern bestehen (*Lazarus/Kanner/Folkman* 1980, S. 198). Diese drei Komponenten werden subjektiv als eine Ganzheit erfahren; es findet also keine nachträgliche Bewertung einer Erregung statt wie in der Theorie von *Schachter/Singer.*

Ich versuche nun eine knappe Bewertung. Zunächst zu den Fortschritten dieses Ansatzes gegenüber anderen Theorien: Untersuchungseinheit ist jetzt das „ganze" Individuum selbst, es findet keine Reduktion auf organismische Variablen statt. Im Mittelpunkt stehen tatsächliche Auseinandersetzungen mit belastenden Situationen. Der Forscher analysiert das Wechselspiel zwischen Kognition, Emotion und Handeln aus der Sicht des Betroffenen. Wegen des Interesses an der Bewältigung emotionaler Belastung hat der Ansatz große Bedeutung in der Arbeitspsychologie, der Klinischen Psychologie und vor allem in der Streß-Forschung (vgl. auch Kap. 7 in diesem Buch).

Die positive Aufnahme der Theorie von Lazarus hängt sicher auch damit zusammen, daß sie unserem Alltagsverständnis sehr nahe ist. Darin liegt aber bis heute auch eine gewisse Schwäche, denn sie bietet aufgrund fehlender Längsschnittuntersuchungen zuwenig Erklärungsansätze, die über die idealtypische Modellierung aktueller Entscheidungsprozesse bzw. die Beschreibung solcher Vorgänge hinausgehen. Außerdem ist das Untersuchungsinteresse etwas einseitig auf die Frage nach Bewältigung und (Wieder-)Anpassung ausgerichtet. Es ist auch zu bezweifeln, ob man mit einem Modell der Informationsverarbeitung Emotionen wirklich zureichend erfassen kann (dazu *Zajonc* 1980). Schließlich muß man fragen, ob im Modell der kognitiven Verarbeitung von Belastung dem Individuum nicht zuviel Selbstverantwortlichkeit, Handlungsfreiheit und Souveränität zugebilligt wird. Es fehlt ferner eine theoretisch und empirisch begründete Typologie „objektiver" Belastungs- oder Streß-Faktoren. Das Modell von Lazarus scheint nicht tauglich, um langfristige Wirkungen von ernsthaften Belastungen (wie z. B. Hilflosigkeit und Depression, die im Selbstmord enden kann) zu erklären. Man kann sicher nur wenige, vielleicht gar nicht immer wichtige Aspekte von Emotion und emotionaler Belastung erfassen, wenn man diese allzusehr an bewußte Entscheidungsprozesse koppelt.

Fragen wir uns nun nach diesem knappen Überblick über historisch bedeutsame Denk-Modelle, was wir daraus eigentlich über Gefühle erfahren haben! Haben Sie z. B. den Eindruck gewonnen, daß die zuletzt skizzierte Theorie von Lazarus eine Emotions-Theorie ist? Viel über Emotion wird darin sicher nicht ausgesagt. Und weiter: Haben Sie den Eindruck, daß die verschiedenen Ansätze sich auf denselben „Gegenstand" beziehen? Wahrscheinlich meinen sie jeweils etwas anderes, zumindest beziehen sie sich auf ganz unterschiedliche Aspekte von Emotion, da sie sich auch von sehr unterschiedlichen Untersuchungsinteressen leiten lassen. Und schließlich: Haben Sie den Eindruck, daß man die skizzierten Ansätze überhaupt miteinander vergleichen kann? Im Hinblick auf welche Bewertungsgesichtspunkte?

Wie kommt man in diesen Fragen weiter? Und was damit zusammenhängt: Was können wir aus den skizzierten Modellen lernen, um „bessere" Theorien der Emotionen bzw. bessere Forschung zu machen? Zur Klärung dieser Fragen will ich im nächsten Abschnitt zunächst einige grundsätzlichere Überlegungen anstellen.

5.2. Die Notwendigkeit einer meta-theoretischen Analyse

Mit dem Begriff „meta-theoretisch" ist gemeint, daß wir die theoretischen Aussagen selbst zum Gegenstand unserer Analyse machen müssen, wenn wir Bewertungsmaßstäbe und Bewertungen erarbeiten wollen. Der Standpunkt, von dem aus wir die Theorien einschätzen und neue Wege entwickeln wollen, ist in den bisherigen Kapiteln des Buches wenigstens andeutungsweise festgelegt worden: Wir stellen an Theorien über Emotionen die allgemeine Anforderung, konkrete Emotionen konkreter Menschen in Längsschnittuntersuchungen zu beschreiben, um Bedingungszusammenhänge erkennen zu können. Von diesem Standpunkt aus ergibt sich als Ergebnis, daß jeder der genannten Ansätze diese Forderung auf seine Weise verfehlt, wobei aber Psychoanalyse, Lerntheorie und die kognitive Theorie von Lazarus noch am ehesten die Möglichkeit böten, empirisch fruchtbare

Hypothesen über Entwicklungsbedingungen von Emotionen zu formulieren (dazu später in Kap. 6).

Gibt es also bisher gar keine Theorien der Emotion? In der Beilage einer bekannten Wochenzeitung (Die Zeit Nr. 12, 1981) nennt der Autor einer Serie über Emotionen die psychologischen Emotionstheorien „befremdlich" (*Zimmer* im „Zeitmagazin" S. 47). Dem gebildeten Laien erscheinen diese Theorien wohl vor allem deshalb oft als merkwürdig, weil sie von dem, was uns im Alltag als Emotion erscheint, oft eher wegzuführen scheinen als darüber aufzuklären. Über *Strongman*s Versuch, zwanzig Theorien der Emotion darzustellen (1973), meint *Candland* (1977, S. 73), dies erscheine ihm so, als ob einige Blinde einen Elefanten beschreiben wollten. *Rohracher* nennt die von ihm angeführten Gefühlstheorien „sehr grobe Ansätze zu vagen Hypothesen" (1960, S. 436) – ein Urteil, das leider auch nach dem Hinzukommen von weiteren und besseren Ansätzen immer noch richtig ist.

Das Hauptproblem der gegenwärtig in der Diskussion befindlichen Theorien über Emotion besteht darin, daß ihre Aussagen so abstrakt und allgemein sind, daß sie bestenfalls auf anthropologischer Ebene eingeordnet werden können, aber keine empirischen Forschungen in natürlich gegebenen Erlebnis- und Handlungszusammenhängen anregen können. Viele Annahmen sind Antworten auf so allgemeine Fragen wie: Was ist der Mensch? Wie „funktioniert" der Mensch? Schauen Sie sich dazu folgende Aussagen über Emotionen an (nach *Rivera* 1977): Emotion ist ein sekundäres Bedürfnis, etwas anzustreben oder etwas zu vermeiden; Emotionen hängen immer mit Körpervorgängen zusammen; Emotionen spiegeln eine Desintegration der Person oder fördern die Integration; Emotionen sind eng verbunden mit Bewertungsvorgängen; im emotionalen Erleben geschieht eine Auflösung der Ich-Umwelt-Grenze und damit eine Umgestaltung unserer Wahrnehmung der Wirklichkeit; im emotionalen Erleben wird Energie umgewandelt.

Bei solchen Aussagen handelt es sich um empirisch meist nicht überprüfbare Kernannahmen über das Wesen von Emotionen, die als solche zwar die Richtung der Forschung grob festlegen können, aber in der Regel wenig Möglichkeiten für die Entwicklung konkreter Fragestellungen bieten. *Was aber fehlt nun?* Wie sollen forschungsleitende Hypothesen und Theorien aussehen? Wie kann es weitergehen? Zur Klärung dieser Probleme ist ein kleiner Ausflug in die Wissenschaftstheorie nötig, denn dort sind Antworten auf so allgemeine Fragen zu erwarten (vgl. zur Wissenschaftstheorie in der Psychologie z. B. *Ulich* 1980 b).

Theorien unterscheiden sich nicht nur darin, welche Aspekte eines Gegenstandes sie untersuchen oder hervorheben, sondern auch im Hinblick auf zugrundeliegende „Menschenbilder", leitende philosophische Denktraditionen, Wege der Beweisführung (z. B. Analogieschluß vom Tier auf den Menschen), im Abstraktionsgrad ihrer Aussagen, im Grad der empirischen Fundiertheit und vielen anderen Merkmalen. Der Theoriebegriff wird auf so verschiedene Aussagensysteme wie einerseits rein beschreibende Studien und andererseits hochabstrakte Modelle angewandt, in denen empirische Daten kaum noch eine Rolle spielen (vgl. auch *Mullins* 1973, S. 3). Trotz dieser Vielfalt und Verschiedenheit gibt es mindestens zwei Merkmale, die normalerweise in allen theoretischen Aussagesystemen enthalten sind (*Mullins* ebd.):

○ Abstrakte *Verallgemeinerungen,* die über die Beschreibung einzelner Ereignisse oder Fälle hinausgehen, und

○ ein Versuch, auf der Grundlage akzeptierbarer allgemeiner Prinzipien zu *erklären,* warum oder wie etwas geschah.

Zusammenfassend und auf Humanwissenschaften bezogen: Theorien sind Versuche der Analyse und Verallgemeinerung über Erleben und Verhalten von Personen unter besonderer Berücksichtigung des zwischenmenschlichen Bereichs (vgl. *Mullins* a.a.O., S. 5). Letzterer steht in den Humanwissenschaften an der Stelle der „Natur" in anderen Wissenschaften, denn „Natur" begegnet oder beeinflußt uns selten in „reiner", nicht vermittelter Form, und die Entwicklung und Veränderung von Erlebnisweisen und Handlungstendenzen geschieht nur unter dem Einfluß und mit Bezug auf andere Menschen.

Im Anschluß an diese ganz allgemeinen Festlegungen lautet nun die wichtigste Frage: Worauf beziehen sich die „Verallgemeinerungen" und „allgemeinen Prinzipien"? Sie beziehen sich auf Zusammenhänge zwischen bestimmten Bedingungen und (angenommenen oder belegten) Wirkungen. Daher haben viele theoretische Sätze die sprachliche Form „Wenn – Dann". Theorien sind also „Erwartungen", bestimmte Zusammenhänge entweder retrospektiv (Erklärung) oder prospektiv (Vorhersage) zu finden, wobei die Bedingungen auch experimentell hergestellt werden können. Worauf beruhen nun diese Erwartungen? Sie beruhen darauf, daß relativ stabile Beziehungen zwischen bestimmten Bedingungen und Wirkungen entweder gefunden oder aus plausiblen Gründen angenommen werden können. Es gibt in allen Gesellschaften bestimmte Gemeinsamkeiten von Lebensbedingungen, Erlebnisformen, Erfahrungen und Lebensweisen, und diese schaffen gewisse, relativ stabile Ähnlichkeiten im aktuellen Erleben und Handeln, auch in individuellen Entwicklungen und Veränderungen. Diese Vereinheitlichung von Lebensumständen ist, worauf ich zu Beginn des Methodenkapitels schon hingewiesen habe, die Grundlage für Vergleiche und verallgemeinernde Aussagen.

Was folgt nun aus diesen abstrakten Überlegungen für die oben gestellte Frage, in welche Richtung die allgemeinen anthropologischen Aussagen bisheriger Emotionstheorien weiter entwickelt werden müßten?

Es müssen explizite Zusammenhangsvermutungen formuliert werden, die sich

1. auf reale *Bedingungen* der Entwicklung, Veränderung und Erscheinungsformen von Emotionen konkreter Menschen einschließlich deren konkreter Lebensbedingungen und Lebensweisen und

2. auf das davon (hypothetisch) abhängige konkrete *Erleben und Handeln* von Individuen beziehen, das genau und aus der Perspektive der Personen selbst beschrieben werden muß.

3. Es müssen *Methoden* zur Überprüfung der Zusammenhangsvermutungen entwickelt werden, die hinreichend *erlebnis-* und *alltagsnah* sind (vgl. Kap. 4 in diesem Buch).

4. Eine letzte Forderung scheint mir wichtig: Die Zusammenhangsvermutungen und Fragestellungen sollen auch in *praktischer* Hinsicht bedeutsam sein, damit die Forschung von vornherein Anwendungsgesichtspunkte mit enthält.

Alle vier Forderungen scheinen mir in der schon mehrfach erwähnten Studie von Mantell erfüllt zu sein, allerdings mit der Einschränkung, daß dort keine explizit formulierte Theorie zugrunde lag. Seine Ergebnisse (vgl. Kap. 6) kann man verallgemeinernd in folgendem theoretischen Satz zusammenfassen: *Wenn* die Erziehungs-Bedingungen XYZ gegeben sind und der Heranwachsende die Erfahrungen abc macht, *dann* ist die Ausbildung einer aggressiv-feindseligen Haltung zu erwarten. Wir könnten ergänzen: Dann ist eher die Ausbildung dieser Haltung als die Entwicklung einer anderen, z. B. ängstlichen, hilfsbereiten oder depressiven Grundhaltung zu erwarten. Die Methode, um diese Zusammenhangsvermutung zu überprüfen bzw. hervorzubringen, war ein ausführliches offenes Interview, also hinreichend erlebnisnah, mit der Einschränkung, daß alles aus der Erinnerung berichtet werden mußte. Und auch in praktischer Hinsicht war die Fragestellung sinnvoll, vorausgesetzt, man akzeptiert die Frage nach der Entstehung individueller Gewaltsamkeit und Mitleidlosigkeit als ein Thema für die (emotions-)psychologische Forschung.

Es gibt zahlreiche mögliche Anforderungen an Theorien, die sich in verschiedenen Beurteilungsgesichtspunkten niederschlagen.

Herrmann (1976, S. 116f.) hat einmal die Gesichtspunkte zusammengestellt, die seiner Meinung nach tatsächlich heute herangezogen werden, wenn man die Tauglichkeit theoretischer Annahmen beurteilt. Es sind die folgenden Kriterien:
a) Was trägt eine bestimmte Annahme dazu bei, einen schon bekannten Sachverhalt oder ein Problem *besser zu veranschaulichen,* transparent zu machen, zu verstehen? *Herrmann* nennt dies den „Rekonstruktionswert" einer Annahme. Wenn Sie jetzt z. B. an die oben skizzierte Theorie von *James/Lange* denken, dann wird deutlich, daß der Rekonstruktionswert emotionstheoretischer Annahmen nicht immer hoch ist, vor allem, wenn diese Annahmen in so krasser Weise der Alltagserfahrung widersprechen.
b) Ist die Annahme *empirisch überprüfbar?* Dies ist u. a. eine Frage des Abstraktionsniveaus der Aussage, der methodischen Erfaßbarkeit der empirischen Indikatoren der Begriffe, der Entscheidbarkeit der Aussagen selbst. Viele Aussagen aus Emotionstheorien sind nicht entscheidbar, weil sie sich auf das Wesen des Menschen beziehen bzw. kategorialen Festlegungen eines Untersuchungsinteresses entstammen wie z. B. bei Lazarus, den Emotionen nur soweit interessieren, als sie Konsequenz eines komplizierten Bewertungs- und Entscheidungsprozesses sind. Andere interessieren sich für Emotionen nur insoweit, als sie sich in physiologischen Meßwerten ausdrücken. Viele emotionspsychologischen Annahmen sind eher Explikationen eines Menschenbildes als empirisch fruchtbare theoretische Aussagen. Allerdings müssen auch diese Aussagen im Hinblick gerade auf diese Menschenbilder Gegenstand von Entscheidungen sein, wie ich in diesem Kapitel noch zeigen werde.
c) Wie hoch ist der theoretische und anwendungsbezogene *Anregungsgehalt* der theoretischen Annahme? Der theoretische Anregungsgehalt ist hoch, wenn schon vorliegende Annahmen oder Sachverhalte in einem neuen Licht erscheinen, wenn sich neue Ansätze für die Forschung ergeben, wenn Fortschritte in der Theorienbildung in einem wichtigen Bereich zu erwarten sind oder erbracht wurden. Der anwendungsbezogene Anregungsgehalt ist hoch, wenn Beiträge zum Verständnis oder zur Lösung praktischer Probleme erbracht oder erwartet werden können.
Die Beurteilung von Annahmen im Hinblick auf dieses Kriterium hängt von meinen

eigenen Erwartungen ab. Wenn ich Menschen durch Drogen beeinflussen will, schätze ich den Anregungsgehalt physiologischer Annahmen über Emotionen als hoch ein. Wenn ich an der Frage interessiert bin, wie Menschen in ihrem Alltag mit emotionalen Belastungen umgehen, dann werde ich die Theorie von Lazarus als anregend ansehen.

d) Wie hoch ist der *Überraschungswert* der Theorie? Hier hat zweifellos die Theorie von *James/Lange* einen Preis verdient; leider kollidiert aber dieses Merkmal „Überraschungswert" mit anderen Beurteilungsgesichtspunkten, so daß *James/Lange* doch nicht so gut wegkommen würden. Andererseits wird aber eine Theorie, die nur Altbekanntes wiederholt, tatsächlich nicht sehr hoch eingeschätzt werden.

e) Wie hoch wird die *Rahmentheorie* bewertet, aus der die theoretische Annahme stammt? Hier geht es um die Dominanz, Beliebtheit und Durchsetzbarkeit bestimmter Denk-Systeme, Denk-Traditionen und Menschenbilder, die den Rahmen für eine Theorie abgeben. So gibt es seit einigen Jahren in der Psychologie eine „kognitive Wende", die dann auch alle „kognitiv" akzentuierten Theorien als besonders wertvoll erscheinen läßt. Gleichzeitig erleben wir aber auch eine Renaissance evolutionstheoretischer Ansätze. Ursachen für solche Bewegungen kann nur eine wissenschaftssoziologische und -historische Disziplin aufdecken (vgl. *Kuhn* 1967; *Weingart* 1973).

f) Ist die theoretische Annahme vereinbar mit *weltanschaulichen* Globalkonzepten? Hier ergibt sich, auf die Emotionspsychologie bezogen, ein verwirrendes Bild. Denn zum einen werden Theorien hochgeschätzt, die mit der Vorstellung vom Menschen als einem selbstverantwortlich und souverän Handelnden übereinstimmen (vgl. Lazarus und andere kognitivistische Theorien). Und andererseits finden auch Theorien Anklang, die genau das Gegenteil behaupten, nämlich daß wir alle wichtigen Emotionen mit den Tieren gemeinsam haben (z. B. *Plutchik*). Hat aber nicht seit der Antike gerade diese (angebliche) Widersprüchlichkeit der menschlichen „Natur" immer wieder große Beachtung gefunden? (Wenngleich das „Tier" im Menschen nicht immer mit gleichem Wohlwollen betrachtet wurde!)

g) Wie gut hat sich die theoretische Annahme bisher *empirisch bewährt?* Diese Frage hat gerade in der Emotionspsychologie bisher kaum jemanden sehr beeindruckt, denn einschlägige Überblicke enthalten nach wie vor viele Ansätze, die wie z. B. die phylogenetischen, die James-Lange-Theorie, die Theorie von Schachter/Singer oder die Aktivationstheorie der Emotion entweder als nicht prüfbar, als widerlegt oder als mit widersprüchlichen Ergebnissen behaftet gelten. Das Gebot der historischen Redlichkeit sollte doch relativiert werden durch einige der hier aufgezählten Kriterien, weil die Lektüre von Theorien, die hauptsächlich historisches Interesse beanspruchen können, nicht jedermanns Sache ist und die Forschung auch nicht unbedingt weiterbringt.

An dieser Stelle könnte man der Frage nachgehen, warum Theorien „überleben", obwohl sie der Alltagserfahrung widersprechen, obwohl sie kaum empirische Untersuchungen konkreter Emotionen anleiten können, obwohl sie wenig praktisch verwertbare Informationen geben. Die Beantwortung solcher Fragen bedarf einer eigenen Untersuchung. Die einfachste Antwort wäre: Weil es noch keine besseren Theorien gibt.

Theorien können niemals „umfassend" sein. In ihnen drückt sich immer eine bestimmte Auffassung von einem Sachverhalt und ein bestimmtes Untersuchungsinteresse an einzelnen Aspekten aus. Theorien sind wie Scheinwerfer, die einiges hervorheben und anderes im Dunkeln lassen (vgl. *Popper* 1971). Um so wichtiger ist es, diejenigen Denk-Modelle kennenzulernen und voneinander abzuheben, die „hinter" diesen Scheinwerfern stehen und das Licht – aus guten oder schlechten Gründen – nur auf bestimmte Aspekte von Emotionen fallen lassen. Ich will daher im folgenden Abschnitt den Versuch machen, die wichtigsten heute diskutierten Denk-Modelle im Hinblick auf vergleichbare zugrunde liegende Untersuchungsinteressen und Menschenbilder in eine Ordnung zu bringen.

5.3. Versuch einer systematischen Ordnung theoretischer Ansätze

Nach welchen Gesichtspunkten kann man Theorien in der Emotionspsychologie gruppieren? Da die Theorien, wenn überhaupt, bisher nur wenig gesicherte Kenntnisse über Emotionen enthalten, konkurrieren die Ansätze untereinander vor allem als gegensätzliche Meinungen oder Auffassungen über das „Wesen" von Emotionen. Ein Symposium der heute bekanntesten Emotionstheoretiker fand denn auch typischerweise unter dem Titel „Die Natur und Funktion der Emotion" statt (*Scherer* 1981b). Jedes Modell erhebt den Anspruch, zu bestimmen, wie Emotion verstanden und interpretiert werden *soll*. Obwohl also die meisten theoretischen Ansätze den Status paradigmatischer Vorüberlegungen noch nicht überwunden haben, sind sie dennoch einflußreich, und zwar als interpretierende Bezugssysteme bei der Bestimmung von Fragen und der Lenkung der Forschung.

So gibt es etwa auch in der Entwicklungspsychologie derartige Paradigmen, die Fragestellungen, Methoden, Forschung, Ergebnisinterpretation und Theorienbildung bestimmen. *Montada* (1981, S. 276 ff.) unterscheidet folgende solcher „Meta-Modelle": 1. endogenistische Modelle (Entwicklung als Reifung), 2. Organismische Erfahrungstheorien (Piaget, Kohlberg), 3. mechanistische (exogenistische) Erfahrungstheorien und 4. dialektische Modelle, die die Wechselwirkung von umwelt-abhängigem Lernen und der Ausbildung selbstgesteuerter Interessen sowie die Wechselbeziehungen zwischen den am Entwicklungsprozeß beteiligten Personen betonen.

Angesichts des niedrigen Kenntnisstandes, der Verschiedenartigkeit und Widersprüchlichkeit der meisten theoretischen Ansätze bleibt also nur ein einziger Gruppierungsgesichtspunkt übrig, nämlich die anthropologische Ebene der paradigmatischen Wesens-Aussagen. Wie werden Emotionen konzipiert, wie sollen sie verstanden und untersucht werden? Als Motive, als Empfindungen von körperlichen Veränderungen, als wertende Stellungnahmen? Auf die jeweiligen Menschenbilder bezogen könnte man zur Ordnung der theoretischen Ansätze auch karikierende Schlagworte erfinden wie z. B.: der Mensch als vorprogrammierter „Überlebensautomat" (evolutions-biologische Ansätze); der Mensch als „Reflexwesen" (frühe behavioristische Ansätze); der Mensch als „Regeltechniker" (handlungstheoretische Modelle); der Mensch als „souveräner Denker und Lenker seiner Geschicke" (kognitivistische Modelle); der Mensch als „Rollenspieler" (kulturanthropologische und soziologische Ansätze wie z. B. *Averill* 1980).

Es gibt einige Modell- und Analogiebildungen, die in vergleichbarer Form in ganz verschiedenen theoretischen Ansätzen vorkommen, also „quer" zu jedem möglichen Gruppierungs- oder Systematisierungsversuch liegen. So kann man z. B. drei grundlegende *Funktions- oder Prozeß-Modelle* unterscheiden, nach denen Emotionen verstanden werden können:

○ *Reiz-Reaktions-Modell:* Emotionen werden als Reaktionen oder Reaktionsmuster, ausgelöst durch äußere oder innere Reize, verstanden (erb-biologische und behavioristische Tradition);

○ *Regelkreis-Modelle:* Emotionen werden als anpassungs-fördernde Regel-Größen in einem Rückkoppelungssystem von Wahrnehmung-Emotion-Motivation-Handlung verstanden (z. B. in funktionalistischen Handlungstheorien, vg. 5.4.), oft beschrieben nach Modellen der Informationsverarbeitung;

○ *Handlungs-Modelle:* Emotionen werden in Analogie zu Handlungen interpretiert, und zwar

– in Analogie zu Instinkthandlungen (Darwin, Plutchik, Mc Dougall),
– in Analogie zu zweckrationalem Verhalten (kognitive Theorien z. B. der Streß-Bewältigung, vgl. Lazarus),
– in Analogie zu Rollenverhalten (vgl. Averill 1980).

Bereits innerhalb einer Kategorie von Modellen sind Vergleiche sehr schwierig. So wird z. B. innerhalb der Kategorie „Handlungs-Modelle" von den Instinkt-Theorien angenommen, daß Handlungsziele erbbiologisch vorgegeben sind, während kognitive Handlungstheorien eher die Bedeutung von subjektiv-biographisch entwickelten Interessen und Bedürfnissen betonen. Es läßt sich bei einigen Theorien auch sehr schwer entscheiden, welcher der drei Kategorien sie zuzuordnen sind. So enthält z. B. die vielbeachtete Theorie von Plutchik (s. u.) Elemente aus allen drei Funktions-Modellen. Da es bei anderen Ansätzen ähnlich ist, hilft nur weiter, wenn man sich fragt, warum eine Theorie besonders einflußreich geworden ist. Man müßte dann den Ansatz von Plutchik als ein erbbiologisch begründetes Reiz-Reaktions-Modell kennzeichnen und entweder der Kategorie 1 oder der Kategorie 3 zuordnen.

Wenn man nun die eben vorgeschlagene Unterscheidung in verschiedene Prozeß-Modelle und die oft gebrauchte Einteilung von Emotionstheorien im Hinblick auf ihre Begründungen und grundlegenden begrifflichen Kategorien (physiologisch, kognitiv usw.) verbindet, dann ergibt sich die Möglichkeit zu den folgenden drei Ober-Kategorien:

1. biologisch-physiologisch begründete Denkmodelle
2. kognitiv-handlungstheoretisch begründete Denkmodelle
3. Entwicklungsorientierte Denkmodelle

Die letzte Kategorie soll Denkmodelle umfassen, die im Gegensatz zu den beiden anderen wenigstens im Ansatz auf Entwicklungs-, Sozialisations- und Lernbedingungen von Emotionen Bezug nehmen. Mir selbst scheint diese Kategorie deshalb einer gesonderten Erwähnung wert, weil gerade diese Ansätze die Möglichkeit zu notwendigen Forschungen bieten. Die unter (1) zu nennenden Theorien beziehen sich entweder auf Phylogenese oder Aktualgenese, die unter (2) zu nennenden Theorien fast nur auf Aktualgenese (zu den Begriffen vgl. Kap. 2.3). Ich hatte schon öfter darauf hingewiesen, daß jedoch ontogenetische Untersuchungen zur Zeit am allernötigsten sind. Natürlich lassen sich Denkmodelle in der Emotionspsychologie nur akzentuierend der einen oder anderen Kategorie zuordnen. Ich werde darauf im folgenden nicht mehr im einzelnen eingehen; auch inhaltlich werden die Modelle nicht mehr beschrieben. Soweit ich die Ansätze für wichtig halte, wurden oder werden sie an anderen Stellen des Buches näher ausgeführt. Die folgende Systematik ist lediglich ein Versuch der „Etikettierung".

1. biologisch-physiologisch begründete Denkmodelle

○ Emotionen sind re-aktivierte, erbbiologisch festgelegte und genetisch gesteuerte, oft nur noch rudimentär oder spurenhaft vorhandene Reaktionsmuster, die als Dispositionen das Überleben der Art garantieren (z. B. Darwin, Plutchik).

○ Emotionen sind bewußtseinsmäßige Repräsentationen (Rückmeldungen, Informationen) körperlicher (peripherer oder zentraler) Prozesse oder einfacher: Emotionen sind Empfindungen körperlicher Veränderungen (z. B. James/Lange; z. T. auch Aktivierungstheorien).

○ Emotionen sind Bewußtseinsinhalte, die als Produkt aus physiologischer Aktivierung (Erregung) und der darauf bezogenen kognitiven Interpretation zustande kommen und möglicherweise nur bei Unterbrechungen von Handlungsverläufen auftreten (z. B. Schachter/Singer; Mandler).

2. kognitiv-handlungstheoretisch begründete Denkmodelle

○ Emotionen sind zustandsbezogene wertende Stellungnahmen oder Urteile, die als Produkte kognitiver Aktivitäten anzusehen sind (z. B. Lazarus).

○ Emotionen sind Regulatoren des Anpassungsverhaltens, indem sie mangelnde Anpassung als „Störung" signalisieren und bessere Anpassung anleiten (z. B. Reykowski, Scherer, Weinrich, teilw. auch Freud).

3. Entwicklungs-orientierte Denkmodelle

○ Emotionen sind erlebnismäßige, trieb-gesteuerte sowie zwischen „Lust" und „Unlust" variierende Zustände der Person, in denen sich immer auch konflikthafte biographische Erfahrungen mit bestimmten gesellschaftlichen Erwartungen, Erziehungsmilieus und Versuchen der eigenen Bedürfnisbefriedigung niederschlagen (Psychoanalyse).

○ Emotionen sind erlebnismäßige Zustände, in denen sich vor allem Bedürfnisse und Erfahrungen aus frühen zwischenmenschlichen Interaktionen und Beziehungen spiegeln (neuere Psychoanalyse).

○ Emotionen sind gelernte motivationale Erlebnis- und Handlungsbereitschaften bzw. „sekundäre" Bedürfnisse, die das Verhalten beeinflussen (Neo-behavioristische Lerntheorien; teilweise auch Izard; Tomkins).

○ Emotionen sind Erlebnisse (oder aktualisierte Erfahrungen oder Antizipationen) der Auseinandersetzung mit einer bestimmten Umwelt, deren Erwartungen, Zwängen, Möglichkeiten; Erlebnisse und Erfahrungen schlagen sich in bestimmten zustandsbezogenen Erwartungen und Einstellungen der Person wie z. B. Hilflosigkeit als Folge einengender Lebensbedingungen oder Angst als Folge undurchschaubarer Lebensbedingungen nieder (soziologische Ansätze, einzelne Theorien aus der klinischen Psychologie; „kritische" Psychologie, z. B. Holzkamp-Osterkamp 1976).

Zusammenfassend kann man über die unter (3) genannten Ansätze sagen: Emotionen sind zustandsbezogene bewußte Erlebnisse und als solche immer auch Ausdruck von bestimmten Erfahrungen und Erwartungen anderer in bestimmten Umwelten. Nur hier also wird auf die Notwendigkeit hingewiesen,

Emotionen person- und entwicklungsspezifisch auf gegebene Umwelten bezogen zu untersuchen.

Die Entscheidung für oder gegen ein bestimmtes Denkmodell hängt davon ab, was wir selbst wollen. Niemand kann Emotionen „überhaupt" untersuchen; immer ist eine Präzisierung des Aspektes nötig, unter dem man sich für Emotionen interessiert. Um solche Entscheidungen treffen zu können, ist es darüber hinaus nötig, daß man sich *begründet* für ein bestimmtes Denkmodell entscheidet bzw. einen bestimmten Weg einschlägt. Dieser Weg kann nur über die zur Zeit einflußreichste Denkrichtung in der Emotionspsychologie, den „Funktionalismus" führen. Daher werde ich diesem im nächsten Abschnitt relativ viel Raum geben.

5.4. Funktionalismus als dominierende Denkweise in der Emotionspsychologie

Zur Zeit dominiert in der Emotionspsychologie eine Denkweise, die ich – in Analogie zum soziologischen Funktionalismus – „funktionalistisch" nennen möchte. Damit meine ich die Tendenz, Emotionen vorweg in bestimmte Zweck-Mittel-Zusammenhänge zu stellen und stets nach dem „Wozu" von Emotionen zu fragen, anstatt nach dem „Warum". Diese funktionalistische Denkweise findet sich sowohl in kognitiven Handlungs-Regulations-Modellen wie auch in erb-biologisch stammesgeschichtlichen Theorieansätzen, welche die „Aufgaben" von Emotionen aus der „Evolution" herleiten. Denkweisen sind auf noch allgemeinerer Ebene als Denkmodelle anzusiedeln, weil sie grundlegende Modi des Umgehens mit Emotionen als Forschungsgegenstand darstellen. Die funktionalistische Denkweise ist heute ebenso einflußreich wie bedenklich. Bedenklich ist sie, weil sie, wie ich noch zeigen werde, Forschungsfragen abschneidet und anstelle empirischer Forschung dogmatische, voreilige Antworten gibt. Aufgrund der Dominanz dieses Denkens in der Emotionspsychologie kann jedoch jegliche Form einer *besseren* Emotionsforschung nur aus der Auseinandersetzung mit dem Funktionalismus heraus entwickelt werden.

Emotionen helfen uns beim „Funktionieren"

Haben Sie sich schon einmal überlegt, *wozu* Ihre Emotionen da sind, wofür sie gut sind? Ich kann es mir kaum vorstellen, denn Sie fragen sich sicher gelegentlich, *warum* Sie traurig sind oder *wovor* Sie sich eigentlich fürchten; aber Sie fragen sicher kaum, *wozu* Sie sich freuen oder wozu Sie neidisch sind. In der Psychologie werden diese Wozu-Fragen jedoch gerne gestellt. Dies hat u. a. historische Gründe; man glaubte, in Analogie zur Natur, auch in der Psyche objektive Sinnzusammenhänge annehmen zu müssen, was sich z. B. in der Frage nach den Gesetzmäßigkeiten des „psychischen Apparats" ausdrückte. Im mechanistisch-materialistischen Denken des ausgehenden 19. Jahrhunderts funktionierte dieser psychische Apparat nach dem Prinzip der Arbeitsteilung: Jedem Teilchen war eine sinnvolle Aufgabe zugewiesen; diese „natürliche" Aufgabenverteilung sollte die Forschung „entdecken". Unterstützt wurde eine solche Auffassung auch von der Vermögenspsychologie, die bekanntlich „Wollen", „Denken" und „Fühlen" unterschied.

Damit ergab sich auch für die Emotionspsychologie die Notwendigkeit, die Frage nach dem *objektiven Sinn* von Emotionen zu beantworten. „Objektiv" heißt: Über die historische Relativität und die individuelle Erscheinungsform von Einzelschicksalen hinaus soll bestimmt werden, welche Aufgaben die Emotionen erfüllen – etwa analog den Aufgaben, die bestimmte physiologische Teil-Systeme (Drüsen, Nervenbahnen, Synapsen) für die Funktionsfähigkeit des Gesamtsystems Organismus erfüllen. Seit Freud sind in der Emotionspsychologie eine Reihe solcher grundlegender Aufgaben (oder „Funktionen") genannt worden: Emotionen haben z. B. eine „Signal-Funktion" (Angst signalisiert Gefahr), oder eine „Unterbrechungsfunktion" (die Aufmerksamkeit wird auf bestimmte Gefahrenmomente gerichtet, Energie wird mobilisiert) oder auch eine „Bewertungsfunktion" (für die Planung und Beurteilung von Handlungen). Auch für „positive" Emotionen, wie z. B. Hoffnung, Freude oder Erleichterung wurden bestimmte „Aufgaben" gefunden: Aufrechterhaltung von Ausdauer, Gewähren von Atempausen, Wiederherstellung der Handlungsfähigkeit (vgl. *Lazarus/Kanner/ Folkman* 1980).

In Verbindung mit kognitiven Einschätzungsprozessen sind Emotionen in dieser Sicht also wichtige Aktivatoren, Motivatoren und Organisatoren des Verhaltens (vgl. z. B. *Izard/Buechler* 1980). Oder noch allgemeiner ausgedrückt: Sie wirken mit bei der „Regulation des Verhaltens". Wie sie dies tun, dies wird in unterschiedlich begründeten Modellen der Regulation des Verhaltens oder Handelns beschrieben (vgl. z. B. *Lazarus* a.a.O., *Mandler* 1980; *Reykowsky* 1973; *Weinrich* 1980; *Kleiber/Stadler* 1981; *Scherer* 1981a). Nach *Mandler* besteht die Funktion von Emotionen vor allem darin, Verhaltensabläufe zu unterbrechen und eine Neu-Organisation psychischer Prozesse zu erzwingen, einschließlich (gleichzeitiger) physiologischer Aktivation. Dieses „Stör-Reiz-Modell", dem auch Reykowski, Weinrich und viele andere anhängen, wird von Scherer (a.a.O.) abgelehnt, da positive Emotionen (wie z. B. Interesse) Handlungen nicht unterbrechen, sondern fördern. Scherer betont die Funktionen der kanalisierenden Bewertung, Handlungs-Vorbereitung und Wieder-Bewertung.

Neben den behavioristisch oder physiologisch begründeten Stör-Reiz-Modellen (bei Mandler ist allerdings die kognitive Komponente sehr betont), gibt es also auch „neuere" handlungstheoretische Auffassungen über die *„regulative Funktion"* wie z. B. die von *Scherer*. In klassischer Weise vertritt Weinrich (1980, S. 133) das erste Modell: Eine Emotion ist das Ergebnis eines Entscheidungsprozesses; dieser wird nötig, wenn ein äußeres Ereignis den laufenden Anpassungsprozeß des Individuums verändert. Die Emotion ist der innere „Motivator", der eine Bereitschaft zur besseren Anpassung herstellt. Die Emotion kann sich in einer Handlung „entladen", die eine äußere, anpassungs-förderliche Veränderung herbeiführt. Oder die Emotion löst sich auf wegen einer sonstigen Veränderung der Umwelt oder deshalb, weil ich „kognitiv" die Bedeutung des (unterbrochenen) Anpassungs-Verhaltens verändere. Sehr ähnlich, wenn auch mit einem ganz anderen theoretischen Hintergrund argumentiert Reykowski: Emotionen treten als „Regelungsprozesse" auf, wenn irgendetwas mit dem Gleichgewichtszustand des Individuums bzw. seinen Beziehungen zur Umwelt nicht in Ordnung ist (1973, S. 27). „Funktion dieses Prozesses ist es, den Organismus vorzubereiten, damit fertig zu werden" (ebd.).

Auf weitere kognitionstheoretische und handlungstheoretische Regelungs-Modelle gehe ich an dieser Stelle nicht ein.

Gemeinsam scheint allen diesen Modellen die *Geschichtslosigkeit* ihrer Betrachtungsweise zu sein, die in sehr bedauerlicher Weise auf den Gegenstand selbst abfärbt. Es interessieren nur Aspekte momentanen Handelns, also allenfalls aktualgenetische Fragestellungen. Daß Emotionen Aufgaben der Regulation haben, wird vorausgesetzt. Erklärt wird das „Wie" auf zweierlei Weise: Die einen nehmen offenbar „eingebaute", automatisch funktionierende Mechanismen der „Regulation" an (vgl. *Folkman/Schaefer/Lazarus* 1979, S. 270, über die Anhänger einer „Signal"- bzw. „Unterbrechungsfunktion"). Und die anderen, zu denen Lazarus selbst gehört, unterstellen den souveränen Denker und Lenker seiner eigenen Geschicke, der sich selbst „reguliert". Beide „Erklärungen" sehen gleichermaßen ab von der Eingebundenheit des Individuums in die Geschichte und Erwartungen seiner Gruppe und Gesellschaft, in seine eigene Biographie, seine eigenen Kompetenzen und Empfindlichkeiten usw. Auch marxistisch orientierte Handlungstheorien (vgl. z. B. *Kleiber/Stadler* 1981), die weniger geschichtslos argumentieren, liefern kaum Anhaltspunkte für eine empirische Beantwortung der Frage, wie sich eigentlich konkret in individuellen Lebensläufen Emotionen und deren (angebliche) Funktionen entwickeln.

Ich will es an dieser Stelle bei der etwas pauschalen zusammenfassenden Feststellung belassen, daß Regulations-Modelle unabhängig von ihren spezifischen Begründungen die konkrete Person auf eine „Querschnitts-Existenz" reduzieren. Breiteren Raum will ich im folgenden lieber dem erb-biologischen funktionalistischen Ansatz in der Emotionspsychologie geben, da er zur Zeit die einflußreichste Denkweise darstellt. Anschließend werde ich dann genauer auf das auch in den Regulationsmodellen wirksame Prinzip einer funktionalistischen „Erklärung" eingehen.

Der Mensch als Tier:
evolutions-biologischer Funktionalismus

Daß der Mensch vom Affen abstamme, ist nicht nur beliebtes Thema seichter Partygespräche, sondern, unter dem etwas anspruchsvolleren Titel einer „evolutionären Kontinuität zwischen Tier und Mensch", leider auch in der Psychologie und dort besonders in der Emotionspsychologie ein tragender Gedanke. Neben Konrad Lorenz in Deutschland („Das sogenannte Böse") haben in den USA vor allem einige Psychiater einen populären „ethologischen Journalismus" (*Mandler* 1979, S. 118) entwickelt, dessen bekanntester Vertreter Plutchik (z. B. 1980) ist. Bevor ich auf ihn eingehe, möchte ich zunächst an zwei Beispielen zeigen, wie eng bereits die Verzahnung zwischen dieser Art von Wissenschaft und der öffentlichen Meinungsbildung ist.

Vor einigen Wochen war ich in einem Film des französischen Regisseurs Resnais mit dem Titel „Mein Onkel aus Amerika". Wenn Sie auch in diesem Film waren, dann versuchen Sie, sich an Ihren damaligen Eindruck zu erinnern. Dieser Film parallelisierte bestimmte ausschnitthafte Ereignisse und Handlungen aus den Lebensgeschichten dreier Menschen mit Ausschnitten aus Rattenexperimenten. Die Rattenexperimente wurden von einem ebenso salbungsvoll wie banal daherredenden „Verhaltensforscher" kommentiert. Ganz offenbar verfolgte der Film das ernsthafte Ziel, Erleben und Handlungen von Menschen aus ihrer Ähnlichkeit mit Tieren, nämlich aus vergleichbaren „Mechanismen" verständlich zu machen. Die Reaktion der durchweg „gebildeten" Zuschauer: Anstatt sich solchen Unsinn durch ein Pfeifkonzert zu verbitten, harrten sie in atemloser Stille und mit ehrfürchtigem Staunen bis zum Schluß aus.

Das zweite Beispiel: In der schon erwähnten Serie im Zeit-Magazin referierte der bekannte Redakteur und Autor Dieter E. Zimmer einige neuere Emotionstheorien, wobei er dem Ansatz von Plutchik ganz besonders viel Bedeutung einräumte. Die evolutionsbiologische Sichtweise wird im wesentlichen kritiklos übernommen, obwohl der Autor die Probleme anderer Theorien durchaus sieht. Auch in einem späteren Artikel (Die Zeit Nr. 47, S. 10 ff.) behauptet derselbe Autor, „daß der Mensch von der Evolution darauf eingerichtet wurde", bestimmte Emotionen wie z. B. Angst zu empfinden; „Der Zweck des Unlustgefühls der Angst besteht darin, daß sie uns zu einem bestimmten Verhalten bewegt: nämlich dazu, die Gefahr zu scheuen, zu meiden, zu fliehen." Nicht erstaunlich, daß sich Dieter E. Zimmer dann darüber wundern muß, daß „unser Gefühlsapparat" nicht imstande ist, die Gefahren eines Atomtodes angemessen abzubilden, wo doch die „Evolution" und die „Natur" angeblich unsere Gefühle „hervorgebracht" haben! Auf die positive Seite seiner Argumente komme ich noch zurück.

Doch nun zu Plutchik: Er hat die zur Zeit am meisten verbreitete Fassung einer erb-biologistischen Theorie der Emotionen verfaßt (hier nach der Fassung von 1980 dargestellt). Auf seinen Ansatz gehe ich hier nur deshalb ein, weil diese Art von Denken sich so außerordentlicher Beliebtheit erfreut und weil man an seinem Ansatz gut die Gefahren zeigen kann, die der Emotionspsychologie entstehen können, wenn verhaltensbiologischen Spekulationen allzuviel Raum gegeben wird. Merkwürdigerweise wird auch in deutschen Rezeptionen solcher Auffassungen kaum je auf die Diskussion um den sehr verwandten Ansatz von Lorenz Bezug genommen.

Plutchik behauptet, kurz zusammengefaßt, folgendes: Es gibt eine durch die Evolution (was immer das im einzelnen sein mag) entstandene Kontinuität zwischen Tier und Mensch. Wegen dieser Kontinuität haben wir alle wichtigen Emotionen mit den Tieren gemeinsam. Dies deshalb, weil Emotionen naturgemäß

Eine allgemeine psycho-evolutionäre Theorie der Emotion: Postulate

„Postulat 1: Der Begriff der Emotion ist anwendbar auf alle Stufen der Entwicklungsgeschichte (Evolution) und gilt für Tiere ebenso gut wie für Menschen.

Postulat 2: Emotionen haben eine evolutionäre Geschichte und unterschiedliche Formen des Ausdrucks in verschiedenen Arten (Gattungen) herausgebildet.

Postulat 3: Emotionen erfüllen eine adaptive Rolle, indem sie Organismen helfen, mit den wesentlichen Überlebensaufgaben, die von der Umwelt gestellt werden, fertig zu werden.

Postulat 4: Trotz unterschiedlicher Formen des Ausdrucks von Emotionen in verschiedenen Arten (Gattungen) gibt es bestimmte gemeinsame Elemente oder prototypische Muster, die identifiziert werden können.

Postulat 5: Es gibt eine kleine Zahl grundlegender, primärer oder prototypischer Emotionen.

Postulat 6: Alle anderen Emotionen sind gemischte oder abgeleitete Zustände; d. h. sie kommen vor als Kombinationen, Mischungen oder Verbindungen der primären Emotionen.

Postulat 7: Primäre Emotionen sind hypothetische Konstrukte oder idealisierte Zustände, deren Eigenarten und Merkmale nur erschlossen werden können aufgrund verschiedener Arten von Belegen.

Postulat 8: Primäre Emotionen können aufgefaßt werden als Paare von polaren Gegensätzen.

Postulat 9: Alle Emotionen variieren im Grade ihrer Ähnlichkeit untereinander.

Postulat 10: Jede Emotion kann in unterschiedlichen Graden der Intensität oder des Erregungsniveaus vorkommen."

(Plutchik 1980, S. 4 f.)

den Zweck haben, die Erhaltung der Art und des Lebens zu sichern. Also müssen wir, aufgrund unserer stammes- und artgeschichtlichen Entwicklung von den Tieren her, auch die wichtigsten Emotionen mit den Tieren gemeinsam haben, denn sonst könnten wir heute gar nicht überleben. Da wir uns aber (als Gattung Mensch) bis heute entwickelt, bis heute überlebt haben, und da wir von den Affen abstammen, müssen die heute vorfindlichen Emotionen nicht nur mit den Tieren gemeinsam sein, sondern auch dem Überleben dienen bzw. auch immer gedient haben!

Diese Argumentation mögen viele verwirrend finden, doch zunächst wollen wir den Gedankengang von Plutchik weiterverfolgen. Er stellt als nächstes die Frage, welche grundlegenden Situationen für alle lebenden Organismen überlebenswichtig sind. Die Antwort darauf findet er bei Verhaltensforschern, die sich zwar kaum mit Menschen, dafür aber viel mit Ameisen und Affen beschäftigt haben. Folgende „grundlegende Klassen von Anpassungsverhalten" werden aufgestellt: Schutzsuche, Zerstören, Einverleiben (wie beim Essen, der Paarung oder dem Anschluß an eine Gruppe), Ablehnung, Reproduktion, Reintegration, Orientierung, Exploration. Diese „prototypischen Verhaltensmuster" zeigen sich allerdings nur dann, wenn auf einen Reiz hin folgende „Kettenreaktion" ausgelöst wird: Reiz – Kognition – Gefühl – Verhalten – Wirkung. Jeder Kategorie ist also eine prototypische Kette von notwendigen Prozeßgliedern zugeordnet (s. u.), wobei das Gefühl (wie übrigens auch die Kognitionen) im Dienste der Anpassung, d. h. der jeweils aktuell werdenden Überlebens-Probleme steht.

Der leitende Grundgedanke ist der, daß es für alle Organismen, von der Amöbe bis zu Einstein, identische Aufgaben der Lebenserhaltung und des Überlebens gebe, bei deren Lösung die Emotionen eine unverzichtbare Hilfe sind. Man muß also jetzt nur noch herausfinden, welche Emotionen bei der Lösung welcher Aufgaben benötigt werden. Plutchik entwickelt dazu die Vorstellung einer Art intra-psychischer Arbeitsteilung: Kognition, Emotion und Verhalten teilen sich mehr oder weniger gerecht die schwierige Aufgabe, das Überleben zu sichern. Plutchik nennt dazu folgende acht grundlegenden Emotionen: Furcht, Ärger/Wut, Freude, Traurigkeit, Aufnahmebereitschaft, Ekel, Erwartung, Überraschung. Versuchen Sie nun einmal selbst, diese acht grundlegenden Emotionen den acht Kategorien des Anpassungsverhaltens zuzuordnen! Plutchik (1980, S. 16) hat es geschafft, wie die Abbildung auf S. 131 zeigt.

Wohl nirgendwo sonst in der Emotionspsychologie zeigt sich allerdings soviel Hilflosigkeit wie in diesem verkrampften Versuch von Plutchik, die „Natur" von Emotionen zu bestimmen und daraus deren „Funktion" in konkreten Handlungsabläufen abzuleiten. Plutchik ergänzt seine Zusammenstellung mit dem Hinweis, daß die Ketten eine Folge von Wahrscheinlichkeiten seien: Man könne auch „unangemessen" reagieren, sich irren, falsch handeln o. ä. Dieser Hinweis mindert jedoch zum einen den möglichen Erklärungswert des Modells noch mehr, da man nicht weiß, unter welchen Umständen wer auf welche Weise „Fehler" machen könnte. Und zum anderen ändert die Relativierung nichts an Plutchiks Meinung, daß die grundlegende „Passung" von Emotion und Überlebensaufgabe erbbiologisch vorprogrammiert sei.

Außerdem arbeitet Plutchik bei der Aufstellung der Tabelle mit einem Trick: Die Logik seiner Argumentation läuft nämlich eindeutig von rechts nach links, sie geht nämlich aus von der Behauptung prototypischer Aufgaben bzw. Erfordernisse, die von allen Arten erfüllt werden müssen. Lesen tun wir die Tabelle aber von links nach rechts und gewinnen so den Eindruck, daß auf irgendeine wunderbare Weise die Natur es so eingerichtet hat, daß die Erfordernisse auch erfüllt werden, die „prototypischen" Verhaltensweisen also auch entsprechend ablaufen. Dieser Trick wird dadurch schwer durchschaubar, daß Plutchik (wie viele andere Funktionalisten) in der Abbildung nicht mehr unterscheidet zwischen *erwarteter*

Reiz-Ereignis	erschlossene Kognition	Gefühl	Verhalten	Wirkung
1. Bedrohung	„Gefahr"	Furcht, Schreck	Flucht	Schutz
2. Hindernis	„Feind"	Ärger, Wut	Beißen Schlagen (Angriff)	Zerstören
3. Möglicher Geschlechts- partner	„Besitz"	Freude	Werbung und Paarung	Reproduktion
4. Verlust einer geschätzten Person	„Isolierung"	Traurigkeit, Kummer	Hilferuf	Reintegration
5. Gruppenmit- glied	„Freund"	Aufnahme, Vertrauen	Herausputzen Teilen	Anschluß
6. Scheußlicher Gegenstand	„Gift"	Ekel	Erbrechen, Wegstoßen	Zurückweisen
7. Neue Umwelt	„Was ist hier los"	Erwartung	Untersuchen	Exploration
8. Plötzlicher neuartiger Gegenstand	„Was ist das"	Überraschung	Anhalten	Orientierung

Abb. 1: Die Entstehung einer Emotion – evolutionsbiologisch gesehen (Plutchik 1980, S. 16)

Aufgabenerfüllung und *erbrachter* Leistung: Er bezeichnet die prototypischen Verhaltensweisen einfach als „Wirkungen".

Leider finden sich weder bei Plutchik noch in den meisten Rezeptionen seines Ansatzes Hinweise darauf, daß die Probleme einer solchen Bestimmung „grundlegender" Emotionen aus der Motivationspsychologie eigentlich längst bekannt sind. Immerhin schwankt in der Literatur die Zahl der Verhaltensweisen, die einem Instinkt oder Trieb zugeschrieben werden, zwischen 1 und 5684 (zit. nach *Nolting* 1978, S. 37). Warum sollte es also leichter sein, grundlegende Emotionen statt grundlegender Triebe zu bestimmen? In beiden Fällen mußte häufig die „Natur" als Legitimation herhalten. Die Annahmen von Plutchik, wie sie in der Tabelle wiedergegeben sind, sind durch empirische Ergebnisse kaum belegt, ja in dieser Form gar nicht belegbar (s. u.). Dies hat ihn jedoch nicht davon abgehalten, seine Ansichten anhand von Beispielen aus dem Alltag weiter zu illustrieren.

So ist auch im sozialen Zusammenleben heutiger Menschen die ordnende Hand der Natur zu spüren: Sowohl bei niederen (!) Tieren wie bei den Menschen gibt es z. B. hierarchische Beziehungen, die die vertikale Dimension des sozialen Lebens symbolisieren (*Plutchik* 1980, S. 27). So gibt es Alters-Beziehungen, Beziehungen zwischen den Geschlechtern und zwischen sozialen und ökonomischen Schichten, die alle diese hierarchische Ordnung wiedergeben. „Allgemein gesprochen, diese hierarchischen Organisationen spiegeln die Tatsache, daß einige Leute mehr wissen als andere, daß einige Leute stärker oder geschickter sind als andere Leute, und daß alle Leute sich in ihren affektiven Dispositionen unterscheiden. Alle Organismen müssen sich diesen Realitäten stellen und damit zurechtkommen" (ebd.). Menschen in höheren Positionen der Hierarchie (also z. B. Männer und Angehörige höherer Schichten) neigen zu Dominanz und z. B. zur Emotion Ärger, während Menschen in der unteren Gegend der Hierarchie (also z. B. Frauen und Leute aus unteren Schichten) eher Unterwürfigkeit und Angst zeigen.

Dies soll als Probe dafür genügen, wie der Psychiater und Evolutionsbiologe Plutchik unseren Alltag erklärt. „Die Welt ist komplizierter und läßt sich mit Hilfe von acht Primäremotionen nicht erklären" (*Schwarzer* 1981, S. 71). Was aber geschieht, wenn man dies dennoch für möglich hält, wenn man also glaubt, daß es eine – biologisch vorprogrammierte – *begrenzte* Zahl von „hauptsächlichen Lebensproblemen", von darauf bezogenen Kognitionen, Emotionen, Verhaltensweisen und Effekten gibt? Dann wird menschliches Leben in Analogie zur „Natur" interpretiert, mit den eben angedeuteten Folgen einer „natürlichen" Überlegenheit der Starken über die Schwachen, der Männer über die Frauen, der Klugen über die Dummen usw. Zu solchen Auffassungen kann man nur durch die konsequente Ausblendung all derjenigen geschichtlichen und biographischen Ereignisse und Erfahrungen kommen, die erst *menschliche* Emotionen als etwas Gewordenes und subjektiv Bedeutsames verständlich machen können.

Auf andere Aussagen und Probleme des vielgestaltigen Ansatzes von Plutchik gehe ich hier nicht ein. Es kam mir hauptsächlich an auf seine Auffassung, daß Emotionen Funktionen haben, die aus ihrer evolutionären Entwicklung heraus ableitbar sind und daß diese Emotionen danach beschrieben werden können, welche Funktionen sie für die Auseinandersetzung mit der Umwelt zur Sicherung des Überlebens haben. Wegen der außerordentlichen Beliebtheit dieser Theorie und anderer erb-biologischer Ansätze will ich im folgenden auf einige zentrale Probleme eingehen, die mit der funktionalistischen Denkweise *generell* zusammenhängen.

Exkurs: Eigenarten und Probleme des funktionalistischen Denkens

Auf dem Kongreß der Deutschen Gesellschaft für Psychologie in Zürich (1980) forderte Norbert Bischof in seinem Eröffnungsvortrag eine „teleonome Wende der Psychologie" (1981, S. 39). Neben und anstelle der kausal-analytischen Suche nach Gesetzmäßigkeiten solle in Analogie zum biologischen Denken – mit dem Namen *Darwin* eng verknüpft – auch in der Psychologie „die Zweckmäßigkeit zum dominierenden Findeprinzip" aufsteigen (S. 31). Statt Zweckmäßigkeit oder Teleologie sage man heute lieber „Funktion" oder „Adaption" oder „Teleonomie". Dieses von höchster Stelle vorgetragene Plädoyer für eine funktionalistische Betrachtungsweise in der Psychologie ist ein Grund mehr, sich zumindest mit einer bestimmten Form dieses Denkens (von Bischof nicht unbedingt so vertreten) auseinanderzusetzen.

132

Im funktionalistischen Denken äußern sich sowohl ein bestimmtes Untersuchungsinteresse am Gegenstand Emotion wie auch eine spezifische Art des Fragens und Denkens über den Gegenstand. Gemeinsam ist allen funktionalistischen Ansätzen in der Emotionspsychologie das folgende Untersuchungsinteresse: Emotionen interessieren nur insoweit, als ihnen eine ganz bestimmte Rolle im Prozeß der Planung und Durchführung von Handlungen zugeschrieben werden kann, nämlich die der Regulierung und Steuerung. Von Emotionen wird erwartet, daß sie Beiträge leisten für die Erreichung bestimmter Ziele und Zwecke wie z. B. den der Arterhaltung, den der (allgemeinen) Handlungsregulation oder Zielerreichung, den der Gleichgewichtserhaltung, der Entladung, Triebreduktion, Entspannung usw. Damit ist der Begriff der *Funktion* klar: Man meint damit den erwarteten oder erbrachten Beitrag eines Prozesses, eines Ereignisses usw. für die Erreichung vorgegebener bzw. übergeordneter Ziele eines vorgegebenen oder übergeordneten Systems.

Die funktionalistische Fragestellung erfordert eine teleologische Erklärungsweise: Die Existenz einer Sache wird damit begründet, daß sie bestimmte Zwecke erfüllt, bestimmten Zielen dient. Anhand von zwei Beispielen will ich den Unterschied zwischen teleologischem und kausal-analytischem Denken klarmachen:

a) Herr Müller ist schlank, *weil* er wenig ißt (kausal);
  Herr Müller ißt wenig, *um* schlank zu bleiben (teleologisch).

b) Kinder lernen etwas, *weil* sie in die Schule gehen (kausal); die Schule wurde eingerichtet, *um* Kinder auf das Leben vorzubereiten (teleologisch).

Beide Arten der Begründung müssen immer sehr genau auseinandergehalten werden. Man kann nämlich von der teleologischen Setzung oder Unterstellung eines bestimmten Zweckes oder Zieles nicht schließen, daß der Zweck auch wirklich erreicht wird (die Kinder also tatsächlich für das Leben Wichtiges lernen bzw. Herr Müller wirklich schlank bleibt). Man kann kausal nicht sicher sein, daß der Zweck auch die „Ursache" der möglicherweise beobachteten Wirkung war. So können die Kinder wirklich etwas Wichtiges gelernt haben, aber nicht in der Schule, sondern z. B. in der Gruppe der Gleichaltrigen; oder: Herr Müller bleibt wirklich schlank, aber nicht, weil er wenig ißt (unzulässiger Schluß von Zweck auf Ursache), sondern wegen einer Drüsenstörung wie z. B. einer Schilddrüsen-Überfunktion.

Warum sind nun diese eher abstrakten Überlegungen so wichtig für die Emotionspsychologie? Weil funktionalistisches Denken stets die Gefahr eines „teleologischen Irrtums" in sich birgt: Es wird aufgrund einer kategorialen Vorentscheidung etwas als bereits erwiesen angesehen, was in Wirklichkeit nur unterstellt wurde (daß nämlich Emotionen z. B. „Überlebens-Funktion" haben). Das zu Beweisende, nämlich die Überlebens-Funktion von Emotionen wird ja tatsächlich, wie wir bei Plutchik gesehen haben, aufgrund der „evolutionären Kontinuität" in der stammesgeschichtlichen Entwicklung der Gattung Mensch als bereits erwiesen angesehen. Dann braucht man vorfindliche Emotionen nur noch bestimmten Überlebens-Zwecken zuordnen, und die Emotions-„Theorie" ist fertig. In Wirklichkeit hat man nur die selbst versteckten Ostereier gefunden, denn *ob*

Emotionen Überlebens-Wert haben, war überhaupt nie Gegenstand von theoretischen Überlegungen, sondern nur: *welchen* Überlebens-Wert sie jeweils haben. Heraus kommen dann zwei sich gegenseitig stützende Aussagen wie diese: (1) Die Menschen haben die Merkmale xyz, um zu überleben. (2) Die Menschen haben überlebt, weil sie die Merkmale xyz haben. Perfekter kann man logische Ziele nicht konstruieren!

In einer etwas abstrakteren Zusammenfassung heißt „teleologischer Irrtum", speziell auf erbbiologische Evolutionstheorien der Emotion bezogen: Von der (plausiblen) Notwendigkeit zum Überleben bzw. zur Lebenserhaltung wird auf die Existenz ganz bestimmter lebenserhaltender Prozesse geschlossen, oder kürzer: Von der Denknotwendigkeit wird auf die Existenznotwendigkeit geschlossen. Daraus folgt als schwerwiegender, weil das Untersuchungsinteresse zentral bestimmender weiterer Schritt: Emotionen werden vorweg in formal-teleologische Zweck-Mittel-Zusammenhänge gestellt, d. h. konkret: Es werden nur „Wozu"-Fragen und „Um-zu"-Antworten formuliert. Dies bedeutet zugleich, daß tendenziell der ganze Bereich der lebensgeschichtlichen Entwicklung von konkreten Emotionen konkreter Individuen ausgeblendet wird. Keine einzige funktionalistisch orientierte Emotionstheorie macht Aussagen darüber, *wie* konkret aufgrund lebensgeschichtlich entwickelter Erfahrungen, Verletzbarkeiten und Kompetenzen, aufgrund von Lebensumständen und Erwartungen an die Person sowie aufgrund von bestimmten zwischenmenschlichen Beziehungen, Konflikten usw. die subjektiven Bedeutungen konkreter Gefühlserlebnisse, Haltungen oder Stimmungen zustandekommen. So bleiben die Antworten der funktionalistisch orientierten Emotions-Psychologen nicht nur kategorial-pauschal, sondern sie schneiden auch Möglichkeiten der empirischen Forschung ab, indem sie suggerieren, wir wüßten schon alles.

In Wirklichkeit wissen wir sehr wenig. Was heißt z. B. „Überleben"? Heißt es dasselbe für einen Hindu aus der Kaste der „Unberührbaren" wie für einen Geschäftsmann in Düsseldorf, für einen römischen Legionär aus der Zeit Caesars wie für einen Computer-Techniker bei Siemens, für einen Säugling dasselbe wie für einen alten Menschen? Bedeutet der Hunger eines Sterbenden in Bangla-Desh dasselbe wie der Hunger eines Studenten in München, der überlegt, ob er in die Mensa oder lieber in die Pizzeria geht? Sind Emotionen noch vergleichbar, wenn objektive Situationen nicht vergleichbar sind? Offensichtlich ermöglicht nicht einmal die Reduktion des Menschen auf seine organismischen Eigentümlichkeiten einen Vergleich über verschiedene Gesellschaften, Kulturen und Zeitpunkte hinweg, denn selbst die elementarsten Bedürfnisse werden unterschiedlich erlebt und haben eine sehr unterschiedliche Bedeutung im Leben verschiedener Menschen.

Wenn also schon die „biologische" Begründung auf Schwierigkeiten stößt, so muß man fragen, ob sich überhaupt vorweg irgendwelche Zwecke festlegen lassen, die das Erleben und Handeln bestimmen und von denen her man entscheiden kann, was „funktional" oder „adaptiv" ist. Leider (bzw.: Gott sei Dank!) gibt es keine allgemein verbindlichen Maßstäbe z. B. für psychische Gesundheit. Selbst gesellschaftliche Erwartungen sorgen nur für eine relative Stabilität der Maßstäbe,

anhand derer wir „optimale" Problemlösungen beurteilen können. In anderen Bereichen der Psychologie wie z. B. in der Klinischen Psychologie, ist diese Problematik längst bekannt. So weiß man dort, daß Emotionen ebenso gut substanz-zerstörend, wie substanz-erhaltend sein können (*Jaeggi* 1981 b): Traurigkeit kann mich dazu bringen, Anschluß an andere zu suchen; ebensogut kann ich aber auch anfangen zu trinken oder aus dem Fenster springen; Furcht kann mich vor vermeidbaren Gefahren schützen, sie kann mich aber auch von anderen Menschen abkapseln und in die Isolation treiben. Sogar eine Schreckreaktion kann „dysfunktional" sein, wenn sie im falschen Moment, zu spät, zu oft oder in unangemessenen Situationen erfolgt; Erschrecken kann einen lähmen, kann Unsicherheit verraten, kann die Handlungsfähigkeit einschränken, wenn es zu oft erfolgt u. ä. m.

So viele Zwecke, so viele Funktionen! Verschiedene Zwecke können untereinander konkurrieren, und die „Natur" sagt uns keineswegs immer, wie wir die Widersprüche lösen können. Ist z. B. beruflicher Aufstieg wichtiger oder die (dadurch möglicherweise gefährdete) Gesundheit? Was dem Überleben der Art dient, ist nicht immer im Interesse des einzelnen Individuums; so sind z. B. geschlechtliche Beziehung und Vereinigung bei den Menschen ein bißchen komplizierter als bei den Buntbarschen. Die damit oft verbundenen Ängste und Leiden sind sicher nicht „funktional" für die davon Betroffenen. Es gibt eben eine Reihe von Gefühlen, „die gänzlich unbiologisch sind, ja die gegen die Absichten der Natur wirken. Ethische Gefühle veranlassen uns oft, dasjenige, was im Sinne der Natur wäre, gerade *nicht* zu tun; z. B. einen vitalen Trieb nicht zu befriedigen. Andere, z. B. ästhetische Gefühle, sind biologisch neutral" (*Rohracher* 1960, S. 440).

Auf der Ebene individuellen Handelns und Erlebens ist es besonders wichtig, (1) Absicht, (2) Wirkung und (3) Funktion im Sinne eines förderlichen Beitrags bzw. einer „Dienstleistung" für übergeordnete Systeme oder Zwecke auseinander zu halten. So mag z. B. jemand seine Kinder prügeln in der besten *Absicht*, sie für das Leben abzuhärten (Beispiel nach *Jaeggi* 1981 b). Die *Wirkung* jedoch ist Angst vor allen Autoritäten im späteren Leben. Die ursprünglich erwartete Funktion mag – z. B. im Preußen Friedrichs des Großen – die Erziehung zum guten Untertanen gewesen sein. Die *erbrachte* „Leistung" (Funktion) des Prügelns besteht aber darin, Abweichende, psychisch Gestörte, Duckmäuser oder Verbrecher zu produzieren (vgl. *Jaeggi* a.a.O.). Die schlichte Behauptung, Angst oder andere Emotionen seien „funktional", läßt sich also auch hier nicht aufrecht erhalten.

Es gibt keine biologisch vorbestimmte Koppelung zwischen Emotion und Verhalten. „So können nicht nur Furcht-Flucht, Wut-Wutausbruch, Begierde-Beischlaf als tension (Spannung) bzw. tension-reduction (Spannungs-Reduktion) beschrieben werden, sondern auch: Angst-Disziplin, Wut-Selbstbeherrschung, Begierde-Abwendung. In den zuletzt genannten Fällen mildert sich der Spannungszustand auch, er kann sogar ganz aufgehoben werden" (*Heller* 1980, S. 58). Und schließlich: „Den Schrecken vor atomarer Vernichtung hat uns die Natur nicht beigebracht" (*Zimmer* 1981 b, S. 10). Die Menschen sind angesichts der Gefahr der vollständigen Vernichtung keineswegs starr vor panischer Angst, denn zum einen können (und wollen) wir uns die Gefahren nicht konkret genug vorstellen, und zum anderen haben wir uns an gewisse abstrakte Vorstellungen davon gewöhnt (ebd.). Wo bleibt also die vielbeschworene evolutionäre Kontinuität und „Funktionalität" der Emotionen, wenn die Atombombe nicht ohne ein Bemühen unserer Phantasie, also eben nicht automatisch Angst auslöst, wenn wir uns also nicht so fürchten, wie wir es in Anbetracht der Gefährdung eigentlich tun müßten (ebd.)? Es muß wohl noch sehr viel „Menschliches", d. h. auch: historisch und subjektiv Bedeutsames, Beabsichtigtes, Bewirktes hinzukommen. „Kein Mäuserich kann einer Maus klar machen, daß es feige und blamabel ist, vor der Katze davonzulaufen. So etwas bringt nur menschliche Propaganda zustande" (*Zimmer* a.a.O.).

Das größte Problem funktionalistischer (erbbiologischer) Emotionstheorien liegt zweifellos in der Annahme „primärer" und zugleich „funktionaler" Emotionen bzw. in der Suggestion, diese Annahme stelle bereits eine Theorie der Gefühle dar (*Mandler* 1979, S. 118). Genau das Gegenteil ist der Fall, denn die erbbiologische Richtung läßt Emotionen letztlich im Zustand eines „unanalysierten Aprioris", das als ein durch die Natur gegebenes Substrat jenseits von Erklärungen liegt (*Mandler*, a.a.O., S. 117). Darwin interessierte sich nur für den Ausdruck von Gefühlen, also für die Konsequenzen von etwas, das als gegeben angenommen und nicht weiter untersucht wurde. Plutchik interessierte sich für die Überlebensfunktion von Gefühlen, aber nicht dafür, wie Emotionen auf der Ebene individuellen Erlebens zustandekommen und was sie für den einzelnen bedeuten. Jede Annahme „angeborener" Verhaltensmuster wirkt sich notwendigerweise als Hemmnis einer wirklichen empirischen Erforschung der tatsächlichen Interaktionen zwischen Person und Umwelt aus (*Thomae* 1977, S. 161). So erscheint der erbbiologische Funktionalist gelegentlich wie ein Viehhändler, der den Ochsen bereits verkauft, bevor er ihn überhaupt in Augenschein genommen hat.

„Der größte Teil der Arbeiten über menschliche Verhaltensmuster in diesem ‚emotionalen' Bereich wird noch von Analogien getragen und bringt uns nicht weiter über Darwins ursprüngliche Arbeit über Emotionen bei Tieren und Menschen hinaus" (*Mandler* 1979, S. 154). Freilich schimmern hin und wieder archaische emotionale Reaktionen, die man vielleicht auch bei Tieren beobachten kann, durch das komplexe Netz emotionalen Verhaltens hindurch (*Mandler*, S. 18). „Dieses dunkle Erbe hat einige moderne Autoren dazu verführt, Emotionen in Begriffen dieser prähistorischen Vorläufer zu beschreiben und zu erklären. Dieser Versuch ist jedoch ebenso wertvoll und nützlich, als wenn man versuchen wollte, Rembrandt zu erklären mit der Entwicklung des opponierenden Daumens" (ebd.). Warum geht kein Aufschrei der Empörung durch die Psychologie, wenn Hobby-Psychologen wie der Ameisenforscher Wilson, der Graugansforscher Lorenz oder der Evolutions-Philosoph Plutchik sich zu dem *psychologischen* Thema der Gefühle äußern? Hans Thomae, dem unbegründete Polemik sicher fremd ist, spricht als einer der wenigen zeitgenössischen Psychologen eine deutliche Sprache, wenn er vor der „profunden Inhumanität", dem „verantwortungslosen Dilettantismus"[1] und den „Grenzüberschreitungen" „verhaltensbiologischer Heilslehren" warnt (1977, S. 159 ff., dort auf Lorenz und seine Schüler bezogen).

Die Alternative zu dieser Art von Psychologie der Emotionen heißt – wie schon mehrfach angedeutet – empirische Bedingungsforschung im gegebenen Lebensfeld. Wenn Emotionen Modi des Sich-selbst-Erlebens in bezug auf eine Umwelt, in bezug auf die eigene Geschichte, die Gegenwart und die Zukunft sind, dann müssen wir Gefühle aus der Perspektive der hier und heute Betroffenen und nicht aus der Perspektive der „Evolution" untersuchen.

Während es in der kognitiven Wende, vor allem in der kognitiven Motivationspsychologie über die Betonung bewußter Entscheidungsprozesse tatsächlich zu einer Rehabilitierung des Bewußtseins und damit des Subjekts gekommen ist, verharrt die Emotionspsychologie auf weite Strecken immer noch auf mechanistischen Positionen. Teilweise ist sogar ein Rückfall in die Vermögenspsychologie zu konstatieren, so wenn z. B. Emotionen ein weitreichendes Eigenleben zugestanden wird: Sie „bewerten", „treffen Vorbereitungen", „signalisieren", „entkoppeln", „aktivieren" und „gewährleisten" insgesamt ein möglichst reibungsloses Funktionieren (*Scherer* 1981a). Außerdem „orientieren" sie die Regulationen auf spezifische Ereignisfelder hin, sie kompensieren Informationsdefizite, sie regulieren die Form der Handlungsregulation, sie stabilisieren die Regulationstätigkeit, sie bestimmen „den Startpunkt und die Richtung von kognitiven Regulationstätigkeiten" (*Lantermann* 1983).

Natürlich bedarf es bei einem derart perfekten Funktionieren keiner „Person" mehr! Die Vorstellung von einer so weitgehenden Verselbständigung emotionaler „Prozesse" verrät, trotz der proklamierten „Wende", mechanistisches Denken, das in anderen Bereichen der Psychologie längst überwunden ist. Und wenn die Person doch einmal ins Spiel kommt, dann nur, um Emotionen dazu zu *nutzen*, um Interaktionen zu „regulieren" (*Trevarthen* 1984, S. 133), der schon bei Kindern den „Gebrauch" usw. von Emotionen feststellen zu können meint. Hier mündet die funktionalistische Vorstellung, „die" Evolution habe uns „die" Emotionen als Instrumente zum Überleben bereitgestellt, in den zeitgemäßen Wunschtraum, jeder könne seine Emotionen auch noch selbst nach Gutdünken zur „Regulation" einsetzen.

Zusammenfassend: Aus funktionalistischer Sicht liegt die Existenzberechtigung von Emotionen allein in ihrer Zweckdienlichkeit. Diese Auffassung ist Ausdruck und Bestandteil eines Utilitarismus, der seit dem Frühkapitalismus das gesamte westliche Denken beherrscht und natürlich auch das der sog. sozialistischen Länder. Machbarkeitsglaube veranlaßt uns dazu, überall nach der Nützlichkeit zu suchen, offenbar auch in der Psychologie. Wie weit ist dies alles vom „weltfremden" *Wundt* entfernt, der die Eigenständigkeit von Emotionen mit seinem Begriff des „Zustandsbewußtseins" so gut zu erfassen vermochte.

---

[1] So verstieg sich der Lorenz-Schüler Eibl-Eibesfeldt zu der abenteuerlichen Behauptung, Ausländerfeindlichkeit erwachse aus der *Natur* des Menschen. („Die Angst vor den Menschen', in: Süddeutsche Zeitung Nr. 149 v. 3./4. Juli 1982, S. 111.)

6. Entwicklung und Veränderung von Emotionen

„Die Entwicklung von Emotionen ist von der Entwicklungspsychologie gegenüber der Entwicklung in anderen Bereichen vernachlässigt worden (z. B. gegenüber der Entwicklung von Sprache, Kognition oder Interaktion). Häufig wurde dabei eher die Entwicklung des Verstehens von Emotionen, also von *Kognitionen* über Emotionen, und die Entwicklung von Emotionsausdruck und emotionsbezogener Kommunikation als die Entwicklung von Emotionen selbst untersucht" (*Pekrun* 1988, S. 168). Außerdem konzentrierte sich die Forschung vor allem auf die ersten drei Lebensjahre (vgl. z. B. *Scherer/Ekman* 1984), wobei häufig die biologisch-adaptive „Funktion" von Emotionen und deren stufenweiser Aufbau besonders herausgearbeitet wurden.

Überblicke zur emotionalen Entwicklung in der frühen Kindheit finden sich bei *Kasten* (1983), *Lewis/Rosenblum* (1978), *Pekrun* (1988, S. 168 ff.), *Roos* (1988) und *Scherer* (1979). Eigenständige, empirisch begründete theoretische Ansätze haben z. B. *Emde* (1984) und *Sroufe* (1981; 1984) entwickelt. Aus sozialisationstheoretischer Sicht informieren die Bände von *Lewis/Michalson* (1983) und vor allem *Lewis/Saarni* (1985) über die Entwicklung kindlicher Emotionen. Zur Entwicklung von Emotionen im Erwachsenenalter gibt es Ausführungen in *Malatesta/Izard* (1984) und *Ulich* (1987 a).

Gegenwärtig scheinen vor allem drei Fragestellungen aktuell zu sein (nach *Ulich*, 1988, siehe auch unten):

a) Gibt es eine universell gültige *Stufenfolge in der Entwicklung emotionalen Ausdrucks* (vgl. Kap. 6.2)? Diese Fragestellung ist die älteste und meist untersuchte in diesem Bereich (vgl. z. B. *Emde* 1984; *Sroufe* 1984).

b) Welche *Vorausetzungen* z. B. kognitiver und kommunikativer Art müssen Kinder entwickeln, um (bestimmte) Emotionen überhaupt erleben zu können? Zu denken ist hier z. B. an die Fähigkeit zur begrifflich korrekten Situationstypisierung, also das Wissen um die zentralen strukturellen Implikate der anzuwendenden Emotionsbegriffe (vgl. z. B. *Brandtstädter* 1985; zur Emotion der „Peinlichkeit" vgl. die Studie von *Roos,* 1988). Weitere Voraussetzungen wären etwa das Wissen um sich selbst als eines eigenständigen Wesens, und die Interaktionen des Kindes mit seiner Umwelt, aus denen sich Spiegelungen und Rückmeldungen für die (korrekte) Wahrnehmung und Interpretation auch der eigenen Gefühlsregungen ergeben (vgl. z. B. *Lewis/Brooks* 1978).

c) Wie verändern sich *Inhalte* emotionalen Erlebens und auch *Tendenzen* zum Erleben bestimmter Emotionen über den Lebenslauf hinweg, und wie hängen diese Veränderungen mit sozio-kulturellen Veränderungen, Rollenwechseln, „kritischen Lebensereignissen", Lebensaltersnormen und Veränderungen der Selbstinterpretation zusammen (vgl. z. B. *Malatesta/Culver* 1984; *Malatesta/Izard* 1984; *Pekrun* 1988, S. 151 ff.; *Ulich* 1987 a; 1987 b)?

Da die angesprochenen Fragestellungen und Forschungen nur teilweise der in diesem Buch entwickelten und verfolgten Überzeugung entsprechen, also erlebnis-, person- und lebenslauforientiert sind, werde ich in diesem Kapitel versuchen, aus der vergleichenden Gegenüberstellung verschiedener Ansätze die Möglichkeiten und Chancen eben dieser von mir bevorzugten Forschungsstrategie herauszuarbeiten.

Zunächst möchte ich kurz rekapitulieren, was ich in den bisherigen Teilen des Buches zu „Entwicklung" schon angedeutet habe. Ich hatte in Kap. 2.3 drei verschiedene Aspekte von Entwicklung unterschieden: Phylogenetische, aktualgenetische und ontogenetische Fragestellungen. In diesem Kapitel geht es weder um die Frage nach dem „Ursprung" von Emotionen noch um die Frage nach der Rolle von Emotionen in aktuellen, kurzzeitigen Auseinandersetzungen der Person mit ihrer Umwelt. Sondern hier geht es schwerpunktmäßig um *ontogenetische* Fragen, also vor allem darum, wie sich nicht nur in der Kindheit, sondern im gesamten Lebenslauf Emotionen bzw. die Bereitschaft zu bestimmten Gefühlserlebnissen, Stimmungen und Haltungen entwickeln und verändern. Emotionen sind nicht von Personen ablösbar so etwa wie Handschuhe, die bereitliegen und in die wir nur zu schlüpfen brauchen, oder wie alte Hüte, welche die „Natur" oder die „Evolution" für uns bereithält, damit wir sie bei Bedarf aufsetzen, um uns besser anzupassen.

Obwohl es immer die Person selbst ist, die sich „entwickelt" oder „verändert", ist die Möglichkeit zu Vergleichen, Verallgemeinerungen, Erklärungen und Vorhersagen dadurch gegeben, daß Erfahrungs- und Handlungsmöglichkeiten in einer Gesellschaft, Gruppe oder Familie nicht zufällig verteilt sind, sondern bestimmten (nicht unveränderlichen) Regelhaftigkeiten und Strukturprinzipien folgen (vgl. Kap. 4). Das Erkenntnisinteresse einer entwicklungspsychologischen Emotionsforschung zielt auf die Feststellung der (auch dadurch bedingten) Gemeinsamkeiten im Erleben, Denken und Handeln, die uns dann auch individuelle Erlebnisformen und -qualitäten besser verständlich machen können. Da Entwicklung und Veränderung von emotionalen Erlebnisweisen zu allen Zeitpunkten des Lebenslaufes und in allen Bereichen des Lebens und Erlebens möglich sind, benötigen wir zum Verständnis solcher Veränderungen Beiträge aus vielen Bereichen der Psychologie. Gegenwärtige und künftige Forschungen knüpfen sinnvollerweise an solche theoretischen Überlegungen an, die schon Annahmen zur emotionalen Entwicklung machen, wie z. B. die in Kap. 5.3 aufgezählten „entwicklungs-orientierten Denkmodelle" (traditionelle und neuere Psychoanalyse; neobehavioristische Ansätze; einige Theorien aus der Klinischen Psychologie, wie z. B. die Theorie der „erlernten Hilflosigkeit").

Diese Ansätze berücksichtigen die Tatsache, daß Emotionen als zustandsbezogene bewußte Erlebnisse immer auch Ausdruck von bestimmten Erfahrungen in bestimmten Umwelten und der auf diese bezogenen Bedürfnisse und Interessen sind. Aus diesem grundlegenden sozialen Umweltbezug folgt freilich nicht, daß man jemandem Liebe, Ehrfurcht oder Verachtung ebenso leicht „beibringen" könne wie das Kleine Einmaleins bzw. daß man diese Erlebnisweisen und -qualitäten ebenso leicht „lernen" könne. Überhaupt ist noch viel zu unklar, wie man sich die Entwicklung von Erlebnisbereitschaften vorzustellen hat. Wenn in dem am meisten verbreiteten Lehrbuch zur Entwicklungspsychologie ein Kapitel über Emotionen fehlt, so muß dies nicht unbedingt auf ein mangelndes Interesse des Autors zurückgehen; die Emotionspsychologie ist insgesamt selbst entwicklungs-feindlich gewesen in dem schon öfter erwähnten Sinne, daß sie lieber nach den „Ursprüngen" und (physiologischen) „Grundlagen" von Emotionen fragte als nach deren Entwicklungen im individuellen Lebenslauf.

In dieser Situation kann man nicht viel mehr tun, als beispielhaft Projekte und Projekt-Vorstellungen wiedergeben bzw. entwickeln. Ich werde zunächst von einem konkreten Beispiel ausgehen – der oft erwähnten Untersuchung von Man-tell – und an diesem meine Vorstellungen von einer entwicklungspsychologischen Emotionsforschung verdeutlichen. Im zweiten Abschnitt skizziere ich das Vorge-hen und einige Ergebnisse der bisherigen entwicklungspsychologisch orientierten Emotionsforschung. Diesem Ansatz stelle ich im vierten Abschnitt eine alternati-ve Vorgehensweise gegenüber, die sich an Konzepten der Lebenslauf- und life-event-Forschung orientiert. Das dritte Unterkapitel stellt an einigen grundsätzli-chen Überlegungen und einigen Beispielen den Einfluß von Kultur und Gesell-schaft auf die Entwicklung und Äußerung von Emotionen dar. Im letzten Ab-schnitt werden Anwendungsgesichtspunkte einer lebenslauforientierten Emo-tionsforschung entwickelt, wobei die Suche nach Risiko- und Schutzfaktoren im Hinblick auf emotionale Belastung und Bewältigung besonders hervorgehoben wird.

Zusammengehalten werden diese zunächst recht verschiedenartig erscheinen-den Unterkapitel durch die Überzeugung, daß Emotionsforschung sich auf das konkrete Erleben und Handeln konkreter Menschen in konkreten Umwelten zu richten habe, um Regelhaftigkeiten und Veränderungen festzustellen. Daß solche Forschung im Prinzip möglich ist, will ich in den folgenden Abschnitten zeigen.

6.1 Der Einfluß der Familie: Eine Untersuchung über die Entstehung von Gewalttätigkeit und Mitleidlosigkeit

An vielen Stellen des Buches habe ich bereits auf die Untersuchung von Mantell „Familie und Aggression. Zur Einübung von Gewalt und Gewaltlosigkeit" (1978) hingewiesen. In Kapitel 1.3 haben Sie einige Zitate aus dieser Untersuchung gelesen, die zeigen sollten, welche extremen Formen von Gefühlsrohheit und Gleichgültigkeit gegenüber dem Leiden anderer Menschen entstehen können. Die Studie von Mantell scheint mir vor allem deshalb ein gutes Modell für die Unter-suchung der Entwicklung von emotionalen Grundhaltungen darzustellen, weil sie eine inhaltlich sinnvolle Fragestellung verfolgt, weil sie sich auf ganze Lebensläufe bezieht, also längsschnittlich vorgeht, und weil sie Bedingungszusammenhänge erforschen will.

Ziele und Gegenstand der Untersuchung

Zunächst Ansatz und Vorgehen in dieser Studie: Mantell untersuchte die Lebensläufe zweier Gruppen von amerikanischen Männern in intensiven Einzelfallstudien (zur Zeit des Vietnamkrieges). Die eine Gruppe bestand aus 25 Kriegsdienstverweigerern, die andere Gruppe aus 25 Kriegsfreiwilligen (Angehörigen der Spezialeinheit der „Green Berets"). Die erste Gruppe hatte für ihr Verhalten mit langen Gefängnisstrafen zu rechnen, die zweite Gruppe setzte freiwillig in Vietnam ihr Leben aufs Spiel. Beide Gruppen unterschieden sich also insofern vom Durchschnittsbürger, als sie mit ihren Entscheidungen jeweils ein bedeutendes Risiko für ihr eigenes Wohlergehen eingingen. Methodisch gesehen ist die Studie nicht nur als Einzelfall-orientiert zu kennzeichnen. Sie ist auch ein Extrem-Gruppen-Vergleich, denn die beiden Gruppen unterschieden sich durch die beiden diametral einander entgegengesetzten Merkmale „Gewalt" und „Gewaltlosigkeit" oder genauer gesagt: in emotionalen Grundhaltungen gegenüber Gewalt und den davon betroffenen Menschen. Diese Grundhaltungen gehen nach der zentralen Hypothese des Autors vor allem auf Erziehungs- und Lernprozesse, auf Erfahrungen, erworbene Lebensweisen und -stile, auf Bewältigungsstrategien, ethische Überzeugungen, Einstellungen usw. zurück, die in der Familie und anderen Sozialisationsinstanzen erworben werden. Diese Entwicklung versuchte der Autor nachzuvollziehen, indem er neben zahlreichen anderen Verfahren vor allem sehr ausführliche Interviews mit den 50 Personen durchführte.

Wir erfahren etwas über die familiäre Herkunft, die soziale, religiöse und sexuelle Entwicklung, Schul- und Jugendzeit, Freizeitinteressen und Aktivitäten, Beziehungen zu Autoritätspersonen, Erlebnisse und Erfahrungen seit den Entscheidungen, die Kriegsteilnahme zu verweigern oder sich freiwillig zu melden. Da die Ergebnisse über die beiden Gruppen sich sehr klar voneinander unterscheiden und fast spiegelbildlich sind, beschränke ich mich hier (auch aus Raumgründen) auf die Darstellung der Befunde über die Kriegsfreiwilligen. Nahezu alle der 25 befragten Green Berets hatten in Vietnam gekämpft und waren dabei auch an der Tötung und Folterung von Bauern, Frauen und Kindern beteiligt gewesen. In Kap. 1.3 hatte ich die Frage gestellt, was das für Menschen seien, die Töten (offenbar) als Sport, Spaß oder zumindest als gutbezahlten Job ansehen.

Einigen, wenn auch sicher nicht hinreichenden, Aufschluß zu dieser Frage erhalten wir, wenn wir das Familienleben ansehen, in dem diese Männer aufgewachsen sind. Besonders wichtig waren Mantell hier die folgenden Punkte: „die Atmosphäre in der Familie, die Beziehung zwischen den Eltern und zwischen Eltern und Kindern, die Werte und Verhaltensmaßstäbe, die während der Kindererziehung betont wurden, die von den Eltern angewandten Erziehungsmethoden, die Beziehungen zwischen den Familien und ihren Nachbarn und Verwandten und die Teilnahme der Eltern an politischen und sozialen Organisationen" (S. 31 f.).

Zum Familienleben

Die Familienatmosphäre, in der die Green Berets aufwuchsen, wurde aufgrund einer nachträglichen Einschätzung durch mehrere Beurteiler folgendermaßen gekennzeichnet (S. 38): Nach außen hin gefestigt, selbstgenügsam und intakt. Nach innen: stark konformistisch, hart, autoritär, intolerant, gewalttätig, feindselig, gereizt. Den Kindern werden strenge Regeln auferlegt. Die Eltern sind zueinander und zu den Kindern kalt, streng und unduldsam. „Häufige Strafen in Form von Drohungen, Restriktionen und Schlägen wie auch andere Formen der Einschüchterung werden im allgemeinen angewandt, um den Gehorsam der Kinder sicherzustellen. Es gibt wenig Raum für eigene Gefühle und Meinungen. Meistens gibt es nur eine Meinung, die des dominierenden Elternteils: sie wird nicht als Meinung, sondern als absolutes Gesetz geäußert. Gleichzeitig nehmen sich die Eltern Vorrechte heraus, die mit dem von ihnen gepredigten Grundsatz der Selbstbeherrschung unvereinbar sind. Sie dürfen ihre Beherrschung verlieren, wutentbrannt Schläge austeilen und willkürliche Entscheidungen treffen, ohne daß man von ihnen erwartet oder daß sie verpflichtet wären, ihr Verhalten zu erklären oder zu rechtfertigen" (ebd.).

Das Familienleben wurde durch ein „überwältigendes System konformistischer Anforderungen beherrscht" (S. 39). „Die Regeln wurden unabhängig von den Bedürfnissen und dem Gefühl der schwächeren Familienmitglieder in Übereinstimmung mit traditionellen Bräuchen und persönlichen Neigungen etabliert und nicht in Frage gestellt. Feinfühligkeit und Zärtlichkeit wurden insbesondere für Männer als Zeichen der Schwäche angesehen und daher unterbunden, ihre Äußerung manchmal bestraft. Daher lernten die Kriegsfreiwilligen frühzeitig, daß Zärtlichkeit und die Beachtung ihrer individuellen emotionalen Bedürfnisse eine sehr untergeordnete Rolle in ihren Familien spielen und daß ihr Auftreten ebenso wie die Bestrafung im wesentlichen von der Laune der Eltern abhängen würden" (ebd.). Hier liegt nun ein Schlüssel für das Verständnis der späteren Gefühlskälte und Grausamkeit; denn die Beschneidung von Emotionalität war ja noch mehr. Wenn – entsprechend der Grundthese dieses Buches – ein Ernstnehmen der Emotionen bedeutet, jemanden *als Menschen* ernstzunehmen, dann bedeutet das Gegenteil, daß jemand in seinem Mensch-Sein nicht akzeptiert wird und sich auch nicht entsprechend entwickeln kann. Gleichzeitig haben die Green Berets jedoch, zumindest in der Rückerinnerung, ihre Erziehung als angemessen akzeptiert; weder Haß noch Rebellion dominieren in den Berichten über die Eltern. Diese Kombination von einerseits Entwicklungs-Beschneidung und andererseits Akzeptieren dieser Erfahrungen als „normal" und „angemessen" macht wohl erst die Gleichgültigkeit verständlich, mit der diese Männer später mit dem Leben und den Gefühlen anderer umgingen (übrigens schon in der frühen sexuellen Entwicklung, in Partnerbeziehungen u. ä.).

Die Ehe der Eltern wird nur in der Hälfte der Fälle als eher disharmonisch beschrieben (S. 40 ff.). Auch hier schafften der gegenseitige Druck im Hinblick auf äußere Anpassung sowie eindeutige Dominanzverhältnisse eine gewisse Stabilität. Die äußere Stabilität der Ehe stand nicht in einem unmittelbaren Zusammenhang mit der Häufigkeit von Auseinandersetzungen, der Aggressivität oder dem Ausdruck von Zärtlichkeit. „Fast die Hälfte der Kriegsfreiwilligen konnte sich nicht daran erinnern, daß ihre Eltern jemals zueinander zärtlich gewesen waren. Die übrigen erinnerten sich an einen gelegentlichen Kuß oder eine Umarmung, deuteten aber an, daß diese Zärtlichkeiten mechanisch und reserviert waren. Nur ein Viertel der Eltern hatte gemeinsame Interessen und ein Sechstel verbrachte die Freizeit gemeinsam". Es gab dafür zahlreiche ernsthafte Streitigkeiten. Türen wurden geworfen, es wurde geschrien, Gegenstände wurden benutzt. Ein Drittel der Väter und ein Sechstel der Mütter wurden handgreiflich in Streits. Meist siegte ein Elternteil über den anderen, ohne daß die Streitpunkte dadurch gelöst wurden. Nur in einer Familie wurden Familienangelegenheiten gleichberechtigt von beiden Ehepartnern entschieden, sonst entschied immer nur der eine (dominierende) Teil.

Dabei ist nicht die absolute Zahl der Konflikte von Bedeutung, sondern eher die Art, wie damit umgegangen wird. Wenn sich dabei die Familienmitglieder nicht auf die gegenseitigen Bedürfnisse einstellen, wenn sie grob sind zueinander, wenn nur das Recht des Stärkeren gilt, dann werden damit nicht nur bestimmte Problem-„Lösungen" gelernt, sondern auch Menschenverachtung als Lebenseinstellung. Da diese Familien gleichzeitig zumindest nach außen intakt und lebensfähig waren, gewöhnten sich die Kinder daran, eben das Recht des Stärkeren und die damit verbundene Gewalttätigkeit als „normal" anzusehen, und dies, obwohl die „emotionalen Bedürfnisse der Familienmitglieder nach Liebe und Zärtlichkeit, nach persönlicher Aufmerksamkeit und Interesse schwer vernachlässigt wurden" (S. 45). Dominanz und Gehorsam beruhten vor allem auf der Einflößung von Furcht (S. 46) – die jedoch gleichzeitig nicht gezeigt werden durfte!

Zu den Nachbarn hatten die meisten Familien wenig Kontakt (z. B. im Vergleich zu den Familien der Kriegsdienstverweigerer). Sie hatten auch wenig enge Freunde, dafür aber enge und häufige Kontakte mit Verwandten. Dasselbe gilt für die gegenseitige Hilfeleistung, die auch im wesentlichen auf den Kreis der Verwandten beschränkt war.

Zum Verhalten von Vater und Mutter

Mantell geht getrennt auf die Bedeutung der Väter und Mütter in der Erziehung ein. Die Väter (wie auf andere Weise auch die Mütter) waren Modell für die Übernahme vieler Einstellungen und Verhaltensweisen, schon allein aufgrund des starken Drucks innerhalb der Familie und aufgrund der relativen Isolierung nach außen. Modell waren die Väter sowohl durch ihre Wertmaßstäbe wie auch durch ihr Verhalten zu den anderen Familienmitgliedern. Dominierende Werte waren: Arbeit, Fleiß, Erfolg, gutes Benehmen, Ansehen nach außen hin, Gehorsam, körperliche Stärke und gefühlsmäßige Robustheit (S. 49 ff.). Nur wenige Väter legten Wert auf Güte, Respekt vor dem menschlichen Leben, Verantwortlichkeit in der Gemeinschaft (ganz im Gegensatz zu den Vätern in der anderen Gruppe).

144

Die Mehrzahl der Väter verbot ihren Söhnen, Zärtlichkeit und Gefühle zu zeigen, ferner waren verboten: Ungehorsam, Widerspruch, Beeinträchtigung der eigenen Bequemlichkeit usw. Kritik, ja schon die Bitte um Erklärungen wurde als Ungehorsam bezeichnet und als solcher verboten.

„Die häufigsten disziplinären Maßnahmen waren körperliche Strafen, Drohungen und Strenge (böser Blick), negative Kritik, Einschränkungen und Entzug von Privilegien" (S. 50). Die meisten Prügelstrafen gab es bei Verletzungen der häuslichen Regeln. Die meisten Väter schlugen nicht nur mit der Hand, sondern auch mit Gegenständen wie Gürteln, Stöcken, Peitschen und Ketten. Und nun kommt eines der mir am wichtigsten erscheinenden Ergebnisse: „Nur drei (der 25) Väter hörten mit dem Schlagen auf, wenn ihre Söhne anfingen zu weinen, fast die Hälfte von ihnen fuhr fort zu schlagen, und drei Väter verstärkten ihre Schläge" (S. 52; andere konnten sich entweder nicht mehr erinnern oder wurden nie geschlagen). Was „lernt" ein Mensch, der in so krasser Weise eine Mißachtung seiner elementarsten Bedürfnisse erfährt? Wie der spätere Lebensweg der Green Berets zeigte, gingen sie an dieser Art von Behandlung offenbar nicht zugrunde, sondern verallgemeinerten ihre Erfahrungen. Sie identifizierten sich offenbar in hohem Maße mit den elterlichen Wertvorstellungen und zeigten sich später gegenüber anderen Menschen ebenso mitleidlos wie sie es selbst als Kind am eigenen Leib erfahren hatten. Zugleich hatten die Prügelstrafen offenbar einen „Bumerang-Effekt" (Belschner 1971): Sie wurden von den Eltern zwar häufig zur Unterdrückung von Gegenwehr und zur Bestrafung von Gewalttätigkeit (außer Haus) angewandt; gleichzeitig erfuhren die Kinder aber am eigenen Leib die Wirksamkeit körperlicher Gewalt. So erschien ihnen Gewalttätigkeit durchaus als ein erstrebenswertes Verhalten, obwohl nicht im elterlichen Gebotskatalog enthalten.

Nach einer bei Mantell (S. 59) zitierten Untersuchung von *Gil* (1970) besteht ein direkter Zusammenhang zwischen „dem Ausmaß an körperlicher Mißhandlung in der Kindheit und der späteren Bereitschaft, individuelle oder organisierte Gewalttätigkeit zu initiieren oder sich an ihr zu beteiligen". Bei Personen, die ihre Kinder tätlich angreifen, konnte ein elementares Versagen in der Fähigkeit, zu „bemuttern", beobachtet werden. „Was dieses Versagen angeht, gibt es keinen großen Unterschied zwischen Männern und Frauen. Mit „Bemuttern" meinen wir nicht die oberflächlichen Pflegetechniken, sondern die tiefe, feinfühlige und intuitive Einsicht in die Lage und Bedürfnisse des Kindes, das Eingehen darauf und die Rücksichtnahme auf die Fähigkeit des Kindes, seinem Alter entsprechend zu handeln. Die Eltern sind dem Auf und Ab der Bedürfnisse der Kinder gegenüber unempfindlich" (*Gil* 1970, zit. n. Mantell, S. 69). Die Eltern hatten vielleicht selbst als Kinder „das Gefühl, daß niemand ihnen zuhört, niemand sich um sie kümmert, sie fühlen sich ungeliebt und zutiefst wertlos"; auch diese Kinder waren sicher oft im Brennpunkt vielleicht sogar starker Aufmerksamkeit, „die aber die Form von Forderung und Angriff statt auch nur annähernd die von Güte und Mitgefühl annahm" (*Gil,* zit. n. Mantell, S. 61). Die Beziehungen zwischen Vätern und Söhnen waren im wesentlichen ohne Verständnis, Zärtlichkeit oder Kameradschaft, sondern meist förmlich und kalt.

Ich gehe nun noch kurz auf die Mütter ein, soweit sich hier überhaupt noch wichtige Ergänzungen machen lassen. Auch die Mütter waren selten zärtlich, und wenn, dann war dies ebensowenig vorherzusagen wie ihre Zornesausbrüche. Die Mütter werden als robuste, energische und schwerarbeitende Frauen beschrieben, die auch nicht zögerten, ihre Kinder zu schlagen, solange diese noch nicht zu groß waren. Da die meisten Mütter ihren Männern unterworfen, die Söhne aber meist am Vater orientiert waren, war die Erziehungsaufgabe der Mütter sehr konfliktreich. In den inhaltlichen Gehorsamsforderungen unterschieden sich die Mütter kaum von den Vätern; sie verlangten noch stärker als diese Gehorsam, Übereinstimmung mit gesellschaftlichen Normen. Einige wenige Mütter versuchten auch, humanitäre und ästhetische Werte in ihre Söhne einzupflanzen. Mantell ist der Meinung, daß diese Versuche nur von sekundärer Bedeutung gewesen seien, da sie zum einen von den Söhnen als Zeichen von Überängstlichkeit abgelehnt und zum anderen im gesamten Erziehungsklima kaum wahrgenommen wurden bzw. nicht glaubhaft schienen (S. 71).

Auch in der mütterlichen Erziehung war der fundamentale Widerspruch zwischen einerseits harten Forderungen und andererseits eigenem Verhalten spürbar, das diese Forderungen selbst ganz offen verletzte. So schrien auch die Mütter ihre Kinder an und waren gewalttätig ihnen gegenüber, den Kindern verboten sie aber jede Art von emotionaler Äußerung und Befreiung. „Während sie wilde Zornesausbrüche bekamen, ignorierten und unterdrückten sie die Gefühle ihrer Kinder, verlangten aber Rücksichtnahme als Antwort" (S. 72). Was die Kinder dabei lernten war, „daß Zorn, häufige Bestrafung, Härte und Gewalttätigkeit zu den selbstverständlichen Rechten des Stärkeren gehörten und daß dasselbe Verhalten von seiten der Schwachen moralisch zu verurteilen sei" (ebd.).

Die Mütter schlugen noch öfter zu als die Väter, z. B. auch dann, wenn die Kinder sich selbst wehtaten. Die Mehrzahl der Mütter fuhr fort, die Kinder zu schlagen, wenn diese weinten, oder verstärkte die Schläge noch (S. 73). Auch von der Mutter haben also die wenigsten dieser Kinder erfahren, daß der Strafende „auch während Wutausbrüchen noch Gnade kennt, den Schmerz anderer respektiert und daß der Bestrafende auch human genug sein kann, sich selbst zu beherrschen, weil sein Opfer leidet. Die Erniedrigung, Hilflosigkeit und Wut, die das Kind empfindet, kann teilweise dadurch gemildert werden, daß die Eltern zeigen, daß sie verstehen, wie das Kind fühlt" (S. 73).

Keine der Mütter zeigte nach den Berichten der Kriegsfreiwilligen Mitgefühl; keiner konnte sich an Gespräche mit der Mutter erinnern.

Zusammenfassend kann gesagt werden, daß 80% der Kriegsfreiwilligen keinem ihrer Eltern gefühlsmäßig nahe war; kein einziger gab an, beiden Eltern nahegestanden zu haben (S. 75). „In der Mehrzahl der Fälle waren beide Eltern streng, beschützten die Kinder nicht, erlaubten ihnen kaum etwas, räumten ihnen keine persönlichen Rechte ein, hatten kein enges emotionales Verhältnis zu ihnen und waren weder zärtlich noch verständnisvoll" (S. 76). „Das Kind wird nicht umsorgt, sondern überwacht, wird während schwieriger Augenblicke nicht getröstet, sondern man erwartet von ihm, daß es stark ist. Man meint nicht, daß das Kind emotionale Bedürfnisse hat, sondern daß seine Abhängigkeit unterdrückt werden muß, statt daß man es ihr entwachsen läßt" (ebd.).

Sozialisation von Furcht

Eine besondere Rolle spielt in diesem Zusammenhang die „Sozialisation von Furcht". Interessante diesbezügliche Ausführungen von *Izard* (1981, S. 413 ff.) können wir als Ergänzung zu den Aussagen von Mantell heranziehen. In einem Erziehungsklima, wie es Mantell beschrieben hat, sieht die Sozialisation von Furcht etwa so aus: Einschüchterung ist eine der Haupttechniken der Sozialisation; damit soll die Norm der „Bravheit" erreicht werden. Die Schädlichkeit von Furcht wird bagatellisiert. Wenn Eltern ihren Kindern Furcht eingeflößt haben, gibt es keine nachträglichen Erklärungen, Entschuldigungen oder Wiedergutmachungen; die Eltern versuchen nicht, „die Intimität mit dem Kind wiederherzustellen" (*Izard*, S. 414). Wenn die Furcht das Kind auf den rechten Weg gebracht hat, dann betrachten die Eltern die Angst als völlig gerechtfertigt. Es wird daher auch keine Toleranz gegenüber Furcht gelehrt. Das Kind muß allein damit fertig werden oder die Eltern verstärken sogar die Belastung des Kindes noch, indem sie es wegen seiner Furcht beschämen.

Gegenmaßnahmen gegen die Ursachen der Furcht werden dem Kind nicht beigebracht; Furcht soll durch „Härte" überwunden werden, wo sie nicht als Disziplinierungsmittel den Eltern willkommen ist. Die Eltern neigen nicht zur Besorgnis wegen der Furchtsamkeit eines Kindes, sie sind unsensibel für Anzeichen von Furcht beim Kind und ignorieren oder bagatellisieren sie. „Die Eltern weisen jeden als Bangemacher zurück, der andeutet, daß das Kind vielleicht Hilfe brauche. Solange das Kind der Norm entspricht, kümmern sich die Eltern nicht um die verborgenen Kosten seiner Konformität" (S. 415). Diese Haltung äußert sich nicht selten in Geringschätzung, die zu einer tiefen Demütigung des Kindes führt.

Die genannten Techniken der Sozialisation von Furcht nennt Izard zusammenfassend „rechtsgerichtete" Techniken, wohl kein sehr glücklicher Ausdruck. Es handelt sich hier um extreme Haltungen, die in der Wirklichkeit in dieser Kombination nicht häufig vorkommen werden, jedoch in unserer Gruppe der Kriegsfreiwilligen sicher eine große Rolle gespielt haben. Izard stellt diesem „rechtsgerichteten" den (ebenfalls empirisch begründeten) Typus der „linksgerichteten" Techniken gegenüber, die ich kurz skizzieren will. Sie stellen das spiegelbildliche Gegenteil des anderen Typus dar: Die Eltern vermeiden, das Kind einzuschüchtern, also selbst Quelle von Furcht zu werden. Furcht wird als sehr schädlich angesehen. Wenn sie dem Kind Angst gemacht haben, dann versuchen diese Eltern, wieder eine gute Beziehung herzustellen. Furcht gegenüber sind die Eltern tolerant; sie versuchen, den Kindern Möglichkeiten der Bewältigung beizubringen einschließlich der Einsicht, Furcht als Teil des Menschseins zu akzeptieren. Dies setzt eine entsprechende Einstellung der Eltern zu ihren eigenen Ängsten voraus;

„insbesondere darf die Männlichkeit des Vaters nicht zu stark von der Scham in bezug auf Furcht abhängen" (*Izard*, S. 413). Den Kindern wird auch beigebracht, schon während des Furchterlebens sich mit der Quelle der Furcht auseinanderzusetzen; so unterstützen die Eltern die Kinder in der Begegnung mit furchterregenden Situationen und Personen und bereiten sie schrittweise auf eigenständige Bewältigungen vor. Die Eltern sind besorgt, wenn sie Anzeichen von chronischer Furcht feststellen, sie bemühen sich dann um Abhilfemaßnahmen. „Furchtsamkeit wird als unerwünschtes Symptom betrachtet und wird behandelt wie andere Probleme auch. Die Eltern sind allgemein darum besorgt, daß dem Kind nicht das ‚Rückgrat' gebrochen wird" (*Izard*, S. 414).

Die Gegenüberstellung derart unterschiedlicher Erziehungsstile kann uns zumindest einen Eindruck davon vermitteln, welche verschiedenartigen Möglichkeiten es gibt, mit den Emotionen von Kindern umzugehen bzw. die Grundlage für die Entwicklung von bestimmten Erlebnisbereitschaften zu schaffen. Ich habe versucht, mit den Gefühlshaltungen „Gewaltsamkeit" bzw. „Mitleidlosigkeit" einerseits und „Furcht" andererseits Emotionen in ihren Entwicklungen zu skizzieren, die von großer Bedeutung für das alltägliche Erleben und Handeln vor allem im zwischenmenschlichen Bereich sind. Sie können selbst bei Mantell nachlesen, wie die familiäre Sozialisation der korrespondierenden Haltung der Gewalt-*losigkeit* in seiner Untersuchung aussah.

Bedeutung der Untersuchung von Mantell

Ich möchte dieses Unterkapitel mit einigen allgemeinen Bemerkungen zur Bedeutung der Untersuchung von Mantell abschließen. Vielleicht sind Sie der Meinung, daß ich Ihnen hier ein Gruselkabinett vorgestellt habe, das von der Wirklichkeit familialer Sozialisation so weit entfernt ist, daß uns die Untersuchung von Mantell wenig bietet zum Verständnis eben dieser „normalen" Wirklichkeit. Dann würde ich Ihnen empfehlen, sich mit der Literatur vertraut zu machen, die – z. B. unter dem Stichwort „Gewalt gegen Kinder" – diese Normalität zu erfassen versucht. Immerhin werden in Deutschland in 60 bis 80% der Familien die Kinder noch mit Prügeln „erzogen" (vgl. *Trube-Becker* 1982). Was die verallgemeinerbaren Aussagen von Mantell betrifft, so stehen sie meist in guter Übereinstimmung mit anderen Ergebnissen aus der Sozialisationsforschung; z. B. die Annahme einer direkten Beziehung zwischen dem strafenden Verhalten der Eltern und der Feindseligkeit und Aggressivität der Söhne, oder die Annahme, daß gerade die Kombination von Zurückweisung, Gereiztheit und Strafe dem Kind ein Modell für inhumanes, aggressives Verhalten liefert (vgl. *Butollo* u. a. 1978, S. 3093).

Die Untersuchung von Mantell enthält sicher auch eine Reihe von Problemen, auf die ich hier aber nicht eingehen brauche, weil es mir weniger darauf ankam, wie überzeugend, „wahr" oder gültig die Ergebnisse sind. Mir war vor allem wichtig, einen *Typus von Forschungsstrategie* zu skizzieren, der meiner Ansicht nach grundlegend sein sollte für entwicklungsorientierte Emotionsforschung. Mantell versuchte, durch retrospektive Lebenslaufanalysen die Entwicklung bestimmter emotionaler Grundhaltungen längsschnittlich zu erfassen. Was wir dabei nicht erfahren konnten, war, wie die berichteten Eltern-Kind-Interaktionen wirklich abgelaufen sind. Besser sind also immer prospektive, begleitende Längsschnittuntersuchungen. Dennoch erfüllt die Untersuchung von Mantell eine Reihe der in diesem Buch immer wieder erhobenen Forderungen:

1. Untersuchungseinheit ist die ganze Person, nicht Blutdruckschwankungen, mimische Veränderungen oder Fragebogen-Reaktionen.
2. Untersuchungsgegenstand sind komplexe Auseinandersetzungen mit einer realen Umwelt, komplexe Erlebnis- und Ereignis-Verschränkungen, also nicht punktuelle Reaktionen, deren Zusammenhang mit dem Alltag unklar ist.
3. Es werden nicht Querschnittsanalysen aufeinandergehäuft, sondern tatsächlich Entwicklungen von Gefühlshaltungen zu rekonstruieren versucht.
4. Das Untersuchungsinteresse ist differentiell und nicht universell: Es ist nicht Mantells Ziel, ein universelles Stufenmodell der Entwicklung von Gewaltsamkeit zu formulieren, das für alle Zeiten und alle Menschen gilt; er will vielmehr konkrete Zusammenhänge zwischen familialer Sozialisation und der Ausbildung bestimmter Gefühlshaltungen erforschen, wobei diese Zusammenhänge für eine bestimmte Gesellschaft bzw. gesellschaftliche Gruppe zu einem bestimmten historischen Zeitpunkt (USA zur Zeit des Vietnamkriegs) gelten. Übertragungen und Verallgemeinerungen sind möglich, wenn man zu anderen Zeitpunkten und in anderen Gesellschaften vergleichbare Erscheinungen und Bedingungen vorfinden kann.
5. Das Untersuchungsinteresse ist auf Erklärungen, also auf die Aufdeckung von Bedingungszusammenhängen gerichtet.
6. Das Untersuchungsinteresse ist anwendungsbezogen, denn Mantell stellte seine Arbeit unter die leitende Frage, wie man eben auch in der Familie die Entstehung von Brutalität und Gewalttätigkeit verhindern kann.

Doch kehren wir nun in die rauhe Wirklichkeit der bisherigen Emotionsforschung zurück. Studien wie die von Mantell kommen hier kaum vor. „Entwicklung von Emotionen" wurde insbesondere als Entwicklung des Gesichtsausdrucks in den ersten Lebensmonaten und -jahren aufgefaßt; Entwicklung hieß hier vor allem: Abfolge der Zeitpunkte des Auftretens bestimmter emotionsspezifischer Gesichtsausdrücke. Wenn man die Frage „Wann tritt welcher Gesichtsausdruck zum erstenmal auf?" beantworten kann, dann sei es auch möglich, ein Stufen-Modell zu formulieren, das für alle Zeiten und für alle Menschen Gültigkeit beanspruchen könne. Im nächsten Abschnitt werde ich mich mit diesen bisherigen Vorgehensweisen beschäftigen, um auch deutlich zu machen, wie schwer eine „realistische Wende" in einer entwicklungsbezogenen Emotionsforschung herbeizuführen sein wird.

6.2 Forschungsstrategie I: Die Suche nach universellen emotionalen Äußerungsformen und Entwicklungsstufen

Modelle

Wie in anderen Bereichen der Entwicklungspsychologie versuchten auch Emotionstheoretiker, Modelle zu entwickeln, welche die zeitliche Abfolge des Auftretens bestimmter Emotionen festlegen sollten. Dabei kann man zwei verschiedene Ansätze unterscheiden (vgl. *Izard/Buechler* 1980, S. 173): Die einen nehmen an, daß sich die einzelnen Emotionen aus einem undifferenzierten unspezifischen Erregungszustand des Säuglings allmählich herausentwickeln so wie die Äste und Zweige aus einem Baumstamm (z. B. *Bridges* 1932). Bei dieser Herausdifferenzierung spielen kontinuierliche Lernprozesse eine große Rolle, da sie z. B. feste assoziative Beziehungen zwischen bestimmten Situationen, Personen und emotionalen Reaktionen stiften können. Andere wie z. B. Izard nehmen an, daß die „grundlegenden" Emotionen als angeborene neurale Mechanismen von Geburt an als qualitativ unterschiedliche Erlebnisweisen vorhanden sind. Ihr zeitlich unterschiedliches Auftreten wird einerseits durch bestimmte Reifungsvorgänge und andererseits durch entsprechende Anregungen und Hilfestellungen der Umwelt gesteuert.

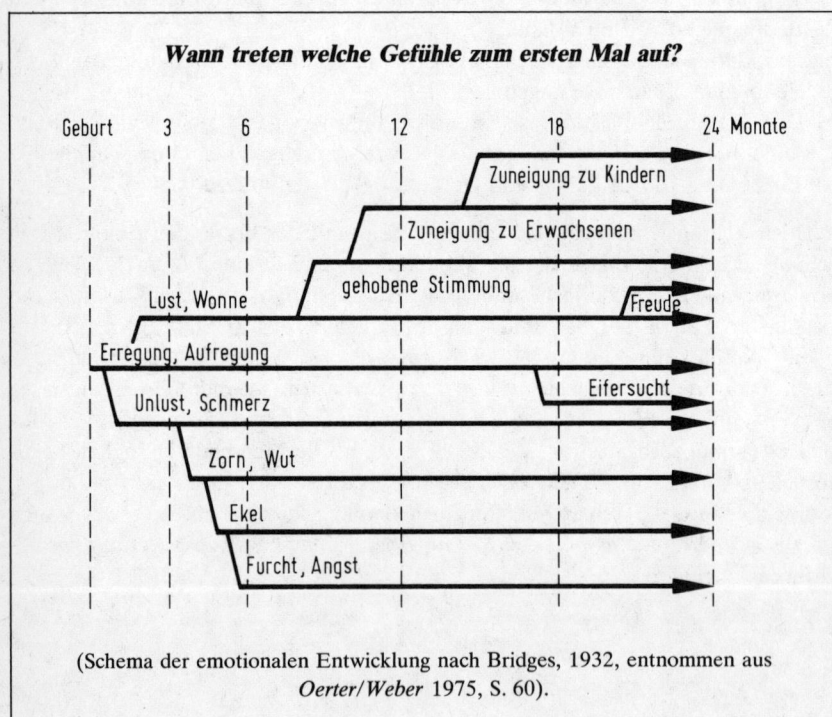

(Schema der emotionalen Entwicklung nach Bridges, 1932, entnommen aus *Oerter/Weber* 1975, S. 60).

Nach der zweiten Auffassung ist das Gefühlserleben in erster Linie durch die angeborenen neuralen Mechanismen für den Gefühls*ausdruck* determiniert (vgl. *Izard/Buechler* a.a.O.; *Izard* 1981). Denn das bewußte subjektive Erleben von Gefühlen kommt vor allem dadurch zustande, daß Veränderungen in der Gesichtsmuskulatur dem Gehirn rückgemeldet werden. Lernen und Erfahrung seien erst in zweiter Linie wichtig für die Ontogenese der „grundlegenden" Emotionen. Aufgrund eines angeborenen Reifungsplans treten Emotionen nämlich in Erscheinung, „sowie sie adaptiv werden in der totalen Lebenserfahrung des Kleinkindes" (*Izard/Buechler* a.a.O., S. 172). Den Schrei des Unbehagens gibt es schon von Geburt an; Furcht setzt erst dann ein, wenn das Kind die Möglichkeit zur Flucht hat (in der zweiten Hälfte des ersten Lebensjahres); Ärger taucht erst auf, wenn das Kind aufgrund seines Reifezustandes die Möglichkeit hat, Hindernisse zu erfahren und mit Frustrationen umzugehen (ebd.). Darüber hinaus ist für die Entwicklung der Emotionen sehr bedeutsam die Interaktion zwischen dem Kind und seiner Versorgungsperson, also meist der Mutter. Diese Interaktionen bestimmen, welche Erscheinungsformen und Wirkungen die (biologisch angelegten) grundlegenden emotionalen Erlebnisweisen in der individuell-einzigartigen Lebenserfahrung und Lebensgeschichte der Person haben werden. Das kleine Kind äußert wichtige emotionale Signale, die bei der Versorgungsperson die angemessenen Reaktionen hervorrufen müssen, damit lebenswichtige Grundlagen für die Erfahrung wechselseitiger emotionaler Ansprechbarkeit entstehen können („Urvertrauen" u. ä.). Hier trifft sich die Theorie von *Izard* mit psychoanalytischen Untersuchungen, die ebenfalls die Bedeutung und Störanfälligkeit dieser frühen Mutter-Kind-Interaktionen hervorheben.

Empirische Entscheidungen darüber, was bei der Ontogenese von Emotionen „angeboren" *oder* „erworben" ist, sind als prinzipielle nicht möglich; darauf hatte ich bei der Diskussion der evolutions-biologischen Emotionstheorien schon hingewiesen. Die Entwicklung des kleinen Kindes steht von Beginn an unter dem Zeichen der Wechselwirkung von angeborenen Reaktionstendenzen und ersten Erfahrungen. Es wäre also sinnvoll, diese Vorgänge der ersten Erfahrungsbildung empirisch zu untersuchen, um individuumspezifische (differentielle) Entwicklungsmuster herauszufinden, die man im Hinblick auf vergleichbare Bedingungen auch miteinander vergleichen könnte. Dieser leider nur vereinzelt verfolgten Forschungsstrategie steht jedoch, wie ich schon andeutete, ein universalistisches Modell-Denken entgegen, das zu vorschnellen und unzureichend begründeten Stufentheorien geführt hat. Ich gehe darauf jetzt zumindest exemplarisch ein, um damit ein wesentliches Hindernis für eine „realistische" entwicklungspsychologische Emotionsforschung hervorzuheben.

Nach der Reifungstheorie von *Izard* sind Emotionen, zumindest die „grundlegenden" (1) universell im Sinne einer universellen Verbreitung unter allen Menschen zu allen Zeiten, (2) in ihrem Auftreten an universelle neurale Reifungsmuster gebunden; (3) sind sie universell im Hinblick auf emotionsspezifische Auftretenszeitpunkte und (4) im Hinblick auf biologisch angelegte Rückmeldeschleifen zwischen Gesichtsmuskulatur und kortikalen Erregungen. Will man nun ein universelles Stufenmodell der Entwicklung von Emotionen aufstellen, so ist man, da bei kleinen Kindern andere Methoden zur Erfassung von Emotionen (angeblich) ausscheiden, auf die Beobachtung des Gesichtsausdrucks angewiesen. Die zentrale Hypothese lautet entsprechend: Es gibt universelle Beziehungen zwischen bestimmten Emotionen (wie z. B. Trauer, Freude, Zorn, Furcht, Überraschung) und einzelnen Bewegungen der Gesichtsmuskeln (vgl. vor allem *Ekman* 1981). So sei z. B. „Zorn" immer und überall gekoppelt mit einem Senken und Zusammenziehen der Augenbrauen, schlitzförmigen Augen und einem zusammengepreßten Mund (ebd.). Im emotionalen Gesichtsausdruck gibt es überkulturelle Elemente, was nach *Ekman* mit den folgenden drei, sich gegenseitig nicht ausschließenden Gesichtspunkten erklärt werden könnte: evolutionäre Entwicklung; angeborene neurale Strukturen; Lernprozesse, die für alle Kulturen gleich sind. *Ekman* nennt auch kulturspezifische Einflüsse (Auslöser für emotionales Verhalten, „Darstellungsregeln", Folgen bzw. Bewertung der Folgen von emotionalen Erregungen), auf die ich später noch kurz eingehen werde.

Methodik und einige Ergebnisse

Wichtiger ist hier im Moment die Methodik, mit der die „Universalität" von Gesichtsausdruck bewiesen werden soll. In den bekannten Untersuchungen von *Ekman* und seinen Mitarbeitern wurden Mitgliedern aus unterschiedlichen Kulturen Photographien von Gesichtern vorgelegt, die aufgrund übereinstimmender Schätzurteile bestimmte grundlegende Emotionen darstellen sollten.

Parallel dazu las man Geschichten vor, in denen eine der Emotionen eine zentrale Rolle spielte. Die Versuchspersonen hatten dann Gesichter und Geschichten einander zuzuordnen. Es gab hohe Übereinstimmungen in diesen Zuordnungen über verschiedene Kulturen hinweg (z. B. Indianer aus Neu-Guinea und Angehörige westlicher Kulturen). Ohne hier schon auf die Problematik und Aussagekraft solcher Methodik einzugehen, soll festgehalten werden: Wenn es also universelle Beziehungen zwischen Gefühlsausdruck und Gefühlserleben oder zumindest -verstehen gäbe, wäre es gerechtfertigt, auch die *Entwicklung* von Emotionen selbst zu beschreiben anhand der unterschiedlichen Auftretenszeitpunkte der einzelnen *am Gesichtsausdruck erkennbaren* Emotionen. Wie schmal diese Basis auch immer sein mag, sie ist die wichtigste Grundlage für die Formulierung von Stufenmodellen der Entwicklung. Die Abbildung 2 auf S. 153 präsentiert eine solche „Zusammenfassung der gegenwärtigen Evidenz und Überzeugungen über die Ontogenese von Emotionen" (*Izard/Buechler* 1979, S. 455, Abb. S. 454).

Es ist fraglich, inwieweit die Aussagen der Forscher überhaupt miteinander vergleichbar sind. So basieren z. B. die Angaben von Darwin nur auf der Beobachtung eines einzigen Falles, während z. B. Bridges ihre Aussagen auf eine zweijährige Beobachtung von insgesamt 62 Kindern stützt. Unklar ist auch, inwieweit vergleichbare Definitionen der einzelnen Emotionen verwendet wurden. Aber selbst dann, wenn wir von den internen Problemen dieser Untersuchungen

Gefühlsausdruck	Darwin	Bridges	Forscher Emde	Sroufe	Izard
Interesse					0
angeborenes Lächeln			0	0	0
soziales Lächeln	$2^{1}/_{2}$	$2^{1}/_{2}$	$2^{1}/_{2}$	3	$1^{1}/_{2}$–3
Lachen	$3^{3}/_{4}$			4	4–5
Schreck	0			0	0
Überraschung					2–3
Kummer/Schmerz	0	3	0	0	0
Ekel		$3^{1}/_{2}$			0
Wut				3	3–5
Ärger	$3^{3}/_{4}$	$3^{1}/_{4}$/6		7	3–5
Scham				18	4–5
Schüchternheit	27				12–18
Vorsicht				$4^{1}/_{2}$	
Furcht	0–5	6	9	9	5–9
Schuld	13			36	12–15
Verachtung					15–18

Abb. 2: Die Entwicklung von Emotionen anhand des Auftretenszeitpunktes der entsprechenden mimischen Gefühlsausdrücke (in Monaten; 0 = Geburt; nach *Izard/Buechler* 1979, S. 454).

und Forschungsstrategie absehen würden, ergäben sich noch wichtige kritische Fragen: Welche Aussagekraft haben solche Ergebnisse überhaupt im Hinblick auf die „Innenseite" des Erlebens, im Hinblick auf den Verlauf und die Veränderung von Emotionen in der kindlichen Entwicklung? Inwieweit sind solche Beobachtungen zum Ausdrucksverhalten überhaupt schon ein Beitrag zur Entwicklungspsychologie der Emotionen? In allen derartigen Untersuchungen wird ja von den besonderen Lebenslagen und Lebenserfahrungen der betreffenden Kinder abgesehen (vgl. *Ewert* 1965, S. 262).

Probleme der Vorgehensweise

Die Feststellung durchschnittlicher Auftretenszeitpunkte ergibt nur in einer quasi-naturwissenschaftlichen Fragerichtung einen erschöpfenden Sinn, nämlich dann, wenn Entwicklung im wesentlichen als Entfaltung biologisch und genetisch vorprogrammierter Reaktionsmuster aufgefaßt wird, die Gesetzmäßigkeiten folgt, die sich eben auch als Aufeinanderfolge von Auftretenszeitpunkten (emotionsspezifisch) begreifen lassen. Der Zeitablauf wird so zu seiner eigenen Erklärung. Was aber haben wir wirklich verstanden über die Ontogenese von Emotionen, über die Prozesse, die der Entwicklung oder dem Auftreten einer Emotion zugrunde liegen? „Durchschnitte helfen uns nicht, den Prozeß der Ontogenese zu verstehen" (*Candland* 1977, S. 41). Warum kann ein Kind Freude empfinden beim Anblick von zwei Ameisen, die sich mit einer überdimensionalen Last abmühen, während ein anderes Kind gleichen Alters dieselben Tiere mitleidlos zertritt? Oder: Wie kommt es dazu, daß Kinder frühe Erfahrungen in bestimmten Situationen mit bestimmten Menschen allmählich verallgemeinern und auf neue Situationen und zunächst unbekannte Personen übertragen können?

Daß ein Kind in einem bestimmten Alter eine bestimmte Emotion zeigt, ist das Ergebnis von zahlreichen Einflüssen einschließlich der aktiv aneignenden Tätigkeiten des Kindes selbst. Es geht zunächst gar nicht darum, *wann* ein Kind eine bestimmte Emotion zeigt, sondern *ob* es sie überhaupt zeigt und wenn, *warum*. Mit der Untersuchung von Mantell habe ich zu zeigen versucht, daß solche Warum-Fragen im Prinzip durchaus empirisch beantwortet werden können. Wenn z. B. ein Kind in einer bestimmten Situation erwartungswidrig nicht lacht, keinen Kummer oder keine Furcht zeigt, so mag dies zwar auch mit einem mangelnden kognitiven Verständnis der Situation zu tun haben (*Izard/Buechler* 1979, S. 463); mindestens ebenso wichtig für das Ausbleiben der „angemessenen" Emotionen ist aber: weil es eben für das Kind real nichts zu lachen gibt oder weil es (schon) unempfindlich geworden ist für Schmerz oder weil die Eltern es gegen Furcht unempfänglich gemacht haben.

Zimbardo/Ruch (1978, S. 278 ff.) bringen einige Ergebnisse von Untersuchungen, die Zweifel nähren an der Richtigkeit der Universalitätsannahme und auch an der Methode, mit der diese Annahmen zu belegen versucht werden. Die Emotion, die hinter einer bestimmten Ausdrucksform steht (und damit auch deren Interpretation), variiert nämlich von Kultur zu Kultur erheblich. Dies gilt sogar für scheinbar so eindeutige Ausdrucksformen wie Lachen oder die Zunge-Heraus-strecken. „Sogar innerhalb eines Kulturkreises kann ein bestimmtes nicht-verbales Verhalten irgendeine von vielen verschiedenen Emotionen ausdrücken, wie wir bereits weiter oben an dem Beispiel des Weinens gesehen haben. Wenn keine eindeutige Beziehung zwischen einem Gesichtsausdruck oder einem anderen Verhalten und einer bestimmten Emotion besteht, dann stellt nichtverbales Verhalten kein allzu zuverlässiges Kommunikationssystem dar" (ebd.).

An den Photos kann man kritisieren, daß Menschen nicht immer so eindeutige Emotionen wie Glück oder Zorn ausdrücken. „Oft empfinden sie komplizierte, gemischte Emotionen wie Verlegenheit, Enttäuschung oder Eifersucht, und der nicht-verbale Ausdruck solcher Gefühle ist ziemlich vieldeutig" (ebd.). Wenn man den Hintergrund von Photos, die Menschen mit einem bestimmten Gefühlsausdruck zeigen, wegretuschiert, dann sinkt die Genauigkeit und Übereinstimmung in der Benennung der Gefühle beträchtlich. Dies verwundert nicht, da Emotionen im Alltag ja immer innerhalb des Bezugsrahmens der Situation, in der sie auftreten, interpretiert werden (ebd.). Es gibt noch andere Untersuchungen, die zeigen, daß Ausdrucksverhalten sehr unterschiedlich interpretiert wird, wenn man die Situation, zu der das Verhalten gehört, nicht mitzeigt (vgl. *Ewert* 1965, S. 257).

Hinter der Methode, Emotionen von Gesichts-Photographien her beurteilen zu lassen, die Emotionen in „reiner" Form darstellen, steckt also die irrtümliche Annahme, Emotionen kämen auch in der Realität in derart isolierbarer „reiner" Form vor. Diese Isolierung vom Kontext und der Person kann man auch als ahistorisch bezeichnen, wie zwei Beispiele kurz demonstrieren sollen. Ob ich jemanden mit Geringschätzung ansehe, das hat sehr unterschiedliche Folgen, je nachdem, wann ich dies tue und wem gegenüber. Es wird wohl kaum einen Slumbewohner in Harlem geben, der, umgeben von fünf bedrohlichen weißen Polizisten, diese mit Geringschätzung bedenken wird. Manche Leute werden in ihrem ganzen Leben diese Emotion nur sehr selten zeigen. „Wenn ein Samurai mit Geringschätzung angesehen wurde, hatte er lediglich die Alternative, den Menschen zu töten oder sich selbst" (*Izard* 1981, S. 454). Manche Menschen werden auch nur selten Freude zeigen, weil eben die äußeren Umstände und die bisherigen Erfahrungen und Erwartungen dafür wenig Anlaß bieten. Oder denken Sie an das schon öfter gebrachte Beispiel des Vertrauens: Dieses Gefühl des Sich-verlassen-Dürfens (vgl. *Rotter* 1981) ist gerade in der kindlichen Entwicklung so elementar wie kaum ein anderes. Aber es läßt sich leider nicht anhand eines einzelnen Photos darstellen, denn es bezieht sich auf eine zwischenmenschliche Beziehung als solche bzw. auf das unmittelbare Erleben dieser Beziehung.

Was also ist überhaupt gewonnen für eine Entwicklungspsychologie der Emotionen, wenn man es eines Tages schaffen würde, die durchschnittliche Auftretenswahrscheinlichkeit bestimmter „grundlegender" Gefühls*ausdrücke* angeben zu können? Daß der Entwicklungsverlauf von Emotionen bis heute unerforscht ist (*Izard/Buechler* 1979, S. 466), dies liegt gerade auch an der einseitigen Fixierung auf die Frage nach universellen Entwicklungsstufen des Ausdrucksverhaltens. Hier wäre auch an die Kritik zu erinnern, die alle Stufenmodelle oder „hierarchischen" Theorien der Entwicklung immer wieder erfahren haben (vgl. z. B. *Phillips/Kelly* 1975; *Montada* 1981).

Inzwischen gibt es innerhalb der Entwicklungspsychologie alternative Modellvorstellungen, die geeignet sind, auch die Emotionsforschung voranzubringen. Darauf will ich im übernächsten Abschnitt eingehen. Zunächst eine knappe Zusammenfassung der wesentlichen Merkmale des „traditionellen" Entwicklungsbegriffes, wie er auch den meisten Untersuchungen in der Emotionspsychologie zugrunde lag (nach *Ahamer* u. a. 1980, S. 5 f.):

1. Entwicklungsmäßige Veränderungen „vollziehen sich in einer geordneten Sequenz, die sich als Abfolge einzelner Stufen, Phasen, Stadien etc. darstellen läßt (= Sequentialität).
2. Die Abfolge der einzelnen Veränderungsschritte ist invariant und nicht umkehrbar (= Irreversibilität).
3. Veränderungen sind auf einen angenommenen Endzustand, auf ein definiertes Entwicklungsziel hin ausgerichtet (= Unindirektionalität).
4. Die Abfolge der Veränderungen ist für alle Individuen identisch, d. h. interindividuelle Unterschiede zeigen sich nicht im Entwicklungsverlauf per se, sondern allenfalls in der Verlaufsgeschwindigkeit (= Universalität)".
   Diese Grundsätze einer „normativ-universellen" Entwicklungspsychologie erweisen sich spätestens dann als untauglich, wenn man beginnt, sich auch für Veränderungen im Erwachsenenalter zu interessieren.

In den folgenden beiden Abschnitten wird dem hier skizzierten „universalistischen" Modell die Auffassung von Entwicklung als „Auseinandersetzung" gegenübergestellt. Zunächst sollen einige Einflüsse von Kultur und Gesellschaft dargestellt und dann die Strategie einer lebenslauforientierten Emotionsforschung entwickelt werden.

6.3 Wir und die anderen: Zum Einfluß von Kultur und Gesellschaft auf die Entwicklung und Äußerung von Emotionen

Gefühlserlebnisse sind einzigartige, individuumspezifische Bewußtseinsinhalte bzw. psychische Zustände – so war in diesem Buch bisher immer behauptet worden. Sind Emotionen also etwas „Privates", nur dem einzelnen selbst Zugängliches? Dies kann nicht sein, denn dann wären keine zwischenmenschliche Verständigung und keine zwischenmenschliche Beziehung möglich. Das Merkmal der „Einzigartigkeit" reicht für eine vollständige Bestimmung von Gefühlserlebnissen (und erst recht von Stimmungen und Gefühlshaltungen) nicht aus; Emotionen sind gleichzeitig immer auch Ausdruck *gemeinsamer* Erfahrungen, Bedürfnisse und Interessen in vergleichbaren Umwelten und sozialen Beziehungsstrukturen. Nicht nur das Ausdrücken von Gefühlen unterliegt bestimmten regelnden Einflüssen der Kultur und Gesellschaft, sondern auch die Entwicklung von Erlebnisweisen und -bereitschaften. Dafür möchte ich im folgenden einige beispielhafte Illustrationen und Argumente bringen.

Ein Beispiel

Zunächst ein einfaches Beispiel aus dem Alltag, das die Kulturabhängigkeit von Emotionen verdeutlichen soll: Stellen Sie sich vor, Sie gehen in Neapel auf einer belebten Straße. Auf der gegenüberliegenden Seite kreuzt gerade ein kleiner Hund den Weg eines Mannes. Der Mann fühlt sich offenbar aufgehalten; er gibt dem Hund einen Tritt, so daß dieser aufjaulend zur Seite fliegt. Das Gesicht des Mannes läßt keine Gefühlsregung erkennen. Was empfinden Sie angesichts dieses Vorfalls? Sicher empören Sie sich (innerlich) über die „Gefühlsrohheit" dieses Mannes und vielleicht sogar über den generellen Mangel an Tierliebe in Italien oder gar bei allen Südländern.

Am nächsten Tag, beim Spaziergang im Park in derselben Stadt, werden Sie zufällig Zeuge einer anderen Szene: Ein kleines Kind entfernt sich von der Mutter und fällt dabei unvorsichtig über einen Stein zu Boden. Auf sein lautes Geschrei hin stürzt die Mutter zum Kind hin, nimmt es auf den Arm, küßt und streichelt es, versucht es zu trösten und zu beruhigen. Im Gesicht der Mutter erkennen Sie alle Anzeichen von Schrecken, Mitleid und Fürsorge. Auch andere Personen bleiben stehen, erkundigen sich nach dem Grund des Weinens, gestikulieren und sprechen beruhigend auf das Kind ein. Was empfinden Sie bei dieser Szene? Finden Sie, wenn Sie ehrlich sind, das Verhalten der Mutter und der anderen Erwachsenen nicht ein bißchen „übertrieben", dem Anlaß nicht angemessen?

Wenn es auch nicht meine Absicht ist, einer weiteren Verbreitung von stereotypen Vorstellungen über „die" Südländer oder „die" Deutschen Vorschub zu leisten, so spricht doch einiges dafür, daß sich die beiden Vorfälle mit etwas höherer Wahrscheinlichkeit eher im Süden als im Norden Europas abspielen würden. Was können wir an solchen Beispielen erkennen? Zumindest dies: Emotionen sind immer auch auf bestimmte Wertvorstellungen bezogen, die von Kultur zu Kultur unterschiedliche Geltung beanspruchen und auch mit unterschiedlicher Wirksamkeit durchgesetzt werden. So bedeutet z. B. der Vorwurf der Kinderfeindlichkeit, daß Kinder bzw. deren Wohl und Gedeihen in einer bestimmten Kultur oder Gesellschaft keine sehr hohen Werte darstellen und daß eine Verletzung der entsprechenden Normen nicht sehr stark geahndet wird. Wir können aus dem unfreundlichen Verhalten des Mannes gegenüber dem kleinen Hund nicht auf eine *generelle* Gefühlsrohheit schließen; wir können nur sagen, daß das Wohlbefinden von Tieren für ihn möglicherweise keinen sehr hohen Wert darstellt und daß der kleine Hund für ihn offenbar kein „Auslöser" für Mitgefühl und Fürsorge ist; beides kann bei dem Mann als Erlebnisbereitschaften durchaus vorhanden sein. Können wir umgekehrt von der Mutter annehmen, daß sie ihr Kind ganz besonders liebt? Vermutlich ja, aber vielleicht folgt sie in ihrem Verhalten zusätzlich auch anderen „Darstellungsregeln", da es in ihrem Land eher als bei uns üblich ist, Emotionen auszudrücken. Deutsche neigen angesichts solcher Gefühlsausdrücke manchmal dazu, die Gefühle selbst oder ihre Äußerung für unecht oder übertrieben zu halten. Dabei wird oft nur vergessen, worauf es hier gerade ankommt, daß nämlich in unterschiedlichen Gesellschaften tatsächlich unterschiedliche Werte existieren können.

Systematisierung der Kulturabhängigkeit

Zur Interpretation des Beispiels habe ich bereits Begriffe verwendet, die *Ekman* (1981) entwickelt hat, um kulturelle Unterschiede, also auch kulturelle Einflüsse zum Ausdruck von Emotionen zu beschreiben. *Ekman* geht, wie schon erwähnt (vgl. Kap. 6.2), zunächst davon aus, daß es universelle Beziehungen zwischen bestimmten Emotionen und deren Gesichtsausdruck gibt. Dabei interessiert ihn nur der nicht-intentionale Gesichtsausdruck, also emotionale Äußerungen, die keine Mitteilungsfunktion haben (wie z. B. Kopfschütteln), sondern zweckfreier Ausdruck sind. Dieser Ausdruck wird nach seinen eigenen und anderen Untersuchungen in unterschiedlichen Kulturen übereinstimmend erkannt, wenn man den Leuten Photographien vorlegt, welche den Ausdruck bestimmter „grundlegender" Emotionen darstellen.

Neben diesem „überkulturellen" Element im Ausdrücken und Verstehen von Emotionen, das wir hier nicht noch einmal diskutieren wollen, gibt es nach *Ekman* jedoch drei Gruppen von Faktoren, welche die Kultur*abhängigkeit* des Ausdrucks (zugleich auch der Entwicklung und des Erlebens von Emotionen?) bedingen:

1. Die meisten *Auslöser* für Emotionen sind gelernt. Es gibt also keine über-kulturell identischen Auslöser für bestimmte Emotionen; dieselben objektiven Ereignisse lösen ganz unterschiedliche emotionale Reaktionen aus. Wir lernen während des Sozialisationsprozesses in einer gegebenen Gesellschaft und zu jeweils bestimmten Zeitpunkten in unserer Geschichte, bei welchen Anlässen wir welche Emotionen empfinden. Ereignisse wie z. B. der Verlust eines nahen

Angehörigen oder auch Begräbnisse rufen bei den Menschen unterschiedlicher Kulturen unterschiedliche emotionale Reaktionen hervor. Natürlich gilt diese Kulturabhängigkeit des Erlebens nicht durchgehend; bei einigen Emotionen und bei bestimmten Intensitätsgraden ist sie sicher geringer als bei anderen. Also spricht man hier besser von kulturellen Einflüssen oder kultureller Mit-Bedingtheit. Wichtig ist die Schlußfolgerung, daß man nicht auf der Basis „gleicher" Auslöser oder Ereignisse emotionales Erleben vergleichen kann, weil eben dieselben Ereignisse in der subjektiven Wahrnehmung der Mitglieder unterschiedlicher Gesellschaften nicht dasselbe bedeuten (*Ekman*, ebd.).

2. Die Regeln für den Ausdruck und die Kontrolle des Ausdrucks von Emotionen unterscheiden sich von Kultur zu Kultur und von Situation zu Situation (Unterschiedlichkeit der *„Darstellungsregeln"*). *Ekman* nennt hier vier Möglichkeiten, wie diese Regeln unser Erleben bzw. den gefühlsmäßigen Ausdruck beeinflussen können: Herunterspielen, Intensivieren, neutral und emotionslos sein, die wahre Emotion verbergen und dafür andere vortäuschen. Die Regeln kontrollieren habitualisierte (gewohnheitsmäßige, selbstverständliche, „erwartete") Gesichtsausdrücke und ziehen nur dann die Aufmerksamkeit auf sich, wenn sie verletzt werden (also z. B. ein 15jähriger Bub weint, oder jemand bei einem Begräbnis in Gelächter ausbricht).

Die Regeln beruhen auf konventionellen Übereinkünften und werden im Sozialisationsprozeß den Heranwachsenden vermittelt. Natürlich besteht ein enger Zusammenhang zwischen den in einer Gesellschaft geltenden Werten und den Regeln für die Äußerung von Emotionen. Wenn es z. B. Kindern schon in einem frühen Alter untersagt ist, gefühlsmäßige Betroffenheit nach außen hin zu signalisieren (wie es angeblich vor einigen Jahrzehnten in Japan der Fall gewesen sein soll), dann ist der Schluß nicht allzu kühn, daß in einer solchen Gesellschaft das subjektive Wohlbefinden von Kindern einen geringeren Wert darstellt als z. B. Disziplin. Hier liegt nun ein wahrer Kern der im fünften Kapitel kurz skizzierten Theorie von *James/Lange*: Wenn der *Ausdruck* von Emotionen dauerhaft und mit aller Härte verboten und unterdrückt wird, dann werden die Kinder allmählich unfähig, die zugrunde liegende *Emotion selbst* noch zu erleben.

Welche Darstellungsregeln wer in welchen Situationen wie anwendet, dies hängt noch von weiteren Faktoren ab (*Ekman* ebd.): Alter, Geschlecht, Rolle, Definition der Situation, vorübergehende Eigenschaften einer Situation (z. B. Situation „Warten auf den Bus", „Begräbnis", „Ankunft", „Abfahrt"). Von älteren Menschen erwartet man Distanz und Gelassenheit in emotionalen Belangen; Frauen dürften eher Angst zeigen als Männer; beim Skatspiel sind spontane Gefühlsausdrücke häufiger und eher geduldet als in der Vorstandssitzung; wer sich selbst in einer sozialen Situation als den Überlegenen ansieht, der wird bei gegebenem Anlaß eher Zorn über den anderen empfinden und auch zeigen, als wenn er sich als Unterlegener definiert; bei der Ankunft und Abfahrt von nahen Angehörigen oder Freunden darf man eher in Tränen ausbrechen als beim (langen) Warten auf den Bus.

3. Die Beziehungen zwischen emotionalen Erlebnissen und Erregungszuständen und dem darauf *folgenden Verhalten* sind von Kultur zu Kultur unterschiedlich. Haltungen und Bewegungen sind nicht immer getreue Abbilder der im Gesicht ausgedrückten Emotion. Je nach sozialem und kulturellem Kontext kann z. B. Flucht der Versuch sein, mit Furcht oder mit Wut oder mit Abscheu fertig zu werden. Auch hier gibt es innerhalb einer Kultur möglicherweise Geschlechtsunterschiede: Bei Auseinandersetzungen zwischen den Eltern verließ in der Untersuchung von Mantell viel häufiger der Mann als die Frau das Haus. Verschiedene Körperreaktionen und Verhaltensweisen können durch ein- und dieselbe Miene (bzw. Emotion) ausgelöst werden; so kann der Zornige hilflos weinen oder er kann zuschlagen oder er kann davonlaufen.

Ekman faßt seinen Standpunkt so zusammen: Obwohl spezifische Bewegungen der Gesichtsmuskulatur die Grundlage für emotionale Gesichtsausdrücke und damit ein über-kulturelles Element von Emotionen bilden, ist das Erleben und Ausdrücken selbst grundsätzlich in einen Kontext eingebettet. Was bleibt dann eigentlich übrig von der Universalität der Emotionen bzw. ihrem Ausdruck? Man könnte dies so hervorheben: *Wenn* jemand wirklich zornig ist, dann zeigt er genau die Mimik, die alle anderen Menschen auch zeigen, wenn sie zornig sind. *Warum* und mit *welchen Folgen* jemand zornig ist und ob er dies auch wirklich *zeigt*, das hängt von anderen, nicht-universellen Bedingungen ab.

Es ist nun offenbar eine Frage unseres eigenen Untersuchungsinteresses, ob wir uns mehr für die Universalität der Koppelung zwischen Gesichtsmuskeln und Emotion interessieren oder mehr für die Sozialisation von Gefühlserleben. Da in beiden Fällen die Kenntnis von kulturellen Einflüssen hilfreich ist, werden wir uns im folgenden damit noch ein wenig beschäftigen.

Emotionsbegriffe und Wertsysteme

Bleiben wir noch einmal kurz bei dem Beispiel des Zorns. Hierzu hat *Solomon* (1981) eine hervorragende Analyse geliefert. Er setzt sich mit der Behauptung einer Kulturanthropologin auseinander, die bei ihren Forschungen bei einem sog. primitiven Volksstamm keine Anzeichen der Emotion „Zorn" gefunden hat. *Solomon* erklärt das Fehlen von Zorn, indem er die allgemeine Lebenslage und die damit zusammenhängenden „Ideologien", Überzeugungen und Erwartungen dieser Leute mit westlichen Kulturen vergleicht. Zorn ist für *Solomon* eine „selbstgerechte Verdammung", die notwendigerweise eine Reihe moralischer Kategorien und Urteile enthält. Dazu gehören der Begriff der Verletzung, der Schuld, die Rechtfertigung der eigenen Position, die Position des „Anklägers", der nach „Beweisen" sucht. Zorn enthält so eine ganze Lebensphilosophie, die allerdings nur unter bestimmten äußeren Umständen entstehen kann und sinnvoll ist.

Solche Bedingungen sieht *Solomon* in einer spezifisch „bürgerlichen" Weltanschauung westlich-industrialisierter Gesellschaften ausgedrückt: „Das Universum schuldet uns ein hohes Maß an Bequemlichkeit und Wohlbehagen, und vermissen wir was davon, dann verdammen wir alle, die dafür verantwortlich sind" (S. 247 f.). Zorn und Schuld setzen Sollen voraus, woraus sich ergibt: Wenn man nichts für sich erwartet, wenn man keine Ansprüche hat, dann gibt es auch keinen Zorn. In einer Welt voller Härte und Unannehmlichkeiten (wie bei dem genannten Volksstamm) oder gegenüber anderen Menschen, die man aufgrund ihres Alters oder aus anderen Gründen nicht „verantwortlich" machen kann, wäre Zorn unvernünftig, unangebracht. Tatsächlich halten die Mitglieder dieses Volksstammes Äußerungen von Zorn für kindlich und unreif. In ihrer Lage sind Gleichmut, Billigung oder gar Resignation „vernünftiger", weil angemessener.

Gefühle wie z. B. Furcht, Stolz oder Neid können wir nicht identifizieren, ohne die Situationen zu verstehen, in denen diese Gefühle auftauchen (vgl. *Hirst/Peters* 1972, S. 89 ff., zit. nach *Weber* 1975, S. 122). „Die meisten dieser Situationen liegen im Feld der Sozialbeziehungen . . . Emotionen wie Eifersucht, Schuldgefühl, Erbarmen und Neid können nicht charakterisiert werden ohne Bezug zu moralischen und sozialen Begriffen wie z. B. Regeln, Eigentum und Rechten. Eines der wichtigsten Merkmale emotionaler Entwicklung ist es zu lernen, welche zahllosen unterschiedlichen Möglichkeiten es gibt, andere Menschen und sich selbst einzuschätzen in Ausdrücken für ein begriffliches Schema, das seinem Wesen nach sozialer Art ist" (ebd.).

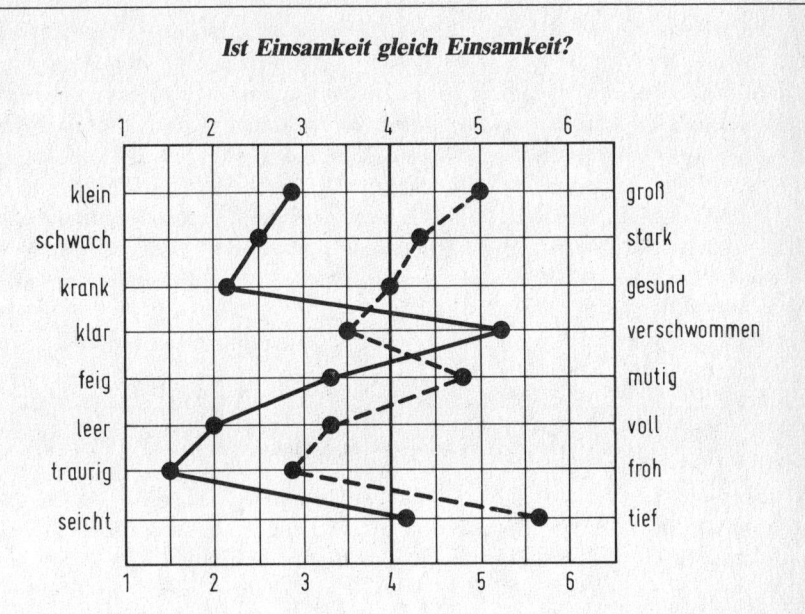

Ist Einsamkeit gleich Einsamkeit?

Ausschnitt aus dem Polaritätsprofil zum Begriff „Einsamkeit" für Amerikaner (durchgezogene Linie) und Deutsche (gestrichelte Linie). Nach Hofstätter 1957, entnommen aus *Oerter/Weber* 1975, S. 67).

Begriffe zur Benennung von Emotionen reichen also über die bloße Kennzeichnung eines individuellen Bewußtseinszustandes hinaus. Sie stellen das erklärungsbedürftige Handeln oder den erklärungsbedürftigen Zustand in einen sozialen Kontext, *indem* sie immer auch Annahmen über soziale Beziehungen, Regeln und Institutionen mit enthalten und voraussetzen sowie Kategorien, „die zu moralischen, ästhetischen und rechtlichen Bewertungssystemen gehören. Indem wir Emotionsworte verwenden, können wir daher Verhalten in Beziehung zu dem komplexen Hintergrund setzen, vor dem es stattfindet, und dadurch menschliche Handlungen verständlich machen" (*Bedfort* 1981, S. 55). Denken wir an das schon genannte Beispiel der Samurai oder an die unschöne Sitte des Duellierens: Die dort zugrunde liegenden Begriffe von Ehre, Selbstachtung und den (auch) dadurch gestifteten Beziehungen zwischen den Menschen können uns heute nur noch als Ausdruck einer krankhaften Gesellschaftsordnung erscheinen; damals jedoch waren die entsprechenden Normen und Erwartungen feste Orientierungspunkte für das Handeln (und Fühlen!) der Menschen. Oder denken wir wieder an die Untersuchung von Mantell: Auch wenn uns die berichtete Grausamkeit und Gefühlskälte der „Green Berets" uneinfühlsam erscheint, so ist uns ihre Entwicklung in der familialen Sozialisation doch nicht ganz unverständlich. Wir kennen nämlich aufgrund eigener Erfahrungen bzw. aufgrund unserer Vertrautheit mit bestimmten Erziehungsidealen in westlich-industriellen Gesellschaften jene moralischen Bewertungssysteme, zu denen auch eine bestimmte Art von „Männlichkeit", „Härte", Mut zur körperlichen Auseinandersetzung, emotionale Robustheit u. ä. als Forderungen gerade in der Erziehung von Buben gehören.

In vielen Gesellschaften wird von einem Vater vor der Niederkunft seiner Frau erwartet, daß er sich Sorgen macht, beunruhigt ist und dies auch in der jeweils üblichen Weise ausdrückt (vgl. *Homans* 1981). Das heißt natürlich noch nicht, daß die werdenden Väter auch wirklich beunruhigt sind; vielleicht tun sie nur so. Andere sind zwar beunruhigt, zeigen es aber nicht in der angemessenen Weise (ebd.). „Vom amerikanischen Vater wird nach der Konvention erwartet, daß er beim Anblick seines Babies lautstark seine Freude zeigt. Ein Vater im alten Rom konnte es kritisch betrachten und dann entscheiden, ob er es annehmen oder verstoßen sollte" (*Gerth/Mills* 1981, S. 125).

Zum Kompetenz-Aspekt emotionalen Erlebens

Natürlich empfindet niemand ein Gefühl *allein* deshalb, weil es von ihm in einer bestimmten Situation erwartet wird. Aber die Anregungen und „Modelle" der soziokulturellen Umwelt und deren Reaktion auf unser eigenes Verhalten und Erleben spielen insofern grundsätzlich eine Rolle für die Entwicklung von Emotionen, als wir zum einen Gesten nachahmen oder zeigen lernen, die zur Grundlage von „echten" Gefühlen werden können, und als wir zum anderen über unsere eigenen Erlebnisqualitäten Begrifflich-Genaueres erfahren können aus dem, was andere uns „zurück-spiegeln" (vgl. *Gerth/Mills*, S. 125 ff.). „Z. B. kann ein Kind einen Ziegelstein zum Spaß gegen ein anderes erheben. Dieses faßt diese Handlung nicht als spielerische Geste auf, sondern empfindet sie als ein Anzeichen von Gemeinheit und Aggression. Diese Bestimmung des affektiven Vorhabens eines anderen auf der Grundlage der Geste oder Handlung kann zu einem Kampf führen, in dem sich das erste Kind ein sozial richtiges Empfinden für den Gebrauch seiner Gesten erwirbt. So verbindet das Kind bestimmte Gesten und Handlungen mit den ihnen konventionell zugeschriebenen Gefühlen" (ebd., S. 126).

Wir können aus diesen sicher zutreffenden Überlegungen über soziale und normative Einflüsse auf die Entwicklung von Emotionen schließen, daß das Gefühlserleben auch eine Komponente von Kompetenz hat: Man wird fähig, „angemessen" zu fühlen, wobei sich die Angemessenheit nicht nur auf kulturelle Wert-

---

Emotionen werden gelernt

Vor einigen Wochen war ich auf einer längeren Bahnfahrt zufällig mit einem etwa zweijährigen Mädchen und dessen Mutter zusammen im Abteil. Während dieser Zugfahrt unternahm und äußerte das Kind einige recht merkwürdige Dinge, von denen ich zwei Ereignisse kurz berichten will: Das Kind hatte einen kleinen Teddy, den es mit rührender Fürsorge „fütterte" und liebkoste. Als das Mädchen jedoch einige Male aus dem hoch gelegenen Gepäcknetz etwas zu holen versuchte, verwendete es den Teddy als praktische Fußbank und trampelte ungeniert auf ihm herum. – Gegen Ende der Zugfahrt zog die Mutter das etwas ungeduldig werdende Kind mit Mantel, Mütze und Handschuhen an (es war Winterzeit). Als es richtig warm eingepackt war, sagte das Kind zur Mutter unablässig: „Kalt, kalt!" Fangen wir mit dem letzten Beispiel an: Was hat es mit der Entwicklung von Emotionen zu tun? Das Kind sagt „kalt", obwohl es diese Empfindung in diesem Moment gar nicht hat. Warum sagt es also „kalt"? Weil es den Begriff „kalt" mindestens ebensosehr mit einer bestimmten Situation – dem Warm-Angezogen-Sein – verknüpft wie mit einer Empfindung. Das kleine Mädchen kann die Verbindung „Situation – Empfindung – Begriff" noch nicht flexibel handhaben. Um so mehr Flexibilität zeigt es im Umgang mit seinem Teddy. In der Sprache der Erwachsenen würden wir sagen: Das Kind hat noch keine stabile emotionale Beziehung zu seinem Teddy entwickelt; obwohl es sich hier um fiktive Als-Ob-Spiele handelt, würden ältere Kinder ihren Teddy nicht erst liebkosen und einige Sekunden später als Fußbank benutzen. Aus dem Verhalten des kleinen Mädchen können wir schließen, daß hier – zumindest in emotionaler Hinsicht – noch keine „Objekt-Konstanz" entwickelt wurde. Konkret: Der Teddy ist für das Kind nicht mit sich selbst identisch, er existiert nur in der Form von mehreren Teil-Objekten, unterschieden nach Funktionen: Teddy-zum-Schmusen, Teddy-zum-Draufsteigen usw.

vorstellungen und Erwartungen bezieht, sondern auch auf konkrete Situationen und andere Menschen in aktuellen Begegnungen. Dieser Kompetenz-Aspekt, der tatsächlich viel mit den in einer Gesellschaft geteilten Erwartungen zu tun hat, verführte einige Autoren dazu, Emotionen als „soziale Rollen" aufzufassen (vor allem *Averill* 1980). Emotionen sind nach *Averill* flüchtige, vorübergehende soziale „Konstruktionen", jede Emotion stelle die „Ausübung" einer flüchtigen sozialen Rolle dar (S. 309). Natürlich hängen Art und Intensität einer Emotion auch davon ab, wie man sich selbst in Relation zu anderen sieht und welche Bedeutung man dieser Beziehung gibt (wie oben das Beispiel des Zorns gezeigt hat). Zum Kompetenz-Aspekt emotionalen Erlebens gehört auch die Fähigkeit, sich in die Perspektive anderer hineindenken zu können (*Averill*).

Gleichzeitig ist jedoch emotionales Erleben nicht, wie *Averill* (S. 315) behauptet, identisch mit einer rollenspezifischen kognitiven „Interpretation des eigenen Verhaltens". *Averill* versäumt es, Erleben und Kompetenz auseinanderzuhalten. Er kann mit seiner Theorie, wie er selbst zugibt (S. 352), zum Verständnis der psychischen Zustände selbst nichts Neues beitragen. Gewiß können Emotionen ein „Produkt reflexiver Erfahrung" sein, das zureichend nur im sozialen Zusammenhang verstanden werden kann. Aber soziale Bedingtheit und (mögliche) Reflektiertheit sind keine *hinreichenden* Bestimmungsmerkmale emotionaler Zuständlichkeit. Wichtig sind die Hinweise von *Averill* für die Analyse des Einflusses gesellschaftlicher Rituale, Zeremonien und Regeln, mit Hilfe derer ganze Generationen von Menschen in ihrem Gefühlserleben unterdrückt oder verbogen werden können (vgl. auch *Zimbardo/Ruch* 1978, S. 276 f.).

Entsprechend den Schwerpunkten in der Forschung und Diskussion habe ich mich in diesem Unterkapitel vor allem mit sozio-kulturellen Einflüssen auf die *Äußerungsweisen* von Gefühlen beschränkt. Dabei kam die Frage viel zu kurz, auf welche Weise reale Gegebenheiten wie z. B. Situationen des Mangels, Undurchschaubarkeiten, Unterdrückung usw. sich in bestimmten Erfahrungen und emotionalen Erlebnisweisen und -bereitschaften wie z. B. Ängstlichkeit oder Hoffnungslosigkeit niederschlagen. Auf diesen wichtigen Aspekt des Zusammenhangs von Umwelt, Erfahrung und Emotion werde ich im folgenden Abschnitt und im Kapitel über emotionale Belastung (7. Kapitel) noch zu sprechen kommen.

6.4 Forschungsstrategie II: lebenslauf-orientierte Emotionsforschung

Ansatz und Grundbegriffe

Die neuere differentielle Entwicklungspsychologie interessiert sich für Veränderungen über den gesamten Lebenslauf hinweg. Sie möchte intraindividuelle Veränderungen und interindividuelle Unterschiede dieser Veränderungen erfassen und erklären. Die Orientierung am Lebenslauf bringt auch eine stärkere Orientierung an der „Person" mit sich (vgl. *Ulich* 1987b, S. 102 ff.). Und hieraus könnte eine Gegenbewegung zur handlungstheoretischen und funktionalistischen Reduktion von Emotionen auf bloße Regulationsmechanismen entstehen.

Ohne die Person als sinnstiftende Einheit verlieren die Emotionen den Charakter der Zeitlichkeit und damit auch das Moment der „Entwicklung" (vgl. dazu auch *Revers* 1962). Emotionen haben in handlungstheoretischen und anderen funktionalistischen Ansätzen keinerlei zeitliche Verlaufsgestalt, außer diese sei biologisch vorprogrammiert. Handlungstheorien können bestenfalls Aktualgenesen untersuchbar machen (vgl. z. B. *Kuhl* 1983), also vor allem das Querschnitthafte von Handeln und das Episodenhafte von Emotionen verdeutlichen. Die lebensgeschichtliche Zeitlichkeit menschlichen Erlebens und Verhaltens ist allen Emotionen stets inhärent. Nicht einzelne Gefühle können älter oder „reifer" werden, das kann nur die Person (vgl. hierzu auch den phänomenologischen Ansatz von *Denzin*, 1984).

Unter dem Einfluß der life-event-Forschung, der Entwicklungspsychologie der Lebensspanne, der Psychologie des Lebenslaufs und auch der sich immer stärker differenzierenden Gerontologie veränderte sich die grundlegende Vorstellung von „Entwicklung". Man rückte von der Annahme ab, daß sich nur in der Kindheit persönlichkeitsprägende Veränderungen abspielen; daß die Kindheit nur eine Vorbereitung auf das Erwachsenen-Sein ist; daß Entwicklungsprozesse eingebauten Programmen folgen; daß sich im Lebenslauf eine „stabile" Identität herausbildet, die neuen Erfahrungen immer weniger zugänglich und auch keiner Veränderungs- oder Anpassungsleistungen mehr fähig ist. Inzwischen wird Entwicklung als „lebenslanger Prozeß" aufgefaßt (vgl. z. B. *Oerter* 1978). Nachhaltige Veränderungen sind das ganze Leben lang möglich. Solche Veränderungen sind die Folge der Begegnungen der Person mit der Umwelt, der Auseinandersetzung mit Anforderungen und Aufgaben, der Versuche zur aktiven Aneignung und Bewältigung.

Wie werden diese Auseinandersetzungen und Begegnungen von der Person erlebt und erfahren, und wie schlagen sich diese Erlebnisse und Erfahrungen nieder in länger oder dauerhaft wirksamen Erfahrungen, Neu- oder Umorientierungen, neuen oder modifizierten Erlebnis- und Handlungsbereitschaften? Mit welchen Veränderungen „reagiert" eine Person auf Veränderungen ihrer Lebenslage, wie ist sie selbst an Veränderungen ihrer Lebenslage aktiv beteiligt? Wo sind Einschnitte und Markierungspunkte im Lebenslauf, die zu Neuorientierungen Anlaß geben können? Inwieweit hängen Erleben und „Bewältigung" neuer Anforderungen mit dem Geschlecht, mit dem jeweiligen Lebensalter, mit der Zugehörigkeit zu einer bestimmten Generation, mit einer gegebenen gesellschaftlichen und politischen Situation zusammen? Die Erfahrung und die persönlichen Folgen von z. B. eigener Arbeitslosigkeit hängen entscheidend vom Lebensalter ab, vom historischen Zeitpunkt (z. B. Sozialgesetzgebung, wirtschaftliche Prosperität), der Zugehörigkeit zu einer bestimmten Generation usw.

Auch in diesem erweiterten Rahmen sind natürlich nicht alle Arten von Veränderungen als „Entwicklung" anzusehen. Nur solche Veränderungen persönlicher

Orientierungen, Kompetenzen, Stimmungen u. ä. sind entwicklungs-bedeutsam, die auch von relativer Dauer und Stabilität sind. Wenn z. B. jemand bei der Bundestagswahl eine andere Partei wählt als bei der letzten Wahl, so kann diese Veränderung ohne alle weiteren Folgen für die Persönlichkeit des Betreffenden und sein weiteres Leben sein. Wenn aber z. B. in einer Familie das letzte Kind das Haus verläßt, so bedeutet dies vor allem für die (nicht-berufstätige) Mutter oft einen wichtigen Einschnitt in ihrem Leben, der zu Neuorientierungen Anlaß gibt; das Leben muß wieder neu mit „Sinn" erfüllt werden (vgl. *Lehr* 1980). Das Auftreten neuer Anforderungen, also bestimmte Änderungen in der Lebenslage allein reichen jedoch auch nicht aus, Veränderungen der Persönlichkeit in Gang zu bringen. Entscheidend ist vielmehr die Wechselwirkung zwischen bisheriger biographischer Entwicklung, Lebensgrundhaltungen, Bedürfnissen und Kompetenzen einerseits und „objektiven" Veränderungen und Anforderungen andererseits. Erst das subjektive Erleben der Umwelt bewirkt individuelle Aneignungs- und Bewältigungsversuche in ihren individuumsspezifischen Erscheinungsformen.

Halten wir also fest: Menschen entwickeln sich (potentiell) in ihrem ganzen Leben durch Erleben, Erfahren, Wahrnehmen, Lernen und Bewältigen in der Weise, daß sich daraus relativ dauerhafte Veränderungen ihrer Persönlichkeit oder „Identität" bzw. in einzelnen Bereichen des Erlebens und Handelns ergeben können. Anstöße für derartige Veränderungen können sowohl innerhalb wie außerhalb der Person liegen; in der Regel wird eine Wechselwirkung zwischen beiden Bedingungsgruppen Veränderungen in Gang bringen. Manche Menschen verändern sich auch ohne Berührung mit bestimmten Einschnitten und Markierungspunkten, viele verändern sich in erwarteter Weise, finden also z. B. nach krisenhaften Erfahrungen von „kritischen Lebensereignissen" allmählich wieder zu einem (neuen) Gleichgewicht, und wieder andere lassen sich auch durch einschneidende Erlebnisse und Erfahrungen nicht aus dem Gleichgewicht bringen.

Es sind in letzter Zeit eine Reihe von Konzepten wieder entdeckt oder neu entwickelt worden, um jene „äußeren" (potentiellen) Entwicklungsanstöße begrifflich zu fassen (vgl. *Oerter* 1978; *Filipp* 1981). So bezeichnet z. B. der Begriff der *Entwicklungsaufgabe* eine subjektive Wahrnehmung oder Setzung des Individuums, in der es sozio-kulturelle Entwicklungsnormen, also Erwartungen, auf seine eigenen Erlebnis- und Handlungsbereitschaften bzw. im engeren Sinne: Kompetenzen und Fertigkeiten bezieht. Solche Entwicklungsnormen können in einer gewissen Abfolge altersspezifisch angeordnet sein. In der subjektiven Wahrnehmung hat eine Entwicklungsaufgabe auch den Charakter einer subjektiven Zielsetzung: Ein zehnjähriger Junge weint nicht; man muß gegenüber Kranken und Schwachen Mitleid fühlen; seine Eltern muß man lieben und respektieren; ein Erwachsener fürchtet sich nicht vor der Dunkelheit u. ä. Mit dem Begriff der „Entwicklungsaufgabe" ist also hier gemeint, daß es alters-, gruppen-, kultur-, situations-, epochen- und evtl. auch geschlechtsspezifische Erwartungen im Hinblick auf Entwicklung, Äußerung oder auch Unterdrückung bestimmter Emotionen gibt.

Der Begriff der Entwicklungsaufgabe betont noch zu sehr den Aspekt der

Belastung durch Lebensereignisse

„Social Readjustment Rating Scale" (*Holmes/Rahe* 1967). (Verfahren zur Einschätzung des Aufwandes an Bewältigung bzw. der Wieder-„Anpassung" nach dem Eintreten eines bestimmten Ereignisses)

Rang	Life event	Durchschnittswerte (Grad der Belastung)
1.	Tod des Ehepartners	100
2.	Scheidung	73
3.	Trennung vom Ehepartner	65
4.	Haftstrafe	63
5.	Tod eines nahen Familienangehörigen	63
6.	Eigene Verletzung oder Krankheit	53
7.	Heirat	50
8.	Verlust des Arbeitsplatzes	47
9.	Aussöhnung mit dem Ehepartner	45
10.	Pensionierung	45
11.	Änderung im Gesundheitszustand eines Familienmitglieds	44
12.	Schwangerschaft	40
13.	Sexuelle Schwierigkeiten	39
14.	Familienzuwachs	39
15.	Geschäftliche Veränderung	39
16.	Erhebliche Einkommensveränderung	38
17.	Tod eines nahen Freundes	37
18.	Berufswechsel	36
19.	Änderung in der Häufigkeit von Auseinandersetzungen mit dem Ehepartner	35
20.	Aufnahme eines Kredits über 10 000 $	31
21.	Kündigung eines Darlehens	30
22.	Veränderung im beruflichen Verantwortungsbereich	29
23.	Kinder verlassen das Elternhaus	29
24.	Ärger mit der angeheirateten Verwandtschaft	29
25.	Großer persönlicher Erfolg	28
26.	Anfang oder Ende der Berufstätigkeit der Ehefrau	26
27.	Schulbeginn oder -abschluß	26
28.	Änderung des Lebensstandards	25
29.	Änderung persönlicher Gewohnheiten	24
30.	Ärger mit dem Vorgesetzten	23
31.	Änderung von Arbeitszeit und -bedingungen	20
32.	Wohnungswechsel	20
33.	Schulwechsel	20
34.	Änderung der Freizeitgewohnheiten	19
35.	Änderung der kirchlichen Gewohnheiten	19
36.	Änderung der gesellschaftlichen Gewohnheiten	18
37.	Aufnahme eines Kredits unter 10 000 $	17
38.	Änderung der Schlafgewohnheiten	16
39.	Änderung der Häufigkeit familiärer Kontakte	15
40.	Änderung der Eßgewohnheiten	15
41.	Urlaub	13
42.	Weihnachten	12
43.	Geringfügige Gesetzesübertretungen	11

(entnommen aus *Holmes/Rahe* 1980)

„Leistung" oder „Kompetenz" und ist daher nicht sehr gut geeignet, emotionale Entwicklung zu beschreiben. Der Begriff *normatives* oder *kritisches Lebensereignis* (zusammenfassend *Filipp* 1981) ist umfassender; er meint Einschnitte, Markierungspunkte oder Übergänge, die im „normalen" Lebenslauf fast alle Personen zu bestimmten Umorientierungen, Veränderungen oder Bewältigungen herausfordern. Solche Bestandteile einer derartigen „Normalbiographie" sind z. B.: alle Arten von Institutionenwechsel (z. B. vom Kindergarten in die Schule, von der Schule in den Beruf); Ereignisse, die mit der Familiengründung zusammenhängen; aber auch Übergangsphasen wie die Pubertät oder die Menopause oder die Pensionierung. Von diesen „normativen" Lebensereignissen kann man als „kritische" solche besonders negativen und einschneidenden Sachverhalte abheben, die nicht die Mehrzahl der Angehörigen einer Generation treffen und die mit besonderen Belastungen und Krisen verbunden sind, wie z. B. Arbeitslosigkeit, früher Tod des Lebenspartners, Geburt eines kranken Kindes, Ehescheidung (wobei letzteres offenbar schon an der Grenze zum „normalen" Lebensereignis steht).

Bevor ich das bisher Gesagte zu einem Modell biographischer Analyse ausweite, will ich noch einmal kurz die Bedeutung dieser Überlegungen für eine Entwicklungspsychologie der Emotionen hervorheben. Wenn Emotionen (Gefühlserlebnisse, Stimmungen, Gefühlshaltungen) immer auch umweltbezogen und Ausdruck von (intensiven, wiederholten) Erfahrungen sind, dann müssen ins Blickfeld auch der Emotionsforschung „differenziert zu beschreibende Personen in ihrer Auseinandersetzung mit differenziert zu beschreibenden Umwelten und das sich über die Entwicklung hinweg wandelnde Beziehungsgefüge zwischen Person und Umwelt" rücken (*Ahamer* u. a. 1980, S. 7). Untersuchungseinheit ist das sich verändernde Individuum in einer sich verändernden Umwelt. Jede Veränderung hat ihre eigene „Geschichte", die wir aus der Sicht der Betroffenen rekonstruieren müssen. *Kritische Lebensereignisse,* die ja gerade „emotionale Nicht-Gleichgültigkeit" kennzeichnet, sind dabei unser *Such-Raster, um auch emotionale Veränderungen aufzufinden und beschreibbar zu machen* (vgl. auch *Filipp* 1981a, S. 24).

Kritische Lebensereignisse sind „Stadien des relativen Ungleichgewichts"; sie sind „raumzeitliche, punktuelle Verdichtungen eines Geschehensablaufs", im Strom der Erfahrungen einer Person raum-zeitlich zu lokalisieren (*Filipp*, ebd.). Ein so globales Konzept ist zwangsläufig mit einem hohen Maß an definitorischer Unschärfe belastet (ebd.). Bisher ist auch angesichts der großen Bandbreite möglicher „Ergebnisse" von Auseinandersetzungen mit Lebensereignissen weitgehend unklar, welche Personen mit welcher „Geschichte" aufgrund welcher Erfahrungen und mit welchen Bewältigungsmöglichkeiten welche Entwicklungsveränderungen erwarten lassen – dies ist lediglich ein (gigantisches!) Forschungsprogramm. Dabei darf auch nicht vergessen werden, daß Entwicklungen natürlich nicht *nur* an kritischen Punkten oder Übergängen stattfinden. Entwicklung vollzieht sich auch als kontinuierlicher, oft unbemerkter Prozeß der allmählichen Anpassung, des Lernens, des Aufbaus von Wissen, der Gewöhnung, der Einsicht, des Aufbaus von Einstellungen, Haltungen usw.

Ein Modell für die biographische Analyse von Emotionen

Im Zentrum einer an der life-event-Forschung orientierten Emotionspsychologie stehen Fragen wie: Wie wird ein Ereignis erfahren, welche Gefühlserlebnisse treten auf, welche Gefühlshaltungen und Stimmungen werden wie berührt, verändert, verstärkt? Wie versucht die Person mit dem Ereignis umzugehen? Welche dauerhaften Veränderungen ergeben sich aus der Begegnung mit dem Ereignis? Erklärungsmöglichkeiten für das beobachtete Erleben und Verhalten ergeben sich dabei sowohl aus einer Kenntnis der Person und ihrer Biographie wie aus einer Kenntnis objektiver Situationsfaktoren. Da Untersuchungseinheit die „ganze" Person ist, interessieren hier auch keine „grundlegenden" Emotionen, deren Veränderung allerdings – je nach konkreter Fragestellung – aus dem jeweiligen Prozeßgeschehen *gefolgert* werden kann. Die „grundlegenden" Emotionen werden also jetzt vom primären Forschungsgegenstand zu bloßen Indikatoren dessen, wie die Person als „Ganze" sich selbst in bezug zu einer gegebenen Umwelt, einem Ereignis usw. erlebt. Emotionen treten niemals isoliert, ablösbar von der Person auf; es ist immer die Person, welche die Emotionen erlebt. (In den folgenden Abschnitten werde ich immer wieder Beispiele dafür bringen, was es heißt, daß die „ganze" Person die Emotionen erlebt und Veränderungen erfährt oder herbeiführt.)

Veränderungen sind immer, ob sie „intern" oder „extern" veranlaßt werden, mit Anforderungen an die Person verbunden und damit tendenziell auch mit bestimmten Belastungen, die bestimmte Bewältigungsversuche herausfordern. Dieses „Belastungs-Bewältigungs-Paradigma" ist inzwischen in vielen Forschungszweigen und Forschungsprojekten der Psychologie, vor allem der Streß-Forschung, der life-event-Forschung, aber auch der Entwicklungspsychologie und dort besonders in der Jugendpsychologie und der Gerontologie leitend geworden. In einer eigenen, von der DFG unterstützten Längsschnittstudie haben wir das Krisenerleben und die Bewältigungsversuche von arbeitslosen Lehrern untersucht (*Ulich* u. a. 1985). Ich werde deshalb im folgenden ein Modell für die Analyse von Belastungs-Bewältigungs-Erleben und der entsprechenden Prozeß-Variablen vorstellen und besprechen, das über die bisher in diesem Abschnitt entwickelten Vorstellungen hinaus auch die Lebenslauf-Perspektive deutlicher machen kann (dazu auch *Keupp* 1980; *Kohli* 1980; *Filipp* 1981a; *Ulich* u. a. 1981; *Ulich/Mayring/Strehmel* 1983). Zunächst als Modell (Abb. 3):

Ausgangspunkt ist wieder die Frage: Wie erlebt eine Person eine aktuelle Veränderung oder ein kritisches Lebensereignis und wie geht sie damit um? Das Schema enthält in den fünf Säulen folgende Variablen-Gruppen: I. Lernen und Erfahrungsbildung in der frühen Kindheit und Jugend unter besonderer Berücksichtigung derjenigen Prozesse, die emotionale Belastbarkeit und Selbstvertrauen bedingen können; II. Emotionale Grundhaltungen und Handlungsbereitschaften, die beim Umgehen mit Anforderungen eine Rolle spielen; III. Persönlichkeitsmerkmale, die unmittelbar bedeutsam sind bei der Begegnung mit einer belastenden Situation wie z. B. bestimmte Verletzbarkeiten in bestimmten Bereichen

(z. B. Leistungsbereich, sozialer Bereich) oder auch bestimmte Kompetenzen, um mit Belastungen gut umgehen zu können; IV. die Aktualisierung dessen, was lebensgeschichtlich „angelegt" ist; manchmal können aufgrund äußerer Umstände oder der Intensität einer Belastung selbst gute Bewältigungskompetenzen nicht umgesetzt werden, daher ist diese Frage nach der tatsächlichen Aktualisierung wichtig; V. das aktuelle Erleben und Handeln, das hier insbesondere in kognitiven Einschätzungen der Situation und der eigenen Bewältigungsmöglichkeiten, im damit zusammenhängenden Erleben einer Belastung und in der eventuellen Planung und Ausführung von Bewältigungsversuchen besteht.

Bevor ich anhand von zwei Beispielen die Bedeutung dieser Variablen illustriere, will ich noch kurz auf die Einflußfaktoren eingehen, die den Prozeßablauf horizontal begleiten.

Ausgangsbedingungen:
- gesellschaftliche Entstehungs- und Bewältigungsmöglichkeiten
- „Entwicklungsaufgaben"
- Lernbedingungen („Modelle", Verstärkungen)
- inter-individuelle Unterschiede

I. Sozialisation	II. Merkmale	III. „krisen-bezogene" Merkmale	IV.	V. akt. Erleben und Handeln
individuelles Handeln und Lernen Erfahrungen von Erfolg/Miß-erfolg, von Kontrolle/Aus-geliefertsein	– Selbstver-trauen, Kon-troll- und Kompetenz-Erwartungen – emotionale Grundstim-mungen; Motive und Ziele – „Einschät-zungs-Sti-le"; Bewälti-gungs-Stra-tegien – Handlungs-kompe-tenzen	– „Empfind-lichkeiten" (bereichs-spezifisch/generali-siert) – Bewälti-gungskom-petenz (be-reichsspezi-fisch/gene-ralisiert)	– situations-/zustands-spezifische Aktualisie-rung	– Einschät-zung – erlebte Bela-stung – *Bewälti-gungs-Ver-such* (Art und Wirkung)

„kritische Lebensereignisse"
(z. B. frühe Verlusterlebnisse)

gegenwärtige Situation
(„Stressoren" und
„Ressourcen",
materiell und sozial)

Abb. 3: Entwicklungsmodell für biographische Analyse

Zunächst zu den „Ausgangsbedingungen" (am Kopf des Schemas): In jeder Gesellschaft gibt es bestimmte Gegebenheiten, die die Entwicklung von Verletzbarkeiten und Bewältigungskompetenzen entweder fördern oder erschweren. Dazu gehören z. B. unterschiedliche materielle Lebensbedingungen, gesellschaftlich-institutionelle Lernhilfen und Unterstützungssysteme wie z. B. psychotherapeutische Dienste und Einrichtungen. Die „Entwicklungsaufgaben" und ihren gesellschaftlich-normativen Teil-Aspekt hatte ich schon erwähnt. Lernmöglichkeiten in der Familie und in anderen gesellschaftlichen Institutionen bis hin zu den Massenmedien sind ebenfalls wichtige Voraussetzungen. Und schließlich spielen bereits entwickelte Unterschiede zwischen Individuen auf jeder Stufe der Begegnung mit veränderungsrelevanten Anforderungen eine Rolle.

Die Art des Erlebens und Bewältigens aktueller, entwicklungsrelevanter Anforderungen hängt auch von der „Krisen-Biographie" einer Person ab, also davon, mit welchen kritischen Lebensereignissen die Person bisher konfrontiert war, wie sie diese erlebt hat, wie sie diese bewältigt hat und welche Folgen sich daraus für die weitere Entwicklung ergaben. Hier spielen auch objektive Sachverhalte eine große Rolle. Wenn ein Kind z. B. sehr früh seine Mutter verliert, so ist dies ein objektives, vom Kind unabhängiges Ereignis, das dessen Verletzbarkeit für künftige Belastungen erhöhen und seine Bewältigungskompetenz vermindern kann. Hierbei ist auch wichtig, welche Ressourcen, also sozialen und materiellen Hilfsmittel und Unterstützungen jemand in frühen und späteren Krisen erfahren hat. – Nun zum letzten Einflußfaktor, der gegenwärtigen Situation (im Schema rechts unten): Hier sind zwei Dinge wichtig, nämlich erstens wiederum die Frage nach den verfügbaren Ressourcen und zweitens die Frage nach den „Stressoren", insbesondere ihrer Art und Zahl. Je mehr Stressoren vorhanden sind (z. B. Arbeitslosigkeit, eigene Krankheit, Schulversagen eines Kindes), desto höher ist die Belastung. Im einzelnen sind jedoch die Wirkung multipler Stressoren und auch der Einfluß einzelner Ressourcen noch nicht genau erforscht (vgl. auch *Silver/ Wortman* 1980; *Schwarzer* 1981).

Anwendungsbeispiele

Ich möchte nun an zwei konstruierten Extrembeispielen demonstrieren, welche Ergebnisse eine biographische Analyse anhand des skizzierten Schemas erbringen könnte (verfolgen Sie bitte die Beispiele anhand der im Schema aufgeführten Begriffe). Fall A zeigt eine „ungünstige" Entwicklung, Fall B eine „günstige":

Fall A: Peter wächst unter ärmlichen materiellen und sozialen Verhältnissen auf (beengte Wohnverhältnisse, kinderreiche Familie). Mangels besserer Alternative holt er sich seine Lern-Modelle vom Fernsehen. Entwicklungsnormen kann er nur ungenau wahrnehmen, er kann ihnen aufgrund mangelnder Kompetenz nicht gut entsprechen. Im Alter von sieben Jahren verliert er seine Mutter. Beim Versuch der Bewältigung dieses Verlusts erhält er kaum Unterstützung durch den Vater oder die Geschwister, da diese selten zu Hause sind. Mangels Gelegenheit und Kompetenz kann er kaum positive Erfahrungen bei der Auseinandersetzung mit Anforderungen machen. Er erlebt vor allem Mißerfolg, was dazu führt, daß sein Selbstvertrauen klein ist, seine Erwartungen niedrig, seine Möglichkeiten, Freude, Stolz, Hoffnung zu empfinden, gering bleiben. Er traut sich nichts zu und erwartet auch von anderen nichts Positives. Entsprechend schätzt er neue Situationen schnell als bedrohlich ein. Die Lebensgrundstimmung ist eher gedrückt. Bewältigungskompetenzen sind kaum ausgebildet, die Verletzbarkeit für Belastungen und Krisen ist hoch. Nun droht eine neue Krise: Die Ehefrau will sich von Peter scheiden lassen. Sofort werden Ängste und Sorgen wach; Peter schätzt die Situation und die Zukunft so ein, daß er glaubt, damit nicht fertig werden zu können. Er erlebt eine extrem hohe Belastung. Der einzige Bewältigungsversuch, den er unternimmt, besteht darin, seine Frau umstimmen zu wollen. Auf Freunde oder Hilfen anderer Art kann sich Peter nicht stützen. Als er die Aussichtslosigkeit seiner Überredungsversuche einsieht, denkt er daran, sich umzubringen.

Fall B: Hans wächst in einer Umgebung auf, die ihm emotionale Geborgenheit, materielle Sicherheit und geistige Anregung bietet. Die Eltern stellen Anforderungen an ihn, bei deren Bewältigung sie ihn unterstützen. So kann Hans positive Erfahrungen mit den eigenen Lern- und Handlungsmöglichkeiten machen. Der Vater ist als erfolgreicher und verständnisvoller Akademiker ein gutes und pädagogisch bewußtes „Modell" für Hans. Altersentsprechende Erwartungen werden in der Weise an Hans vermittelt, daß er sie begreifen und erfüllen kann; Angst und andere negative Emotionen werden nicht gänzlich ferngehalten, aber das Bewältigen derselben wird unterstützt. Der Junge entwickelt Selbstvertrauen und Gelassenheit im Umgehen mit Anforderungen. Er schätzt neue Situationen realistisch ein, traut sich einiges zu und erwartet auch von anderen Hinweise und Unterstützung. Seine Lebensgrundstimmung ist positiv-zukunftsorientiert.

Hans hat sich bestimmte Stile des Umgehens mit Anforderungen und Belastungen angewöhnt; er verfügt über Bewältigungskompetenz, die auf positiven Erfahrungen in bisherigen Krisensituationen beruhen sowie auf bestimmten Fähigkeiten und dem Wissen über Fähigkeiten. – Auch seine Frau will sich von ihm scheiden lassen. In dieser Situation empfindet auch Hans großen Schmerz und große Belastung, Angst vor der Zukunft, vor der Einsamkeit usw. Zugleich versucht er aber, die Ursachen der Beziehungskrise zu analysieren und nach Möglichkeiten zu suchen, die jetzige Situation aktiv zu beeinflussen. Er spricht auch mit Freunden, sucht einen Eheberater auf. Als sich die Trennung nicht mehr aufhalten läßt, versucht Hans, die Zukunft nach der Trennung mit Plänen zu füllen, die ihm über den Schmerz hinweghelfen sollen. Er ist sich bewußt, daß er nach der Krise, wenn er sie übersteht, nicht mehr derselbe ist, daß seine Identität eine andere sein wird.

Ein Vergleich dieser beiden Fälle macht nicht nur klar, daß sich Emotionen im ganzen Lebenslauf entwickeln und verändern können – was natürlich Phasen und Bereiche relativer Stabilität nicht ausschließt –, sondern auch, daß *dasselbe* Ereignis (Scheidung der Ehe) sehr unterschiedlich erlebt und bewältigt werden kann je nachdem, wie die bisherige Entwicklung verlaufen ist. Dies verdeutlicht wieder das Ziel einer entwicklungspsychologischen Emotionsforschung: Wir wollen wissen, *welche* Erfahrungen, Erlebnisse, Entwicklungen in den Biographien von Menschen dafür verantwortlich sind, daß diese Personen *dieselben* Ereignisse *unterschiedlich* erleben. In meine konstruierten Beispiele hatte ich einige Forschungsergebnisse illustrativ eingearbeitet; es gibt, worauf ich noch kommen werde, in der Tat einige Untersuchungen, die derartige Muster biographischer Einflußfaktoren und Entwicklung wahrscheinlich machen.

Wie ergänzt sich dies nun zu der im ersten Abschnitt dieses Kapitels vorgestellten Untersuchung bzw. Untersuchungs-Methodik von Mantell? Mantell orientierte sich in seiner Untersuchung nicht am „Belastungs-Bewältigungs-Paradigma". Nicht, wie jemand selbst zum Leiden kommt und wie er versucht, damit zurechtzukommen, war sein Thema, sondern umgekehrt: Wie entwickelt sich Gleichgültigkeit und Mitleidlosigkeit gegenüber dem Leiden anderer? Eine wirksame Bewältigungsstrategie hatten die „Green Berets" ja erworben, nämlich die, sich um die Belange anderer Menschen nicht zu scheren. Obwohl das „Belastungs-Bewältigungs-Paradigma" wieder den Verdacht nährt, die Psychologie habe eine unvermeidliche Vorliebe für „negative" Emotionen, so hat dieser Ansatz doch auch einen großen Vorteil. Er schärft den thematischen und methodischen Zugriff auf bedeutsame Person-Umwelt-Interaktionen; so werden z. B. Umwelteinflüsse von vornherein als mögliche Risiko- oder Schutzfaktoren analysiert. Damit ist überdies ein dringend notwendiger Anwendungs- (z. B. Präventions- oder Interventions-)Bezug der Forschung gegeben (vgl. Kap. 6.5).

Anregungen für die Forschung

Zum Abschluß dieses Unterkapitels möchte ich einige beispielhafte Fragestellungen und Projekte nennen, welche noch einmal die notwendige Globalität der Vorgehensweise illustrieren sollen. Emotionale Entwicklung geschieht als Auseinandersetzung mit Umweltgegebenheiten und als Erfahrungsbildung in komplexen Begegnungen mit Situationen und Menschen.

Kindheit: Wie erleben Kinder neue Situationen, Anforderungen, Belastungen in ihrem Alltag, welche diesen eigentümlichen Bewältigungsstile entwickeln sie, was tragen objektive Belastungen und Bewältigungserfahrungen zur Entwicklung spezifischer Empfindlichkeiten und Verletzbarkeiten bei (vgl. *Murphy/Moriarty* 1976)? – Wie lernen Kinder, mit Angst umzugehen, welche Bewältigungsstile entwickeln sie mit welchen Folgen, welche Zusammenhänge bestehen zwischen bestimmten Erziehungsstilen der Eltern und Angsterleben bzw. -bewältigung der Kinder (vgl. *Krohne/Schaffner* 1979)? – Welche Bedeutung haben die frühen Mutter-Kind-Kontakte für die emotionale Entwicklung des Kindes, welche Phasen (z. B. „Bindung – Lösung") kann man dabei unterscheiden, welche Möglichkeiten des Scheiterns gibt es (vgl. *Mertens* 1980)? – Welche Bedeutung hat das Rückkoppelungs-System der wechselseitigen emotionalen Ausdrucks-Signale von Mutter und Kind für die „gesunde" emotionale Entwicklung des Kindes (vgl. *Izard/Buechler* 1979), in der Tradition von *Bowlby* und *Ainsworth* stehend, *Grossmann* und Mitarbeiter (z. B. 1988) haben in Längsschnittstudien den Zusammenhang zwischen der Feinfühligkeit der Mutter in ihren Reaktionen auf das Kind, der Bindungsqualität, dem dyadischen und individuellen Verhalten der Kinder in Spiel- und Leistungssituationen und der „Integrität" und „Kohärenz" der Organisation von Gefühlen untersucht und gefunden. Unter letzterem verstehen sie die Fähigkeit des Kindes, positive und negative Gefühle auf ihre Ursachen zurückzuführen, als gegeben zu akzeptieren und erlebte Konflikte durch realitätsbezogenes aktives Handeln und Kommunizieren zu bewältigen. Diese Studien über die Bedingungen von Bindungssicherheit bzw. -unsicherheit und die emotionale Entwicklung von Kindern ergänzen in sinnvoller Weise die Arbeiten von *Mahler* und Mitarbeitern (1978), in denen wichtige in der Mutter-Kind-Interaktion liegende Bedingungen der „Individuation" beschrieben werden.

Jugend: Unter welchen objektiven Voraussetzungen (Familienstruktur, Arbeits-markt, Medieneinflüsse u. ä. m.) finden heute die Prozesse der Ablösung der Jugendlichen von Eltern und Elternhaus statt, welche möglichen Krisenverläufe gibt es hier, wie kann man diese angemessen beschreiben, welche Chancen der Intervention und Prävention gibt es (vgl. *Bullens* 1982)? – Was trägt die Notwen-digkeit der Berufsfindung zur Entwicklung im Jugendalter bei, welche Rolle spielen Berufsfindung und die dabei auftretenden Probleme für die Identitätsent-wicklung von Jugendlichen, wie erleben sie diese Probleme, insbesondere eigene Arbeitslosigkeit, im Hinblick auf ihre Zukunftserwartungen, wie gehen sie mit Folgen der eigenen Arbeitslosigkeit – auch geschlechtsspezifisch – um (vgl. *Bilden* u. a. 1981)? – Was für eine Art von „Bewältigungsversuch" ist Drogenkonsum im Jugendalter, welche Belastungen, Fehlentscheidungen und Fehlentwicklungen ge-hen dem voraus, welche Rolle spielen dabei besondere biographische Entwick-lungsmuster, Umwelteinflüsse und mögliche präventive Stützsysteme (vgl. *Silber-eisen/Eyferth* 1981)?

Erwachsenenalter: Welche Folgen hat der Auszug des letzten Kindes aus dem Elternhaus (unter dem Stichwort „empty-nest-reaction" diskutiert) für das Selbst-erleben und die weitere Persönlichkeitsentwicklung vor allem der Mutter (vgl. *Lehr* 1980, S. 446)? „Der bisherige Entwicklungsprozeß der Mutter beeinflußt deren Erleben der Situation und die Formen der Auseinandersetzung mit dieser und beeinflußt dadurch ihre weitere Entwicklung. Je nach bisheriger Persönlich-keitsentwicklung und je nach der Rolle, die das Kind in ihrem Leben spielte, aber auch je nach momentanen Gegebenheiten (je nach finanzieller, gesundheitlicher und beruflicher Situation, aber auch je nach gegenwärtiger partnerschaftlicher Situation) und je nach Zukunftsplänen und -zielen" finden Veränderungen in Bereichen der Stimmungslage, der Aktivität, der Selbstdefinition, des Sicherheits-erlebens usw. statt (ebd.). – Welche Auswirkungen hat das Erleben und Umgehen mit eigener Arbeitslosigkeit im Erwachsenenalter, welche Belastungen werden dabei in welchen Bereichen des Lebens und Erlebens erfahren, welche Rolle spielen die sozialen Netzwerke und Bezugspersonen beim Erleben und den Versu-chen der Bewältigung, welche Bedeutung hat die bisherige biographische Ent-wicklung (unter besonderer Berücksichtigung von Belastbarkeiten und Bewälti-gungskompetenzen) für das Erleben einer gegebenen Krise (vgl. *Ulich* u. a. 1981)?

Alter: Wie erleben und bewältigen Menschen die Umsiedlung in ein Altenheim, welche Rolle spielen dabei bisherige „Krisen"-Erfahrungen, biographisch entwik-kelte Verletzbarkeiten und Kompetenzen, wie reagieren die alten Menschen auf ökologische Veränderungen dabei (z. B. Einschränkung der Bewegungsfreiheit, der selbständigen Bestimmung des Tageslaufs, der „Privatheit"; Herausgerissen-werden aus ökologisch und sozial vertrauten Umgebungen und Bezugsnetzen), welche Bedeutung für die weitere Entwicklung hat die subjektive Wahrnehmung der veränderten „Kontrolle" über die Umwelt (vgl. *Saup* 1982)? – Welche Bezie-hungen gibt es zwischen einerseits der Erwartung einer Unveränderlichkeit/Unbe-einflußbarkeit der eigenen Lebenssituation und andererseits emotionalen und

Emotionale Zuwendung in früher Kindheit

„Die Wichtigkeit der mütterlichen Liebe für die normale Entwicklung des Menschen geht hervor aus Untersuchungen, die von René A. *Spitz* durchgeführt wurden. Spitz beobachtete die Auswirkungen von „Liebesentzug" an mehreren hundert Kindern, die in Waisenhäusern und auf einer Säuglingsstation eines Frauengefängnisses in den USA aufgezogen wurden. Die bis zu zwei Jahre alten Kinder in den Pflegeheimen waren ärztlich gut versorgt, allein die mütterliche „affektive Zuwendung" an die Kinder war ungenügend oder fehlte vollkommen. Unter diesen Bedingungen waren insbesondere zwei Arten der Entwicklungsstörung zu beobachten, die hauptsächlich durch die Dauer des „Liebesentzugs" bestimmt wurden:

Die anaklitische Depression entwickelte sich bei partiellem Liebesentzug, der sich etwa über drei Monate erstreckt. Die Entwicklung dieser Kinder zeichnet sich durch einen typischen Verlauf aus. Im ersten Monat werden die Kinder weinerlich und anspruchsvoll. Sie klammern sich gern an den Beobachter, sobald es ihm gelungen ist, den Kontakt zu ihnen herzustellen. Im zweiten Monat geht das Weinen oft in Schreien über, und es kommt zu Gewichtsverlusten. Im dritten Monat verweigern die Kinder den Kontakt und liegen fast den ganzen Tag bewegungslos in ihrem Bettchen. Der Gesichtsausdruck beginnt zu erstarren. Schlaflosigkeit und Gewichtsverlust verschlechtern den Gesundheitszustand. Nach dem dritten Monat wird der starre Gesichtsausdruck zur Dauererscheinung. Die motorische Verlangsamung nimmt zu und mündet in Lethargie. Der Entwicklungsquotient, ein Maß für die gesamte psychische Entwicklung, nimmt stetig ab.

Findet sich nach dieser Zeit eine Ersatzmutter, so kann sich die Störung weitgehend zurückbilden. Dauert die Trennung von der Mutter jedoch länger als sechs Monate, so entwickelt sich ein Krankheitsbild, das Spitz als „Hospitalismus oder Marasmus" bezeichnet.

Der Hospitalismus kann auf den nahezu totalen Entzug von mütterlicher Liebe zurückgeführt werden. Wie bei der anaklitischen Depression treten zuerst Entwicklungsstörungen auf, die zunehmend die Aktivität des Kindes hemmen und schließlich zu extremen körperlichen Veränderungen führen, die sich auch in dem erstarrten, maskenhaften Gesichtsausdruck widerspiegeln. Erstreckt sich der Liebesentzug bis zum zweiten Lebensjahr, so steigt die Infektionsanfälligkeit dieser Kinder stark an. Die körperliche Beeinträchtigung kann bis zum Tod des Kindes führen, denn die Sterblichkeitsquote bei den beobachteten Säuglingen war extrem hoch."

(Legewie/Ehlers 1978, S. 155)

gesundheitlichen Belastungen bei alten Menschen verschiedener Geburtenjahrgänge, also auch in Abhängigkeit von unterschiedlichen objektiven (gesellschaftlichen, politischen, historischen) Einflüssen (vgl. *Thomae/Kranzhoff* 1979)? In der bekannten Bonner Längsschnittuntersuchung (vgl. auch *Thomae* 1976) wurden Ansätze zu einer „Differenziellen Gerontologie" entwickelt und verwirklicht. Ein sehr wichtiges Ergebnis ist dabei der Nachweis, daß das Erleben spezifischer Belastungen und die Entwicklung bzw. Bevorzugung bestimmter Bewältigungsstrategien sowohl von subjektiven kognitiven Einschätzungen wie auch von den konkreten objektiven Umständen abhängen, unter denen die Biographien einer bestimmten Geburten-Kohorte ablaufen.

Diese Zusammenstellung von Themen hatte nicht zuletzt auch das Ziel, Sie als Leser dazu anzuregen, Untersuchungen zu derartigen Fragestellungen durchzuführen oder anzuleiten. Vielleicht fragen Sie sich aber auch, was solch globale Fragestellungen, die sich scheinbar nur am Rande mit „Emotion" beschäftigen, gerade mit der Entwicklung von Emotionen zu tun haben? Emotionale Befindlichkeit und emotionale Lebensgrundstimmungen stellen den innersten Kern des Sich-Selbst-Erlebens, der „Identität" dar. Über Identitätsveränderungen und Persönlichkeitsentwicklungen kann ich nur sehr beschränkt Aussagen machen, wenn ich Blutdruck messe oder Photographien vom Gesichtsausdruck „grundlegender" Emotionen vergleichen lasse. Solche Veränderungen werden aber deutlich, wenn ich Personen beobachte, die sich mit Veränderungen ihrer objektiv mitbestimmten und subjektiv erlebten Lebenslage auseinandersetzen müssen. Dann sind auch Schlüsse möglich über Veränderungen einzelner individuumsspezifischer Erlebnisweisen wie Freude, Kummer, Vertrauen, Sicherheitsgefühl, Ängstlichkeit usw.

6.5 Vorbeugen ist besser . . . Zum Anwendungsaspekt entwicklungspsychologischer Emotionsforschung

Wenn wir die im letzten Abschnitt entwickelten Überlegungen zur Bedeutsamkeit der Auseinandersetzung mit bestimmten Lebensereignissen für die lebenslange Entwicklung und Veränderung von Emotionen überblicken, dann wird auch sofort die Anwendungsperspektive einer darauf bezogenen Forschung deutlich: Wenn ich weiß, welche entwicklungshemmenden, belastenden oder auch entwicklungsfördernden, bereichernden Folgen die Begegnungen mit Lebensereignissen haben, dann kann ich versuchen, diese Auseinandersetzungen zu beeinflussen. Grundsätzlich sind diese Einflußmöglichkeiten im Gesamtbereich pädagogischer und professioneller Prävention und Intervention anzusetzen, einschließlich aller Formen von alltäglicher Erziehung, Beratung und Förderung in normalen und besonderen Institutionen, Psychotherapie und strengeren Formen „sozialer Kontrolle", wie z. B. Strafvollzug, psychiatrische Internierung u. ä.

Ziele und Schwierigkeiten einer präventionsorientierten Forschung

Voraussetzung für Beeinflussung sind genaue Beschreibungen und nach Möglichkeit auch Erklärungen der unterschiedlichen (intra- und interindividuell) Auseinandersetzungen mit Lebensereignissen, Veränderungen von Lebenslagen, Übergangsphasen, kritischen Phasen, Krisen usw. Prävention ist darauf angewiesen, daß Prognosen erstellt werden können, wie z. B. eine Prognose „des Eintretens kritischer Lebensereignisse, Prognose der Art und Güte der Bewältigung von Ereignissen, Prognose der Konsequenzen von Ereignissen für den weiteren Lebenslauf, Ermittlung von Risiko- wie Schutzfaktoren in der Person und in ihrem sozialen Umfeld, Entscheidungen über die Ziele präventiver und korrektiver Interventionen, die Evalution von Interventionsmaßnahmen usw." (*Montada* 1981, S. 281). Nur ein Beispiel soll – im Anschluß an die Untersuchung von Mantell – die Wichtigkeit empirisch begründeter Prognosen für alle Arten von Einflußnahmen illustrieren: Bestimmte Maßnahmen, wie z. B. harte Strafen in der familialen Erziehung können durchaus aktuell erwünschte Folgen (z. B. Gehorsam), langfristig jedoch negative Auswirkungen haben (vgl. auch *Lefkowitz* u. a. 1977, nach *Montada* a.a.O., S. 283). Also ist die Unterscheidung von unmittelbaren und zeitverzögerten Ereignisfolgen eine sehr wichtige Aufgabe der Forschung.

Leider wissen wir bis heute noch sehr wenig darüber, „welche Ereignisse bei welchen Personen unter welchen Bedingungen Störungen welcher Art auslösen und welche Wirkungsmechanismen dabei eine Rolle spielen" (*Filipp* 1981a, S. 44). Dies ändert jedoch nichts daran, daß wir auch in der Emotionsforschung an der komplexen Untersuchungseinheit „Person-in-der-Begegnung-mit-ihrer-Umwelt" festhalten müssen. Das schließt nicht aus, daß wir, worauf ich schon öfter hingewiesen habe, innerhalb so global angelegter Untersuchungen auch enger umgrenztere Analyseeinheiten wählen oder herauspräparieren können, wie z. B. Veränderungen in einer bestimmten Gefühlhaltung oder Stimmung. – Aus dem Ansatz der life-event-Forschung und aus bisherigen Ergebnissen aus verwandten Bereichen ergibt sich für jede Art von Beeinflussung und Prävention, daß man nicht grundsätzlich eine Begegnung mit Lebensereignissen verhindern, sondern Menschen zu einem konstruktiven Umgehen mit solchen Veränderungen befähigen soll (vgl. *Filipp* 1981a, S. 45). Man kann dazu spezifische Fertigkeiten trainieren, durch Informationsvermittlung auf erwartete Änderungen vorbereiten (z. B. Umzug in ein Altenheim), man kann auf die unmittelbare soziale Umwelt der Betroffenen Einfluß nehmen oder auf der darüberliegenden Ebene „Institution" oder „Gesellschaft" Veränderungen anregen oder herbeiführen. Ein Beispiel für letzteres wäre etwa die Abschaffung der Benotung in der ersten Grundschulklasse, als präventive Maßnahme im Hinblick auf frühe Schulschwierigkeiten und -ängste.

Die angemessene Vorbereitung auf die Begegnung mit Lebensereignissen, kritischen Übergängen usw. ist mit dem Schlagwort „antizipatorische Sozialisation" zusammengefaßt worden (vgl. z. B. *Filipp* a.a.O.). Über die genannten Schwierigkeiten einer bisher unzulänglichen empirischen Fundierung hinaus sind hier folgende Probleme (zugleich Forschungsaufgaben!) zu nennen:

1. Was sind die *Ziele* einer solchen antizipatorischen Sozialisation? Wenn sich jemand z. B. in einer Krise mit Erfolg auf andere stützen können will, so muß er selbst über Bindungsfähigkeit, soziales Einfühlungsvermögen und soziale Kompetenz verfügen (*Filipp* a.a.O., S. 46). Ist „Bewältigung" für sich genommen schon ein Ziel? Haben die „Green Berets" nicht recht gut „bewältigt"? Sie waren, wie Mantell hervorhebt, in zahlreichen Persönlichkeitsmerkmalen dem „Durchschnittsamerikaner" näher als die Kriegsdienstverweigerer, sie hatten weniger Auffälligkeiten – nach Tests gemessen –, sie schienen nicht belasteter zu sein als andere.

2. Welche Arten von Auseinandersetzungen haben *belastende* und welche haben *entwicklungsfördernde* Folgen? Es scheint sicher, daß Belastbarkeit nur dann entwickelt werden kann, wenn Krisenerfahrungen vorliegen, wenn also Belastungen erlebt und Bewältigungen, möglichst mit Erfolg, versucht worden waren. Ebenso setzt Bewältigungskompetenz voraus, daß positive Erfahrungen gemacht und zugleich Fähigkeiten und Fertigkeiten ausgebildet werden konnten, die auf ähnliche Situationen übertragen werden können. (Wer allerdings aus dieser Erkenntnis die Ideologie „Gelobt sei, was hart macht" ableitet, der hat nicht verstanden, daß Belastung hier nur eine instrumentelle Bedeutung hat, nämlich die, künftige Entlastungen zu ermöglichen und zu erleichtern.) Nur wenige Veränderungen einer Lebenslage haben per se belastende oder fördernde Bedeutung; dies hängt immer auch von der bisherigen Biographie des Betroffenen sowie den Umständen ab, unter denen eine Veränderung erfahren wird. Leider ist in diesem Zusammenhang auch noch nicht hinreichend geklärt, wie „multiple Stressoren" wirken, also ob das Zusammentreffen von mehreren Belastungsfaktoren an sich schon die psychische Belastung der Person stark erhöht (vgl. auch *Silver/Wortman* 1980). Entwicklungsfördernd ist eine Begegnung mit Lebensereignissen sicher immer dann, wenn positive Erfahrungen im Hinblick auf eine Erhöhung des Selbstvertrauens, eine Steigerung von Kompetenzen und eine Erweiterung und Vertiefung „positiver" Emotionen, wie z. B. Lebensgrundstimmungen die Folgen sind.

3. Gibt es überhaupt *allgemeine* Bewältigungskompetenzen und -strategien? Das Gegenteil ist eher wahrscheinlich, also müßte man sich auf das Umgehen mit eher spezifischen Ereignissen oder Ereignisklassen konzentrieren (vgl. *Filipp* a.a.O., S. 45). Allgemeine Vorbeugung oder Kompetenzvermittlung würde etwa das anzielen, was Erikson das „Urvertrauen" genannt hat.
Spezifischere Vorgehensweisen würden sich z. B. darauf richten, alte Menschen auf das Umsiedeln in ein Altenheim vorzubereiten, im Schulunterricht situative Angstfaktoren zu vermindern, in sozial gefährdeten Stadtvierteln oder gesellschaftlichen Gruppen gezielte Beratungen durchzuführen, mit schlecht motivierten Kindern „Motivierungs-Trainings" (z. B. de *Charms* 1968) zu organisieren u. ä. m. Jegliche Art von Kompetenzerhöhung ist hier, damit kein Mißverständnis entsteht, vor allem Mittel zum Zweck, nämlich zur Vorbeugung gegen intensive emotionale Belastungserlebnisse.

4. Wie kann man *„kontextuelle Ressourcen"* (*Filipp*) und deren Nutzung verbes-

sern? Auf die Bedeutung von Hilfsmitteln, Stützsystemen und -personen hatte ich in Abschnitt 6.3 schon einmal hingewiesen. Neben die Erforschung der Bedeutung und konkreten Rolle solcher Ressourcen müssen verstärkt Überlegungen dazu treten, wie man rechtzeitig „Risikofälle" erkennen und z. B. in das soziale Netzwerk beratend und stützend eingreifen kann. Leider scheint nämlich die Bereitschaft potentieller „Stützer", gerade krisenanfälligen Personen bzw. „schlechten Bewältigern" zu helfen, nicht sehr groß zu sein (vgl. *Silver/Wortman* 1980).

Die bisherigen Ausführungen in diesem Abschnitt mögen wiederum zu der Vermutung Anlaß geben, auch ich sei wie die meisten Psychologen der Meinung, negative Emotionen seien unser „eigentlicher" Untersuchungsgegenstand bzw. auf Entwicklung bezogen: Die „emotionale Biographie" eines Menschen sei vor allem seine „Krisen-Biographie". In diesem Unterkapitel geht es in der Tat um die Frage, wie aus der Forschung Hinweise für ein Vermeiden von krisenhaften emotionalen Zuständen entwickelt werden können, oder genauer: wie Forschung anzulegen ist, damit ihr entsprechende Hinweise entnommen werden können. Die Fragestellung der Prävention läßt es gerechtfertigt erscheinen, daß wir uns im folgenden wieder an dem in Abschnitt 6.3 kurz vorgestellten „Belastungs-Bewältigungs-Paradigma" orientieren. Es lenkt unsere Aufmerksamkeit auf *Risiko-* und *Schutzfaktoren* in der emotionalen Entwicklung, bezogen auf das Erleben und die Bewältigung von lebenslang erfahrbaren Veränderungen.

Anwendungsbeispiele

Das Schema machte deutlich, daß es eine Reihe von Einschnitten, Markierungs- oder Wendepunkten gibt, die der emotionalen Entwicklung unterschiedliche Verläufe geben können. Auf diese Wendepunkte oder kritischen Entwicklungsphasen muß die Forschung sich konzentrieren, wenn sie Risiko- und Schutzfaktoren ermitteln will. Ich will nun anhand einiger weniger Beispiele die Prozeßdynamik in der Entwicklung emotionaler Verletzbarkeit bzw. Widerstandsfähigkeit demonstrieren, wobei vor allem die Bedeutung von Krisen- und Bewältigungserfahrungen aus früheren Lebensphasen für das spätere Erleben und Handeln deutlich werden soll.

Depressivität bei Frauen: Einige Verwundbarkeitsfaktoren. Brown und *Harris* (1978) haben in einer bekannten Untersuchung herauszufinden versucht, welche internen und externen Bedingungsfaktoren, aktuellen Ereignisse und psychischen Dispositionen zusammenkommen müssen, damit Depression entsteht. Die Forscher haben Frauen in sehr ausführlichen qualitativen Interviews nach ihrer Lebensgeschichte befragt und soweit möglich zusätzliche Informationen über deren Lebenslage eingeholt. Insgesamt vier Bestimmungsfaktoren wirken bei der Entstehung der Depression mit (vgl. auch *Hautzinger/Hoffmann* 1979, S. 89 ff.):

– *Vulnerabilitätsfaktoren:* Die Verletzbarkeit für (spätere) belastende Erfahrungen ist durch das Zusammenvorkommen der folgenden vier Faktoren gekennzeichnet: Mangel an einer intimen, emotional positiv erlebten Beziehung (in der Gegenwart), drei und mehr

Kinder unter 14 Jahren im Haushalt, keine Berufstätigkeit außerhalb des Haushalts, Verlust der eigenen Mutter vor dem 11. Lebensjahr. Am wichtigsten scheint das Fehlen einer befriedigenden Partnerbeziehung zu sein. Die Einflußfaktoren liegen also sowohl in der Vergangenheit als auch in der Gegenwart. Dieselben Variablen sind umgekehrt als „protektive" Faktoren anzusehen: Kein Mutterverlust, eine befriedigende Partnerbeziehung, weniger als drei Kinder und Berufstätigkeit wären also im Hinblick auf die Wahrscheinlichkeit einer Erkrankung „Schutzfaktoren". Es verwundert nicht, daß Frauen aus der Arbeiterschicht die genannten Vulnerabilitätsfaktoren eher aufweisen als andere Frauen. Die Vulnerabilitätsfaktoren bestimmten mit, *ob* bestimmte Lebensereignisse zur Depression führen.

– *auslösende Faktoren:* Hier kamen vor: Verluste im sozialen oder materiellen Bereich bzw. die Erwartung eines Verlustes, längere Krankheit, Schwierigkeiten im finanziellen oder beruflichen Bereich (des Mannes), Probleme mit den Kindern, in der Erziehung u. ä. m. Zu Auslösern für Depression wurden diese Ereignisse allerdings nur im Zusammenhang mit den genannten Verletzbarkeiten und den noch zu nennenden Einflußfaktoren. „Auslöser" sind also Lebensereignisse oder Lebensprobleme, die als aktuell stark belastend erlebt werden oder mit einer langfristigen Bedrohung des Wohlbefindens verbunden sind (vgl. auch *Hautzinger/Hoffmann*, S. 90). Nicht Verluste oder Veränderungen per se wirken krankheitsauslösend, sondern die spezifische Bedeutung, die diese in einer gegebenen Lebenslage haben. Die auslösenden Ereignisse bestimmen mit, *wann* eine depressive Reaktion auftritt.

– *symptomformende Faktoren:* Diese bestimmen mit, *wie schwer* die psychische Erkrankung wird und welche individuelle Erscheinungsform sie hat. Zu diesen Faktoren gehören vor allem weitere frühere Krisenerlebnisse und Bewältigungsversagen z. B. bei früher Trennung oder Tod von wichtigen Bezugspersonen, weitere schwere belastende Ereignisse nach den ersten Erkrankungen, frühe depressive Verstimmungen, Erfahrungen des Abgeschnittenseins, der Ablehnung, des Versagens, Erwerb ungünstiger Bewältigungsstrategien wie Rückzug oder Protest.

– *Empfänglichkeit:* Darunter verstehen *Brown/Harris* die latente Bereitschaft einer Person, schon bei geringsten Anlässen mit Depression zu reagieren; hier ist also eine psychische Disposition gemeint, während Vulnerabilität sich auf eine Konstellation objektiver Einflußfaktoren bezog, die man der Lebensgeschichte entnehmen kann. Dieser vierte Faktor ist noch als sehr hypothetisch anzusehen, als eine Restkategorie für bisher unerklärbare Zusammenhänge (*Hautzinger/Hoffmann*, S. 92). Auffallend war in der genannten Untersuchung, daß bei Personen, die über 40 Jahre alt waren sowie frühe Verlusterlebnisse und vorangegangene Phasen depressiver Erkrankung aufwiesen, *kein* die neuerliche Erkrankung auslösendes Ereignis aufgefunden werden konnte. Also könnte es spezifische Arten der Erlebnisverarbeitung geben, die zu depressiven Reaktionen auch ohne schwerwiegende Auslöser prädisponieren; aber darüber kann man zur Zeit zu wenig sagen.

Wenn man nun diese Einflußfaktoren überblickt, dann wird deutlich, daß präventive und interventive Maßnahmen von sehr unterschiedlicher Art sein und auf ganz unterschiedlichen Ebenen liegen müssen. Einem Verlust durch Tod kann selten vorgebeugt werden. Aber andere Faktoren der Lebenslage, wie Kinderzahl und Berufstätigkeit, könnten Gegenstand sozialpolitischer Maßnahmen, Bewußtseinsveränderung durch Erziehung und Beratung sowie innerfamilialer Rollengestaltung sein. Durch Beratung oder Therapie kann auf die Partnerbeziehung Einfluß genommen werden. Entscheidend ist in allen Fällen, daß die Einflußnahmen rechtzeitig geschehen, was wiederum nur möglich ist, wenn man weiß, *was* man überhaupt *bei wem* und *wie* beeinflussen soll. Zur Beantwortung solcher Fragen ist die Untersuchung von *Harris/Brown* ein wichtiger Schritt. Es gibt

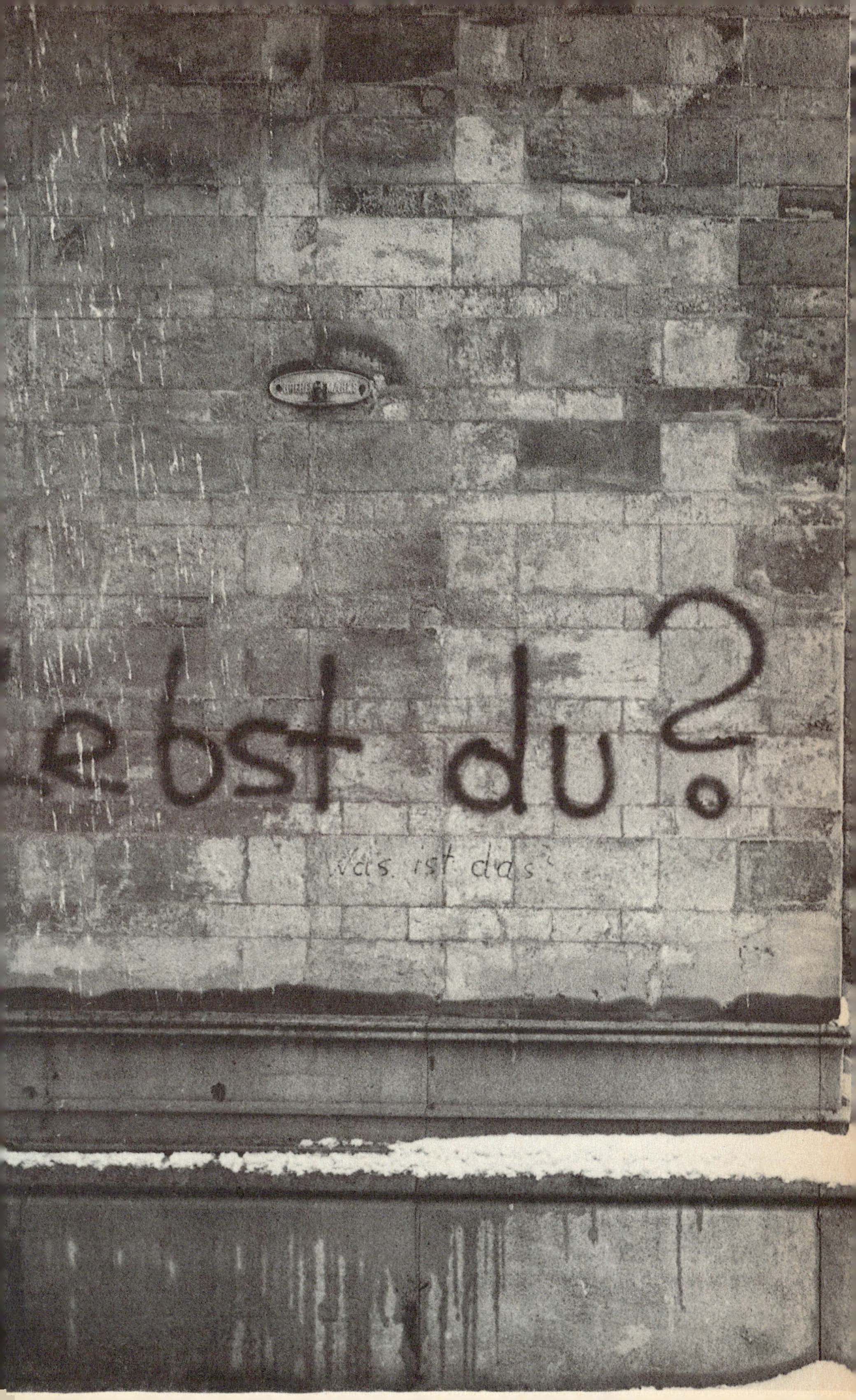
ebst du?
was ist das

einige ähnlich angelegte Untersuchungen, auf die ich hier aus Raumgründen nicht eingehe (vgl. dazu *Silver/Wortman* 1980; *Schwarzer* 1981; *Quinton/Rutter* 1976; *Kobasa* 1979).

Zur Rolle sozialer Netzwerke. Schon im vorangegangenen Abschnitt war die Bedeutung einer befriedigenden Partnerbeziehung sowohl für das Erleben eines belastenden Ereignisses wie auch die Bewältigung desselben klar geworden. Inzwischen gibt es einen expandierenden Forschungszweig, der sich zentral mit der Rolle sozialer Netzwerke beim Erleben und der Bewältigung von emotionalen Belastungen beschäftigt (vgl. *Mueller* 1980; *Mitchell/Trickett* 1980; *Schwarzer* 1981, S. 25 ff.). Mir kommt es hier vor allem auf die prinzipielle Mehrdeutigkeit sozialer Netzwerke in bezug auf emotionale Belastung an. So wie nämlich lebensverändernde Ereignisse an sich weder notwendige noch hinreichende Bedingungen von psychischen Belastungen darstellen, so sind auch die jeweils vorhandenen Netzwerke per se weder hemmend noch förderlich für die Bewältigung von Belastungen. Es kommt vielmehr darauf an, welche (mögliche) Bedeutung die Beziehung zu wichtigen Personen in einem gegebenen Fall wirklich hat.

So gibt es zunächst tatsächlich viele Fälle, in denen soziale Einbettung, soziale Unterstützung und soziale Beziehungen eine „Pufferfunktion" haben bei der Begegnung mit potentiell belastenden Veränderungen oder kritischen Lebensereignissen (vgl. *Schwarzer* 1981, S. 25 ff., auch zum folgenden). Belastungen werden dann von vornherein als geringer eingeschätzt, Selbstachtung und Selbstvertrauen helfen bei der Planung von Bewältigung, man fühlt sich erleichtert darüber, daß man sich auf jemanden stützen bzw. verlassen kann. Subjektiv drückt sich dies darin aus, daß man sich zu einem „Netz gegenseitiger Verbindlichkeiten" zugehörig fühlt, daß man sich geliebt, umsorgt und anerkannt fühlt (*Schwarzer*, S. 25). In vielen Untersuchungen ist nachgewiesen worden, daß ein derartiges Bewußtsein Schutz vor Belastungen bzw. deren negativen Folgen bietet.

Zum anderen stellen aber die Personen, mit denen man oft oder täglich zusammen ist, auch Anforderungen an einen, sie sind in diesem Sinne selbst zumindest potentiell belastend. Enge Beziehungen mit anderen Menschen erleichtern also nicht immer die Problembewältigung, weil sie selbst ein Problem darstellen können (*Schwarzer* ebd.). So fallen höchste (potentielle) Unterstützung und höchste (potentielle) Belastung manchmal in derselben Person zusammen. Die Forschungsmethoden sind darauf abzustellen, daß wirklich auch die spezifische Qualität einer Beziehung erfaßt werden kann. Hinzu kommen weitere Schwierigkeiten. Viele Personen verhalten sich bei Belastungen so, daß sie potentiell hilfreiche andere Bezugspersonen eher zurückstoßen als zur Unterstützung ermuntern. Es kann eine nach unten gerichtete Spirale der Vereinsamung entstehen derart, daß mit fortschreitender Belastung oder Krankheit immer weniger die Möglichkeit besteht, auf normalem Wege unterstützend einzugreifen. Außerdem kann die betreffende Person auch dann, wenn andere noch weiterhin zur Hilfe bereit wären, selbst nicht mehr in der Lage sein, Unterstützung wahrzunehmen oder zu nutzen. Also muß man empirisch auch immer die tatsächliche Nutzung erfassen, nicht nur die Bereitschaft zur Unterstützung. Und schließlich gibt es Menschen, die sich nicht helfen lassen *wollen*, weil sie gerade in der Zurückweisung von Hilfe einen Bewältigungsversuch sehen, mit dem sie bestimmte Ziele erreichen wollen. Extrem ist dies im Falle eines jener (selten vorkommenden) Selbstmorde, die u. a. auch als „Bestrafung" oder „Rache" für selbst erlittene Zurückweisung oder Mißachtung intendiert sind.

Welch überragende Rolle soziale Beziehungen in der Entwicklung von Emotionen und emotionalen Störungen spielen, illustriert auch die Tatsache, daß schlechte Beziehungen zu anderen Kindern einer der ersten und wichtigsten Hinweise auf das Vorliegen bzw. das spätere Auftreten von psychischen Störungen bei Kindern ist (*Butollo* u. a. 1978, S. 3077). Eine ungünstige Einschätzung des Kindes durch andere Kinder und gleichzeitig ein negatives Selbstbild des Kindes verstärken sich hier in negativer und folgenschwerer Weise. In der Untersuchung von Mantell hat die sehr schlechte Beziehung zwischen Kindern und Eltern und der Eltern untereinander ebenfalls eine ungünstige Rolle für die spätere Entwicklung gespielt. Auch im Jugendalter spielen soziale Netzwerke eine große Rolle, denn hier gibt es viele belastende Ablösungskrisen, Netzwerk-Wechsel und neue Anforderungen, Beziehungen aufzubauen. Ein wichtiger Bedingungsfaktor beim Drogenkonsum ist sicher im Ausfall oder Versagen sozialer Netzwerke wie z. B. der Familie zu sehen.

Bei der Planung von Prävention und Intervention ist die Mehrdeutigkeit sozialer Netzwerke zu berücksichtigen. Es reicht nicht aus, nur die Anzahl und Häufigkeit von Sozialkontakten zu erfassen oder die globale Zufriedenheit mit einer Beziehung. Sondern es muß ganz konkret nach Handlungen gefragt werden, die der Intention und Wirkung nach Unterstützung und Beistand bedeuten. Nicht immer sind die zeitlich und räumlich nächsten Personen auch die psychisch nächsten, an die man sich in einer Belastungssituation wendet, zu denen man Vertrauen hat, die auch zum nötigen persönlichen Einsatz bereit sind. Sehr wichtig scheint die z. B. in der Familientherapie und auch Gemeindepsychologie betonte Einbeziehung von Mitgliedern sozialer Netzwerke auch insofern zu sein, als damit eine Ent-Professionalisierung des beratenden und therapeutischen Helfens erreicht werden kann. Konkret: Wenn jemand frühzeitig in einer psychiatrischen Anstalt isoliert wird, so hat dies wahrscheinlich negativere und langfristigere Folgen als wenn man versucht, gemeinsam mit Familienangehörigen, Berufskollegen und auch anderen Gemeindemitgliedern eine Situations- und Belastungsveränderung zu erreichen.

Zur Prävention von Angst in der Schule. Angstbedingende und angstauslösende Ereignisse verteilen sich über die gesamte Lebensspanne. Für viele Kinder stellt die Schule einen Raum dar, in dem sie zahlreiche Belastungen erleben und entsprechende Bewältigungsstrategien entwickeln müssen. Aus der Forschung sind viele solcher Angstbedingungen und Bewältigungsstrategien bekannt (vgl. z. B. *Schwarzer* 1981; *Krohne* 1977; auch Kap. 7 in diesem Buch). Die subjektiven Erlebnis-Komponenten von Angst sind die Erfahrungen von Ungewißheit, Hilflosigkeit und Bedrohung (*Weidenmann* 1978). Ich greife nun die Komponente „Ungewißheit" heraus und zeige, wie man – entsprechende Forschungen vorausgesetzt – aus der Kenntnis einer spezifischen Gruppe von Angstbedingungen Überlegungen zur Angst-Prophylaxe ableiten kann. Wenn Angst nämlich u. a. auch darauf zurückgeht, daß manche Kinder in der Familie und in der Schule in einer (relativ) undurchschaubaren, nicht vorhersehbaren und kaum beeinflußbaren Welt leben bzw. diese so erleben, dann kann man mit folgenden Maßnahmen dem Auftreten von Angst in der Schulklasse entgegenwirken:

- Vermeiden von Mehrdeutigkeiten und Zufälligkeiten beim Formulieren von Zielen und Anforderungen, bei Bewertungen und Sanktionen; nichts soll unvorhersehbar, plötzlich und unbegründet in die Situation eingeführt werden;
- Differenzen zwischen Anforderungen und Leistungsvermögen müssen als prinzipiell bewältigbar dargestellt werden, indem man sie z. B. als Sache der „Anstrengung" und weniger als Frage der „Begabung" hinstellt;
- Anforderungen müssen transparent, Zeitstrukturen klar, Zusammenhänge zwischen Zielen, Handlungen und Bewertungskriterien eindeutig sein. Zeitperspektiven müssen entwickelt und Erfolge planbar sein.
- Erfahrungs- und Lernmöglichkeiten müssen auch mit dem Ziel angeboten werden, „eigene Wirksamkeit" erlebbar zu machen. Dazu müssen aber auch echte Anforderungen gestellt werden, denn nur aus der Erfahrung der Bewältigung kann Selbstvertrauen entstehen.

Diese hier nur knapp skizzierten Maßnahmen betreffen natürlich nur einen kleinen Ausschnitt möglicher Angstbedingungen, -auslöser oder -verstärker in der Schule. – Mir kam es in diesem Abschnitt vor allem darauf an, die große Spannweite von Anwendungsgesichtspunkten deutlich zu machen, die sich aus einer entwicklungspsychologischen Emotionsforschung ergeben, wenn und soweit sich diese an der life-span-Perspektive bzw. der life-event-Forschung orientiert. Die Themen einer solchen anwendungsorientierten Forschung reichen also von der Entwicklung bestimmter Verletzbarkeiten und Bewältigungskompetenzen in der frühen Kindheit über die Bedeutung sozialer Netzwerke bis zur prophylaktischen Gestaltung spezifischer Erziehungs- und Unterrichtssituationen. Der unterschiedliche Umfang der einzelnen Abschnitte dieses 6. Kapitels macht freilich deutlich, daß viele Anwendungsgesichtspunkte eher Anforderungen an *künftige* Forschung darstellen als Umsetzungen schon vorhandener empirischer Befunde (vgl. auch *Filipp* 1981; *Montada* 1981). So verstehe ich auch dieses Kapitel 6: Nicht als Zusammenstellung von Befunden (die es entweder noch nicht gibt oder die ein anderes Verständnis von Emotion zugrunde legen), sondern als eine Zusammenstellung und Begründung notwendiger Aufgaben künftiger Forschung.

An vielen Stellen des Buches hatte ich immer wieder darauf hingewiesen, daß die Emotionsforschung bei ihrem gegenwärtigen Theorie- und Kenntnisstand stark darauf angewiesen ist, von anderen Bereichen der Psychologie bzw. deren erfolgversprechenden Entwicklungen zu „lernen". Ich möchte daher im letzten Kapitel des Buches unter dem Stichwort „emotionale Belastung" anhand einiger ausgewählter Themen auf solche neueren Beiträge und Entwicklungen in der *Klinischen* Psychologie eingehen, von denen man sich Anregungen für eine Verbesserung auch emotionspsychologischer Forschung erwarten kann. Da auch schon im letzten Abschnitt dieses Kapitels von emotionaler Belastung die Rede war, werden Sie mit dem Übergang zum nächsten Kapitel keine Probleme haben.

7. Emotionale Belastung

Wenn wir von unserem Erleben im Alltag ausgehen, dann zeigt sich, daß die Anlässe für emotionale Belastung sehr zahlreich und sehr verschiedenartig sein können. Da sind zunächst die kleinen Ärgernisse: Wir geraten in einen Verkehrsstau und verpassen einen wichtigen Termin; die Waschmaschine läuft aus; ein Schuhband reißt; ich kann vor Beginn einer Reise meinen Reisepaß nicht finden; schlechtes Wetter verhindert einen lange geplanten Ausflug u. ä. m. Dann gibt es die größeren Sorgen, die uns täglich und über eine lange, manchmal sehr lange Zeit hin belasten können: Die eigenen Kinder versagen in der Schule; man ist mit seiner Ehebeziehung unzufrieden oder sogar unglücklich; man hat dauerhaften Ärger mit seinem Vorgesetzten; man ist anfällig für Krankheiten oder leidet unter einer bestimmten Krankheit. Am schlimmsten sind schließlich Ereignisse, die wie z. B. schwere Krankheit oder Tod eines nahen Angehörigen möglicherweise dauerhaftes Unglück bedeuten. Es gibt auch katastrophenartige Ereignisse oder Dauerzustände wie z. B. Kriege oder Hungersnöte, die nahezu alle Mitglieder einer Gesellschaft gleichermaßen treffen. Die Emotionen, die diese so verschiedenartigen Belastungen ausmachen, reichen von Ärger und Mißmut über Niedergeschlagenheit und Verstimmungen bis zu Trauer, Verzweiflung und Depression.

Was ist nun all den genannten Erlebnissen und emotionalen Erfahrungen *gemeinsam*, inwieweit ist es also gerechtfertigt, dafür den allgemeinen Begriff „emotionale Belastung" zu verwenden? Worin besteht darüber hinaus die *Verschiedenartigkeit* der Erscheinungsformen, Ursachen und Folgen der genannten emotionalen Belastungen, wie kann man die Verschiedenartigkeit beschreiben, ordnen und erklären? Um solche Fragen wenigstens ansatzweise zu beantworten, werde ich in diesem Kapitel folgendermaßen vorgehen: Im ersten Abschnitt versuche ich Begriffsbestimmungen und Klassifikationen von verschiedenen Arten emotionaler Belastung; im zweiten Abschnitt befasse ich mich mit einer Art von Belastung, die sehr alltäglich und „normal" ist, nämlich Streß; im dritten Abschnitt gehe ich auf die häufigste Art der Belastung, nämlich Angst ein; und im letzten Abschnitt behandele ich eine der schwerwiegendsten Formen von Belastung, nämlich Depression.

7.1 Was sind emotionale Belastungen?

Gemeinsame Kennzeichen

Wenn man fragt, was den obengenannten Erlebniszuständen gemeinsam ist, so können wir schon aus der Alltagserfahrung bestimmte Antworten geben: man ist unglücklich, man leidet, man fühlt sich unwohl, die eigene Zuständlichkeit und die eigenen negativen Gefühle dominieren das Bewußtsein, man erlebt einen Mangelzustand, man fühlt sich unfähig, man ist energielos, orientierungslos, alleingelassen. In schwachen Ausprägungen von Belastung empfindet man lediglich Unzufriedenheit oder Ungenügen, vorübergehenden Ärger oder flüchtige, eng mit bestimmten (teilweise vermeidbaren) Situationen verbundene Ängste. In starken Ausprägungen ist die gesamte Person in ihrer Identität dauerhaft betroffen, wie z. B. bei Depressionen, die sich in genereller Arbeits-, Genuß- und Lebensunfähigkeit ausdrücken können. Entscheidend für die Feststellung von emotionaler Belastung ist immer die Perspektive der betreffenden Person selbst. Das heißt nicht, daß wir uns nicht um externe, objektive Belastungsfaktoren kümmern müssen; dies ist sogar dringend erforderlich, um individuelle Belastungen überhaupt richtig verstehen und beeinflussen zu können.

Allgemein gesehen ist eine emotionale Belastung jede subjektiven Leidensdruck erzeugende Beeinträchtigung der individuellen Befindlichkeit und Stimmung sowie der Erlebnis-, Verarbeitungs- und Handlungsmöglichkeiten einer Person in einer gegebenen Lebenslage. Diese Beeinträchtigung drückt sich in einem bestimmten Zustandsbewußtsein aus, das meist aus mehreren Emotionen besteht. So ist z. B. Angst häufig verbunden mit Unlust, Ärger, Schuldgefühl, Niedergeschlagenheit o. ä.; depressive Verstimmung enthält Emotionen wie Unlust, Furcht, Ekel, Ärger, Feindseligkeit, aber auch Verzweiflung, Verlust an Selbstvertrauen u. ä. m. (dazu auch *Izard* 1981). Möglichkeiten der Bedürfnisbefriedigung, Zielerreichung und „Selbstverwirklichung" im weitesten Sinne werden entweder als fehlend oder eingeschränkt empfunden, entweder im Vergleich mit anderen Personen oder im Vergleich zu eigenen Zuständlichkeiten und Möglichkeiten in der eigenen biographischen Vergangenheit (und Zukunft). Die Einschränkungen können in der Vergangenheit liegen und im Sinne von Kummer, Trauer, Schuldgefühlen o. ä. das Bewußtsein belasten; sie können in der Gegenwart liegen oder auch in der Zukunft, wenn man z. B. Einschränkungen, Verlust oder Bedrohung von angestrebten Zielen gedanklich vorwegnimmt. Emotionale Belastung drückt sich aus bzw. ist verbunden mit einer Vielzahl von Veränderungen und Einbußen im Erleben und Handeln. *Möglich*, nicht notwendig sind folgende Veränderungen:

– Einbuße an positiver emotionaler Grundstimmung (Optimismus, Glück, Zufriedenheit) bzw. der „Fähigkeit", häufig und intensiv positive Emotionen wie Freude, Glück, Hoffnung, Vertrauen, sexuelle Erregung und Befriedigung usw. erleben zu können;
– Einbuße an Intentionalität, Interesse, Initiative, Neugierde, Risikofreudigkeit; also auch Einschränkung der Zukunftsbezogenheit, Verkürzung der Zeitperspektive; Verlust an Motiven;
– Einbuße an Selbstvertrauen, Selbstwertgefühl und auch der Erwartung, selbst etwas zur Veränderung bzw. Verbesserung des eigenen Zustands bzw. der Lebenslage beitragen zu können;
– Einbuße an der Motivation und Fähigkeit zur Planung;
– Einbuße an der Fähigkeit zur (kognitiven) Orientierung, Leistungs- und Differenzierungsfähigkeit; das Denken „ent-strukturiert" sich, es nimmt primitivere Formen an („Alles-oder-Nichts"; „Entweder-Oder");
– Einbuße an sozialer Kompetenz und Fertigkeit; Unsicherheit, Meidungsverhalten, Ängstlichkeit und Isolierungstendenz im Umgang mit anderen;

– Einbuße an allgemeiner Handlungskompetenz: Routinetätigkeiten im Alltag (Beruf, Familie, Haushalt, Freizeit usw.) werden nicht (mehr) in der üblichen bzw. erforderlichen Weise beherrscht bzw. ausgeübt.

Noch einmal zusammenfassend: Emotionale Belastung ist das Erleiden bzw. der *Zustand des Erleidens* von Mangelzuständen, Beeinträchtigungen, Einbußen von möglichen positiven Erlebnis-, Erfahrungs- und Handlungsmöglichkeiten. Emotionale Belastungen können – entsprechend der im 6. Kapitel entwickelten Position – im gesamten Lebenslauf auftreten, ihre Ursachen haben sowie kurz- oder langfristige Folgen zeigen. Was jeweils als Belastung erlebt und angesehen wird, hängt nicht nur vom individuellen Empfinden ab, sondern auch von bestimmten Wertvorstellungen und Normen der gesellschaftlichen Umwelt. So haben z. B. die „Green Berets" ihre Tätigkeit und deren Folgen offenbar auch deshalb nicht als belastend angesehen, weil es einen „Job" darstellte, für den man trainiert und bezahlt wurde. Wenn in der Schule Leistungsversagen als belastend empfunden wird, dann auch deshalb, weil eine bestimmte Art des Lernens und Leistens in der Schule eben erwartet wird. Unsere Vorstellungen von „Glück" und „Gesundheit", welche die Folie für das Erleben und Feststellen von Belastung bilden, sind nur innerhalb einer Kultur oder Gesellschaft wie z. B. westlicher Industriegesellschaften relativ einheitlich. In anderen Kulturen herrschen teilweise ganz andere Vorstellungen; so empfahl z. B. der Diktator der „Islamischen Republik Iran" kürzlich seinen Untertanen: „Weinet, weinet, dann seid ihr Gott näher!" (Stern Nr. 11, 1982).

Zwischen emotionalen Belastungen, wie sie im Alltag häufig auftreten und auch ohne dauerhafte Schäden überwunden werden können, und solchen psychischen Störungen, die ernsthafte Folgen für das weitere Leben haben können und externe Hilfe erforderlich machen, gibt es keinen „qualitativen Sprung", sondern fließende Übergänge. Ich werde daher in diesem Kapitel keine Unterschiede machen zwischen Begriffen und Beiträgen aus der Lebenslaufforschung, der Streß-Forschung, der Angstforschung und der Klinischen Psychologie. Die genannten Bereiche überlappen sich in hohem Maße; so treten z. B. in klinisch bedeutsamen Störungsformen, wie etwa Depression oder Angstneurosen viele Erlebniszustände auf, die auch im „normalen" Alltag vorkommen und zu Belastungen führen. Dennoch gibt es zweifellos Unterschiede im Schweregrad, in der Dauer, in den Folgen und vielen anderen Merkmalen von emotionalen Belastungen. Forschung und Theorienbildung müssen sich mit solchen Beschreibungsdimensionen befassen, die – im intra- und inter-individuellen Vergleich – zugleich die Grundlage für Erklärungen und Prognosen abgeben können. Ich will daher im folgenden auf die wichtigsten Gesichtspunkte einer Beschreibung und Erklärung von emotionalen Belastungen eingehen, wobei am Ende die theoretisch wichtigste Frage nach den „Ursachen" stehen wird. Es geht also jetzt um die Frage, nach welchen (formalen) Gesichtspunkten man verschiedene Arten emotionaler Belastungen voneinander unterscheiden kann.

Formale Gliederungs-Gesichtspunkte emotionaler Belastung

Äußere Erscheinungsform, „Symptome": Hier sind grundsätzlich verschiedene Ebenen zu unterscheiden: Verhalten, Erleben, berichtetes Erleben, Ausdruck, physiologische Meßwerte. Wie schon erwähnt, stimmen die Werte auf diesen verschiedenen Ebenen nicht immer gut überein. Viele emotionale Belastungen zeigen sich auf den verschiedenen Ebenen ganz uneinheitlich: Jemand kann intensive Angst erleben, aber er ist äußerlich ganz ruhig; ein anderer empfindet heftige Feindseligkeit, ist gleichzeitig gegenüber seinem Gegner aber von zuvorkommender Freundlichkeit; es zeigt jemand Trauer„verhalten", obwohl ihm der Tod des anderen Menschen vollkommen gleichgültig ist. Entscheidend ist also die Frage: Was ist hier Indikator für was? Schlafstörungen können ein Indikator für emotionale Belastung sein; diese wiederum kann Indikator dafür sein, daß die Ehebeziehung gestört ist. Grundsätzlich können alle obengenannten „Einbußen" als Indikatoren emotionaler Belastung gelten.

Zur häufigen Unklarheit der Beziehungen zwischen „Index" und „Indiziertem" kommt eine weitere Schwierigkeit hinzu: Aussagen über das Vorliegen von Belastungen und Störungen hängen auch von den Erwartungen, Perspektiven und Interessen derjenigen ab, welche diese Aussagen machen. Also ist häufig ein komplizierter Einigungs-Prozeß erforderlich zwischen den Beteiligten (innerhalb einer Familie oder Gruppe, in der Beratung und Therapie, im Strafprozeß u. ä.). Eltern fordern von einem Kind „Härte" und ignorieren andere Bedürfnisse und Belastungen; ein Therapeut hält einen Klienten für „depressiv", der sich selbst für ängstlich hält; ein anderer hält sich für hilfsbereit und sozial engagiert, während ihm sein Therapeut oder ein böswilliger Freund „verdrängte Aggressionen" attestiert. Natürlich spielen hierbei auch Machtfragen eine Rolle (vgl. *Keupp/Bergold* 1972). Oft ist die Verständigung nur über ein gemeinsames theoretisches Bezugssystem von Begriffen möglich.

Dauer und Verlauf: Es gibt Emotionen und emotionale Belastungen, die typischerweise von kurzer Dauer sind, wie z. B. Wut, Schreck oder Überraschung, Erstaunen. Ängstlichkeit, Feindseligkeit oder eine depressive Grundstimmung können dagegen ein ganzes Leben lang anhalten. Je länger eine emotionale Belastung andauert, desto schlechter wird die Prognose, weil während dieser Zeit kaum neue Kompetenzen erworben, wenig aktive Änderungen einer Situation herbeigeführt und wichtige Mitglieder des sozialen Netzwerks entmutigt oder zurückgestoßen werden. *Beck* (1979) hat dies mit dem Bild einer nach unten gerichteten Spirale beschrieben. Wie wir noch sehen werden, sind bestimmte Bezeichnungen für emotionale Belastungen schon mit einer Vorstellung von einer bestimmten Zeitstruktur verbunden: „Streß" bezeichnet eine momentan anstrengende und tendenziell belastende Auseinandersetzung mit bestimmten Anforderungen (bzw. das Erleben einer solchen); „Krise" meint eine länger dauernde, aber immer noch zeitlich begrenzte Belastung mit der Chance eines Wiedereinpendelns in einen (modifizierten) „Normalzustand"; unter einer psychischen Störung im Sinne einer Neurose versteht man dagegen eine lang anhaltende emotionale Belastung mit ungewissem Ausgang.

Schweregrad: Dieser hängt natürlich eng mit der Dauer, den Ursachen und den Folgen einer Belastung zusammen. Entscheidend ist hier das subjektive Empfinden, also das Erleben der obengenannten „Einbußen". Je zahlreicher und andauernder diese Einbußen sind, desto schwerwiegender ist die Belastung. Hinzu kommen die Reaktionen der Umwelt, die den Schweregrad immer beeinflussen. Wird z. B. jemand nach einem Selbstmordversuch in eine psychiatrische Anstalt eingeliefert, so wird sich diese Person vermutlich als „belasteter" erleben als jemand, der nach einem Selbstmordversuch aufbauende Unterstützung durch Freunde und Familie erhält.

Folgen: Hier geht es um diejenigen Veränderungen, die das künftige Leben der Betroffenen nachhaltig beeinflussen. Werden sie dauerhaft unglücklicher / glücklicher als vorher, abhängiger / unabhängiger, kompetenter / inkompetenter, freundlicher / unfreundlicher, hilfsbereiter / egoistischer, verletzbarer / widerstandsfähiger, optimistischer / pessimistischer? Gehen sie ihrer Umwelt immer mehr auf die Nerven, oder verstärkt sich nur das innere Leiden? Wie weit reichen

---

Krankheit und Identität

Ein Mädchen, das in seiner Kindheit wegen einer tuberkulösen Infektion der Wirbelsäule bettlägerig war, schildert seine Empfindungen (aus *Cohen/ Lazarus* 1979, S. 230):

„Als ich schließlich aufstand . . . nahm ich eines Tages einen Handspiegel und ging zu einem großen Wandspiegel, um mich anzuschauen . . . Aber da gab es keinen Lärm, keinen Aufschrei; ich heulte nicht auf vor Wut, als ich mich selbst sah. Ich fühlte mich einfach erstarrt. Diese Person im Spiegel *konnte* ich nicht sein. Ich fühlte mich innerlich wie eine gesunde, normale, glückliche Person – oh, nicht wie diese da im Spiegel . . .

Wieder und wieder vergaß ich, was ich im Spiegel gesehen hatte. Es konnte in das Innere meiner Seele nicht eindringen und dort ein ganzer Teil meiner selbst werden. Es kam mir vor, als ob es nichts mit mir zu tun hätte . . . An der Stelle, an der ich stand, mit dem beharrlich romantischen Hochgefühl in mir, als ob ich eine vom Schicksal begünstigte Person sei, der alles möglich wäre, sah ich eine Fremde, eine kleine, erbarmungswürdige, abscheuliche Gestalt . . . Jede einzelne dieser Begegnungen ließ mich jedes Mal betäubt, stumm und besinnungslos zurück, bis langsam und hartnäckig meine robuste standhafte Illusion des Wohlbefindens und der eigenen Schönheit sich wieder vollständig in mir ausbreitete, und ich vergaß die belanglose Wirklichkeit und war wieder ganz unvorbereitet und verletzbar."

die Folgen in die Zukunft, in das soziale Netzwerk bzw. auch darüber hinaus? Viele Arten von Belastungen haben spezifische Folgen, die man zumindest für präventive Überlegungen kennen muß. So sind Depressionen oft mit Selbstmordgedanken verknüpft (vgl. 7.4), Angst mit Rückzugstendenzen, Feindseligkeit mit Gewalttätigkeit usw.

Allgemeinheit: Sind die emotionalen Belastungen einer Person auf einen Erlebnisbereich oder einen Bereich ihres Lebens beschränkt, oder haben sie die „ganze" Person erfaßt? Konkret: Ist jemand nur im Leistungs- oder Berufsbereich ängstlich oder in allen Situationen und allen Menschen gegenüber? Führt eine externe Belastung wie z. B. Arbeitslosigkeit dazu, daß sich jemand nur im finanziellen Bereich belastet fühlt, aber nicht im Bereich der Partnerbeziehung, anderen sozialen Kontakten mit Freunden, im Bereich der Selbstachtung und des Selbstvertrauens? (Das Gegenteil scheint der Fall zu sein, vgl. *Ulich* u. a. 1981). Wie beeinflussen sich die Belastungen, die in einzelnen Bereichen erlebt werden, gegenseitig? Kann jemand mit geringer Selbstachtung im beruflichen Bereich dies in der Ehebeziehung oder in seiner Rolle als Vater „kompensieren", oder ist eher ein Effekt der „Ansteckung" oder „Ausstrahlung" zu befürchten? Je länger eine Belastung andauert, desto eher wird sie die gesamte Person erfassen, wenn sonst keine anderweitigen Änderungen eintreten; dieser Vorgang der Generalisierung läuft jedoch nicht automatisch ab, sondern unter konkreten Bedingungen, die empirisch genau untersucht werden müssen.

Ursachen

Da es bei diesem Gesichtspunkt um die theoretisch bedeutsamste Frage geht, werde ich ihm etwas mehr Raum geben als den anderen Aspekten. Nach welchen Ursachen man fragt und sucht, dies hängt in erster Linie von den Theorien und Methoden ab, die man zur Verfügung hat; darüber geben einschlägige Lehrbücher der Klinischen Psychologie Auskunft. Modellvorstellungen über die Art oder „Natur" psychischer Belastungen und Störungen prägen auch die Fragen nach Bedingungszusammenhängen. Unabhängig davon gibt es jedoch eine Reihe von Gesichtspunkten und Problemen, die bei der Suche nach „Ursachen" berücksichtigt werden müssen:

– Emotionale Belastungen haben in der Regel *mehrere* Ursachen. In Extremfällen können diese Ursachen entweder nur in der Umwelt liegen (z. B. bei Katastrophen); aber selbst dann sind die Reaktionen darauf nicht einheitlich, wie empirische Untersuchungen zeigen (vgl. *Coelho* u. a. 1974). Oder sie liegen nur „in" der Person, also bei schweren neurotischen und psychotischen Störungen, die mit einem Verlust des Realitätskontaktes einhergehen, wie z. B. Wahnvorstellungen. Viel häufiger ist das Zusammentreffen von mehreren Bedingungen und Auslösern, die sowohl externer wie auch interner Natur sind. So treffen z. B. externe Anforderungen immer auf einen individuellen Erfahrungshorizont und auf individuelle Interessen; Anforderungen und Probleme werden subjektiv erfahren und verarbeitet. Auch interne Anforderungen, die also die Person an sich selbst stellt, können Belastungen und Krisen auslösen. Ursachen und Auslöser von Belastungen können zu allen Zeitpunkten im Lebenslauf und in allen Lebens- und Erlebnisbereichen auftreten und wirksam werden. Hier ist wieder an den skizzierten Ansatz der life-event-Forschung zu erinnern, die den Zusammenhang zwischen bestimmten Lebensereignissen und dem Auftreten von (psychischen) Erkrankungen untersucht.

– Die verschiedenen Bedingungen beeinflussen sich *gegenseitig*, indem sie sich verstärken oder kompensieren können. So können z. B. frühe Erfahrungen von Ohnmacht und Hilflosigkeit dazu führen, daß die Person später auch dann Handlungs- und Einflußmöglichkeiten nicht erkennt, wenn diese prinzipiell gegeben sind; dadurch verstärkt sich wiederum das Gefühl der Hilflosigkeit. Welche Bedingungen überhaupt zu Ursachenfaktoren einer psychischen Belastung werden können, hängt immer von der bisherigen Lebensgeschichte der Person und den inzwischen entwickelten Empfindlichkeiten einerseits und Kompetenzen andererseits ab. Hinzu kommen die Reaktionen der Umwelt, die entlastend oder aber auch zusätzlich belastend wirken können. Bisher ist allerdings noch nicht hinreichend geklärt, wie frühere Krisenerfahrungen und wie die Anzahl der gleichzeitig vorhandenen (externen) Probleme die aktuelle Belastung und Bewältigungsversuche einer Person beeinflussen.

– Man kann *drei Arten* von Bedingungsfaktoren unterscheiden:

a) *prädisponierende Bedingungen:* Hierunter sind diejenigen in der Lebens- und Lerngeschichte auffindbaren kritischen Lebensereignisse, Konflikte und Krisen gemeint, die zu einer Erhöhung der psychischen Verletzbarkeit einschließlich spezifischer Lerndefizite, ungünstiger Bewältigungsstile, belastender Motivationen und „negativer" Gefühlshaltungen bzw. Grundstimmungen (wie z. B. Ängstlichkeit) geführt haben. Belastende frühe Erfahrungen und ein niedriges Selbstwertgefühl entstehen z. B. bei Härte der Eltern, Jähzorn besonders des Vaters, Behinderung des Kontakts mit anderen Kindern, emotionaler Verletzung des Kindes, Überforderung, Alleinlassen des Kindes oder falsche „Modelle" im Hinblick auf wichtige Lebensprobleme und -entscheidungen, wie sexuelle Fragen, religiöse Fragen, Berufswahl, „Weltanschauung", Freizeit u. ä. m. (vgl. Überblicke bei *Pongratz* 1977/78; *Davison/Neale* 1979).

b) *aktuell auslösende Bedingungen:* Hier ist zu denken an (plötzliche) Veränderungen der Lebenslage oder der internen Orientierungen und Stimmungen, Ziele, Interessen usw., an Verlust von Sicherheit und Einflußmöglichkeiten, an Verlust von „Verstärkern", an die Vermehrung externer „Stressoren" (s. u.), wodurch die Verletzbarkeit sprunghaft erhöht und die Bewältigungskompetenz überfordert wird. Emotionale Belastungen können auch ohne das Vorliegen von prädisponierenden Bedingungen ausgelöst werden, wenn nämlich die Auslöser intensiv und subjektiv bedeutsam genug sind. So wird z. B. der Eintritt von Arbeitslosigkeit von der Mehrzahl der Betroffenen als belastend empfunden werden, unabhängig von unterschiedlichen Verletzbarkeiten.

c) *aufrechterhaltende Bedingungen:* Zum einen ist hier an die Wechselwirkung zwischen einer sich erhöhenden psychischen Belastung und einer Verschlechterung von Bewältigungsfähigkeit und -versuchen zu denken (nach unten gerichtete Spirale der depressiven Störung); die Person trägt selbst zur Aufrechterhaltung ihrer Belastung bei, indem sie immer weniger in der Lage ist, sich selbst zu helfen und indem sie ihre Umwelt zunehmend belastet.

Zum anderen ist die soziale Umwelt mit ihren Reaktionen an der Aufrechterhaltung der

192

Kritische Lebensereignisse im Kindesalter
(aus *Schwarzer* 1981, S. 15)

„Untersuchungen zu Lebensereignissen müssen altersspezifisch vorgenommen werden, da in verschiedenen Phasen des Lebens unterschiedliche Ereignisse wahrscheinlich sind und unterschiedliche Bedeutungen haben können. So ist es wichtig zu wissen, ob Kinder eine von Erwachsenen abweichende Einschätzung kritischer Ereignisse vornehmen und in welchem Maße überhaupt Umweltanforderungen als beeinträchtigend erlebt werden. Aufschluß darüber gibt eine Untersuchung von *Yamamoto* (1979), der 20 kritische Ereignisse zusammenstellte und diese Liste von 367 Kindern in der 4., 5. und 6. Klasse bearbeiten ließ. Für jedes Ereignis war anzugeben, ob es schon einmal persönlich erlebt worden war. Außerdem schätzten die Kinder ein, wie belastend es für sie war bzw. wäre, falls es in der Zukunft einträte. Dafür stand eine siebenstufige Skala zur Verfügung mit den Endpunkten 1 (= am wenigsten beunruhigend) und 7 (= am meisten beunruhigend). Die Ergebnisse werden in der folgenden Tabelle dargestellt. Die Liste ist nach dem Grad der durchschnittlichen Belastung geordnet. Erblinden, Sitzenbleiben und Einnässen kommen in dieser Stichprobe sehr selten vor und werden als sehr beunruhigend eingeschätzt, während elterliche Auseinandersetzungen und Verdächtigungen (als Lügner) sehr häufig und als bedrohlich erlebt werden.

Ereignis	Skalenwert	Erfahrungsanteil in %
Geburt eines Geschwisters	1.27	25.6
Vor der Klasse etwas vortragen	2.58	68.1
Zum Zahnarzt gehen	2.73	77.7
In einem Wettspiel verlieren	3.16	81.2
Als letzter in eine Mannschaft gewählt werden	3.30	49.6
Nicht alle Aufgaben lösen können	3.75	83.1
Ein Alptraum	4.08	76.6
In eine andere Schule überwechseln	4.60	42.8
Von der Klasse ausgelacht werden	5.28	46.9
Sich verlaufen	5.49	56.1
Sich einer Operation unterziehen	5.51	30.5
Sich beim Direktor melden müssen	5.75	42.0
Eine Klassenbucheintragung	6.23	46.0
Als Lügner verdächtigt werden	6.53	82.3
Beim Diebstahl ertappt werden	6.63	12.3
Handgreiflichkeiten zwischen den Eltern	6.71	64.0
In der Klasse einnässen	6.74	6.0
Sitzenbleiben	6.82	10.9
Erblinden	6.86	4.1
Tod eines Elternteils	6.90	20.2"

Belastung auch selbst aktiv beteiligt, indem sie auffälliges Verhalten negativ etikettiert (eben als Störung, „Psychose", Unfähigkeit usw.), oder durch Ablehnung oder gar durch Stigmatisierung zur „Ausgrenzung" einer Person aus deren Lebensumwelt beiträgt und damit die Belastung verschärft. Sowohl die Person wie die Umwelt können also verhindern, daß kompensatorische oder alternative Lern- und Handlungsmöglichkeiten aufgebaut werden, die einen Ausweg aus der Belastung und Krise eröffnen könnten.

In der Klinischen Psychologie sind verschiedene Theorien darüber entwickelt worden, welche Bedingungskomplexe jeweils in der Entstehung (und Überwindung) von emotionalen Belastungen eine besondere Rolle spielen. So betont z. B. die Psychoanalyse, daß die Art und Weise, ob und wie ein Kind früh auftretende Konflikte zu bewältigen versucht, für seine spätere „Anfälligkeit" für Belastungen entscheidend sei. Lerntheorien heben die formalen Mechanismen hervor, die beim Lernen (bzw. Nicht-Lernen) wichtiger Erfahrungs- und Bewältigungsformen eine Rolle spielen. Diese Fragen will ich hier nicht weiterverfolgen; sondern ich will jetzt wieder das Problem der Klassifikation von emotionalen Belastungen aufnehmen und versuchen, den bisher entwickelten eher formalen Gesichtspunkten eine eher inhaltlich bestimmte Gliederung hinzuzufügen. Ich will also im folgenden unterschiedliche Arten von Belastungen aufführen, auf die ich im weiteren Verlauf dieses Kapitels teilweise noch genauer eingehen werde.

Inhaltliche Gliederung von emotionalen Belastungen

Den genannten formalen Gliederungsgesichtspunkten kann man bereits einige Hinweise entnehmen, wie eine inhaltliche Unterscheidung aussehen könnte. Hier bietet sich vor allem das Merkmal „Schweregrad" an, das ich anhand der Bedeutung und Anzahl der subjektiv erlebten „Einbußen" an Erlebnis- und Handlungsmöglichkeiten zu bestimmen versucht hatte. Inhaltlich geht es hier vor allem um den Kernbereich der „Identität" (Selbstwerterleben, Selbstvertrauen, Selbstbild), den emotionalen Bereich (Lebensgrundstimmung, Gefühlshaltungen, aktuelles Gefühlserleben), den kognitiven Bereich (Zeitperspektive, Zukunftserwartungen), den motivationalen Bereich (z. B. Mißerfolgserwartung, Erfolgszuversicht) und den Handlungsbereich (Zielbezug, Planungs- und Handlungsbereitschaft, Kompetenz). In der Klinischen Psychologie und Streß-Forschung sind nun in den letzten Jahren einige Konzepte entwickelt worden, mit Hilfe derer man die in diesen Bereichen gleichzeitig und gleichermaßen vor sich gehenden belastenden Veränderungen begrifflich fassen kann. Hier ist vor allem an das Konzept der *Kontrolle* zu denken, das erlaubt, emotionale Belastungen im Hinblick auf ihre unterschiedlichen Schweregrade voneinander zu unterscheiden (vgl. dazu *Frey* u. a., 1977; *Frese* 1978; *Seligman* 1979; *Garber/Seligman* 1980; *Prystav* 1979; *Rotter* 1975; *Ulich* u. a. 1981; *Garber/Miller/Abramson* 1980). Ich gehe hier nicht darauf ein, daß die meisten der genannten Autoren „Kontrolle" als ein bloß „kognitives" Phänomen ansehen; aufgrund der in diesem Buch bisher entwickelten Einsichten ist klar, daß das Erleben von Kontrolle oder Nicht-Kontrolle auch oder vor allem ein emotionales Phänomen ist (zum Kontroll-Konzept vgl. auch Kap. 7.3).

„Kontrolle" hat eine subjektive und eine objektive Seite: Ob und inwieweit ich mich selbst als jemanden erlebe, der sich und seine Umwelt beeinflussen (einschließlich verstehen und gedanklich vorhersehen) kann, dies hängt sowohl von Gegebenheiten dieser Umwelt, wie z. B. deren „objektiver" Durchschaubarkeit und Beeinflußbarkeit ab, wie auch von meiner eigenen Zeitperspektive, Planungsfähigkeit, Zuversicht und Kompetenz. Da es in diesem Kapitel um emotionale Belastung geht, interessiert vor allem der Negativ-Pol der „Kontrolle", der in den obengenannten Forschungsrichtungen als *„Hilflosigkeit"* oder – noch stärker – als „Hoffnungslosigkeit" benannt wird. Mit diesen beiden Begriffen kann man also ausdrücken, wie stark und wie generell oder übergreifend die oben kurz angeführten Bereiche des Erlebens und Handelns betroffen sind. Ich möchte nun diese Begriffe dazu verwenden, um im folgenden jene drei im Schweregrad „ansteigenden" Arten von emotionalen Belastungen kurz begrifflich voneinander abzuheben, auf die ich dann in den weiteren Abschnitten dieses Kapitels genauer eingehen werde:

Streß und Krise: Streß wird immer dann erlebt, wenn eine Person ein Mißverhältnis zwischen Anforderungen und Bewältigungsmöglichkeiten erfährt sowie die Folgen dieses Mißverhältnisses als bedrohlich erlebt (vgl. *Ulich/Mayring/Strehmel* 1983). Die Anforderungen müssen etwas persönlich Bedeutsames betreffen, also der Person nicht gleichgültig sein; zentrale Motive und Interessen müssen tangiert sein. Zielerreichung ist blockiert, das „Wohlergehen" der Person ist betroffen, Fähigkeiten sind hart auf die Probe gestellt. Frustration und Unzufriedenheit werden erlebt, was jedoch im Falle von Streß nicht zu einer Lähmung der Handlungsbereitschaft und zu Hoffnungslosigkeit führt. Das Bewußtsein, etwas tun zu können, „Kontrolle" ausüben zu können, ist bei Streß im Prinzip noch erhalten. Denn sonst könnte man sich die für Streß typische Steigerung der Anstrengungen, die Mobilisierung zusätzlicher Energien nicht erklären. Als belastend wird hier nicht nur die Gefährdung einer Zielerreichung, sondern auch die zusätzliche Anspannung und Anstrengung erlebt. Ziel- und Zukunftsorientierungen sind bei Streß noch erhalten; Streß wird meist in einem Handlungsbereich bei einem oder nur wenigen Problemen erlebt. Nur dort wird dann tendenziell Hilflosigkeit und Mutlosigkeit erlebt, während in anderen Bereichen das Selbstvertrauen ungebrochen sein kann; Streß ist also eher bereichsspezifisch, nicht personspezifisch.

Zu einer „Krise" kann sich das Streßerleben ausweiten, wenn sehr lange keine Lösung des genannten Mißverhältnisses erreicht wird, wenn der betreffende Bereich sehr bedeutsam für die Person ist, wenn zusätzliche Belastungen hinzukommen, wenn die Person sehr empfänglich für psychische Belastungen ist, über wenig Bewältigungs- oder Kompensationsmöglichkeiten (einschließlich materieller und sozialer Ressourcen) verfügt u. ä. m. Im Zustand der Krise, die vom Konzept her ebenfalls vorübergehender Natur ist, ist nun die gesamte Person betroffen. Die Zielbezogenheit und Kontinuität „normaler" Erlebens- und Handlungsverläufe sind ernsthaft gefährdet oder unterbrochen. Die eigenen Mittel sind (zumindest vorübergehend) erschöpft; oft ist Hilfe von außen erforderlich. Eigene Anstrengungen werden nicht für unbedingt erfolgversprechend gehalten, es kann Hilflosigkeit oder gar Hoffnungslosigkeit entstehen. In einer Krise kann auch Verzweiflung auftreten. Der Betroffene ist auf sich selbst und eher auf die Vergangenheit als auf die Zukunft konzentriert (zum Krisenbegriff vgl. *Lindemann* 1956; *Coelho* u. a. 1974; *Reiter* 1978; *Silver/Wortman* 1980).

Angst: Diese Emotion sprengt insofern mein Gliederungsschema, als Angst bei allen Arten von Belastungen auftritt und mit allen Graden von Hilflosigkeit und Hoffnungslosigkeit verbunden sein kann. Wegen ihrer Bedeutung für alle Arten von Belastung möchte ich Angst jedoch gesondert erwähnen. Wie schon einmal kurz ausgeführt, wird Angst durch die Komponenten Ungewißheit, Bedrohung und Hilflosigkeit definiert (vgl. *Weidenmann* 1978). Auch im Streßerleben herrscht Unsicherheit und Bedrohung, aber zusätzlich sind Emotionen dabei, wie z. B. Ärger, Frustriertheit und gleichzeitig auch Zuversicht (zu Lösungen), die nicht typisch für das Angsterleben sind. In Krisen dagegen wird mehr als nur Angst erlebt; man fühlt sich als ganze Person in seiner Integrität bedroht, der Zukunftsbezug ist stärker eingeschränkt als bei der Angst, man ist tendenziell hoffnungslos, erwartet eine Entwicklung zu Schlimmerem usw. Angst kann ebenso wie die schwerwiegendere Krise sowohl zur Aktivität wie zur Inaktivität führen, während letzteres (Inaktivität) für Streßerleben nicht typisch ist.

Als hilflos erlebt sich die Person bei akuter Angst insofern, als sie Belastungen, Bedrohungen und Unsicherheiten *gedanklich vorwegnimmt*, die sie nicht bewältigen zu können glaubt. Dabei geht es nicht nur, wie beim Streßerleben, um die Vorwegnahme der Schwierigkeiten einer Aufgabenlösung, sondern auch um die Vorwegnahme von „Einbußen" im Erleben und Handeln, von Verlustereignissen, Krankheiten, Katastrophen, überhaupt jeder Art von subjektiv bedeutsamen und belastenden Veränderungen. Nicht-Bewältigen-Können heißt hier entsprechend mehr, nämlich auch: daran zugrunde gehen können, kaputtgehen, unglücklich werden, sein Leben ändern müssen usw. Wer das Ausbrechen eines Krieges befürchtet oder sich um den Gesundheitszustand seines Kindes sorgt, wer die Ablehnung durch eine geliebte Person vorhersieht oder sein eigenes berufliches Versagen erwartet: der steht nicht unter Streß, sondern der hat Angst. Über die Art der Gegenmaßnahmen oder des Schutzes vor den Folgen besteht dabei völlige Unsicherheit, auch über die Weiterentwicklung der Dinge ohne eigenes Zutun. Hilflosigkeit meint also sowohl das Bewußtsein der eigenen (momentanen) Inkompetenz wie auch Ungewißheit über die Zukunft.

Neurose bzw. Depressivität: Während dem in Angst Lebenden wenigstens noch etwas Hoffnung bleibt, daß sich die Dinge (möglicherweise auch ohne sein eigenes Zutun) zum Besseren wenden könnten, ist der depressiv Gestimmte sicher, daß ihm nur Schlechtes bevorsteht (vgl. *Garber/Miller/Abramson* 1980). Hoffnungslosigkeit schließt Hilflosigkeit ein, denn auch der Hoffnungslose fühlt sich unsicher in dem Sinne, daß er keinen Zusammenhang erkennen kann zwischen eigenen Handlungen und dadurch möglicherweise zu bewirkenden Veränderungen und

Entlastungen: „Was immer ich tun würde, es würde keinen Unterschied machen!"
Hinzu kommt aber gleichzeitig die *Gewißheit*, daß alles schlecht ist und schlecht
wird. Depression ist kein vorübergehender Zustand mehr, sondern eine länger
andauernde, aus eigener Kraft nicht bewältigbare emotionale und persongebundene Erlebnisweise, die in alle anderen Bereiche des Erlebens und Handelns „ausstrahlt". Hier sind Interessen- und Zielbezüge kaum noch erhalten, und gerade die
für Streß typische Anspannung und Mobilisierung neuer Energien, das Suchen
nach Lösungen und die Entwicklung neuer Einsichten und Fertigkeiten sind hier
nicht mehr möglich, zumindest nicht ohne äußere Hilfe. Krisen sind dem Betroffenen meist in ihrem ursächlichen Zusammenhang eher erklärbar; hier fehlt auch
meist das für Neurosen kennzeichnende Merkmal des „Abweichens" (vgl. auch
Kraiker 1977; *Keupp* 1974). Erleben und Verhalten werden entweder von der
Person selbst und/oder von anderen im intra- und/oder inter-individuellen Vergleich als Abweichung von bestimmten Normen und Erwartungen aufgefaßt. So
ist z. B. eine auch krisenhafte Phase der Verzweiflung und Trauer nach dem Tod
einer geliebten Person „normal", während das jahrzehntelange Verharren in
Verzweiflung und Trauer als „abnorm" angesehen würde.

Ich wollte und will hier nicht allgemein auf Unterschiede zwischen „Krise" und
„Neurose" eingehen; dazu verweise ich auf einschlägige Lehrbücher der Klinischen Psychologie. Nur eine Form von neurotischer Störung interessiert hier und
im folgenden besonders, nämlich diejenige, die auf der Dimension „Kontrolle"
(Hilflosigkeit – Hoffnungslosigkeit) als extremer Negativ-Pol anzusehen ist, also
die Depression. Und diese Dimension „Kontrolle" ist hier nur *ein* Beispiel dafür,
wie man verschiedene Arten von emotionalen Belastungen nach ihrem Schweregrad voneinander unterscheiden kann. Um diese Unterschiede noch einmal zu
verdeutlichen, möchte ich zum Schluß dieses Unterkapitels noch ein Beispiel
bringen:

Ein Beispiel:
Ein Student bereitet sich auf eine Prüfung vor. Was kann dabei alles passieren, was erlebt er dabei?

Streß: Der Student – nennen wir ihn Klaus – möchte eine gute Prüfung machen,
um seine Berufschancen zu erhöhen. Also ist die Prüfung für ihn ein subjektiv sehr
bedeutsames Ereignis. (Wenn ihm die Prüfung gleichgültig wäre, weil er auch
ohne Prüfung in den elterlichen Betrieb eintreten könnte, dann würde eine wichtige Voraussetzung für das Erleben der hier angeführten Emotionen fehlen.) Nun
beginnen Schwierigkeiten: Viele Bücher, die Klaus zur Vorbereitung benötigt,
sind ausgeliehen. Die Arbeitsgruppe, in der Klaus sich vorbereitet, zerfällt. Er
stellt außerdem fest, daß er einen Schein zu wenig hat. Also muß er sich in
langwierige Verhandlungen mit den entsprechenden Stellen bzw. Dozenten ein-
lassen. Die Folge all dieser Probleme: Klaus sieht seine Möglichkeiten, eine gute
Prüfung zu machen, als gefährdet an. Damit ist auch sein Ziel, aufgrund einer

guten Note auf dem Berufsmarkt gute Wahlmöglichkeiten zu haben, bedroht. Er ist gezwungen, seine Anstrengungen noch mehr zu steigern; er arbeitet bis tief in die Nacht hinein.

Angst: Zwei Wochen vor der Prüfung erfährt Klaus, daß der Prüfer in dem Fach, in dem er am besten vorbereitet ist, wegen Krankheit ausfällt. Er ist nun sehr verunsichert im Hinblick auf die Frage, wie die Vorbereitung überhaupt weitergehen soll. Er kennt den neuen Prüfer nicht, weiß nicht, was dieser verlangt und wie er sich in der Prüfung verhalten wird, weiß auch nicht, was er sich in der kurzen Zeit überhaupt noch neues erarbeiten kann. Er fühlt sich hilflos den Dingen ausgeliefert, wird mutlos, beginnt, sich die üblen Folgen einer schlechten Note in diesem Fach oder gar ein Versagen auszumalen. Sein Denken kreist so sehr um diese Möglichkeiten des Versagens, daß er nicht mehr konzentriert arbeiten kann, was seine Sorgen nur noch verstärkt. Schließlich bittet er den neuen Prüfer in einem Telefongespräch um Informationen über Stoff und Prüfungsverlauf; daraufhin ist seine Arbeitsmotivation wieder so weit gefestigt, daß die Vorbereitungen weiterlaufen können.

Krise: Zu allem Überfluß entsteht nun eine zusätzliche Belastung dadurch, daß Klaus' Freundin nicht länger gewillt ist, ihre Bedürfnisse und Interessen und damit ihre ganze Person der Arbeitswut ihres Freundes, der schon lange keine Zeit mehr für sie hat, unterzuordnen. Sie droht mit Auszug aus der gemeinsamen Wohnung und wirft Klaus vor, er sei ein übler Egoist und überhaupt ein mieser Charakter. Dies führt nun dazu, daß Klaus beginnt, an sich selbst zu zweifeln. Er gibt der Freundin recht und macht sich selbst Vorwürfe. Sein Bewußtsein wird von Versagens- und Schuldgefühlen beherrscht, denn Klaus „erinnert" sich zusätzlich, daß er „ja schon immer" Probleme hatte, sich mit anderen Menschen abzustimmen, daß seine Partnerbeziehungen immer durch seinen Egoismus gefährdet wurden, daß er noch nie fähig war, Konflikte in konstruktiver Weise auszutragen u. ä. m. Die Vorwürfe und Selbstzweifel ergreifen die ganze Person, so daß abermals das Bestehen der Prüfung gefährdet ist, weil Klaus sich nun gar nichts mehr zutraut.

Depression: Klaus läßt sich in letzter Minute vor der Prüfung krankschreiben. Das Versagen war ihm inzwischen zur Gewißheit geworden. Die Unterstützung der Freundin hat er inzwischen ganz verloren, weil diese sich nicht mehr in der Lage sah, ihren immer apathischer werdenden Freund zum Arbeiten zu ermutigen. Klaus „hängt nur noch rum", er gibt das Ziel des Abschlußexamens auf. Als ihm nach einigen Monaten die Eltern die finanzielle Unterstützung kürzen, verschlimmert sich der Zustand von Klaus so sehr, daß er tagelang im Bett liegen bleibt und fast jeden Kontakt zur Umwelt abbricht. Ein Freund rät ihm schließlich dazu, einen Therapeuten aufzusuchen.

Sie werden vielleicht sagen, daß dieser Klaus schon lange vorher ein recht labiler Mensch gewesen sein muß, wenn ihn die geschilderten Ereignisse derart aus der Bahn geworfen haben. In der Tat ist anzunehmen, daß derartige Krisenverläufe nur bei einer bestimmten Biographie wahrscheinlich sind, wenn nämlich hohe Verletzbarkeit und Empfänglichkeit für Belastungen vorliegen, und wenn zugleich keine geeigneten Bewältigungsstile erworben werden konnten.

In den folgenden Abschnitten will ich nun auf die hier nur skizzenhaft vorgestellten emotionalen Belastungen (Streß, Angst, Depression) etwas ausführlicher eingehen.

7.2 Streß

Zum Begriff

Streß ist ein emotionaler Zustand von (vorübergehender) Belastung, der vor allem durch zwei Merkmale gekennzeichnet ist: Erstens wird eine Diskrepanz empfunden zwischen Anforderungen und Bewältigungsmöglichkeiten und zweitens werden die Folgen dieser Diskrepanz von der Person als bedrohlich empfunden (vgl. zu diesem neueren „kognitiven" Streß-Ansatz als Überblicke *Laux* 1982; *Lazarus* 1981; *Nitsch* 1981; *Schwarzer* 1981; *Ulich/Mayring/Strehmel* 1983; in letzterem ausführliche weitere Literaturhinweise). Im Vergleich zu den anderen in diesem Kapitel genannten belastenden Emotionen ist „Streß" noch am ehesten in aktuelle Handlungsabläufe eingebunden; in neueren Theorien wird die Auseinandersetzung mit Streß daher auch meist anhand von Prozeßmodellen beschrieben. Streßerleben steht an der Schwelle zum krankhaften Erleben von Belastung, wobei „krankhaft" meint, daß gewohnte Tagesläufe und Handlungsroutinen nicht mehr funktionieren, daß das Bewußtsein vom Leidensdruck beherrscht wird und das Verhalten mit Auffälligkeiten verbunden ist, die auch von anderen einem bestimmten Krankenbild (Phobie, Depression u. ä.) zugeschrieben werden können.

Streßhafte Auseinandersetzungen mit der Umwelt lassen sich also auf einem Kontinuum zwischen einerseits „normalen" routinemäßigen Anpassungsleistungen und andererseits dem krisenhaften Erleiden von Anforderungen bzw. dem Scheitern von Lösungsversuchen ansiedeln. Im Streßerleben beanspruchen externe oder interne Anforderungen oder ein Widerspruch zwischen diesen die Orientierungs- und Handlungsmöglichkeiten einer Person so stark, daß tendenziell Hilflosigkeit und Inkompetenz erlebt und Anstrengungen vermehrt werden müssen. Je nach dem Stadium der Auseinandersetzung dominieren dabei Emotionen wie Frustriertheit, Ärger, Wut, Angst, Sorge, Hoffnung, Ungewißheit. Da im Streßerleben Ziel- und Handlungsbezüge meist noch erhalten sind, kann man hier wie kaum an einer anderen Emotion das Zusammenwirken nahezu aller wichtiger psychischer Komponenten wie Motiven, Emotionen, Kognitionen und Handlungen (Planungen und Vollzüge) demonstrieren. Für ein empirisches Forschungsprojekt (vgl. *Ulich* u. a. 1981) haben wir auf der Grundlage verschiedener Theorien ein solches Handlungsmodell entwickelt, das sich im wesentlichen an *Lazarus* (zuletzt 1981), aber auch an *Miller/Galanter/Pribram* (1973) orientiert. Dieses Modell möchte ich jetzt vorstellen und dort einige wichtige Grundkonzepte besprechen.

Das TOTE-Modell von Miller/Galanter/Pribram (1973)

Die Möglichkeit kontrollierten Verhaltens hängt von der Fähigkeit ab, die wahrgenommene Struktur der psychologischen Gegenwart und die erwartete Struktur der Zukunft so aufeinander abzustimmen, daß intendierte Ziele erreicht werden können. Dieser Prozeß sieht so aus:

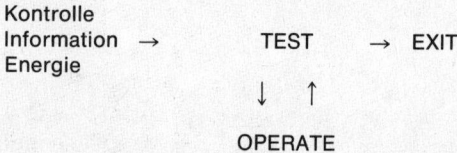

Der Feststellung („test") einer Inkongruenz zwischen Außenwelteinflüssen bzw. dem eigenen Zustand und intendierten, antizipierten Zuständen folgen Korrekturoperationen („operate"), und zwar so lange, bis eine neuerliche Überprüfung der Kongruenz („test") eine Übereinstimmung zwischen bestehendem und intendiertem Zustand ergibt, worauf eine Handlung (im weitesten Sinne) erfolgen kann („exit").

Jemand will z. B. einen Nagel in die Wand schlagen, um daran ein Bild aufzuhängen. Nach einer Anzahl von Schlägen prüft er, ob der Nagel schon tief genug eingedrungen ist, ob der Abstand für das Aufhängen des Bildes optimal ist (Test). Die Handlung wird fortgesetzt, korrigiert, verbessert (Operate), bis das gewünschte Ergebnis erreicht ist (Test). Anschließend kann die nächste Stufe eines Planes oder ein neuer Plan in Angriff genommen werden, oder es tritt eine Ruhepause ein u. ä. (Exit).

Ein Prozeß-Modell des Streß-Erlebens und -Bewältigens

Lazarus beschreibt das Streß-Erleben als eine Abfolge von Zuständen und Prozessen, die sich gegenseitig beeinflussen. Sein Streß-Begriff bezieht sich auf episodische Interaktionen zwischen Person und Umwelt, wobei er bis vor kurzem weder der Biographie noch den Folgen dieses Streßerlebens viel Beachtung geschenkt hat. Inzwischen werden Beziehungen zwischen Streß- und life-event-Forschung hergestellt (z. B. *Filipp* 1981), die dann auch Streßerleben unter entwicklungspsychologischen Gesichtspunkten verständlich machen. *Lazarus* selbst hat diese Wende zumindest konzeptional in seinen neueren Arbeiten auch vollzogen, indem er fordert, Streßerleben und -bewältigung als Prozeß in natürlichen Lebenswelten zu untersuchen, um in vergleichenden Längsschnittuntersuchungen Entstehen und Bewältigen von Streß differenziert beschreiben und vielleicht auch erklären zu können.

Wir haben in dem obengenannten Forschungsprojekt aus den Grundkonzepten von *Lazarus* und unter Zuhilfenahme des TOTE-Modells von *Miller/Ganter/Pribram* ein Prozeßmodell konstruiert, das den Verlauf des Erlebens von Streß einschließlich der Bewältigungsversuche wiedergeben soll (vgl. Abb. 4, aus *Ulich* u. a. 1981). Ich erläutere zunächst dieses Schema, links oben beginnend: Person und Umwelt begegnen sich in einer jeweils historisch bestimmten Zuständlichkeit. Auf der Seite der Person sind für das Streßerleben besonders bedeutsam: die schon häufig erwähnten Belastbarkeiten und Bewältigungskompetenzen, die verallgemeinerte oder auf bestimmte Situationsklassen bezogene Erwartung, Dinge beeinflussen zu können (Kontrollerwartung), Interessen an bestimmten Dingen und Handlungsvollzügen sowie bestimmte Bereitschaften, für Erfolge und Mißerfolge (im weitesten Sinne) sich selbst oder andere bzw. die Umstände verantwortlich zu machen (Kausalattribuierung, vgl. *Mayring* 1979; *Ulich* 1982). Auf der Seite der Umwelt sind potentielle oder reale „Stressoren" zu nennen, die zusammen mit anderen stabilen oder beeinflußbaren Situationsfaktoren den externen Teil der Anforderungen an die Person darstellen. Es gibt eine Vielzahl von Umweltbedingungen, die Belastung erzeugen, auch ohne daß dafür eine spezifische Bereitschaft bei den Individuen vorhanden sein muß (vgl. für den Bereich der Arbeitstätigkeit z. B. *Frese/Greif/Semmer* 1978). Der Glaube, daß *nur* die subjektive Bedeutungsverleihung streßerzeugend sei, ist ein Produkt der „kognitiven" Wende in der Psychologie, die auch die Streßforschung nicht verschont hat. Die Feststellung, *was* ein Stressor ist, erfordert also nicht nur eine Kenntnis der Empfindlichkeiten, Verarbeitungsformen und Kompetenzen der Person, sondern auch eine exakte Beschreibung ausgewählter Merkmale der Umwelt.

Das „T" über dem nachfolgenden größeren Kasten bedeutet „test", also die Prüfphase in dem Modell von *Miller/Galanter/Pribram*. Diese Prüfphase schließt das Erleben, bestimmte emotionale Zuständlichkeiten sowie Einschätzungen und Bewertungen ein, wobei die Reihenfolge von „Emotion" und „Kognition" hier kein Gegenstand der Diskussion ist (vgl. dazu die Ausführungen in Kap. 2.1 in diesem Buch). Nach *Lazarus* bezieht sich ein erster Einschätzungsprozeß darauf, ob in der Situation bzw. in der Zukunft Elemente enthalten sind, die einen Verlust oder einen Schaden für die Person bedeuten, die bedrohlich oder zumindest herausfordernd sind. Ich selbst würde Schaden und Verlust einer anderen Kategorie von emotionaler Belastung zuschlagen, z. B. „Krise". Streßhaft ist das Erleben von Schaden oder Verlust eigentlich nach der Definition nur dann, wenn ein Nicht-fertig-werden damit antizipiert wird.

Ein zweiter Einschätzungsvorgang bezieht sich auf die Möglichkeiten der Person, mit der erlebten Belastung fertig zu werden: Traue ich es mir zu, schaffe ich es, verfüge ich über Hilfsmittel und kann ich sie nutzen?

Die hier beteiligten Emotionen stehen in enger Wechselwirkung mit den anderen, also auch kognitiven Komponenten des Erlebens. So kann z. B. Angst die Einschätzung der Bedrohung (als hoch) und die Beurteilung der eigenen Bewältigungsmöglichkeiten (als gering) ebenso beeinflussen wie umgekehrt: Aufgrund der Einschätzungen 1 + 2 ist die Angst entweder hoch oder niedrig. Die Wechselwirkung geht in jedem konkreten Fall immer in beide Richtungen. Ergeben

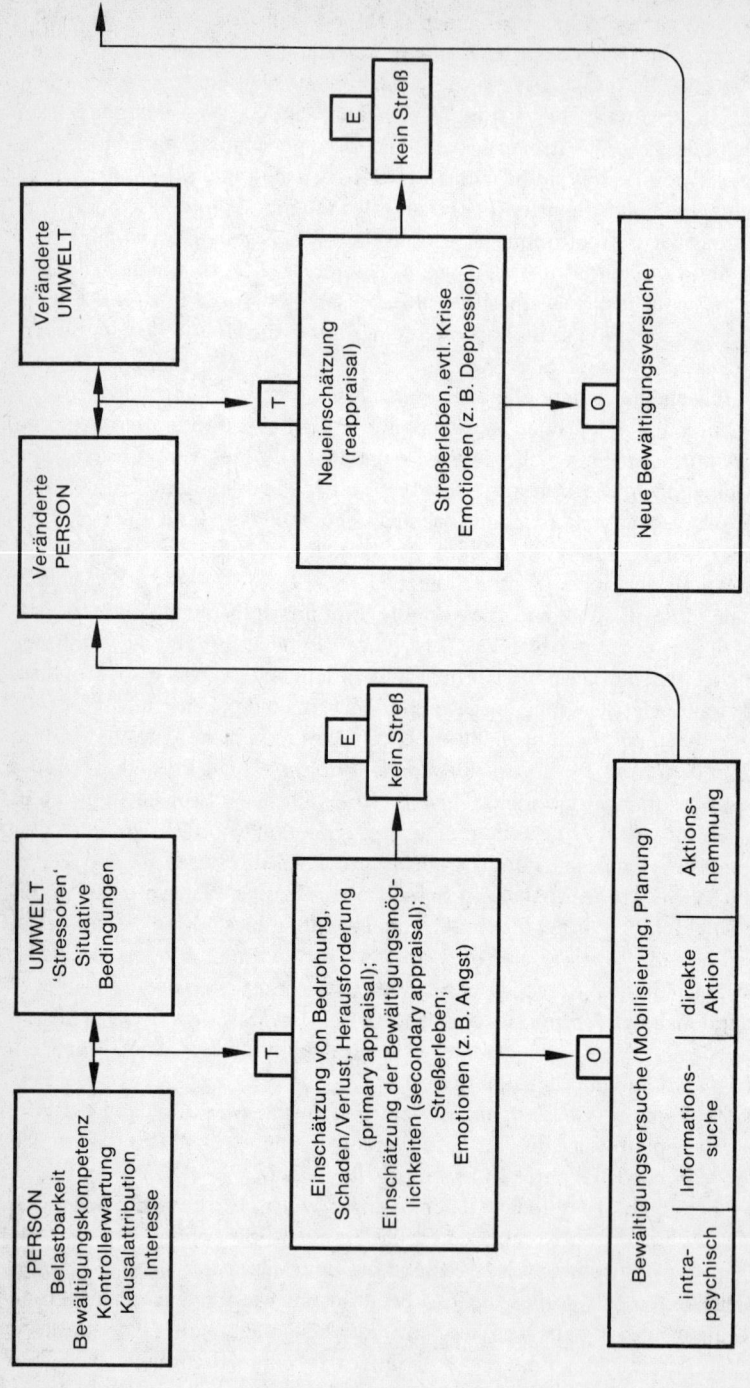

Abb. 4: Prozeßmodell des Streßerlebens und -bewältigens (*Ulich* u. a. 1981)

Einschätzungen und emotionales Zustandsbewußtsein, daß entweder keine Bedrohung usw. vorliegt oder daß die Möglichkeiten zur Bewältigung ausreichen, dann entsteht entweder gar kein Streß (wobei allerdings die Verarbeitung der Person-Umwelt-Begegnung selbst schon streßreich sein kann), oder das Streßerleben hat rasch ein Ende, worauf der kleine Pfeil und Kasten rechts neben dem „Verarbeitungskasten" hinweisen: „E" heißt „exit" im Modell von *Miller/Galanter/Pribram*.

Im anderen Falle, wenn also Streß erlebt wird, kommt es zur Planung und Ausführung von *Bewältigungsversuchen*, die im Kasten „O" zusammengefaßt sind, wobei „O" „operation" im schon genannten Modell bedeutet. *Lazarus* nennt vier Möglichkeiten der Bewältigung, die man allerdings noch stärker differenzieren kann (vgl. *Ulich* u. a. 1981): 1. intrapsychische Verarbeitung des Streßerlebens und seiner (negativen) Folgen, z. B. durch Verleugnen, Verdrängen, Veränderungen in der Ziel- und Anspruchsniveausetzung z. B. durch Verzicht u. ä. m.; 2. Informationssuche: man verbreitert seine Entscheidungsgrundlage durch gezielte Suche nach Informationen, womit sich gleichzeitig auch Kompetenz und Fertigkeiten erhöhen können; 3. direkte Aktion: man versucht aktive Problemlösungen z. B. nach dem Prinzip „Versuch und Irrtum", oder man nimmt auf die „Stressoren" Einfluß (läßt sich z. B. in den Betriebsrat wählen); 4. Aktionshemmung: man tut erst mal gar nichts, etwa nach dem Motto: Wer nichts tut, macht auch keine Fehler, z. B. aus Angst, daß die ersten Versuche der Bewältigung das ganze Ausmaß des Ausgeliefertseins erst deutlich machen.

Nun sind Person und Umwelt in einer ständigen Veränderung begriffen, so daß nahezu alle Bewältigungsversuche, auch das Nichtstun, irgendwelche Wirkungen haben. Damit komme ich zur zweiten Hauptphase im Streßerleben und Bewältigen, also der rechten Hälfte des Schemas. Ein Bewältigungsversuch ist selten nur ein einzelner Akt auf der Handlungsebene oder der Ebene des kognitiven Verhaltens. „Bewältigen" umfaßt eine Vielzahl von unterschiedlichen Planungen, Überlegungen und Akten zu verschiedenen Zeitpunkten mit manchmal auch unterschiedlichen Zielen und Wirkungen. Zusammengehalten werden diese Versuche durch die allen gemeinsame Anstrengung, eben mit streßreichen Anforderungen fertig zu werden (*Lazarus* 1981, auch das folgende). Diese Anstrengungen können sich auf Gegenwärtiges oder Vergangenes (wie bei Verlust oder Schädigung) oder auf etwas in der Zukunft liegendes beziehen (wie bei Herausforderung oder Bedrohung). Die Bewältigungsversuche können tendenziell eher auf die Umwelt oder eher auf die eigene Person gerichtet sein, sie können die Linderung emotionaler Belastungen oder die Veränderung der Situation zum Ziel haben.

Idealerweise sollen Bewältigungsversuche natürlich eine streßreduzierende Wirkung, also eine Veränderung der Person und/oder der Situation zur Folge haben, die das Streßerleben beendet. Bewältigungsversuche schätzt die Person also daraufhin ein, ob sie diese Wirkung haben; es werden wieder dieselben Fragen wie in der ersten Prüfphase gestellt: Ist die Situation/das Ereignis/die Vorstellung bedrohlich oder sonstwie streßreich, wie kann ich damit umgehen? Emotionale Zustände werden wie in der ersten Verarbeitungsphase als Signale erlebt, die anzeigen, in welchem Zustand die Person sich befindet, ob sie etwas tun muß oder kann usw. Dieser gesamte Vorgang der Neueinschätzung ergibt durchaus nicht immer, daß die Veränderungen der Person oder Umwelt (die auch ohne Einwirkung der Person zustande gekommen sein können) streßreduzierend sind. Wenn sie es sind, so ist damit ein neues „Gleichgewicht" zwischen Anforderungen und Handlungsmöglichkeiten erreicht („E" im kleinen Kasten ganz rechts). Wenn sie es nicht sind, wenn sogar – z. B. durch unangemessene Bewältigungsversuche – eine Verschlimmerung eingetreten ist, dann kommt der ganze Prozeß des Erlebens, Einschätzens, Verarbeitens und Planens bzw. Handelns noch einmal und vielleicht noch sehr oft in Gang.

Bedeutung und Anwendung des Modells

Halten wir fest: Erleben und Bewältigen von Streß ist ein Vorgang, den man sich als eine Kette von sich immer wiederholenden Rück-Koppelungs-Schleifen vorstellen kann. Es sind alle Arten von Prozeßverläufen, also auch Verschlechterungen der emotionalen Zuständlichkeit, denkbar. Es müssen bestimmte *Voraussetzungen* gegeben sein, damit dieser Prozeß überhaupt in Gang kommt: Ein bestimmtes Problem, eine Anforderung usw. müssen subjektive Betroffenheit erzeugen; die Lösung muß notwendig sein aus der Perspektive der Person; Kompetenzen und Fertigkeiten müssen ernsthaft auf die Probe gestellt sein; routinemäßige, automatisierte Lösungen stehen nicht zur Verfügung oder können nicht eingesetzt werden; Situationen und Probleme sind nicht eindeutig definierbar, und die Angemessenheit möglicher Lösungen ist vorweg nicht klar erkennbar; die Konsequenzen von Handlungen sind ungewiß und nicht eindeutig planbar und vorhersehbar. Nicht alles, was im weitesten Sinne einer Problemlösung oder „Anpassung" dient, fällt also unter den Begriff „Bewältigung", sondern nur solche Aktionen, welche die eben genannten Kriterien erfüllen.

Forschung müßte auch in diesem Bereich entsprechend den bisher in diesem Buch entwickelten Orientierungen person-, erlebnis- und lebenslaufbezogen sein. Man müßte Beschreibungssysteme entwickeln, mit deren Hilfe man sowohl „objektive Stressoren" wie auch subjektive Formen des Streßerlebens und der Bewältigung erfassen kann (dazu auch *Ulich* u. a. 1981). Dann könnte man Hypothesen überprüfen über Zusammenhänge zwischen einerseits biographisch entwickelten Weisen des Erlebens und Bewältigens von Streß und andererseits bestimmten Umwelt- und Situationsbedingungen. Warum dominieren bestimmte Bewältigungsformen in bestimmten Situationen bei bestimmten Personen? Von welchen biographischen, generationsbedingten und epochaltypischen (politisch-gesellschaftlichen, kulturellen) Entwicklungsbedingungen hängt die Entstehung und Bevorzugung bestimmter Bewältigungsformen ab? Was heißt wann für wen „optimale Bewältigung"? Wirkungen müssen im Hinblick auf viele Gesichtspunkte und auch im Hinblick auf Wertstandpunkte beurteilt werden, wobei der jeweilige aktuelle Leidensdruck, der Unterschied zwischen kurz- und langfristigen Folgen, die Zielhierarchien und Interessen der Person, mögliche Nebenwirkungen und

„Kosten", das soziale Umfeld und die mögliche Verankerung von Stressoren in einer jeweils gegebenen Realität besonders beachtet werden müssen.

Die Bedeutung emotionalen Erlebens bei Streß ergibt sich daraus, daß Streßerleben immer voraussetzt und beinhaltet, daß die jeweilige Situation, die Vorstellung oder das Ereignis subjektiv *bedeutsam* sind, was nichts anderes heißt, als daß zentrale Interessen der Person betroffen sind. Diese Selbstbetroffenheit ist ja ein wichtiges, wenn nicht das wichtigste Merkmal emotionalen Erlebens überhaupt (vgl. Kap. 2.2 in diesem Buch). Hier erkennen wir wieder die auch von *Izard* immer hervorgehobene enge Beziehung zwischen emotionalem Erleben allgemein und dem (diesem auch zugrundeliegenden) spezifischen emotionalen Zustand der „Interessiertheit" bzw. des Interesses (zur Bedeutung des Interesses vgl. *Schiefele/ Hausser/Schneider* 1979; *Schiefele/Prenzel* 1983). *Schiefele* und seine Mitarbeiter heben als zentrale Bestimmungsstücke von „Interesse" hervor: Engagement als emotionale Intentionalität und Anteilnahme, und Reflexivität als subjektive Sinnorientierung (a.a.O.).

Zum Schluß dieses Abschnitts greife ich noch einmal das Beispiel „Klaus" auf, um die hier vorgestellten Begriffe zum Streßerleben mit Leben zu füllen. – Klaus ist der Student, der während seiner Vorbereitung auf die Abschlußprüfung alle Tiefen emotionaler Belastung vom Streß bis zur Depression durchlebt. Er ist mit einigen „objektiven" Stressoren konfrontiert: Die Prüfung selbst ist ein solcher, das Fehlen der benötigten Bücher, das Auseinanderfallen der Arbeitsgruppe, die Information über den fehlenden Schein sind weitere externe Stressoren. Aufgrund der Bedeutung, welche die Prüfung für ihn hat, erlebt Klaus diese Stressoren als bedrohlich für seine Interessen. Wir kennen seine biographischen Kompetenzen und Belastbarkeiten, sein Selbstvertrauen usw. nicht, aber wir wissen: Er versucht, die Bedrohung seiner Ziele durch vermehrte Anstrengungen und größere Arbeitsintensität zu kompensieren, also ist sicher ein Mindestmaß an Selbstvertrauen und Bewältigungskompetenz vorhanden. Die Belastbarkeit dagegen scheint gering zu sein, wie der weitere Verlauf zeigt.

Dann tritt ein weiterer objektiver Stressor auf, es fällt nämlich ein Prüfer aus. Nun tritt starke Angst auf, das schon erreichte Gleichgewicht zwischen Bedrohlichkeit der Situation und angemessenen Gegenmaßnahmen (größere Anstrengungen) ist gestört. Die Situation und die Bewältigungsmöglichkeiten müssen wieder neu eingeschätzt werden (2. Prüfphase). Daraus ergibt sich nach einem längeren emotionalen Tief endlich ein weiterer Bewältigungsversuch: Klaus entscheidet sich für „Informationssuche" und spricht mit dem neuen Prüfer. Dieser Bewältigungsversuch führt zur Veränderung seines emotionalen Zustands mit dem Ergebnis neuer Arbeitsmotivation.

Doch dann tritt eine Veränderung ein, die weder beabsichtigt noch ein Teil der auf die Prüfung bezogenen Streßbewältigung war: Die Freundin wehrt sich gegen die ihr aufgezwungene Rolle und wirft Klaus Desinteresse und andere charakterliche Mängel vor. Nun müßte die Schleife: emotionales Erleben, kognitives Verarbeiten, Planen und Ausführen von Bewältigungshandlungen noch einmal, also zum drittenmal durchlaufen werden. Inzwischen ist es aber zu einer Kumulierung der äußeren Anforderungen und Belastungen gekommen, wir haben den Fall der „multiplen Stressoren". Außerdem fühlt sich Klaus jetzt auch in seiner Identität, seinem Selbstwerterleben getroffen. Seine neue Einschätzung ergibt eine extreme Belastung, der Klaus keine Bewältigungsversuche (nach seiner Einschätzung) mehr entgegensetzen kann. Die Folge ist ein Andauern der Belastung und ein Ausbleiben von Bewältigungsversuchen: Streß ist in Krise übergegangen. Erst der Rat eines Freundes kann Klaus wieder in die Lage versetzen, als neuen Bewältigungsversuch Hilfe von außen zu erbitten, hier als Therapie.

7.3 Angst

„ . . . Ich war so aufgeregt. Und die Angst: ‚Das geht schief, das geht schief' . . . Daß ich nichts mehr weiß. Ich kann mich nicht mehr ausdrücken. Aus. Die Schüler lachen . . ."
(Interview aus *Weidenmann* 1978)

Beispiele aus dem Alltag und Komponenten des Angsterlebens

Ein Lehrer beschreibt, welche Angst er hatte, als er zum erstenmal allein vor einer Klasse stehen mußte. Er stellt sich vor und erwartet, daß er versagen wird, mit der Situation nicht zurechtkommt; er fühlt sich bedroht und hilflos, inkompetent. In diesem erlebnismäßigen Vorwegnehmen des Versagens, des Nicht-Bewältigen-Könnens dominiert der Zukunftsbezug, also eine Erwartung. Das bedeutet aber nicht, daß Angst etwas „Kognitives" wäre; entscheidend ist vielmehr, was erwartet wird, nämlich etwas Schlimmes, Belastendes, vielleicht Unvorhersehbares usw. Die Erwartung ist zwar in die Zukunft gerichtet, aber immer auf *mich* selbst, *mein* eigenes Wohlbefinden, *meine* Zuständlichkeit bezogen. Streß ist tendenziell noch aufgabenzentriert, während Angst selbstzentriert ist. Wesentliche Komponenten dieses Zustandsbewußtseins sind Selbstzweifel, Hilflosigkeit, Mißerfolgserwartung, das Bewußtsein fehlender Einflußmöglichkeiten, Ohnmacht, Abhängigkeit u. ä. m.

Oder denken wir wieder an unser Fallbeispiel „Klaus". Bei ihm löst der Ausfall eines Prüfers kurz vor seinem Abschlußexamen große Angst aus. Diese erlebt er so, daß er Unsicherheit und Ungewißheit empfindet im Hinblick auf die Anforderungen des neuen Prüfers, im Hinblick auf seine nun veränderte Vorbereitung, im Hinblick auf den Prüfungsverlauf, das Ergebnis usw. Er fühlt sich ausgeliefert, wird mutlos und inaktiv. Hier ist also als weiteres Element der Hilflosigkeit eine Ungewißheit über den Verlauf künftiger Ereignisse und über die eigenen Möglichkeiten. Aber auch hier gilt, daß die Ungewißheit allein keine Angst auslöst. Sondern die Folgen für mich, wenn es schlecht ausgeht, machen die Angst. Wenn ich ein neues Restaurant besuche, um dort eine neue Speise auszuprobieren, dann erlebe ich auch Ungewißheit, aber sicherlich keine Angst.

Als Hauptkomponenten des Angsterlebens hatte ich schon öfter die Emotionen Ungewißheit, Bedrohung und Hilflosigkeit erwähnt (nach *Weidenmann* 1978). An einem Beispiel aus der Schule will ich noch einmal kurz zeigen, was Angsterleben im theoretischen Konzept von *Weidenmann* (das sicher ergänzungsbedürftig ist, s. u.) bedeutet (ähnlich *Weidenmann* 1981, S. 260 f.):

Angst entsteht nach *Weidenmann* dann, wenn z. B. ein Lehrer befürchtet, mit einer oder mehreren Anforderungen nicht fertig werden zu können. Nehmen wir als Beispiel an, eine Lehrerin rechne damit, daß der Schüler Peter sie in der nächsten Stunde wieder durch freche Kommentare lächerlich machen werde. Da dies eine Bedrohung ihrer Rolle als Respektsperson wäre, muß die Lehrerin rechtzeitig Gegenmaßnahmen planen. Sie könnte z. B. den Schüler zum Direktor schicken, aber dann würde sie diesem gegenüber ihr Versagen eingestehen. Oder sie könnte das Verhalten von Peter ignorieren. Aber dies würde ihn möglicherweise zu Schlimmerem ermutigen. Sie könnte ihn auch streng bestrafen, aber dies würde ihrer Beliebtheit in der ganzen Klasse Abbruch tun. Unsere Lehrerin erkennt also zweierlei: 1. Sie müßte eine an sie gestellte Anforderung erfüllen, nämlich ihre Rolle als Respektsperson verteidigen. 2. Sie kann diese Anforderung nicht erfüllen, da sie keine geeigneten Bewältigungsmaßnahmen einsetzen kann oder will.

An diesem Beispiel wird deutlich, was *Weidenmann* mit Angst meint: *Angst ist die gedankliche Vorwegnahme der Nicht-Bewältigung einer Anforderung.* (Nebenbei: Die emotionale Bewertung der Situation könnte natürlich auch eine andere sein, z. B. Wut oder Resignation). Im subjektiven Angsterleben unserer Lehrerin lassen sich nun die drei eng miteinander verbundenen Merkmale feststellen:

1. *Bedrohung:* Die Erfüllung einer externen Anforderung und die Erreichung subjektiver Handlungsziele wird als bedroht erlebt. Bedrohlich ist auch das antizipierte Scheitern möglicher Bewältigungsversuche. Die Bedrohung wird um so intensiver erlebt, je wichtiger die Ziele für die Person sind.
2. *Ungewißheit:* Die Lehrerin fühlt sich unfähig, die Ereignisse genau vorherzusagen, also *ob was wann* geschehen wird. Sie weiß auch nicht, wie sie reagieren soll und welche Folgen ihr Handeln haben kann. Die Situation ist mehrdeutig, sie enthält unvorhersehbare und nicht oder kaum beeinflußbare Elemente.
3. *Hilflosigkeit:* Die Lehrerin fühlt sich der Situation ausgeliefert, da sie weiß, daß sie über keine Bewältigungsmöglichkeiten verfügt.

Versuchen Sie nun selbst, sich Angsterlebnisse vorzustellen. Welche Situationen innerhalb des Studiums sind für Sie angsterregend? Welche Situationen im zwischenmenschlichen Kontakt, in der Freizeit? Versuchen Sie, sich den gestrigen Tagesablauf ganz genau zu vergegenwärtigen. Haben Sie gestern kein einziges Mal Angst erlebt? Wenn ja: Worauf führen Sie das zurück? Sind Sie weniger ängstlich oder ängstlicher als andere? Worauf führen Sie das zurück?

Viele Menschen haben z. B. Angst vor dem Besuch beim Zahnarzt. Stimmen unsere bisherigen Überlegungen zur Angst auch mit diesen alltäglichen Erfahrungen überein? Man hat Angst vor dem Zahnarztbesuch, weil man Schmerzen erwartet. Wenn man dann auf dem Behandlungsstuhl sitzt, wechseln Angst und Schmerz sich ab. Angst tritt immer dann auf, wenn z. B. der Bohrer abgesetzt wird und man nicht weiß, ob, oder wenn man aufgrund einer Ankündigung des Arztes erwartet, daß noch einmal gebohrt wird. Während der Schmerzen hat man wenig

Angst. Kennzeichnend für das Angsterleben sind also auch in diesem Falle wieder die bisher entwickelten Komponenten: Zukunftsbezogenheit, Unsicherheit, das Gefühl, etwas nicht vorhersehen und auch nicht beeinflussen zu können. Einige Zahnärzte versuchen, den zuletzt genannten Angstelementen entgegenzuwirken, indem sie ankündigen, was sie tun werden, wie oft und wie lange sie z. B. bohren werden. Der Patient solle bei starken Schmerzen ein Signal geben, z. B. die Hand heben, dann werde der Arzt sofort unterbrechen. Mit diesen Maßnahmen wird dem Patienten ein Minimum an Einflußmöglichkeiten gegeben, die angstreduzierend wirken können. In diesem Zahnarzt-Beispiel kommt die Angst nicht (wie im Beispiel mit der Lehrer-Angst) daher, daß man ein Versagen antizipiert, sondern man antizipiert ganz einfach Schmerzen, also eine Beeinträchtigung des eigenen Wohlbefindens. Natürlich gibt es noch zahlreiche andere Formen des Angsterlebens. Wenn z. B. jemand ein Kind hat, das eine tödliche Krankheit wie z. B. Krebs hat, dann ist das Angsterleben wesentlich komplexer. Hier ist die Angst mit seelischem Schmerz und Mitleid, mit Sorge und Verzweiflung verbunden. Und genau diese seelischen Zustände, also Verzweiflung, Schmerz und Trauer werden zugleich auch im Angsterleben antizipiert. Auch hier spielt Ungewißheit eine Rolle, auch hier ist die Sorge, man könnte den zu erwartenden Tod des Kindes nicht bewältigen, eine mögliche Komponente des Angsterlebens. Aber die Antizipation möglichen persönlichen Versagens in der Zukunft ist nicht die dominante Komponente. Die hier erlebte Hilflosigkeit kommt auch nicht in erster Linie von der Ungewißheit über den weiteren Verlauf der Krankheit und mögliche eigene Hilfeleistungen, sondern hilflos fühlt man sich, weil es *sicher* ist, daß man nichts tun kann. Da also hier die Grenze zwischen Hilflosigkeit und Hoffnungslosigkeit überschritten wird, geht Angst möglicherweise auch in Depression über; man fühlt keine Angst mehr, sondern nur noch Verzweiflung und Apathie.

Angstforschung

Um Erlebnisweisen von so komplexer Struktur hat sich die traditionelle Angstforschung selten gekümmert. Man zog es lieber vor, Personen Fragebogen vorzulegen und ihre Angst selbst einschätzen zu lassen. In tausenden von Untersuchungen versuchte man, durch Korrelationen mit allen nur denkbaren anderen Persönlichkeitsmerkmalen ängstliche von nicht-ängstlichen Personen zu unterscheiden. Was dabei eigentlich gemessen wurde, ist bis heute rätselhaft; vielleicht wurde nur die Bereitschaft erfaßt, über sich selbst unfreundliche Urteile abzugeben (*Weidenmann* 1978, S. 49), z. B. derart: „Immer wenn ich zu meinem Vorgesetzten gehe, habe ich schwitzige Hände" oder: „Vor einer langen Autofahrt habe ich Herzklopfen" (so ähnlich lauten nämlich die items der Fragebogen). Das Scheitern dieser Art von Angstforschung wird inzwischen teilweise auch von deren prominentesten Protagonisten zugegeben. So fragt sich inzwischen auch *Mandler* (1972, S. 363 ff.), welche Erkenntnisse uns eigentlich die Tausende von Untersuchungen mit Angstfragebogen oder auch physiologischen Messungen gebracht haben (einen weniger pessimistischen Überblick zur Angstforschung gibt *Fröhlich*, 1983).

Es ist unwahrscheinlich, daß aus den angehäuften empirischen Ergebnissen eines Tages eine theoretische Konzeption entstehen wird, die den Forscher erleuchtet (*Mandler* a.a.O., S. 365). Künftige Forschung muß nach *Mandler* (ebd.) nicht nur von Beginn an theoriegeleitet sein, sondern sie muß sich auch 1. viel stärker um jene Situationen und subjektiven Einschätzungen kümmern, die zu Angst führen können (Frage nach der Aktualgenese von aktuell erlebter, also „Zustands-Angst") und sie muß 2. die langfristigen Entwicklungsbedingungen und Lebenserfahrungen untersuchen, die Angst hervorrufen können (Ontogenese von Ängstlichkeit als Erlebnis-Bereitschaft bzw. Persönlichkeitsmerkmal). Inzwischen ist also auch in der Angstforschung eine Orientierung an der Person, deren Erfahrungen und deren Lebenslauf spürbar. Eine allgemeingültige Angstdimension von universeller Gültigkeit für alle Individuen wird heute nicht mehr unterstellt (vgl. *Tunner* 1978, S. 2231); man konzentriert sich vielmehr auf die spezifischen Erfahrungen von Individuen und auf Lernbedingungen, die erst das individuelle Angsterleben verständlich machen (ebd.). Gerade durch den Bezug auf individuum-*spezifische* Erlebnisformen und Lernbedingungen gewinnt der Angstbegriff an Bedeutung in der Psychologie (*Tunner* a.a.O., S. 2232).

Diese Auffassung stimmt mit der bisher in diesem Kapitel entwickelten Meinung über emotionale Belastungen und deren Erforschung gut überein. Wir bewegen uns nun im folgenden wieder in dem schon entwickelten Bezugsrahmen, der durch das „Belastungs-Bewältigungs-Paradigma", durch das Konzept der „Kontrolle" und durch die Auffassung bestimmt ist, Angst sei die erlebnismäßige Vorwegnahme einer Belastung (im weitesten Sinne). Angst und Angstbewältigung sind untrennbar miteinander verbunden, denn „Qualität und Intensität der Emotion ist wesentlich von der Art und dem Ausgang des damit verbundenen Bewältigungsversuchs verbunden" (*Birbaumer* 1977a, S. 31). Wie wir schon an dem oben besprochenen Fallbeispiel „Klaus" gesehen haben, sind verschiedene Phasen des Erlebens und der Auseinandersetzung untrennbar wechselseitig miteinander verbunden. Deshalb hängt es auch vom je konkreten Fall ab, ob Angst über ihre spezifische Erlebnisqualität (Vorwegnahme von Belastung) hinaus noch weitere Bedeutungen für die Person hat: als Signal für Gefahr, als Antrieb für Flucht oder Meiden, als Hemmung und Lähmung aller Aktivitäten, als Anlaß für ziellose Panikreaktionen usw.

Bevor ich noch einmal auf die Bedeutung von „Kontrolle" bzw. „Nicht-Kontrolle" als zentraler Komponente des Angsterlebens eingehe, möchte ich kurz zwei Bemerkungen zu häufig diskutierten Problemen machen. Das erste: Worin unterscheiden sich „Angst" und „Furcht"? Auch bei Furcht sind die beiden Komponenten „Bedrohung" und „Hilflosigkeit" vorhanden, aber die „Ungewißheit" hat hier eine andere Ausprägung. Meistens weiß man, wovor man sich fürchtet, wenn man auch nicht immer weiß, wie man dem begegnen kann. Und zweitens: Worin unterscheidet sich „neurotische" Angst von „normaler" Angst? Als Antwort nur einige Andeutungen (vgl. auch Abschnitt 7.4): Neurotische Ängste sind weniger leicht nachvollziehbar, verständlich, aus bestimmten Erfahrungen oder Umweltgegebenheiten heraus verstehbar (vgl. *Tunner* 1978, S. 2234, auch das folgende). Neurotische Ängste wie z. B. eine Hundephobie erscheinen oft auch den Betroffenen selbst als irrational und verstandesmäßig kaum beeinflußbar; sie bedeuten eine schwerwiegendere und langfristigere Belastung und Beeinträchtigung auch des Alltagslebens, so daß oft externe Hilfe in Anspruch genommen werden muß. Neurotische Ängste kommen auch im „Normalbereich" sehr häufig vor (*Tunner* ebd.). Zum Gegenstand therapeutischer Interventionen werden sie nur dann, wenn sie die normale Lebensführung allzusehr beeinträchtigen, wenn also z. B. ein Agoraphobiker Probleme mit der Lebenserhaltung bekommt, weil er sich nicht mehr aus dem Haus wagt und sich daher nicht mehr selbst versorgen kann.

Das State-Trait-Angstinventar (*Laux/Glanzmann/Schaffner/Spielberger*)

Teil 1: STAI-G X1 (Angst als Zustand)

Name: _____ Datum: _____

Im folgenden finden Sie eine Reihe von Feststellungen, mit denen man sich selbst beschreiben kann. Bitte lesen Sie jede Feststellung durch und kreuzen Sie dann auf der rechten Seite diejenige Zahl an, die angibt, wie Sie sich *jetzt*, d. h. *in diesem Moment*, fühlen. Es gibt keine richtigen oder falschen Antworten. Arbeiten Sie zügig und spontan. Bitte denken Sie daran, diejenige Zahl anzukreuzen, die Ihren augenblicklichen Gefühlszustand am besten beschreibt.

	überhaupt nicht	etwas	ziemlich	sehr
1. Ich bin ruhig	1	2	3	4
2. Ich fühle mich geborgen	1	2	3	4
3. Ich fühle mich angespannt	1	2	3	4
4. Ich bin bekümmert	1	2	3	4
5. Ich bin gelöst	1	2	3	4
6. Ich bin aufgeregt	1	2	3	4
7. Ich mache mir jetzt Sorgen, daß etwas schiefgehen könnte	1	2	3	4
8. Ich fühle mich ausgeruht	1	2	3	4
9. Ich habe Angst	1	2	3	4
10. Ich fühle mich wohl	1	2	3	4
11. Ich habe Selbstvertrauen	1	2	3	4
12. Ich bin nervös	1	2	3	4
13. Ich bin zappelig	1	2	3	4
14. Meine Nerven sind bis zum Zerreißen gespannt	1	2	3	4
15. Ich bin entspannt	1	2	3	4
16. Ich bin zufrieden	1	2	3	4
17. Ich mache mir Sorgen	1	2	3	4
18. Ich bin überreizt	1	2	3	4
19. Ich bin froh	1	2	3	4
20. Ich fühle mich ausgezeichnet	1	2	3	4

Teil 2: STAI-G X2 (Angst als Persönlichkeitszug)

Name: _____ Datum: _____

Im folgenden finden Sie eine Reihe von Feststellungen, mit denen man sich selbst beschreiben kann. Bitte lesen Sie jede Feststellung durch und kreuzen Sie dann auf der rechten Seite die Zahl an, die angibt, wie Sie sich *im allgemeinen* fühlen. Es gibt keine richtigen oder falschen Antworten. Arbeiten Sie zügig und spontan. Bitte denken Sie daran, diejenige Zahl anzukreuzen, die am besten beschreibt, wie Sie sich im allgemeinen fühlen.

	fast nie	manch- mal	oft	fast immer
21. Ich fühle mich ausgezeichnet	1	2	3	4
22. Ich werde schnell müde	1	2	3	4
23. Mir ist zum Weinen zumute	1	2	3	4
24. Ich bin unglücklich	1	2	3	4
25. Ich verpasse viele günstige Gelegen-heiten, weil ich mich nicht schnell genug entscheiden kann	1	2	3	4
26. Ich fühle mich ausgeruht	1	2	3	4
27. Ich bin ruhig und gelassen	1	2	3	4
28. Ich glaube, daß mir meine Schwierig-keiten über den Kopf wachsen	1	2	3	4
29. Ich mache mir zuviel Gedanken über unwichtige Dinge	1	2	3	4
30. Ich bin vergnügt	1	2	3	4
31. Ich neige dazu, alles schwer zu nehmen	1	2	3	4
32. Es fehlt mir an Selbstvertrauen	1	2	3	4
33. Ich fühle mich geborgen	1	2	3	4
34. Ich mache mir Sorgen über mögliches Mißgeschick	1	2	3	4
35. Ich fühle mich niedergeschlagen	1	2	3	4
36. Ich bin zufrieden	1	2	3	4
37. Unwichtige Gedanken gehen mir durch den Kopf und bedrücken mich	1	2	3	4
38. Enttäuschungen nehme ich so schwer, daß ich sie nicht vergessen kann	1	2	3	4
39. Ich bin ausgeglichen	1	2	3	4
40. Wenn ich an meine derzeitigen Angelegenheiten denke, werde ich nervös und unruhig	1	2	3	4

Halten wir zunächst fest: Angst ist ein emotionaler Zustand seelischer Belastung, der in allen sozialen und dinglichen Umwelt- sowie Zukunftsbezügen auftreten kann. Angst besteht darin, daß eine Belastung (im weitesten Sinne) antizipiert wird, und dieses Erleben stellt selbst eine Belastung dar. Soweit es nun Lebensumstände und Situationen gibt, die für alle Menschen oder bestimmte Gruppen (Schichten, spezifische Altersgruppen u. ä.) eine Beeinträchtigung ihres Wohlbefindens oder eine Überforderung ihrer Kompetenzen bedeuten, kann man auch von einem „*objektiven Angstpotential*" (*Weidenmann* 1978) sprechen. Dessen spezifische Belastungsvalenz muß empirisch festgestellt und auf individuelle Erlebnisweisen der Bedrohung, Ungewißheit und Hilflosigkeit bezogen werden. Angst kann allgemein bei allen Versuchen einer Person entstehen, bedürfnis- und zielbezogen zu leben und zu handeln bzw. auch externe Anforderungen zu erfüllen. Je nach den Erfahrungen, die man dabei macht, entwickelt sich Angstbereitschaft, also die Tendenz, in bestimmten bereichsspezifischen oder übergreifenden Situationen Ungewißheit, Bedrohung und Hilflosigkeit zu erleben.

Wenn wir nun nach der Art dieser Erfahrungen fragen, dann kommen wir wieder auf den schon kurz vorgestellten Begriff der *Kontrolle*. Nahezu alle Angsttheorien heben hervor, daß Intensität und Allgemeinheit der Angst abhängen von der erlebten Vorhersagbarkeit, Verstehbarkeit und Beeinflußbarkeit bedrohlicher, potentiell belastender Ereignisse, Vorstellungen, Veränderungen der Lebenslage (vgl. *Birbaumer* 1977a, S. 34; auch *Frey* u. a. 1977). Vor allem Erfahrungen und Untersuchungen aus der klinischen Psychologie vermitteln den Eindruck, daß „der mögliche oder tatsächlich eingetretene Verlust an Kontrollierbarkeit eine dem spezifischen Angstgeschehen zugrunde liegende Kategorie darstellt. Das Plötzliche, Unvorhergesehene und nicht oder kaum Beeinflußbare spielt eine wesentliche Rolle" (*Tunner* 1978, S. 2234). Hinzu kommt das Problem der Mehrdeutigkeit: „Angst entsteht aufgrund von Bedrohungssituationen, die aufgrund ihrer Mehrdeutigkeit kaum angemessene Regulationsvorgänge zulassen" (*Krohne* 1977, S. 445).

„Kontrolle" als zentraler Erklärungsbegriff

Was ist nun mit „Kontrolle" gemeint? *Frey* u. a. (1977) unterscheiden die Teilkomponenten Vorhersagen, Erklären, Beeinflussen. Die Frage, ob man etwas vorhersagen, erklären oder beeinflussen kann, ist natürlich nur dann für das Erleben von Belastung bedeutsam, wenn es um etwas für die Person wirklich Wichtiges geht. Entscheidend ist dabei zusätzlich die subjektive Perspektive: Glaubt die Person selbst daran oder nicht? Diese Erkenntnis darf jedoch nicht in den Subjektivismus oder Kognitivismus führen (vgl. in diesem Buch Kap. 3.4), also dazu, daß objektiv gegebene Umweltmerkmale übersehen werden. Vorhersagen, Erklären und Beeinflussen können je nach dem Gegenstand und den Ansprüchen der Person etwas sehr Unterschiedliches bedeuten. Man kann manches verstehen, was man nicht beeinflussen kann. Man kann auch vieles vorhersehen, was man nicht beeinflussen kann (z. B. eine Mondfinsternis oder Auseinandersetzungen zwischen politischen Großmächten). Unvorhersehbarkeit liegt z. B. nach *Seligman* (1979) dann vor, wenn die Wahrscheinlichkeit für das Eintreten eines Ereignisses von den bisherigen Erfahrungen des Individuums unabhängig ist. Unvorhersehbarkeit kann bedeuten, daß man nicht weiß, *ob* ein Ereignis überhaupt auftreten kann, und/oder *wann* es auftritt, und/oder um *welches* Ereignis es sich handelt (vgl. *Prystav* 1979), und/oder was ich *tun* kann. Bei bedrohlichen

Ereignissen bedeutet Unvorhersehbarkeit, daß es keine Warnsignale als Sicherheitssignale gibt (*Seligman* 1979).

Unkontrollierbarkeit besteht nach *Seligman* (1979) dann, wenn die einer Handlung folgenden (von mir antizipierten) Ereignisse unabhängig von der Handlung selbst sind, etwa nach dem Motto: Was immer ich tue, ich weiß nicht, ob etwas passiert, was passiert, wann es passiert, und: Was immer ich tue, ich kann nicht verhindern, daß etwas passiert. Die Wahrscheinlichkeit, daß Ereignis A eintritt, wenn ich x tue, ist genau gleich der Wahrscheinlichkeit, daß A eintritt, wenn ich x *nicht* tue (*Seligman* a.a.O.). Dieser Begriff von Kontrolle wurde für laborexperimentelle Untersuchungen entwickelt. Es ist formal und quasi-objektiv, macht keinen Unterschied zwischen der objektiven Unkontrollierbarkeit gegebener Lebenslagen einerseits und der subjektiven Überzeugung der Kontrollierbarkeit andererseits. In der Übertragung auf psychopathologische Erscheinungen (wie vor allem Depression) hat *Seligman* die Erlebnisseite der Unkontrollierbarkeit als die Erwartungshaltung der *„erlernten Hilflosigkeit"* bezeichnet. Bevor ich darauf im Abschnitt 7.4 näher eingehe, will ich zunächst den Kontroll-Begriff etwas differenzieren.

Mindestens die folgenden vier Bedeutungen müssen auseinandergehalten werden:

Kontrollierbarkeit objektiv gegebener Umstände oder Ereignisse, auch psychischer Zustände und Prozesse: Damit ist eine Eigenschaft oder ein bestimmter Zustand gemeint, der durch Expertenurteil oder durch übereinstimmende Erfahrungen mehrerer festgestellt werden kann. So ist z. B. das normative Regelsystem einer Schule für einen Schüler objektiv kaum kontrollierbar; der Arbeitsmarkt ist für den einzelnen Arbeitssuchenden kaum kontrollierbar; andererseits ist z. B. in einer „normalen" Zweierbeziehung eben diese Beziehung durchaus kontrollierbar in dem Sinne, als sich die Partner gegenseitig achten und aufeinander eingehen.

Kontrollüberzeugung: Dies ist die subjektive Meinung darüber, inwieweit man in einer bestimmten Situation Kontrolle ausüben kann. Ein Sonderfall wurde von *Rotter* (1966; 1975) beschrieben: Er möchte mit seinem Konzept des „locus of control" jene Fälle, in denen man glaubt, selbst Einfluß ausüben zu können (internal control), von den anderen unterscheiden, in denen man glaubt, daß andere Leute oder die Umstände einen beeinflussen (external control). Hier meine ich mit Kontrollüberzeugung eine situations- und bereichsspezifische Auffassung über Einflußmöglichkeiten (vgl. auch *Ulich* u. a. 1981). Dies ist immer auch, aber nicht nur, die Aktualisierung von:

verallgemeinerte Kontrollerwartung: Rotter (a.a.O.) ist der Meinung, daß Menschen aufgrund früherer Erfahrungen allmählich stabile Tendenzen dazu ausbilden, sich selbst eher als Akteur oder eher als Opfer zu erleben, also auch situations- und bereichsübergreifend Kontrollmöglichkeiten entweder bei sich selbst oder bei anderen, den Umständen, dem „Schicksal" usw. zu sehen. Diese Erwartungen beeinflussen natürlich auch situationsspezifische Überzeugungen, aber sie bestimmen sie nicht vollständig. Eine externe Kontrollerwartung muß übrigens nicht mit Angst verbunden sein; ebenso wahrscheinlich sind Gleichgültigkeit, Fatalismus oder Resignation oder sogar ein Vertrauen in „die da oben" oder auch in religiöse Mächte.

Kontrolle als Handlung: Damit sind alle aktiven Versuche gemeint, durch Informationssuche, gezieltes Nachdenken, Urteilen, Entscheiden und Handeln auf andere oder die Umstände sowie auch auf sich selbst Einfluß zu nehmen. Letzteres wird in der Psychologie z. B. mit dem Begriff der Selbstkontrolle beschrieben.

Wie hängen nun diese verschiedenen Aspekte von Kontrolle miteinander zusammen und welche Rolle spielen sie im Angsterleben? Dies möchte ich kurz anhand eines Beispiels demonstrieren: Ein Lehrer wird arbeitslos, weil er wegen eines zu schlechten Notendurchschnitts nicht in den Staatsdienst übernommen wird. *Objektive Nichtkontrolle* liegt hier insofern vor, als dieser Lehrer auf die Festsetzung des erforderlichen Notendurchschnitts und auf die Bewegungen des Arbeitsmarktes keinen Einfluß hat. Gleichzeitig ist der Lehrer mit ebenfalls objektiven, gesellschaftlich mitbestimmten Anforderungen konfrontiert, nämlich nach Möglichkeiten für den Gelderwerb zu suchen und seine Identität – hier die Selbstdefinition über die Arbeitstätigkeit und den beruflichen Status – wiederherzustellen. Die Arbeitslosigkeit wird als starker Kontrollverlust erlebt, der Zukunftsangst auslöst. Zusätzliche Ängste entstehen bei den (zunächst vergeblichen) Versuchen, die Anforderungen „Gelderwerb" und „Statussicherung" zu erfüllen.

Die *subjektive Kontrollüberzeugung* im Hinblick auf die Erfüllung dieser Anforderungen schwankt bei diesem Lehrer – nehmen wir einmal hypothetisch an – zwischen Zuversicht und Mißerfolgserwartung, und zwar in Abhängigkeit von seiner jeweiligen Grundstimmung, von Informationen über Berufschancen, von Netzwerk-Unterstützung u. ä. m. Die *verallgemeinerte Kontrollerwartung* beeinflußt natürlich auch die jeweilige Überzeugung, in einem spezifischen Lebensbereich oder im Hinblick auf ein spezifisches Problem Einfluß ausüben zu können. Hier wirken sich Erfahrungen aus der bisherigen Lebensgeschichte aus: Wie oft und wie nachhaltig konnte sich dieser arbeitslose Lehrer bisher als jemand erleben, der Einfluß ausüben kann, der auch Akteur und nicht nur Opfer ist, der über „kausale Potenz" verfügt? In unserem hypothetischen Beispiel haben wir es mit jemandem zu tun, der sich meist als von anderen abhängig erlebte, wobei er sich an diese Abhängigkeit aber auch gewöhnte und Nutzen daraus zu ziehen verstand. Die verallgemeinerte Kontrollerwartung ist also eher niedrig und führt dazu, daß der Lehrer sich zunächst weniger in die Zukunft als in die Vergangenheit orientiert.

Damit sind wir bei Kontrolle als *Handlung*: Als Bewältigungsversuch und zur Verbesserung seiner finanziellen Lage (Anforderung „Selbsterhaltung") wendet sich der Lehrer an seine Eltern mit der Bitte um finanzielle Unterstützung. Er versucht also, alte und eigentlich schon überwundene Bindungen und Abhängigkeiten zu reaktivieren. Dieser Kontrollversuch ist verständlich in der Notlage und möglicherweise auch erfolgreich, allerdings nur kurzfristig, nicht langfristig. Andere Möglichkeiten wären gewesen: Intensive Suche nach alternativen pädagogischen Berufsmöglichkeiten oder anderen Berufen; Versuche, Zusatz- oder alternative Qualifikationen zu erwerben, Informationssuche u. ä. m. Der Lehrer hätte sich auch einer *Illusion von Kontrolle* hingeben können, indem er sich einredete, er würde am meisten durch Abwarten erreichen. Oder er hätte eine Form von *Pseudo-Kontrolle* versuchen können, indem er z. B. täglich sein Horoskop liest, um seine Zukunft vorhersehen zu können (vgl. zum Kontrollbegriff zusammenfassend auch *Chanowitz/Langer* 1980).

Angst ist sicher oft mehr als das Gefühl, Ereignisse nicht erklären, vorhersagen und beeinflussen zu können. Dennoch trifft der Kontroll-Begriff zumindest ein wesentliches Moment am Angsterleben, nämlich die Tatsache, daß Angsterleben immer auf Zukünftiges bezogen ist, vor allem in der Form eines gefährdeten oder gebrochenen Zukunftsbezuges, was sich dann im Gefühl der Hilflosigkeit ausdrückt. Hilflose Menschen resignieren in Problemsituationen eher, zeigen wenig Selbstvertrauen und Initiative, haben eine verkürzte Zeitperspektive oder eine, in der alles schwarz gemalt ist, sie fühlen sich eher bedroht als andere. Dabei handelt es sich meist nicht um konkrete gegenwärtige Beeinträchtigungen, die dann andere Formen emotionaler Belastungen hervorrufen würden, sondern um die Vorwegnahme solcher. Noch ein wichtiges Moment im Angsterleben hebt der Kontrollbegriff hervor, nämlich den Sachverhalt, daß Angst sich immer auf ein „Etwas" bezieht, das sich momentan oder langfristig einer Erklärung, Vorhersage und Beeinflussung entzieht. Daher muß Angsterleben grundsätzlich im Zusammenhang mit bestimmten Ereignissen, Anforderungen oder auch Vorstellungen und Gedanken der Person selbst analysiert werden, die ihrerseits oft eine „Geschichte" auch in bezug auf die Belastungs-Empfindlichkeiten und Bewältigungskompetenzen der Person haben.

Zur Entwicklung von Angst

Es ist hier nicht der Raum, um zeigen zu können, ob und wie die bekannten Angsttheorien die hier vorgestellte Konzeption wiedergeben (vgl. zum Überblick *Krohne* 1975; 1976). Zumindest *Freud* hat das Spannungsverhältnis zwischen normativen Anforderungsstrukturen und zu entwickelnder Bewältigungskompetenz (vgl. Realitätsprinzip, Ich-Funktionen und Abwehrmechanismen) in seiner Konflikttheorie der Sozialisation hinreichend thematisiert. Angst signalisiert (in seiner späteren Theorie) zu erwartende Sanktionen oder auch die Gefahr unvollständiger Bedürfniskontrolle. In diesem Zusammenhang unterscheidet er „Realangst", „Gewissensangst" und „neurotische Angst". Lerntheoretische Angstauffassungen sehen Angst ebenfalls als ein Warnsignal an, das Vermeidungs- oder Fluchtverhalten initiiert. Sowohl Psychoanalyse wie lerntheoretische Ansätze leiden bis heute darunter, daß es noch viel zu wenig systematische Langzeitbeobachtungen gibt, um die Entwicklung von Angstbereitschaft und Bewältigungsformen belegen zu können.

Von großer Bedeutung scheinen hier elterliche Erziehungsstile zu sein, worauf ich in Abschnitt 6.1 schon einmal hingewiesen habe („Sozialisation von Furcht").

Sowohl Angstbereitschaft wie auch bestimmte Formen des Umgehens mit Angst entwickeln sich in der frühkindlichen familialen Sozialisation (aber auch später noch), in der das Kind bestimmte Erfahrungen macht. Aufgrund dieser Erfahrungen entwickelt es nach einer Theorie von *Krohne/Schaffner* (1979) zwei leitende Erwartungshaltungen: „*Kompetenzerwartung*" entsteht in der Auseinandersetzung mit Aufgaben und Problemen bei „unterstützendem" Verhalten der Eltern, aber kaum bei „einschränkendem" Erziehungsstil. „*Konsequenzerwar-*

tung" entsteht im Anschluß an die Auseinandersetzung mit einem Problem, wenn die Eltern „positive" Rückmeldung wie z. B. Lob geben, aber auch – dann eben eine andere Konsequenzerwartung –, wenn die Eltern negative Rückmeldung geben. Angst entsteht, wenn das Erziehungsverhalten mehrdeutig und/oder bedrohlich für das Kind ist und wenn das Kind in seinem Verhalten gestört oder blockiert wird. Welche Formen des Umgehens mit Angst entwickelt werden, hängt auch von der jeweiligen Kombination bestimmter Merkmale elterlichen Erziehungsverhaltens ab (Unterstützung, Einschränkung, Tadel; Häufigkeit, Intensität und Regelmäßigkeit dieses Verhaltens, vgl. *Krohne* u. a., a.a.O.).

Die Ausbildung von Kompetenzerwartungen ist sicher wesentlich, um einer hohen und sich dauerhaft auswirkenden Angstbereitschaft entgegenzuwirken. Entwicklungspsychologisch scheint festzustehen, daß zumindest *eine* Grundlage für die Entwicklung hoher Kompetenz- und Kontrollerwartungen die Anregung und Ausbildung von Neugier, Interesse und Intentionalität ist (vgl. auch *Izard* 1981). Man müßte also (präventiv) Erziehungs- und Lernbedingungen schaffen, die dem Kind häufig und intensiv die Erfahrung „kausaler Potenz" oder *„Selbst-Wirksamkeit"* (vgl. *Bandura* 1977) ermöglichen. Das Fehlen solcher Lernbedingungen kann dazu führen, daß eine passive Haltung der Ohnmacht entsteht. Umgekehrt darf das Erziehungs- und Entwicklungsziel „kausale Potenz" natürlich nicht in der Weise verabsolutiert werden, daß „maximale Kontrolle" oder „maximales Eigenmachtsgefühl" schließlich maximaler, größenwahnsinniger Egoismus heißt. Eine solche Entwicklung ist durch weitere Erziehungsziele wie soziale Verantwortung, emotionale Bindungsfähigkeit und Kooperationsfähigkeit zu relativieren.

Guter Wille (der Eltern) allein kann eine Entwicklung zu relativ angstfreiem Leben und Erleben der Kinder nicht garantieren. Denn gegebene Lebensbedingungen unterscheiden sich häufig im Hinblick auf die Vorhersagbarkeit und Kontrollierbarkeit von Ereignissen und eigenen Handlungen bzw. Folgen und damit auch in den Chancen, Kindern die Erfahrung kausaler Potenz und die Entwicklung hoher Kontrollerwartungen zu ermöglichen (vgl. auch *Rotter* 1975). Die Nicht-Kontrollierbarkeit von Lebensbedingungen variiert mit dem Lebensalter, mit historischen Epochen und Phasen, mit dem Stand der technisch-wissenschaftlichen Umweltbeherrschung, aber auch mit dem Bildungsgrad und dem sozio-ökonomischen Status. Der Eindruck eigener Ohnmacht kann hervorgerufen werden durch mangelhafte Durchsichtigkeit von Ursache-Wirkungszusammenhängen; durch die Vorenthaltung von Informationen, die für die eigenen Handlungsplanungen nötig sind; durch aktuelle oder dauerhafte Hindernisse, eigene Interessen und Zielperspektiven zu entwickeln; durch den Ausschluß von Entscheidungsprozessen (z. B. in der Familie, am Arbeitsplatz, in der Partnerbeziehung); durch Rollen- und Leistungsdruck u. ä. m. Angst ist dann (zumindest auch) die subjektive Verkörperung bestimmter Umweltmerkmale, nämlich die „erlebte Bedrohung durch Antizipation des Ausgeliefertseins an die zufälligen und undurchschaubaren Lebensbedingungen" (*Holzkamp-Osterkamp* 1976, S. 65). Natürlich ist „Kontrollierbarkeit" (ebenso wie Kontrollüberzeugung) nichts Absolutes; Kontrolle

und Nicht-Kontrolle stellen Extrempole eines Kontinuums dar mit allen denkbar möglichen Ausprägungsgraden.

Nicht-Kontrollierbarkeit führt freilich nicht immer zu Angst. Teilweise wird Kontrolle kaum oder nicht in hohem Maße angestrebt (z. B. in einigen nicht-westlichen Kulturen), teilweise wird die Nicht-Kontrollierbarkeit nicht bemerkt, und teilweise wird sie auch gar nicht als so störend empfunden. Es hängt also *auch* von gesellschaftlichen und individuellen Kontroll-*Ansprüchen* und damit letztlich auch von bestimmten herrschenden Menschenbild-Vorstellungen ab, ob und inwieweit das Erleben fehlender Kontrollmöglichkeiten zu Angst oder Depression führt. Wir wissen z. B. alle, daß unsere Möglichkeiten, auf die Weltpolitik Einfluß zu nehmen, sehr beschränkt sind. Gelegentlich löst dies auch Angst oder Resignation aus; aber in der Regel können wir mit diesem Bewußtsein geringer Kontrollmöglichkeiten gut leben, da wir annehmen, daß es vielen Menschen ähnlich geht und daß wir es nicht selbst verschuldet haben. Es ist noch weitgehend unklar, unter welchen Umständen Nicht-Kontrollierbarkeit zu Angst und Depression führt bzw. auch umgekehrt: wann trotz objektiver Kontrollmöglichkeiten niedrige Kontrollerwartungen bestehen.

Angst und Depression: Unterschiede und Gemeinsamkeiten

Da wir uns im nächsten Abschnitt mit der psychischen Störung „Depression" beschäftigen, kann nun schon die wichtige Frage gestellt werden, worin sich Angst und Depression unterscheiden. Diese Frage ist deshalb wichtig, weil aus beiden emotionalen Zuständlichkeiten unterschiedliche Handlungen folgen können und insofern auch unterschiedliche Hilfestellungen erforderlich sind. Angst hängt – nach den bisherigen Ausführungen – eng mit fehlendem oder schwindendem Kontrollbewußtsein zusammen. Dagegen ist Depressivität nicht unbedingt und immer mit intensivem Angsterleben gekoppelt, weil hier der Zukunftsbezug noch nachhaltiger gestört ist (s. u.) und kaum noch Handlungsperspektiven entwickelt werden. Angst entsteht eher, wenn das Ausmaß an „erlernter Hilflosigkeit" noch nicht zur Resignation geführt hat. Planungs- und Handlungsfähigkeiten sind meist im Prinzip noch erhalten. Der Depressive „weiß" dagegen, daß nur Schlechtes auf ihn zukommen wird. Der Ängstliche fühlt sich zwar wie der Depressive hilflos in dem Sinne, daß er keine Beziehung zwischen seinen (möglichen) Handlungen und den erwünschten oder abzuwendenden Ereignissen erkennen oder herstellen kann, aber er hat noch die Hoffnung, daß nicht das Schlimmste passieren muß.

Das Kontroll-Konzept ist nicht die einzige Möglichkeit, Angst und Depression in ihren Gemeinsamkeiten und Unterschieden miteinander zu vergleichen. Ich will daher im folgenden (Abb. 5) als Überleitung zum nächsten Abschnitt einige Kennzeichen von „Angst" und „Depression" aufführen, wie sie sich aus der bisherigen experimentellen und klinischen Forschung ergeben haben (nach *Garber/Miller/Abramson* 1980).

218

	spezifisch für Depression	spezifisch für Angst	Überlappung
Emotionen	anhaltende und schlimme Gefühle von Traurigkeit täglich wiederkehrende Stimmungsschwankungen	anhaltende und schlimme Gefühle von Anspannung, Unruhe, Bestürzung, Schrecken	Weinen; Gefühle von Angst und Depression Störbarkeit
Verhalten	verminderte Aktivität; Verzögerung von Verhalten und Handlungen; Mangel an Reaktionen; Mangel an Interesse und Energie; Selbstmordgedanken; Handlungsunterbrechung oder -blockierung aufgrund von Passivität; vermindertes Auftreten von aversiv motivierten willentlichen Reaktionen	erhöhte Aktivität; heftige Unruhe (oder Lähmung, D. U.); erhöhtes Auftreten von aversiv motivierten willentlichen Reaktionen	vermindertes Auftreten von (positiv) bedürfnismotivierten willentlichen Reaktionen Unterbrechung von Handlungen
körperliche Merkmale	vermindertes physiologisches Erregungsniveau; schlechter Appetit; vermindertes sexuelles Verlangen	erhöhtes physiologisches Erregungsniveau; körperliches Unbehagen	Einschlaf-Schwierigkeiten; unruhiger Schlaf
Kognitionen	Gefühl der Hilflosigkeit und Hoffnungslosigkeit; Selbstbeschämung und Schuldgefühle; Selbstkritik; Unentschiedenheit; Unmöglichkeit, Erfolge eigenen Handelns zu antizipieren; häufiges Denken an Verlust und eigenes Versagen; Mißerfolge sich selbst zuschreiben; sich an unangenehme Ereignisse erinnern; negative Verzerrungen und Verdrehungen	sich wiederholendes Grübeln und Nachdenken; vermindertes Selbstvertrauen und Unsicherheit; Unordnung im Denken; Grübeln über eigene Unzulänglichkeiten; Selbstbeschuldigungen	Grübeln und Überbetonung bzw. übermäßiges Befassen mit der eigenen Zulänglichkeit Selbstzweifel Besorgnis

Abb. 5: Angst und Depression im Vergleich (nach *Garber/Miller/Abramson* 1980)

7.4 Depression

Merkmale

Mit dem Begriff „Depression" oder Depressivität (als abgeschwächter Form) bezeichnet man ein Syndrom oder Symptombündel von psychischen Auffälligkeiten, die wegen ihres Zusammenvorkommens, ihrer Häufung und Intensität, dem Ausmaß an Beeinträchtigung des psychischen Wohlbefindens und der Handlungsfähigkeit insgesamt eine psychische „Störung" (Neurose) ausmachen. Psychische Störungen sind eine besondere Art von emotionaler Belastung. Zu den bisher herausgearbeiteten Merkmalen von emotionaler Belastung (vgl. Abschnitt 7.1) kommen weitere hinzu. Doch sehen wir uns zunächst das Symptombündel „Depression" etwas genauer an (vgl. dazu *Becker* 1981; *Hoffmann* 1976; *Hautzinger/ Hoffmann* 1979; *Schwarzer* 1981, S. 160ff., als forschungsorientierte Überblicke *Billings/Moos* 1982, *Chaisson-Stewart* 1985, *Hautzinger* 1983, *Lewinsohn* u. a. 1985 sowie einschlägige Lehrbücher der Klinischen Psychologie). Relativ übereinstimmend werden folgende Merkmale genannt, die in ihrem Zusammentreffen das Erscheinungsbild einer (nicht-psychotischen) Depression ausmachen:

- Verlust an Lebensfreude, Mangel an „positiven" Gefühlen, Niedergeschlagenheit, Angst oder auch feindselige Verdrossenheit, Lebensüberdruß, häufig Selbstmordgedanken, Pessimismus; Schuldgefühle;
- negatives Selbstbild, negative Einstellungen und Erwartungen gegenüber der Umwelt, der Zukunft und gegenüber sich selbst, Hilflosigkeit und Hoffnungslosigkeit;
- Passivität, Initiativelosigkeit, Einbuße an Interessen, Handlungszielen und -plänen; Lähmung des Willens; erniedrigtes Aktivitätsniveau, Verlangsamung der Denk- und psychomotorischen Prozesse und Abläufe;
- Libidoverlust, Schlafstörungen, Appetitverlust, psychosomatische Beschwerden.

Da depressive Erlebniszustände und Verstimmungen in einer jeweils unterschiedlichen Zusammensetzung dieser Merkmale auftreten können, besteht bisher keine Klarheit darüber, welches eigentlich die „Kernsymptome" sind; diese Bestimmung ist von der jeweiligen Theorie und den Erfahrungen der Forscher und klinischen Praktiker abhängig. Zum Kern scheinen zu gehören: Niedergeschlagenheit und die Unfähigkeit, sich zu freuen bzw. Freude („positive Verstärkung") zu antizipieren. Denken wir an die in diesem Buch schon erwähnten Beispiele: Zu Beginn des ersten Kapitels hatte ich eine Frau aus einem Film von Bergmann erwähnt, die „nichts mehr fühlen" konnte, die ihre Sinne als „tot" erlebte. Oder das Fallbeispiel Klaus: Er war so bedrückt, zog sich so sehr von der Umwelt zurück, daß er morgens nicht einmal mehr vom Bett aufstehen wollte.

Depressivitäts-Skala von *Zerssen*

Anleitung
Lesen Sie bitte die folgenden Sätze. Entscheiden Sie bitte bei jeder Feststellung, ob sie für Sie zutrifft oder nicht. Machen Sie ein Kreuz in eines der vier Kästchen rechts entsprechend der Stärke Ihrer Zustimmung bzw. Ablehnung. Füllen Sie den Bogen sorgfältig und möglichst schnell aus. Lassen Sie keinen Satz aus!

	trifft ausgesprochen zu	trifft überwiegend zu	trifft etwas zu	trifft gar nicht zu
1. Ich habe Freude an den verschiedenen Spielen und Freizeitbeschäftigungen				
2. Kritik verletzt mich stärker als früher				
3. In letzter Zeit bin ich sehr ängstlich und schreckhaft				
4. Ich weine leicht				
5. Ich habe Angst, den Verstand zu verlieren				
6. Ich fühle mich niedergeschlagen und schwermütig				
7. Ich kann das, was ich lese, nicht mehr so gut verstehen wie früher				
8. Am liebsten würde ich mir das Leben nehmen.				
9. Morgens fühle ich mich besonders schlecht				
10. Ich habe zu anderen Menschen keine innere Beziehung mehr				
11. Ich fühle, daß ich nahe daran bin zusammenzubrechen				
12. Ich habe ständig Angst, daß ich etwas Falsches sagen oder tun könnte				
13. Ich bin jetzt viel weniger am Liebesleben interessiert				
14. Oft fühle ich mich einfach miserabel				
15. Ich komme beim besten Willen nicht mit den kleinsten Gedankenschritten voran				
16. Ich habe keine Gefühle mehr				

Bitte prüfen Sie, ob Sie alle Feststellungen beantwortet haben!

Score D

Was ist eine „psychische Störung"?

Wir erleben selbst oft Niedergeschlagenheit, Inkompetenz oder Hilflosigkeit in bestimmten Situationen oder bestimmten Personen gegenüber; auch Schlafstörungen und andere Beschwerden kommen in unserem Alltag vor; manchmal erleben wir uns auch als jemand, der zu nichts Lust hat, passiv und wie gelähmt ist. Sind wir deshalb schon depressiv? Wo liegen die Unterschiede zwischen „normalen" depressiven Verstimmungen und „krankhafter" Depression? Obwohl es keine klaren Grenzen, sondern eher fließende Übergänge gibt, läßt sich der Sachverhalt einer „psychischen Störung" genauer bestimmen (ähnlich *Kraiker* 1977): Eine psychische Störung ist eine

– länger andauernde,
– erfahrungsbedingte,
– aus eigener Kraft nicht bewältigbare,
– subjektiven Leidensdruck oder Belastung erzeugende
– Beeinträchtigung der subjektiven Befindlichkeit und Stimmung,
– der – qualitativen und quantitativen – Erlebnis-, Verarbeitungs- und Handlungsmöglichkeiten *bzw.*
– eine subjektiv belastende Handlungs-/Reaktionsbereitschaft, die ebenso wie die Beeinträchtigung
– vom Individuum selbst und/oder von anderen im intra- und/oder interindividuellen Vergleich als Abweichung von näher zu bestimmenden Erwartungen und Normen angesehen wird.

Von einer „normalen" emotionalen Belastung unterscheidet sich eine psychische Störung also vor allem durch den Schweregrad bzw. das Ausmaß an Beeinträchtigung, Einbußen und subjektivem Leidensdruck, was sich darin ausdrückt, daß psychische Störungen länger andauern, aus eigener Kraft nicht zu bewältigen sind und als „Abweichung" angesehen werden. Allerdings kann man weder „psychische Störung" noch „Depression" theorie-unabhängig bestimmen; die genannten Merkmale stellen in beiden Fällen so etwas wie den kleinsten gemeinsamen Nenner verschiedener theoretischer Ansätze dar. Im allgemeinen werden drei Hauptrichtungen von theoretischen Begründungsversuchen genannt, die sich hauptsächlich auf die Entstehung, die Erscheinungsform und die Therapiemöglichkeiten bei Depression richten (vgl. z. B. *Davison/Neale* 1979):

Theorien zur Depression

Psychoanalytische Ansätze gehen davon aus, daß in der Biographie einer depressiven Person Frustrationen und Verlustereignisse besonders intensiv oder besonders häufig vorkamen, mit denen diese Person nicht in angemessener Weise umgehen konnte. Auf den realen, antizipierten oder bloß eingebildeten Verlust z. B. eines geliebten Menschen oder dessen Zuneigung reagiert diese Person in der Weise, daß sie sich selbst die Schuld dafür zuschreibt, Aggressionen – die möglicherweise dem anderen gelten – gegen sich selbst richtet und dabei Selbstabwertung und Selbstwertverlust erlebt. Die Depressionsneigung ist auch erhöht bei Menschen, die bei Frustrationen und Schwierigkeiten immer gleich Unterstützung gesucht und erhalten haben, die also keine Bewältigungskompetenz entwickelt haben und daher für Belastungen besonders empfänglich sind.

Verhaltenstheoretische Ansätze nehmen ebenfalls an, daß im Leben einer depressiven Person Verluste oder Ausfälle von Befriedigungsmöglichkeiten vorkamen, die dazu geführt haben, daß diese Person real über weniger Befriedigungsmöglichkeiten verfügt, daß sie weniger Handlungs- und Bewältigungskompetenz entwickeln konnte und daher eher zu Flucht- und Vermeidungsverhalten tendiert, wenn Schwierigkeiten auftauchen (vgl. *Blöschl* 1978). Verlust- oder Trennungserlebnisse in früher Kindheit werden als „Verstärker-Verlust" interpretiert; andere Defizite im Hinblick auf die erforderliche emotionale Zuwendung und Versorgung, im Hinblick auf anregende Lernmöglichkeiten und Bekräftigungen werden verstanden als Mangel an positiver Verstärkung. Auch später eintretende Verlusterlebnisse können zu einer Verminderung der „Verstärkerwirksamkeit" von gewohnten Umgebungsmerkmalen führen; wenn eine geliebte Person einen verläßt, sinkt die positive Bedeutung auch derjenigen Umgebungsfaktoren (Wohnung, Freizeitgestaltung, Umgebung usw.), die man mit dieser Person gemeinsam als positiv teilte und erlebte. Der Depressive „verlernt" befriedigende Erlebnis- und Verhaltensweisen; aufgrund seines eingeschränkten Verhaltensrepertoirs macht er es auch seiner Umwelt (zunehmend) schwerer, auf ihn positiv zu reagieren, was wiederum Angst und Vermeidungsverhalten verstärken kann.

Kognitive Ansätze heben bestimmte Arten von Erfahrungen und Erfahrungsverarbeitung hervor. Der Begriff „kognitiv" bezeichnet hier keinen Gegensatz etwa zu „emotional", sondern hinter dieser begrifflichen Akzentuierung steckt eher ein Selbst-Mißverständnis der entsprechenden Autoren, welche die unauflösliche Verwobenheit der Komponenten des Erlebens in mißverständlicher Weise nach einer Seite hin „auflösen", so als ob „falsches Denken" die Ursache aller unserer Probleme sei (vgl. auch Kap. 3.4 in diesem Buch). Wir gehen über dieses Mißverständnis hier hinweg und halten als gemeinsame Grundposition „kognitiver" Depressionstheorien folgende Überlegung fest: Aufgrund gewisser belastender Erfahrungen entstehen Erlebnisweisen und -bereitschaften einschließlich bestimmter Interpretations- und Denkstile, die dann nachfolgendes Erleben, Informationsverarbeitung, Selbstbild, Stimmungen und Handlungsorientierungen in der Weise beeinflussen können, daß sich die obengenannten Depressionssymptome zeigen. Im Vergleich zu den anderen beiden Hauptrichtungen der Theorienbildung betonen „kognitive" Ansätze, daß Individuen sich aktiv und bewußt mit ihrer Umwelt und sich selbst auseinandersetzen, daß sie dabei bewußt Erfahrungen machen, die sie aktiv verarbeiten.

Der Ansatz von Seligman

Kognitive Theorien zur Depression sind gegenwärtig die einflußreichsten in der Depressionsforschung. Und hier ist es wiederum der Ansatz von *Seligman*, der am meisten Aufmerksamkeit auf sich zieht. Ich will mich daher im folgenden vor allem mit seiner Theorie beschäftigen. *Seligman* (1979) geht davon aus, daß die Annahmen der anderen Ansätze das Entstehen von Depression deshalb nicht hinreichend erklären können, weil sie zu wenige Aussagen über die Art der bestimmenden Erfahrungen und deren subjektiver Verarbeitung machen, also z. B. die Frage nicht beantworten können, auf welche Weise z. B. Verlustereignisse zu Niedergeschlagenheit und Passivität führen können. „Verstärkerverlust" allein kann auch unter Zuhilfenahme entsprechender lerntheoretischer Erklärungsprinzipien depressive Symptome nicht verständlich machen. Dazu muß man ergänzende und vermittelnde Lernprozesse und Formen der Verarbeitung von Erfahrungen annehmen, nämlich subjektive Deutungen und Interpretationen der Erfahrungen, Gewichtungen von Erlebnissen und den daraus zu entnehmenden Informationen im Hinblick auf die eigene Zuständlichkeit und Handlungsmöglichkeiten.

Erst dann, wenn Erfahrungen und Informationen in der Weise verarbeitet und verallgemeinert werden, daß die Person sich „hilflos" fühlt, ist nach *Seligmans* Auffassung die Grundlage für die Entstehung depressiver Symptome gegeben. Betont werden also die persönlichen Erfahrungen, die eine Person macht, die Verarbeitung von Verlust-, Deprivations- und Streß-Erlebnissen und die daraus folgende Entwicklung bestimmter Deutungs- und Denkmuster, emotionaler und motivationaler Auffälligkeiten. Es kann dann die Erwartung entstehen, die Umwelt nicht mehr aktiv im Sinne eigener Bedürfnisse und Ziele beeinflussen zu können. Diese Erwartung, von Seligman *Hilflosigkeit* genannt, kann durchaus eine „angemessene" Antwort auf tatsächlich unbeeinflußbare Umweltgegebenheiten sein; oft ist Hilflosigkeit aber auch Ergebnis einer subjektspezifischen, nur aus einer bestimmten Lebensgeschichte und Lebenslage heraus verständlichen Folge von Erfahrungen und deren Verarbeitung. Nicht alle Menschen ziehen aus denselben Erfahrungen (z. B. Verlusterlebnissen) dieselben Schlüsse, die dann zu Hilflosigkeit führen. Es bedarf einer gewissen Häufigkeit und Intensität, einer hohen Verletzbarkeit und geringen Bewältigungskompetenz sowie eines Mangels an alternativen und kompensatorischen Erfahrungs- und Lernmöglichkeiten, damit Hilflosigkeit als Kern einer depressiven Störung entstehen kann. In letzter Zeit (vgl. Journal of abnormal Psychology 1978) werden als entscheidende Komponenten bestimmte kognitive Verarbeitungsformen der Ursachenzuschreibung betont, worauf ich noch eingehe.

Sehen wir uns zunächst an, wie *Seligman* zu seiner Auffassung über die Entstehung depressiver Störungen gekommen ist. Seine Kernthese: Die (häufige, intensive) *Erfahrung* von Nicht-Kontrollierbarkeit wird zum *Bewußtsein* der Hilflosigkeit verallgemeinert. Dieses Bewußtsein drückt sich je nach Situation und Bezug unterschiedlich aus: In Leistungssituationen als geringes Selbstvertrauen, niedrige Kompetenzerwartung und Mißerfolgserwartung; allgemein auf die Zukunft bezogen als Pessimismus und Hoffnungslosigkeit; auf eine konkrete Situation bezogen als Erwartung, nichts ausrichten zu können.

Was heißt nun „Erfahrung von Nicht-Kontrollierbarkeit", wie entsteht daraus das Bewußtsein von Hilflosigkeit, und wie hängt dies mit Depression zusammen?

Ausgangspunkt waren Tierexperimente mit Hunden (vgl. z. B. die gute Zusammenfassung von *Frese/Schöfthaler-Rühl* 1976): Verschiedene Gruppen von Hunden wurden unter verschiedenen Bedingungen aversiven Reizen (Stromschlägen) ausgesetzt. In dieser Lern- oder Trainingsphase lernte eine Gruppe von Tieren, deren Bewegungsfreiheit extrem eingeschränkt war, daß sie durch keinerlei eigene Anstrengungen die elektrischen Schläge verhindern oder vermeiden konnte. In der anschließenden Testphase – die Tiere hatten in einem Raum eine Barriere zu überspringen, um einem Stromschlag zu entkommen bzw. ihn zu vermeiden – zeigten dann diese Tiere im Unterschied zu den anderen gravierende Defizite und Auffälligkeiten: Sie versuchten nicht, dem aversiven Reiz zu entkommen, sie konnten die Bedeutung eines entsprechenden Warnsignals nicht lernen, sie zeigten Merkmale von Angst und Apathie sowie stark verringertem Umweltkontakt. Viele Tiere lagen einfach nur auf dem Boden und winselten. Die anderen Hunde, die in der Trainingsphase die Erfahrung gemacht hatten, daß sie durch eigene Bewegungen den Stromschlag beenden oder auf ein Warnsignal hin vermeiden konnten, lernten meist nach wenigen Versuchen, richtig über die Barriere zu springen.

Es wurde eine Vielzahl ähnlicher Untersuchungen durchgeführt, auch mit Menschen (vgl. dazu auch *Garber/Seligman* 1980). *Seligman* entwickelte nun die Auffassung, daß depressive Störungen beim Menschen in Analogie zur erlernten Hilflosigkeit bei Tieren (und Menschen) entsteht. Dazu verglich er u. a. auch die Merkmale von Depression (leider oft nur anhand von Testwerten an Normalpopulationen bestimmt) mit den Merkmalen von Versuchspersonen, die experimentell „hilflos" gemacht wurden. Auf die Probleme dieser Vorgehensweise will ich hier nicht eingehen (vgl. z. B. *Sauer/Müller* 1980). Entscheidender ist eine Frage, die dann auch zur Weiterentwicklung der Theorie geführt hat, nämlich: Welches sind nun eigentlich die kognitiven Vermittlungsprozesse, die zum Bewußtsein der Hilflosigkeit führen? Sicher muß die Erfahrung der Nicht-Kontrolle mehr als einmal gemacht werden, sonst sind die Effekte höchstens kurzfristiger Art; die Situation oder Aufgabe muß subjektiv bedeutsam sein; man muß Nicht-Kontrolle mit sich selbst in Verbindung bringen, z. B. der eigenen Unfähigkeit. Es blieben viele weitere Fragen offen, da mit dem ursprünglichen Konzept von *Seligman* nicht geklärt werden konnte, woher die Unterschiede im Selbstwertgefühl, den Selbstbeschuldigungen, der Intensität, dem Verlauf und der Dauer von Depressionen kommen (vgl. auch *Hautzinger* 1979).

Weiterentwicklung der Theorie von Seligman

In einer wichtigen Weiterentwicklung der Theorie (*Abramson/Seligman/Teasedale* 1978) wurde das Konzept der *Kausalattribution* herangezogen, um die eben genannten offenen Fragen beantworten zu können. Eine neue ergänzende Kernthese wurde entwickelt: Ob jemand in der Folge von Nicht-Kontrollerfahrungen ein Bewußtsein von Hilflosigkeit und damit Merkmale von Depression entwickelt,

Hilflosigkeit bei Schülern

Für Befragungen an Tausenden von Schülern entwickelte Schwarzer (1981, S. 198) einen Fragebogen, der Kompetenzerwartungen erfassen sollte. Die folgende „Hilflosigkeits-Skala" enthält negative Aussagen über die subjektive Kontrollierbarkeit in schulischen Situationen. Hohe Zustimmung bedeutet also, daß ein Schüler sich den Situationen hilflos ausgeliefert fühlt.

1. Es gibt viele Probleme, vor denen ich ratlos stehe.
2. Es ist zwecklos, den ganzen Nachmittag an den Hausaufgaben zu büffeln. Ich weiß ja doch nie, ob sie am nächsten Tag nachgesehen werden.
3. Auch wenn ich mich auf eine Klassenarbeit vorbereitet habe, gehöre ich doch immer zu den weniger guten Schülern.
4. Ich glaube, daß die Zensuren herzlich wenig damit zu tun haben, ob ich mich angestrengt habe oder nicht.
5. Schon zu Beginn einer Klassenarbeit weiß ich, daß ich sie trotz aller Anstrengung daneben schreiben werde.
6. Egal ob ich übe oder nicht, ich glaube, ich werde nie bessere Noten bekommen.
7. Wenn ich aufgerufen werde, ohne daß ich aufgezeigt habe, ist mein Kopf wie leergefegt.
8. Es lohnt sich nicht, für eine Klassenarbeit zu üben, weil ich sie doch danebenschreibe.
9. Ob ich für eine Klassenarbeit übe oder nicht, macht keinen Unterschied, weil ich doch nicht weiß, was kommt.
10. Egal ob ich mich anstrenge oder nicht, meine Noten werden davon auch nicht besser.
11. Auch wenn ich genau weiß, wann wir eine Arbeit schreiben, weiß ich nicht, wie ich eine gute Note erreichen kann.
12. Wenn ein Lehrer mich überraschend aufruft, kann ich auch die einfachsten Fragen nicht mehr beantworten.

hängt entscheidend davon ab, worauf er diese Nicht-Kontrolle zurückführt, also wie er sie „erklärt" (zur Kausalattribution vgl. *Ulich* 1983). Die Entstehung von Hilflosigkeit und Depression ist um so wahrscheinlicher,

– je eher man sich selbst für die Nicht-Kontrolle oder den Kontroll-Verlust verantwortlich macht,
– je mehr man sich dabei auf eigene globale Persönlichkeitsmerkmale bezieht und
– je stabiler und unbeeinflußbarer diese Merkmale der eigenen Auffassung nach sind.

Zusammenfassend: Eine Person erfährt Nicht-Kontrolle, d. h. sie erlebt, daß ihr Verhalten keinen Einfluß auf die Situation hat. Diese Erfahrung „erklärt" sich die Person, indem sie nach Ursachen fragt. Je nach Ursachenerklärung (zusammen mit anderen Faktoren wie Häufigkeit der Erfahrungen, Bedeutsamkeit u. ä. m.) entsteht ein Bewußtsein der Hilflosigkeit, das zur mehr oder weniger intensiven, chronischen und die ganze Person erfassenden Depression führt. Man kann also folgendes Verlaufsmodell (Abb. 6) der Entstehung von Depression konzipieren (nach *Abramson/Seligman/Teasedale* 1978):

Objektive Nicht-Kontrollierbarkeit (kein Zusammenhang zwischen Verhalten
↓   und Situation bzw. Konsequenzen)
Erfahren der Nicht-Kontrollierbarkeit (vergangene und gegenwärtige)
↓
Ursachenerklärung der Nicht-Kontrollierbarkeit (vergangene und gegen-
wärtige)
↓
Erwartungshaltung, auch künftig keine Kontrolle ausüben zu können
↓
Merkmale von Hilflosigkeit und Depression

Abb. 6: Verlaufsmodell der Entwicklung von Depression (nach *Abramson/Seligman/Tea-sedale* 1978; vgl. auch *Hautzinger* 1979, S. 360)

Zwei weitere schon erwähnte Punkte dürfen nicht in Vergessenheit geraten: Zusätzlich nimmt der Depressive an, daß die Wahrscheinlichkeit für positive Erlebnisse gering und die Wahrscheinlichkeit für negative Erlebnisse sehr hoch ist; den erfahrenen und erwarteten Ereignissen und Erlebnissen kommt außerdem hohe persönliche Bedeutsamkeit zu (vgl. als neueren zusammenfassenden Forschungsbericht der Seligman-Gruppe *Peterson/Seligman* 1984 und auch Ergebnisse aus eigener Studie: *Ulich* u. a. 1985, S. 182–195; ein wichtiges Überblicksreferat mit einer integrierenden Interpretation stammt von *Hautzinger,* 1983).

Auf die therapeutischen Möglichkeiten und auch auf die Probleme dieser Weiterentwicklung der *Seligman*-Theorie möchte ich hier nicht mehr eingehen (vgl. dazu Journal of abnormal Psychologie 1978; *Ulich* 1983). Vielmehr versuche ich an zwei Beispielen (Arbeitslosigkeit und Selbstmord) zu zeigen, welche Anwendungsmöglichkeiten in der Theorie von *Seligman* liegen.

Arbeitslosigkeit und Depression

Arbeitslosigkeit ist sicherlich, bezogen auf vorher bestehende Möglichkeiten der Person, ein krasser Fall von „Kontrollverlust" (vgl. zur Anwendung der Theorie von *Seligman* auf das Problem der Arbeitslosigkeit vor allem *Frese/Mohr* 1978; *Ulich* u. a. 1981). Möglichkeiten der Befriedigung von Interessen und Bedürfnissen haben sich drastisch verringert; ebenso Möglichkeiten der Selbstdarstellung, des sozialen Kontakts, der Mobilität, der Freizeitgestaltung, der Gestaltung und Ausübung von „Rollen" in der Familie, im Beruf, in der Öffentlichkeit. Untersuchungen über die psychischen Auswirkungen von Arbeitslosigkeit haben folgende zentralen Veränderungen gezeigt (vgl. *Frese/Mohr* 1978): der Tagesablauf und die Struktur des Tages verändern sich; das Selbstwertgefühl sinkt; die Zeitperspektive schrumpft; man fühlt sich entmutigt; neben der Ernährerrolle geht häufig auch das Ansehen in der Familie (und Nachbarschaft) verloren; die Kontakte mit Freunden und Berufskollegen vermindern sich, man zieht sich zurück, Isolation ist die Folge; man ist verunsichert in der Beziehung zur sozialen Realität; die Handlungsbereitschaft ist gelähmt, die Widerstandskraft geschwächt. In einer eigenen

Untersuchung (vgl. *Ulich* u. a. 1981) haben wir u. a. folgende Arten von Belastungen festgestellt: Gefühl der Nutzlosigkeit, niedriges Selbstwertgefühl (verstärkt noch durch das Bewußtsein, eigentlich über die erforderlichen Berufs-Kompetenzen zu verfügen); Energielosigkeit, Antriebsmangel, Schlaffheit; Orientierungslosigkeit, Ziellosigkeit, Gefühl, den Boden unter den Füßen verloren zu haben; Unsicherheit; nicht wissen, was passiert, nicht wissen, was „richtig" ist; Selbstzweifel; Gefühl, nicht gefordert zu sein.

Eine arbeitslose Lehrerin:

„Ich hab's ungefähr erwartet. Wissen Sie, man hofft und hofft, vielleicht klappt's doch mit der Lehrprobe, aber – ich hab's fast erwartet und – im Grunde hab ich es vorher gewußt, was kommt. Ich hab' mich dann trotzdem darüber aufgeregt, aber ich hab's im Grund vorher gewußt . . .

Am schlimmsten ist eigentlich die Ungewißheit. Die Ungewißheit, daß man praktisch dasteht und nicht weiß, was in einem halben Jahr ist. Man weiß es einfach nicht, ich bin irgendwo noch voller Optimismus, ich hoffe, daß ich bis zum Herbst 'ne Stelle habe."

Es fragt sich natürlich, ob es sinnvoll ist, diese Vielzahl von erlebten emotionalen Belastungen mit dem Begriff „Kontrollverlust" oder „Hilflosigkeit" zusammenzufassen. Im Vergleich zu anderen Theorien bietet jedoch dieser Ansatz gute Möglichkeiten, Unterschiede in den Reaktionen auf Arbeitslosigkeit zu beschreiben und zu erklären, die sich z. B. bewegen können zwischen Widerstand und einem Sich-Aufbäumen über eher resignatives Abwarten bis hin zu Verzweiflung und Hoffnungslosigkeit. Je nach ihrer bisherigen Lebensgeschichte (unter Berücksichtigung der „Krisenbiographie", der Verletzbarkeiten und Bewältigungskompetenzen), ihrer gegebenen Lebenslage (einschließlich sozialer und materieller Ressourcen) und ihrer Zukunftserwartungen erleben Arbeitslose ihre Situation unterschiedlich; auch die Versuche, mit der Situation und ihren Folgen fertig zu werden, sind von Person zu Person und im Verlaufe der Bewältigungsversuche von Zeitpunkt zu Zeitpunkt unterschiedlich (dazu *Ulich* u. a. 1981).

Aus der Theorie der erlernten Hilflosigkeit kann man eine *ungünstige* Prognose dann ableiten, wenn der Arbeitslose seine Arbeit und Berufstätigkeit für subjektiv sehr bedeutsam und nicht kompensierbar hält (was bei fast allen Arbeitslosen der Fall sein dürfte), wenn er die Wahrscheinlichkeit für ein Andauern seiner Arbeitslosigkeit für hoch hält, wenn er in seiner bisherigen Lebensgeschichte schon häufig belastende Erfahrungen von Nicht-Kontrollierbarkeit gemacht hat, wenn er dazu keine entsprechenden Bewältigungsformen entwickeln konnte, wenn er die Ursachen für diese erfahrene und auch für die gegenwärtige Nicht-Kontrolle bei sich selbst oder gar in eigenen unveränderlichen Personmerkmalen sieht, wenn seine Kompetenzerwartungen und Hoffnungen, aus eigener Kraft seine Situation und die Folgen ändern zu können, allgemein und speziell auf die Arbeitslosigkeit bezogen, gering sind, und wenn er schließlich weder über soziale noch über materielle Ressourcen verfügt. Von großer Bedeutung ist die Lebenslage, in der sich jemand befindet, wenn ihn ein kritisches Lebensereignis wie z. B. Arbeitslosigkeit trifft. Hierzu gibt es z. B. eine anregende Untersuchung mit ähnlichem theoretischen Hintergrund über „Obdachlosigkeit als sozialer Stressor" (*Krebs/Irle* 1978).

Depression und Selbstmord

Die extremste Form der Flucht aus einer unerträglichen Lebenssituation und Belastung ist der Selbstmord. Ihm geht sicher in den meisten Fällen das voraus, was hier immer „Kontrollverlust" genannt wurde. Das Erkennen der Ausweglosigkeit und Sinnlosigkeit, das Erleben von Ohnmacht, des Eingeengtseins und Ausgeschlossenseins bringt einen dazu, wenigstens noch ein einziges und letztes Mal (mit Gewalt) die Initiative an sich zu reißen und dem Leben ein Ende zu machen. So absurd es auch klingen mag, aber die Selbstmordhandlung ist als ein Versuch der „Bewältigung" einer an sich unkontrollierbar gewordenen Situation anzusehen, denn sie schließt den Einsatz von Energie, Planung und Voraussicht ein, also Merkmale, die bei anderen Formen von Depression ohne Bewältigungsversuche gar nicht vorkommen. Krankheit, Vereinsamung, Trennung, Verlust oder unlösbare finanzielle und soziale Probleme können jemanden dazu bringen, die Möglichkeit des Selbstmordes miteinzubeziehen.

Bei selbstmordgefährdeten Menschen kommen im Vergleich zu anderen Personen mehr unerwünschte, bedrohliche und belastende Lebensereignisse vor, mehr plötzliche und einschneidende Veränderungen, die die Person in jeder Hinsicht überfordern und mehr Ereignisse, die unkontrollierbar sind im Sinne des Nicht-Erklärbaren und Nicht-Beeinflußbaren (vgl. als Überblicke *Davison/Neale* 1979, S. 218–223; *Hautzinger/Hoffmann* 1979; auch zum folgenden). Die in 80% der Fälle vorher erfolgenden Ankündigungen des Selbstmords sind als Appelle um Hilfe aufzufassen, also auch als „Kontroll-Versuche". Auch die gelegentlich zu findende feindselige Abwehrhaltung gegenüber der Umwelt kann man als einen solchen Kontroll-Versuch bzw. -Gewinn ansehen. Folgende Motive können den selbstmordgefährdeten Menschen bewegen: leben wollen, aber unter besseren Umständen; nicht mehr leiden wollen; niemandem mehr zur Last fallen wollen. Dagegen sprechen vor allem: bestehende Verantwortlichkeiten, noch nicht aufgegebene Lebenspläne, Angst vor der Tat, gesellschaftliche Verurteilung des Selbstmords, unvollendete Aufgaben. Insbesondere im Alter häufen sich ungünstige Merkmale von Lebenslagen und psychische Belastungsfaktoren, die zu Selbstmordgedanken führen können: körperliche Erkrankungen, Pensionierung, Funktions- und Statusverlust, Vorurteile der Umgebung, soziale Isolation, Heimunterbringung, Partnerverlust, wenig Hilfe von den Angehörigen. Aber auch hier gilt, daß erst eine spezifische Wechselwirkung zwischen ungünstigen Lebensbedingungen, persönlichen Empfänglichkeiten und einer resignativen Verarbeitung der

Erfahrungen die Belastung so erhöhen kann, daß Selbstmord als letzter Ausweg erwogen wird. Altwerden führt nicht zwangsläufig zu Depressionen.

Selbstmord ist zwar immer Ausdruck einer außergewöhnlichen emotionalen Belastung. Aber es gilt nicht das Umgekehrte, daß also außergewöhnliche Belastung vor allem an einer Selbstmordneigung zu erkennen sei bzw. daß sehr hohe emotionale Belastung eben zu Selbstmordneigungen führe. Dem individuellen Leiden ist keine Grenze gesetzt, und viele Menschen setzen sich auch selbst nicht diese Grenze bzw. sie begehen die Grenzüberschreitung Selbstmord nicht, sondern leiden weiter, oft in einer Intensität und Dauer, die das Leiden der Selbstmörder übersteigen. Wer nach emotionalen Belastungen, ihren Bedingungen und Folgen fragt, der muß also auch an jene denken, die „gelernt" haben, mit einem Minimum an Bedürfnisbefriedigung und Einflußmöglichkeiten auszukommen, und dennoch nicht zu rebellieren oder auszusteigen. Zu diesen Menschen gehören z. B. die von *Harris/Brown* (1978) untersuchten depressiven Frauen, die ihren Alltag mehr erlitten als erlebten.

8. Folgerungen

○ Wenn wir uns für die Emotionen wirklicher Menschen in deren gegebenen Lebens- und Handlungszusammenhängen interessieren, dann muß Emotionspsychologie „vom Subjekt aus" betrieben werden.

○ In Denkmodellen muß daher die Person „als Ganze" berücksichtigt werden; in empirischen Untersuchungen kann nur das Individuum die Untersuchungseinheit sein (womit das Problem der empirischen Indikatoren natürlich noch nicht gelöst ist).

Emotionen können nicht als isolierte psychische Erscheinungen thematisiert und untersucht werden. Da sich in Emotionen immer die Befindlichkeit, Betroffenheit und Zuständlichkeit einer „ganzen" Person widerspiegelt, kann Gegenstand der Forschung nur die reale Auseinandersetzung einer Person mit ihrer Umwelt bzw. das „ganzheitliche" Erleben dieser Begegnung mit der Umwelt sein.

○ Also muß in Denkmodellen auch die Umwelt viel stärker berücksichtigt werden, denn Emotionen sind immer auch Ausdruck der Erfahrungen bestimmter Umwelten bzw. Ausdruck der gegenwärtigen bzw. der erhofften oder befürchteten Beziehungen zu bestimmten Umwelten.

○ Dabei müssen auch zwischenmenschliche Beziehungen in ihren ganz konkreten Erscheinungsformen (z. B. als „soziale Netzwerke") sowie in ihren Wechselbeziehungen zu emotionalem Erleben einbezogen werden.

○ Es müssen empirisch gehaltvolle, anregende und prüfbare Hypothesen über Ursache-Wirkungs-Zusammenhänge formuliert werden.

○ Theorien der Emotion sind heute angesichts des niedrigen Kenntnisstandes in erster Linie als Entwicklungstheorien zu formulieren.

○ Das wichtigste Fernziel der Theorie-Entwicklung ist eine „Differentielle Emotionspsychologie", die uns Erklärungen und Vorhersagen darüber gestattet, warum welche Menschen mit welcher Biographie und Lerngeschichte in welchen Situationen welche Emotionen mit welcher Wirkung erleben.

Literatur

Abramson, L. Y., Seligman, M. E. P. u. *Teasedale, J. D.:* Learned helplessness in humans: critique and reformulation. Journal of abnormal psychology 87, 1978, S. 49–73.

Ahamer, I., Angleitner, A., Filipp, S.-H. u. *Olbrich, E.:* Eine Untersuchung zu inter- und intraindividuellen Differenzen in der Wahrnehmung und Verarbeitung von subjektiv erlebten Persönlichkeitsveränderungen. Forschungsantrag, Trier 1980.

Alston, W. P.: Emotion und Gefühl. In: *Kahle, G.* (Hrsg.): Logik des Herzens. Die soziale Dimension der Gefühle. Frankfurt: Suhrkamp 1981, S. 9–33.

Arnold, M. B.: Emotion and personality. 2 Bde. New York: Columbia University Press 1960.

Arnold, M. B.: Feelings and emotions: The Loyola Symposium. New York: Academic Press 1970.

Aronfreed, J.: The concept of internalization. In: *Goslin, D. A.* (Hrsg.): Handbook of socialization – theory and research. Chicago: Rand McNally 1969, S. 263–324.

Averill, J. R.: A constructivistic view of emotion. In: *Plutchik, R.* und *Kellerman, N.* (Hrsg.): Theories of emotion. New York: Academic Press 1980, S. 305–339.

Atkinson, J. W.: Einführung in die Motivationsforschung. Stuttgart: Klett 1975.

Ax, A.: The physiological differentiation between fear and anger in humans. Psychosomatic Medicine 15, 1953, S. 433–442.

Baldwin, A. L.: Theorien primärer Sozialisationsprozesse. Weinheim: Beltz 1974.

Bandura, A.: Verhaltenstheorie und die Modelle des Menschen. In: *Bandura, A.* (Hrsg.): Lernen am Modell. Stuttgart 1976, S. 205–229.

Bandura, A.: Self-efficacy: Toward a unifying theory of behavioral change. Psychological Review 84, 1977, S. 191–215.

Beck, A.: Wahrnehmung der Wirklichkeit und Neurose. Kognitive Psychotherapie emotionaler Störungen. München: Pfeiffer 1979.

Becker, P.: Neuere psychologische Ätiologietheorien der Depression und Angst. In: *Minsel, W. R.* u. *Scheller, R.* (Hrsg.): Brennpunkte der Klinischen Psychologie. Bd. 2. München: Kösel 1981.

Bedford, E.: Emotionen. In: *Kahle, G.* (Hrsg.): Logik des Herzens. Die soziale Dimension der Gefühle. Frankfurt: Suhrkamp 1981, S. 34–57.

Betz, D. u. *Breuninger, H.:* Teufelskreis Lernstörungen. München: Urban & Schwarzenberg 1982.

Belschner, W.: Das Lernen aggressiven Verhaltens. In: *Selg, H.* (Hrsg.): Zur Aggression verdammt? Stuttgart: Kohlhammer 1971.

Berlyne, D. E.: Konflikt, Erregung, Neugier. Zur Psychologie der kognitiven Motivation. Stuttgart: Klett 1974.

Berscheid, E.: Attraction and emotion in interpersonal relationships. Paper presented at the 17th Annual Carnegie Symposium on Cognition, Carnegie-Mellon, May 1981.

Bilden, H., Diezinger, A., Marquardt, R. und *Dahlke, K.:* Arbeitslose junge Mädchen. Zeitschrift für Pädagogik 1981, S. 677–695.

Birbaumer, N.: Angst. In: *Herrmann, Th.* u. a. (Hrsg.): Handbuch psychologischer Grundbegriffe. München: Kösel 1977 (a), S. 27–38.

Birbaumer, N.: Psychophysiologie der Angst. München: Urban & Schwarzenberg 1977 (b).

Bischof, N.: Aristoteles, Galilei, Kurt Lewin – und die Folgen. In: *Michaelis, W.* (Hrsg.): Bericht über den 32. Kongreß der Deutschen Gesellschaft für Psychologie in Zürich 1980. Bd. 1. Göttingen: Hogrefe 1981, S. 17–39.

Blöschl, L.: Grundlagen und Methoden der Verhaltenstherapie. Bern: Huber 1971.

Blöschl, L.: Psychosoziale Aspekte der Depression. Bern: Huber 1978.

Bolles, R. C.: Reinforcement, expectancy, and learning. Psychological Review 79, 1972, S. 394–409.

Bourdieu, P. und *Passeron, J. C.:* Die Illusion der Chancengleichheit. Stuttgart 1971.

Bowlby, J.: Attachment and loss, Vol. II: Separation, anxiety and anger. London: Hogarth 1973.

Brecht, B.: Kalendergeschichten. Reinbek: Rowohlt 1953.

Brewer, W. F.: There is no convincing evidence for operant or classical conditioning in adult humans. In: *Weimer, W. B.,* u. *Palermo, D. S.* (Hrsg.): Cognition and the symbolic processes. Hillsdale, New Jersey: Erlbaum 1974, S. 1–42.

Bridges, K. M.: Emotional development in early infancy. Child Development 3, 1932, S. 324–341.

Brown, G. W. und *Harris, T. O.:* Social origins of depression: A study of psychiatric disorder in women. London 1978.

Bullens, H.: Entwicklungspsychologische Aspekte von Eltern-Kind-Konflikten im Jugendalter. In: *Oerter, R.* u. *Montada, L.* (Hrsg.): Entwicklungspsychologie. München: Urban & Schwarzenberg 1982.

Buss, A. H.: Self-consciousness and social anxiety. San Francisco: Freeman 1980.

Butollo, W. H. L., Meyer-Plath, S. u. *Winkler, B.:* Bedingungen der Entwicklung von Verhaltensstörungen. In: *Pongratz, L.* (Hrsg.): Handbuch der Psychologie Bd. VIII/2 (Klinische Psychologie). Göttingen: Hogrefe 1978, S. 3074–3101.

Candland, D. K.: The persistent problems of emotion. In: *Candland, D. K.* u. a.: Emotion. Belmont, Cal.: Wadsworth 1977, S. 1–84.

Cannon, W. B.: The James-Lange theory of emotions: A critical examination and an alternative theory. American Journal of Psychology 39, 1927, S. 106–124.

Chanowitz, B. und *Langer, E.:* Knowing more (or less) than you can show: Understanding control through the mindlessness-mindfulness distinction. In: *Garber, J.* u. *Seligman, M. E. P.* (Hrsg.): Human helplessness. New York: Academic Press 1980, S. 97–129.

Clark, B. R.: Die ‚Abkühlungs-Funktion' in den Institutionen höherer Bildung. In: *Hurrelmann, K.* (Hrsg.): Soziologie der Erziehung. Weinheim: Beltz 1974, S. 379–391.

Coelho, G. V. u. a. (Hrsg.): Coping and adaptation. New York 1974.

Cofer, Ch. N.: Motivation und Emotion. München: Juventa 1975.

Cohen, F. u. *Lazarus, R. S.:* Coping with the stresses of illness. In: *Stone, G. C.* u. a. (Hrsg.): Health psychology: A handbook. San Francisco: Jossey-Bass 1979, S. 217–254.

Dann, H.-D.: Berufstheorien von Lehrern zur Aggressionsproblematik in der Schule. Positionspapier zu einem DFG-Rundgespräch am 25./26. 2. 1980 in Bonn.

Darwin, Ch.: The expressions of emotions in man and animals. London: John Murray 1872.

Darwin, Ch.: Gesammelte Werke. Band 7: Der Ausdruck der Gemüthsbewegungen. Stuttgart: Schweitzerbarth 1899.

Davison, G. C. u. *Neale, J. M.:* Klinische Psychologie. München: Urban & Schwarzenberg 1979.

Debus, G.: Gefühle. In: *Herrmann, Th.* u. a. (Hrsg.): Handbuch psychologischer Grundbegriffe. München: Kösel 1977, S. 156–168.

deCharms, R.: Personal causation. New York 1968.

Dember, W.: Motivation and the cognitive revolution. American Psychologist 29, 1974, S. 161–168.

Dörner, D.: Die kognitive Organisation beim Problemlösen. Stuttgart: Huber 1974.

Duffy, E.: An explanation of emotional phenomena without the use of the concept ‚emotion'. Journal of General Psychology 25, 1941, S. 283–293.

Duffy, E.: Activation and behavior. New York: Wiley 1962.

Ekman, P.: Universale emotionale Gesichtsausdrücke. In: *Kahle, G.* (Hrsg.): Logik des Herzens. Die soziale Dimension der Gefühle. Frankfurt: Suhrkamp 1981, S. 177–186.

Esser, J.: Angst in Schule und Hochschule. Braunschweig: Westermann 1978.

Ewert, O.: Gefühle und Stimmungen. In: *Thomae, H.* (Hrsg.): Handbuch der Psychologie, Bd. 2 (Motivation). Göttingen: Hogrefe 1965, S. 229–271.

Eyferth, K.: Vorlesung ‚Allgemeine Psychologie'. Kommentierte Gliederung. Technische Universität Berlin 1981.

Fellermann, J.: Bericht eines Psychologiestudenten zum Studienbeginn. Hochschulmagazin 1/1978, S. V–VII.

Filipp, S.-H. (Hrsg.): Kritische Lebensereignisse. München: Urban & Schwarzenberg 1981.

Filipp, S.-H.: Ein allgemeines Modell für die Analyse kritischer Lebensereignisse. In: *Filipp, S.-H.* (Hrsg.): Kritische Lebensereignisse. München: Urban & Schwarzenberg 1981 (a), S. 3–52.

Folkman, S., Schaefer, G. u. *Lazarus, R. S.:* Cognitive processes as mediators of stress and coping. In: *Hamilton U.* u. *Warburton, D. M.:* Human stress and cognition. An information processing approach. Chichester: Wiley 1979, S. 265–298.

Frese, M.: Arbeitslosigkeit, Depressivität und Kontrolle. In: *Kieselbach, T.* u. *Offen, H.* (Hrsg.): Individuelle Verarbeitung und gesellschaftlicher Hintergrund von Arbeitslosigkeit. Darmstadt 1978.

Frese, M. u. *Mohr, G.:* Die psychopathologischen Folgen des Entzugs von Arbeit: Der Fall der Arbeitslosigkeit. In: *Frese, M., Greif, S.* u. *Semmer, N.* (Hrsg.): Industrielle Psychopathologie. Bern: Huber 1978.

Frese, M. u. *Schöfthaler-Rühl, R.:* Kognitive Ansätze in der Depressionsforschung. In: *Hoffmann, N.* (Hrsg.): Depressives Verhalten. Salzburg: Müller 1976, S. 57–107.

Frese, M., Greif, S. u. *Semmer, N.* (Hrsg.): Industrielle Psychopathologie. Bern: Huber 1978.

Freud, S.: Gesammelte Werke. Frankfurt: Fischer 1966 ff.

Frey, D. u. a.: Theorie der kognitiven Kontrolle. Bericht aus dem Sonderforschungsbereich 24 der Universität Mannheim. Mannheim 1977.

Garber, J. u. *Seligman, M. E. P.* (Hrsg.): Human helplessness. Theory and applications. New York: Academic Press 1980.

Garber, J., Miller, S. M. u. *Abramson, L. Y.:* On the distinction between anxiety and depression: Perceived control, certainty, and probability of goal attainment. In: *Garber, J.* u. *Seligman, M. E. P.* (Hrsg.): Human helplessness. New York: Academic Press 1980, S. 131–170.

Gerth, H. u. *Mills, C. W.:* Gefühl und Emotion. In: *Kahle, G.* (Hrsg.): Logik des Herzens. Die soziale Dimension der Gefühle. Frankfurt: Suhrkamp 1981, S. 120–133.

Gil, D.: Violence against children. Cambridge, Mass.: Harvard University Press 1970.

Graumann, C. F.: Subjektiver Behaviorismus? Archiv für die Gesamte Psychologie 117, 1965, S. 237–249.

Graumann, C. F.: Bewußtsein und Bewußtheit. In: *Metzger, W.* (Hrsg.): Handbuch der Psychologie Bd. I/1 (Allgemeine Psychologie). Göttingen: Hogrefe 1966, S. 79–127.

Groeben, N.: Widersprüchlichkeit und Selbstanwendung: Psychologische Menschenbildannahmen zwischen Logik und Moral. Zeitschrift für Sozialpsychologie 10, 1979, S. 267–273.

Groeben, N. u. *Scheele, B.:* Argumente für eine Psychologie des reflexiven Subjekts. Darmstadt: Steinkopff 1977.

Haeberlin, U. u. *Niklaus, E.:* Identitätskrisen. Bern: Haupt 1978.

Halisch, F., Butzkamm, J. u. *Posse, N.:* Selbstbekräftigung. Theorieansätze und experimentelle Erfordernisse. Zeitschrift für Entwicklungspsychologie und Pädagogische Psychologie 8, 1976, S. 145–164.

Harlow, H. F.: The nature of love. American Psychologist 13, 1958, S. 673–685.

Haußer, K. u. *Ulich, D.:* Motivationale Sozialisation. *Hurrelmann, K.* u. *Ulich, D.* (Hrsg.): Handbuch der Sozialisationsforschung. Weinheim: Beltz 1980, S. 693–716.

Hautzinger, M.: Depression und gelernte Hilflosigkeit beim Menschen. Zeitschrift für Klinische Psychologie und Psychotherapie 27, 1979, S. 356–365.

Hautzinger, M. u. *Hoffmann, N.* (Hrsg.): Depression und Umwelt. Salzburg: Müller 1979.

Heckhausen, H.: Relevanz der Psychologie als Austausch zwischen naiver und wissenschaftlicher Verhaltenstheorie. Psychologische Rundschau 27, 1976, S. 1–11.

Heckhausen, H.: Motivation und Handeln. Berlin: Springer 1980.

Heckhausen, H.: Entwicklungsschritte in der Kausalattribution von Handlungsergebnissen. In: *Görlitz, D.* (Hrsg.): Entwicklungspsychologische Beiträge zur Attributionsforschung. Weinheim: Beltz 1982.

Heckhausen, H. u. *Weiner, B.:* The emergence of a cognitive psychology of motivation. In: *Dodwell, P.* (Hrsg.): New horizons in psychology. London: Penguin Books 1972, S. 126–147.

Heller, A.: Theorie der Gefühle. Hamburg: VSA-Verlag 1980.

Herrmann, Th.: Die Psychologie und ihre Forschungsprogramme. Göttingen: Verlag für Psychologie, Hogrefe 1976.

Herrmann, Th.: Ist Reizkontrolliertheit des Menschen eine widersprüchliche Konzeption? Bemerkungen zu einem anti-behavioristischen Argument. Zeitschrift für Sozialpsychologie 10, 1979, S. 262–266.

Hill, D. J.: The elements of psychology: A textbook. New York: Sheldon 1888.

Hirst, P. H. u. *Peters, R. S.:* Die Begründung der Erziehung durch die Vernunft. Düsseldorf: Schwann 1972.

Hofer, M. (Hrsg.): Informationsverarbeitung und Entscheidungsverhalten von Lehrern. München: Urban & Schwarzenberg 1981.

Hoffmann, N. (Hrsg.): Depressives Verhalten. Salzburg: Müller 1976.

Hofstätter, P. R.: Gruppendynamik. Reinbeck: Rowohlt 1957.

Hofstätter, P. R.: Psychologie (Fischer-Lexikon). Frankfurt: Fischer 1960.

Holmes, Th. H. u. *Rahe, R. H.:* Die „Social Readjustment Rating Scale". In: *Katschnig, H.* (Hrsg.): Sozialer Streß und psychische Erkrankung. München: Urban & Schwarzenberg 1980, S. 160–166.

Holzkamp-Osterkamp, U.: Motivationsforschung. Band 2. Frankfurt: Campus 1976.

Homans, G. C.: Angst und Ritual. In: *Kahle, G.* (Hrsg.): Logik des Herzens. Die soziale Dimension der Gefühle. Frankfurt: Suhrkamp 1981, S. 108–119.

Huber, G. L. u. *Mandl, H.:* Kognitive Sozialisation. In: *Hurrelmann, K.* u. *Ulich, D.* (Hrsg.): Handbuch der Sozialisationsforschung. Weinheim: Beltz 1980, S. 631–647.

Innerhofer, P.: Das Münchner Trainingsmodell. Beobachtung, Interaktionsanalyse, Verhaltensänderung. Heidelberg: Springer 1977.

Izard, C. E.: Die Emotionen des Menschen. Weinheim: Beltz 1981 (Orig. 1977).

Izard, C. E. u. *Buechler, S.:* Emotion expressions and personality integration in infancy. In: *Izard, C. E.* (Hrsg.): Emotions in personality and psychopathology. New York: Plenum 1979, S. 447–472.

Izard, C. E. u. *Buechler, S.:* Aspects of consciousness and personality in terms of differential emotions theory. In: *Plutchik, R.* u. *Kellerman, N.* (Hrsg.): Theories of emotion. New York: Academic Press 1980, S. 165–181.

Jaeggi, E.: Kognitive Verhaltenstherapie. Weinheim: Beltz 1979 ([2]1981).

Jaeggi, E.: „Nun seien Sie doch vernünftig!" Das Menschenbild der Kognitiven Therapie. Psychologie Heute 1981 (a), H. 2, S. 30–36.

Jaeggi, E.: Notizen zur Funktionalität in den Gefühlstheorien. Unv. Manuskript, Technische Universität Berlin. Berlin 1981 (b).

James, W.: What is emotion. Mind 4, 1884, S. 188–204.

James, W.: The principles of psychology. New York: Holt 1890.

Journal of abnormal psychology. Special issue: Learned helplessness as a model of depression. February 1978, Vol. 87, No. 1.

Kagan, J.: On emotion and its development: A working paper. In: *Lewis, M.* u. *Rosenblum, L. A.* (Hrsg.): The development of affect. New York: Plenum Press 1978, S. 11–42.

Kelly, G. A.: Man's construction of his alternatives. In: *Lindzey, G.* (Hrsg.): Handbook of social psychology. Cambridge, Mass.: Harvard University Press 1958, S. 33–64.

Keupp, H.: Modellvorstellungen von Verhaltensstörungen: ‚Medizinisches Modell' und mögliche Alternativen. In: *Kraiker, Chr.* (Hrsg.): Handbuch der Verhaltenstherapie. München: Kindler 1974, S. 117–148.

Keupp, H.: Sozialisation in Institutionen der psychosozialen Versorgung. In: *Hurrelmann, K.* u. *Ulich, D.* (Hrsg.): Handbuch der Sozialisationsforschung. Weinheim: Beltz 1980, S. 575–601.

Keupp, H. u. *Bergold, J. B.:* Probleme der Macht in der Psychotherapie unter spezieller Berücksichtigung der Verhaltenstherapie. In: *Bachmann, C. H.* (Hrsg.): Psychoanalyse und Verhaltenstherapie. Frankfurt: Fischer 1972, S. 105–140.

Kleiber, D. u. *Stadler, M.:* Emotionale und kognitive Handlungsregulation. Vortrag auf der Tagung „Handlungstheorien und Kognitive Therapie" in Landau, Mai 1981.

Kobasa, S. C.: Stressful life events, personality, and health: An inquiry into hardiness. Journal of Personality and Social Psychology 37, 1979, S. 1–11.

Kohli, M.: Lebenslauftheoretische Ansätze in der Sozialisationsforschung. In: *Hurrelmann, K.* u. *Ulich, D.* (Hrsg.): Handbuch der Sozialisationsforschung. Weinheim: Beltz 1980, S. 229–317.

Kraiker, Chr.: Der Begriff der Neurose. In: *Pongratz, L.*(Hrsg.): Handbuch der Psychologie Bd. VIII/1 (Klinische Psychologie). Göttingen: Hogrefe 1977, S. 435–456.

Krebs, D. u. *Irle, M.:* Obdachlosigkeit als sozialer Stressor. In: *Irle, M.* (Hrsg.): Kursus der Sozialpsychologie, Teil 3. Darmstadt: Luchterhand 1978, S. 527–538.

Kreitler, H. u. *Kreitler, S.:* Cognitive orientation and behavior. New York: Springer 1976.

Krohne, H. W.: Angst und Angstverarbeitung. Stuttgart: Kohlhammer 1975.

Krohne, H. W.: Theorien zur Angst. Stuttgart: Kohlhammer 1976.

Krohne, H. W.: Diskussionen und Ergebnisse des Symposiums „Angst und Streß in Leistungssituationen". In: *Tack, H. W.* (Hrsg.): Bericht über den 30. Kongreß der Deutschen Gesellschaft für Psychologie. Göttingen: Hogrefe 1977, S. 443–447.

Krohne, H. W. u. *Schaffner, P.:* Entwicklungsbedingungen von Angst und Angstabwehr. Psychologische Forschungsberichte aus dem Fachbereich 3 der Universität Osnabrück, 1979.

Kuhn, Th. S.: Die Struktur wissenschaftlicher Revolutionen. Frankfurt: Suhrkamp 1967.

Lang, P.: Die Anwendung psychologischer Methoden in Psychotherapie und Verhaltensmodifikation. In: *Birbaumer, N.* (Hrsg.): Psychophysiologie der Angst. München: Urban & Schwarzenberg 1977, S. 15–84.

Lange, K.: The emotions. Dänemark 1885. (Baltimore: Williams and Wilkins 1922).

Lantermann, E. D.: Probleme der ökologischen Validität und ökologischen Repräsentativität psychologischer Erhebungssituationen aus der Perspektive einer aktionalen Theorie. In: *R. K. Silbereisen* (Hg.): Bericht über die 4. Tagung Entwicklungspsychologie, Berlin: TUB-Dokumentation, 1980, S. 111–120.

Lantermann, E. D.: Urteile über Einstellungsobjekte im Handlungskontext. Zeitschrift für Sozialpsychologie, 1980[11], S. 248–258.

Laux, L., Glanzmann, P., Schaffner, P. u. *Spielberger, C. D.:* Das State-Trait-Angstinventar. Weinheim: Beltz 1980.

Laux, L.: Psychologische Streßkonzeptionen. In: *Thomae, H.* (Hrsg.): Handbuch der Psychologie (Allgemeine Psychologie, Bd. 2). 2. Auflage. Göttingen: Hogrefe 1982.

Lazarus, R. S.: Streß und Streßbewältigung – ein Paradigma. In: *Filipp, S.-H.* (Hrsg.): Kritische Lebensereignisse. München: Urban & Schwarzenberg 1981, S. 198–232.

Lazarus, R. S., Averill, J. R. u. *Opton, E. M.:* Ansatz zu einer kognitiven Gefühlstheorie. In: *Birbaumer, N.* (Hrsg.): Psychophysiologie der Angst. München: Urban & Schwarzenberg 1977, S. 182–207 (Orig.: 1970).

Lazarus, R. S., Kanner, A. D. u. *Folkman, S.:* Emotions: A cognitive-phenomenological analysis. In: *Plutchik, R.* u. *Kellermann, N.* (Hrsg.): Thories of emotions. New York Academic Press 1980, S. 189–217.

Lazarus, R. S. u. *Launier, R.:* Streßbezogene Transaktionen zwischen Person und Umwelt. In: *Nitsch, J. R.* (Hrsg.): Streß. Bern: Huber 1981, S. 213–260.

Lefkowitz, M. M. u. a.: Growing up to be violent: A longitudinal study of the development of aggression. New York 1977.

Legewie, H. u. *Ehlers, W.:* Knaurs moderne Psychologie. München/Zürich: Droemer Knaur 1978.

Lehr, U.: Alterszustand und Alternsprozesse – biographische Determinanten. Zeitschrift für Gerontologie 13, 1980, S. 442–457.

Leontjew, A. N.: Tätigkeit, Bewußtsein, Persönlichkeit. Stuttgart: Klett 1977.

Lindemann, E.: The meaning of crisis in individual and family living. Teachers College Record 57, 1956.

Lorenz, K.: Das sogenannte Böse. Wien 1963.

Lück, H. E.: Prosoziales Verhalten. Empirische Untersuchungen zur Hilfeleistung. Königstein: Hain 1975.

Madsen, K. B.: Theories of motivation. Kopenhagen: Munksgaard [4]1968.

Mahler, M. S., Pine, F. u. *Bergman, A.:* Die psychische Geburt des Menschen – Symbiose und Individuation. Frankfurt: Fischer 1978.

Mandl, H. u. *Huber, G. L.* (Hrsg.): Emotion und Kognition. München: Urban & Schwarzenberg 1983.

Mandler, G.: Helplessness: Theory and research in anxiety. In: *Spielberger, C. D.* (Hrsg.): Anxiety: Current trends in theory and research. Bd. 2. New York: Academic Press 1972, S. 359–374.

Mandler, G.: Denken und Fühlen. Zu einer kognitiven Theorie emotionaler Prozesse. Paderborn: Junfermann 1979.

Mandler, G.: The generation of emotion: A psychological theory. In: *Plutchik, R.* u. *Kellerman, N.* (Hrsg.): Theories of emotion. New York 1980, S. 219–243.

Mantell, D. M.: Familie und Aggression. Zur Einübung von Gewalt und Gewaltlosigkeit. Frankfurt: Fischer 1978.

Mayring, Ph.: Prozeßanalyse von Kausalattribution. Unveröffentl. Projektpapier. München 1979.

McDougall, W.: An introduction to social psychology. London: Methuen 1923.

Meichenbaum, D. W.: Kognitive Verhaltensmodifikation. München: Urban & Schwarzenberg 1980 (Orig. 1977).

Mertens, W.: Sozialpsychologie des Experiments. Hamburg: Hoffmann & Campe 1975.

Mertens, W.: Emotionale Sozialisation. In: *Hurrelmann, K.* und *Ulich, D.* (Hrsg.): Handbuch der Sozialisationsforschung. Weinheim: Beltz 1980, S. 669–691.

Mertens, W. u. *Fuchs, G.:* Krise der Sozialpsychologie? München: Ehrenwirth 1978.

Meyer, W.-U.: Leistungsmotiv und Ursachenerklärung von Erfolg und Mißerfolg. Stuttgart: Klett 1973.

Middlebrook, P.: Social psychology and modern life. New York: Knopf 1973.

Miller, A.: Das Drama des begabten Kindes und die Suche nach dem wahren Selbst. Frankfurt: Suhrkamp 1979.

Miller, G. A., Galanter, E. u. *Pribram, K. H.:* Strategien des Handelns. Stuttgart: Klett 1973.

Miller, N. E.: Fear as an acquired drive. Journal of Experimental Psychology 38, 1948, S. 89–101.

Miller, N. E.: Liberalization of basic S-R-Concepts: Extensions to conflict behavior, motivation, and social learning. In: *Koch, S.* (Hrsg.): Psychology: The study of a science. Bd. 2. New York: McGraw Hill 1959, S. 196–292.

Mischel, W.: Toward a cognitive social learning reconceptualization of personality. Psychological Review 80, 1973, H. 4, S. 252–283.

Mitchell, R. E. u. *Trickett, E. J.:* Task force report: Social networks as mediators of social support. Community Mental Health Journal 16, 1980, S. 27–44.

Montada, L.: Kritische Lebensereignisse im Brennpunkt: Eine Entwicklungsaufgabe für die Entwicklungspsychologie? In: *Filipp, S.-H.* (Hrsg.): Kritische Lebensereignisse. München: Urban & Schwarzenberg 1981, S. 272–292.

Moroz, M.: The concept of cognition in contemporary psychology. In: *Royce, J. R.* u.

Rozeboom, W. W. (Hrsg.): The psychology of knowing. New York: Gordon & Breach 1972, S. 179–205.

Mueller, D. P.: Social networks: A promising direction for research on the relationship of the social environment to psychiatric disorders. Social Science and Medicine, Vol. 14 A, 1980, S. 147–161.

Mullins, N. C.: Theories and theory groups in contemporary american sociology. New York: Harper & Row 1973.

Murphy, L. B. u. *Moriarty, A. E.:* Vulnerability, coping, and growth. From infancy to adolescence. New Haven: Yale University Press 1976 (^{2}1978).

Neisser, E.: Cognitive psychology. San Francisco: Freeman 1967 (deutsch: 1974 bei Klett, Stuttgart).

Neisser, E.: Cognition and reality. San Francisco: Freeman 1976.

Nitsch, J. R. (Hrsg.): Streß. Bern: Huber 1981.

Nolting, H.-P.: Lernfall Aggression. Reinbek: Rowohlt 1978.

Oerter, R. (Hrsg.): Entwicklung als lebenslanger Prozeß. Hamburg: Hoffmann & Campe 1978.

Oerter, R. u. *Montada, L.* u. a.: Entwicklungspsychologie. München: Urban & Schwarzenberg 1982.

O'Malley, M.: Feeling without thinking? Reply to Zajonc. The Journal of Psychology 108, 1981, S. 11–15.

Oswald, M.: Konkurriert Schachters Emotionstheorie mit der Theorie James'? Zeitschrift für Sozialpsychologie 12, 1981, S. 134–140.

Petermann, F. u. *Hehl, F.-J.* (Hrsg.): Einzelfallanalyse. München: Urban & Schwarzenberg 1979.

Phillips, D. D. u. *Kelly, M. E.:* Hierarchical theories of development in Education and Psychology. Harvard Educational Review 45, 1975, S. 351–375.

Piaget- J.: Unv. Vorlesung 1954. Zitiert nach: *Decarie, Th.,* u. *Solomon, R.:* Affektivität und kognitive Entwicklung. In: *Steiner, G.* (Hrsg.): Piaget und die Folgen. München: Kindler 1978, S. 401–423.

Pitcher, G.: Emotionen. In: *Kahle, G.* (Hrsg.): Logik des Herzens. Die soziale Dimension der Gefühle. Frankfurt: Suhrkamp 1981, S. 82–107.

Plutchik, R.: A general psychoevolutionary theory of emotion. In: *Plutchik, R.* u. *Kellerman, N.* (Hrsg.): Theories of emotion. New York: Academic Press 1980, S. 3–33.

Plutchik, R. u. *Kellerman, A.* (Hrsg.): Theories of emotion. New York: Academic Press 1980.

Plutchik, R. u. *Kellerman, H.:* Epilogue. In: *Plutchik, R.* u. *Kellerman, H.* (Hrsg.): Theories of emotion. New York: Academic Press 1980, S. 385–387.

Pongratz, L. (Hrsg.): Handbuch der Psychologie. Bd. VIII/1 und 2 (Klinische Psychologie). Göttingen: Hogrefe 1977 und 1978.

Popper, K. R.: Objektive Erkenntnis. Hamburg: Hoffmann & Campe 1973.

Pribram, K. H.: Feelings as monitors: In: *Arnold, M.* (Hrsg.): Feelings and emotions. New York: Academic Press 1970.

Prystav, G.: Die Bedeutung der Vorhersagbarkeit und Kontrollierbarkeit von Stressoren für Klassifikationen von Belastungssituationen. Zeitschrift für Klinische Psychologie 8, 1979, S. 283–301.

van Quekelberghe, R. (Hrsg.): Modelle kognitiver Therapie. München: Urban & Schwarzenberg 1979.

Quinton, D. u. *Rutter, M.:* Early hospital admissions and later disturbances of behavior: An attempted replication of Douglas' findings. Developmental Medicine and Child Neurology 18, 1976, S. 447–495.

Rapaport, D.: On the psychoanalytic theory of affects. International Journal of Psychoanalysis 34, 1953, S. 177–198.

Reiter, L.: Krisenintervention. In: *Strotzka, H.* (Hrsg.): Psychotherapie: Grundlagen, Verfahren, Indikationen. München: Urban & Schwarzenberg 1978, S. 457–470.

Reykowski, J.: Psychologie der Emotionen. Donauwörth: Auer 1973.

Rheinberg, F.: Anstrengung wozu? Vortrag auf der Tagung für Entwicklungspsychologie in Berlin 1979.

Rivera, J. D.: A structural theory of emotions. Psychological Issues, 1977.

Rohracher, H.: Einführung in die Psychologie. Wien-Innsbruck: Urban & Schwarzenberg [8]1960.

Rotter, J. B.: Generalized expectancies for internal versus external control of reinforcement. Psychological Monographs 80, 1966, S. 1–28.

Rotter, J. B.: Some problems and misconceptions related to the construct of internal versus external control of reinforcement. Journal of Consulting and Clinical Psychology 43, 1975, S. 56–67.

Rotter, J. B.: Vertrauen. Psychologie heute 1981, No 3, S. 23–29.

Rotter, J. B., Chance, J. B. u. *Phares, E. J.* (Hrsg.): Application of social learning theory to personality. New York: Holt, Rinehart & Winston 1972.

Rubin, Z.: Liking and loving. New York: Holt, Rinehart & Winston 1973.

Sauer, C. u. *Müller, M.:* Die Theorie der gelernten Hilflosigkeit: Eine hilfreiche Theorie? Zeitschrift für Sozialpsychologie 11, 1980, S. 2–24.

Saup, W.: Belastung und Bewältigung bei der Übersiedlung in ein Altenheim. Eine empirische Untersuchung. Unveröff. Dissertation, Technische Universität Berlin 1983.

Schachter, S. u. *Singer, J. E.:* Cognitive, social, and physiological determinants of emotional states. Psychological Review 69, 1962, S. 379–399.

Scherer, K.: Wider die Vernachlässigung der Emotion in der Psychologie. In: *Michaelis, W.* (Hrsg.): Bericht über den 32. Kongreß der Deutschen Gesellschaft für Psychologie in Zürich 1980. Göttingen: Hogrefe 1981 (a), Bd. 1, S. 304–314.

Scherer, K.: „The nature and function of emotion" (Leitung eines internat. Symposiums im Juli 1981 in Bad Homburg, zus. mit *P. Ekman,*). 1981 (b).

Schiefele, H.: Lernmotivation und Motivlernen. München: Ehrenwirth [2]1978.

Schiefele, H., Hausser, K. u. *Schneider, G.:* ,Interesse' als Ziel und Weg der Erziehung. Überlegungen zu einem vernachlässigten pädagogischen Konzept. Zeitschrift für Pädagogik 25, 1979, S. 1–20.

Schiefele, H. u. *Prenzel, M.:* Interesse: Emotionale Präferenz und kognitive Unterscheidung. In: *Huber, G. L.* u. *Mandl, H.* (Hrsg.): Kognition und Emotion. München: Urban & Schwarzenberg 1983.

Schlosberg, H.: Three dimensions of emotions. Psychological Review 61, 1954, S. 81–88.

Schmalt, H.-D. u. *Meyer, W.-U.* (Hrsg.): Leistungsmotivation und Verhalten. Stuttgart: Klett 1976 (Einleitung).

Schmidt-Atzert, L.: Emotionspsychologie. Stuttgart: Kohlhammer 1981.

Schwanenberg, E.: Sozialer Affekt: Konstruktüberprüfung des Schachter-Paradigmas. In: *Michaelis, W.* (Hrsg.): Bericht über den 32. Kongreß der Deutschen Gesellschaft für Psychologie in Zürich 1980. Göttingen: Hogrefe, Bd. 1, 1981, S. 317–324.

Schwarzer, R.: Streß, Angst und Hilflosigkeit. Stuttgart: Kohlhammer 1981.

Seiler, Th. B.: Genetische Kognitionstheorie, Persönlichkeit und Therapie. In: *Hoffmann, N.* (Hrsg.): Grundlagen kognitiver Therapie. Stuttgart: Huber 1978, S. 25–66.

Seiler, Th. B.: Entwicklungstheorien in der Sozialisationsforschung. In: *Hurrelmann, K.* u. *Ulich, D.* (Hrsg.): Handbuch der Sozialisationsforschung. Weinheim: Beltz 1980, S. 101–121.

Seligman, M. E. P.: Erlernte Hilflosigkeit. München: Urban & Schwarzenberg 1979.

Silbereisen, R. K. u. *Eyferth, K.:* Jugendentwicklung und Drogen: Eine prospektive Längsschnittstudie an einer Normalpopulation. DFG-Forschungsantrag, Technische Universität Berlin 1981.

Singer, K.: Maßstäbe für eine humane Schule. Frankfurt: Fischer 1981.

Silver, R. L. u. *Wortman, C. B.:* Coping with undesirable life events. In: *Garber, J.* u. *Seligman, M. E. P.* (Hrsg.): Human helplessness. New York: Academic Press 1980, S. 279–340.

Solomon, R. C.: Emotionen und Anthropologie: Die Logik emotionaler Weltbilder. In: *Kahle, G.* (Hrsg.): Logik des Herzens. Die sozialen Dimensionen der Gefühle. Frankfurt: Suhrkamp 1981, S. 233–253.

Spitz, R.: Vom Säugling zum Kleinkind. Stuttgart: Klett 1967.

Spitz, R. A. u. *Wolf, K. M.:* Anaclitic depression; an inquiry into the genesis of psychiatric conditions in early childhood, II. In: *Freud, A.* u. a. (Hrsg.): The psychoanalytic study of the child, Bd. II. New York: International Universities Press 1946, S. 313–342.

Staub, E.: Entwicklung prosozialen Verhaltens. Zur Psychologie der Mitmenschlichkeit. München: Urban & Schwarzenberg 1982.

Strehmel, P.: Längsschnittmethodologie als Verfahren der empirischen Pädagogik und Pädagogischen Psychologie. Unv. Examensarbeit, Universität München. München 1981.

Strongman, K. T.: The psychology of emotion. New York 1972.

Tent, L.: Psychologische Tatbestandsdiagnostik (Spurensymptomatologie, Lügendetektion). In: *Undeutsch, U.* (Hrsg.): Handbuch der Psychologie Bd. 11 (Forensische Psychologie). Göttingen: Hogrefe 1967, S. 185–259.

Thomae, H.: Das Individuum und seine Welt. Eine Persönlichkeitstheorie. Göttingen: Hogrefe 1968.

Thomae, H. (Hrsg.): Patterns of aging. Basel: Karger 1976.

Thomae, H.: Psychologie in der modernen Gesellschaft. Hamburg: Hoffmann & Campe 1977.

Thomae, H.: Motivation. In: *Asanger, R.* u. *Wenninger, G.* (Hrsg.): Handwörterbuch der Psychologie. Weinheim: Beltz 1980, S. 294–298.

Thomae, H. u. *Kranzhoff, H. E.:* Erlebte Unveränderlichkeit von gesundheitlicher und ökonomischer Belastung. Ein Beitrag zur kognitiven Theorie der Anpassung an das Alter. Zeitschrift für Gerontologie 12, 1979, S. 439–459.

Tomkins, S. S.: Affect, imagery, consciousness. 2 Bde. New York: Springer 1962/1963.

Trube-Becker, E.: Gewalt gegen das Kind. Heidelberg: Kriminalistik-Verlag 1982.

Tunner, W.: Angst, Angstabwehr und ihre therapeutische Veränderung. In: *Pongratz, L.* (Hrsg.): Handbuch der Psychologie Bd. VII/2 (Klinische Psychologie). Göttingen: Hogrefe 1978, S. 2231–2268.

Ulich, D.: Lern- und Verhaltenstheorien in der Sozialisationsforschung. In: *Hurrelmann, K.* u. *Ulich, D.* (Hrsg.): Handbuch der Sozialisationsforschung. Weinheim: Beltz 1980 (a), S. 71–99.

Ulich, D.: Wissenschaftstheorie und Psychologie. In: *Asanger, R.* u. *Wenninger, G.* (Hrsg.): Handwörterbuch der Psychologie. Weinheim: Beltz 1980 (b), S. 550–562.

Ulich, D.: Prozeß-orientierte versus produkt-orientierte Ansätze in der Attributionsforschung. In: *Görlitz, D.* (Hrsg.): Kindliche Erklärungsmuster. Entwicklungspsychologische Beiträge zur Attributionsforschung. Weinheim: Beltz 1983, S. 122–145.

Ulich, D., Haußer, K., Mayring, Ph., Alt, B., Strehmel, P. u. *Grünwald, H.:* Kognitive Kontrolle in Krisensituationen: Arbeitslosigkeit bei Lehrern. Fortsetzungsantrag an die DFG. München 1981.

Ulich, D., Mayring, Ph. u. *Strehmel, P.:* Streß. In: *Huber, G. L.* und *Mandl, H.* (Hrsg.): Kognition und Emotion. München: Urban & Schwarzenberg 1983.

Vaillant, G. E.: Werdegänge. Erkenntnisse der Lebenslaufforschung. Reinbek: Rowohlt 1980 (Orig. 1977).

Völker, U.: Angst und Studienverhalten. Eine theoretische und empirische Analyse der Angst in ihrer Bedeutung für hochschulische Lernprozesse. Mainz 1975 (Dissertation).

Walschburger, P.: Probleme der Diagnostik psychophysiologischer Belastungsreaktionen. Unv. Manuskript, Gießen 1980 (a).

Walschburger, P.: Emotionsforschung und Klinische Psychologie. Unv. Manuskript, Gießen 1980 (b).

Walter, H.: Ökologische Ansätze in der Sozialisationsforschung. In: *Hurrelmann, K.* u. *Ulich, D.* (Hrsg.): Handbuch der Sozialisationsforschung. Weinheim: Beltz 1980, S. 285–297.

Watson, J. B.: Psychology as the behaviorist views it. Psychological Review 22, 1913.

Watson, J. B. u. *Rayner, R.:* Conditioned emotional reactions. Journal of Experimental Psychology 3 (1920), S. 1–14.

Watzlawik, P., Beavin, J. H. u. *Jackson, D. D.:* Menschliche Kommunikation. Bern: Huber ²1972.

Weber, E.: Emotionalität und Erziehung. In: *Oerter, R.* u. *Weber, E.* (Hrsg.): Der Aspekt des Emotionalen in Erziehung und Unterricht. Donauwörth: Auer 1975, S. 69–125.

Weidenmann, B.: Lehrerangst. Ein Versuch, Emotionen aus der Tätigkeit zu begreifen. München: Ehrenwirth 1978 (²1981).

Weidenmann, B.: Emotionen von Lehrern in einem Handlungskonzept. In: *Hofer, M.* (Hrsg.): Informationsverarbeitung und Entscheidungsverhalten von Lehrern. München: Urban & Schwarzenberg 1981, S. 255–277.

Weiner, B.: Die subjektiven Ursachen von Erfolg und Mißerfolg: Anwendung der Attributionstheorie auf das Leistungsverhalten in der Schule. In: *Edelstein, W.* u. *Hopf, D.* (Hrsg.): Bedingungen des Bildungsprozesses. Stuttgart: Klett 1973, S. 79–93.

Weiner, B.: Theorien der Motivation. Stuttgart: Klett 1976. (Theories of motivation: From mechanism to cognition. New York 1972.)

Weiner, B.: Die Entwicklung von Handlungskompetenz, Emotionen und moralischem Urteil aus attributionstheoretischer Perspektive. In: *Görlitz, D.* (Hrsg.): Entwicklungspsychologische Beiträge zur Attributionsforschung. Weinheim: Beltz 1982.

Weiner, B., Russel, D. u. *Lerman, D.:* Affektive Auswirkungen von Attributionen. In: *Görlitz, D., Meyer, W.-U.* u. *Weiner, B.* (Hrsg.): Bielefelder Symposium über Attribution. Stuttgart: Klett 1978.

Weingart, P. (Hrsg.): Wissenschaftssoziologie I – Wissenschaftliche Entwicklung als sozialer Prozeß. Frankfurt: Athenäum 1973.

Weinrich, J. D.: Toward a sociobiological theory of emotions. In: *Plutchik, R.* u. *Kellerman, N.* (Hrsg.): Theories of emotion. New York: Academic Press 1980, S. 113–138.

Westmeyer, H.: Verhaltenstherapie: Anwendung von Verhaltenstheorien oder kontrollierte Praxis? In: *Gottwald, P.* und *Kraiker, Chr.* (Hrsg.): Zum Verhältnis von Theorie und Praxis in der Psychologie. DGVT-Sonderheft 1/1976. Bochum 1976, S. 9–31.

Wilson, E. O.: Sociobiology: The new synthesis. Cambridge Mass.: Harvard University Press 1975.

Winckelmann, J.: Idealtypus. In: *Bernsdorf, W.* (Hrsg.): Wörterbuch der Soziologie. Frankfurt: Fischer 1972, Bd. 2, S. 351–354.

Wittgenstein, L.: Schriften, Bd. 1 (Philosophische Untersuchungen). Frankfurt: Suhrkamp 1960.

Wundt, W.: Grundriß der Psychologie. Leipzig 1896.

Yamamoto, K.: Children's ratings of the stressfullness of experiences. Developmental Psychology 15, 1979, S. 581–582.

Zajonc, R. B.: Feeling and thinking. Preferences need no inferences. American Psychologist 1980, No 2, S. 151–175.

Zerssen, D. v.: Depressivitäts-Skala. In: CIPS, Berlin 1977.

Zimbardo, P. G.: Shyness. Reading (Mass.): Addison-Wesley 1977.

Zimbardo, P. G. u. *Ruch, F. L.:* Lehrbuch der Psychologie. Berlin: Springer 1978.

Zimmer, D. E.: Im Dickicht der Gefühle. In: ZEIT-Magazin (Beilage zur Wochenzeitung DIE ZEIT), Nr. 11 bis 14, Hamburg 1981 (a).

Zimmer, D.: Deine Angst und meine Angst. In: DIE ZEIT Nr. 47, 13. Nov. 1981 (b), S. 10 f.

Zung, W. K.: Self-Rating Anxiety Scale (SAS). In: CIPS, Berlin 1977.

Literaturergänzung zur 2. Auflage

Asendorpf, J.: Lassen sich emotionale Qualitäten im Verhalten unterscheiden? Empirische Befunde und ein Dilemma. Psychologische Rundschau 35, 1984, 3, S. 125–135.

Billings, A. G. u. *Moos, R. H.:* Psychological theory and research on depression. An integrative frameword and review. Clinical Psychology Review 2, 1982, S. 213–237.

Brandtstädter, J.: Emotion, Kognition, Handlung: Konzeptuelle Beziehungen. In: *Eckensberger, L. H.* u. *Lantermann, E. D.* (Hrsg.): Emotion und Reflexivität. München: Urban & Schwarzenberg 1985, S. 252–260.

Chaisson-Stewart, G. M.: An integrated theory of depression. In: *Chaisson-Stewart, G. M.* (Hrsg.): Depression in the elderly: New York: Wiley 1985, S. 56–104.

Clark, M. S. u. *Fiske, S. T.:* Affect and cognition. The 17th Annual Carnegie Symposium on Cognition. Hillsdale: Erlbaum 1982.

Denzin, H. K.: On understanding emotion. San Francisco: Jossey-Bass 1984.

Diener, E. u. *Iran-Nejad, A.:* The relationship in experience between various types of affect. Journal of Personality and Social Psychology 50, 1986, 5, S. 1031–1038.

Eckensberger, L. H. u. *Lantermann, E. D.* (Hrsg.): Emotion und Reflexivität. München: Urban & Schwarzenberg 1985.

Ekman, P. u. *Scherer, K. R.:* Questions about emotion: An introduction. In: *Scherer, K. R.* u. *Ekman, P.* (Hrsg.): Approaches to emotion. Hillsdale: Erlbaum 1984, S. 1–8.

Emde, R. N.: Levels of meaning for infant emotions: A biosocial view. In: *Scherer, K. R.* u. *Ekman, P.* (Hrsg.): Approaches to emotion. Hillsdale: Erlbaum 1984, S. 77–108.

Euler, H. A. u. *Mandl, H.* (Hrsg.): Emotionspsychologie. Ein Handbuch in Schlüsselbegriffen. München: Urban & Schwarzenberg 1983.

Ewert, O.: Ergebnisse und Probleme der Emotionsforschung. In: *Thomae, H.* (Hrsg.): Theorien und Formen der Motivation. Göttingen: Hogrefe 1983, S. 397–452.

Fröhlich, W. D.: Perspektiven der Angstforschung. In: *Thomae, H.* (Hrsg.): Psychologie der Motive. Göttingen: Hogrefe 1983, S. 110–320.

Gable, R. K.: Instrument development in the affective domain. Boston: Kluwer-Nijhoff 1986.

Groeben, N. u. *Scheele, B.:* Emotionen in einer Psychologie über subjektive Theorien. Diskussionspapier, Universität Heidelberg 1983.

Grossmann, K. E., Fremmer-Bombik, E., Friedl, A., Grossmann, K., Spangler, G. u. *Suess, G.:* Die Ontogenese emotionaler Integrität und Kohärenz. In: *Roth, E.* (Hrsg.): Denken und Fühlen. Berlin: Springer i. Dr.

Hautzinger, M.: Kognitive Veränderungen als Folge, nicht als Ursache von Depression. Zeitschrift für personzentrierte Psychologie und Psychotherapie 1983, 2, S. 377–387.

Herrmann, Th.: Die Psychologie und ihre Forschungsprogramme. Göttingen: Hogrefe 1976.

Herrmann, Th.: Was ist das „Psychologische" an psychologischen Theorien? Arbeiten der Forschungsgruppe Sprache und Kognition, Nr. 36, Universität Mannheim 1986.

Izard, C. E. (Hrsg.): Measuring emotions in infants and children. Cambridge: Cambridge University Press 1982.

Kasten, H.: Entwicklungspsychologische Ansätze. In: *Euler, H. A.* u. *Mandl, H.* (Hrsg.): Emotionspsychologie. Ein Handbuch in Schlüsselbegriffen. München: Urban & Schwarzenberg 1983, S. 85–93.

Kleinginna, P. R. jr. u. *Kleinginna, A. M.:* A categorized list of emotion definitions, with suggestions for a consensual definition. Motivation and Emotion 5, 1981, S. 345–379.

Kuhl, J.: Emotion, Kognition und Motivation: I. Auf dem Wege zu einer systemtheoretischen Betrachtung der Emotionsgenese. Sprache und Kognition 1983, 2, S. 1–27.

Lantermann, E. D.: Handlung und Emotion. In: *Euler, H. A.* u. *Mandl, H.* (Hrsg.): Emotionspsychologie. Ein Handbuch in Schlüsselbegriffen. München: Urban & Schwarzenberg 1983, S. 273–282.

Lewinsohn, P. M., Hoberman, H., Teri, L. u. *Hautzinger, M.:* An integrated theory of depression. In: *Reiss, S.* u. *Bootzin, R. R.* (Hrsg.): Theoretical issues in behavior therapy. Orlando/Fl.: Academic Press 1985, S. 331–359.

Lewis, M. u. *Brooks, J.:* Self-knowledge and emotional development. In: *Lewis, M.* u. *Rosenblum, L. A.* (Hrsg.): The development of affect. New York: Plenum 1978, S. 205–226.

Lewis, M. u. *Rosenblum, L. A.* (Hrsg.): The development of affect. New York. Plenum 1978.

Lewis, M. u. *Michalson, L.:* Childrens emotions and moods. Development theory and measurement. New York: Plenum 1983.

Lewis, M. u. *Saarni, C.* (Hrsg.): The socialization of emotions. New York: Plenum 1985.

Malatesta, C. Z. u. *Culver, L. C.:* Thematic and affective content in the lives of adult women: Patterns of change and continuity. In: *Malatesta, C. Z.* u. *Izard, C. E.* (Hrsg.): Emotion in adult development. Beverly Hills: Sage 1984, S. 175–194.

Malatesta, C. Z. u. *Izard, C. E.* (Hrsg.): Emotion in adult development. Beverly Hills: Sage 1984.

Mandl, H. u. *Euler, H. A.:* Begriffsbestimmungen. In: *Euler, H. A.* u. *Mandl, H.* (Hrsg.): Emotionspsychologie. Ein Handbuch in Schlüsselbegriffen. München: Urban & Schwarzenberg 1983, S. 5–11.

Mees, U.: Was meinen wir, wenn wir von Gefühlen reden? Zur psychologischen Textur von Emotionswörtern. Sprache und Kognition 1985, 1, S. 2–20.

Pekrun, R.: Emotion, Motivation und Persönlichkeit. München/Weinheim: Psychologie Verlags Union 1988.

Peterson, Chr. u. *Seligman, M. E. P.:* Causal explanations as a risk factor in depression: Theory and evidence. Psychological Review 91, 1984, 3, S. 347–374.

Plutchik, R.: The chicken-and-egg problem revisited. Motivation and Emotion 9, 1985, S. 197–200.

Reisenzein, R.: The Schachter theory of emotion: Two decades later. Psychological Bulletin 94, 1983, 2, S. 239–264.

Revers, W. J.: Die Zeitlichkeit der Motivation. In: *Wiesenhütter, E.* (Hrsg.): Werden und Handeln. Stuttgart: Enke 1962, S. 191–210.

Rivera, J. de: Biological necessity, emotional transformation, and personal value. In: *Koch, S.* u. *Leary, D. E.:* A century of psychology as science. New York: McGraw-Hill 1985.

Roos, J.: Die Entwicklung der Zuschreibung komplexer Emotionen am Beispiel der Emotion „Peinlichkeit". Frankfurt: Lang 1988.

Scherer, K. R.: Entwicklung der Emotionen. In: *Hetzer, H., Todt, E., Seiffge-Krenke, I.* u. *Arbinger, R.* (Hrsg.): Angewandte Entwicklungspsychologie des Kindes- und Jugendalters. Heidelberg: Quelle & Meyer 1979, S. 211–253.

Scherer, K. R.: Prolegomina zu einer Taxonomie affektiver Zustände: Ein Komponenten-Prozeß-Modell. In: *Lüer, G.* (Hrsg.): Bericht über den 33. Kongreß der Deutschen Gesellschaft für Psychologie in Mainz 1982. Göttingen: Hogrefe 1983, S. 415–423.

Scherer, K. R. u. *Ekman, P.* (Hrsg.): Approaches to emotion. Hillsdale: Erlbaum 1984.

Scherer, K. R. u. *Tannenbaum, P. C.:* Emotional experiences in everyday life: A survey approach. Motivation and Emotion 10, 1986, 4, S. 295–314.

Scherer, K. R., Wallbott, H. G. u. *Summerfield, A. B.:* Experiencing emotions. A cross-cultural study. Cambridge: Cambridge University Press 1986.

Singer, J. L. u. *Kolligian, J. jr.:* Personality: Developments in the study of private experience. Annual Review of Psychology 38, 1987, S. 533–574.

Sroufe, L. A.: Die Organisation der emotionalen Entwicklung. In: *Foppa, K.* u. *Groner, R.* (Hrsg.): Kognitive Strukturen und ihre Entwicklung. Bern: Huber 1981, S. 14–34.

Sroufe, L. A.: The organization of emotional development. In: *Scherer, K. R.* u. *Ekman, P.* (Hrsg.): Approaches to emotion. Hillsdale: Erlbaum 1984, S. 109–128.

Trevarthen, C.: Emotions in infancy: Regulators of contact and relationships with persons. In: *Scherer, K. R.* u. *Ekman, P.* (Hrsg.): Approaches to emotion. Hillsdale: Erlbaum 1984, S. 129–157.

Ulich, D.: Emotionale Veränderungen im Erwachsenenalter – ein krisentheoretischer Ansatz. Zeitschrift für personenzentrierte Psychologie und Psychotherapie 6, 1987 (a), S. 463–477.

Ulich, D.: Krise und Entwicklung. Zur Psychologie der seelischen Gesundheit. München/Weinheim: Psychologie Verlags Union 1987 (b).

Ulich, D.: Emotion. In: *Asanger, R.* u. *Wenninger, H.* (Hrsg.): Handwörterbuch der Psychologie. München/Weinheim: Psychologie Verlags Union 1988[4], S. 127–132.

Ulich, D.: Einführung in die Psychologie. Stuttgart: Kohlhammer 1989.

Ulich, D., Haußer, K., Mayring, Ph., Strehmel, P., Kandler, M. u. *Degenhardt, B.:* Psychologie der Krisenbewältigung. Eine Längsschnittuntersuchung mit arbeitslosen Lehrern. Weinheim: Beltz 1985.

Wallbott, H. G. u. *Scherer, K. R.:* Emotionsforschung per Fragebogen: Ein interkultureller Forschungsansatz. In: *Albert, D.* (Hrsg.): Bericht über den 34. Kongreß der Deutschen Gesellschaft für Psychologie in Wien 1984. Göttingen: Hogrefe 1985 (a), S. 304.

Wallbott, H. G. u. *Scherer, K. R.:* Differentielle Situations- und Reaktionscharakteristika in Emotionserinnerungen: Ein neuer Forschungsansatz. Psychologische Rundschau 36, 1985 (b), 2, S. 83–101.

Personenregister

Bildnachweis

S. 39, 69, 135, 181, 217: Ferdinand Joesten, Ostrach.
S. 119, 159: Bilderdienst, Süddeutscher Verlag, München.
S. 99: Aus „morgens Deutschland abends Türkei", Verlag Fröhlich und Kaufmann GmbH, Berlin 1981